2023
中国企业跨境并购
年度报告

易界（DealGlobe） 工业和信息化部国际经济技术合作中心 · 编著

冯 林 田 斌 · 主编

2023 CHINA CROSS-BORDER M&A
ANNUAL REPORT

中国经济出版社
CHINA ECONOMIC PUBLISHING HOUSE
· 北 京 ·

图书在版编目（CIP）数据

2023 中国企业跨境并购年度报告 / 易界，工业和信息化部国际经济技术合作中心编著；冯林，田斌主编. --北京：中国经济出版社，2023.8

ISBN 978-7-5136-7380-8

Ⅰ. ①2… Ⅱ. ①易… ②工… ③冯… ④田… Ⅲ. ①跨国公司-企业兼并-研究报告-中国-2023 Ⅳ. ①F279.247

中国国家版本馆 CIP 数据核字（2023）第 127003 号

选题策划　汪　京
策划编辑　崔姜薇
责任编辑　王骏雄
特约编辑　张璠璠　宋佳航　易楚翔　王爱宁　饶　悦
　　　　　黄天朗　陈怡心　谢明倩　姜盛泽　任家玮
　　　　　王均溢　绍泽林　高　淼
责任印制　马小宾
封面设计　任燕飞装帧设计工作室

出版发行　中国经济出版社
印 刷 者　上海新艺印刷有限公司
经 销 者　各地新华书店
开　　本　787mm×1092mm　1/16
印　　张　26.5
字　　数　533 千字
版　　次　2023 年 8 月第 1 版
印　　次　2023 年 8 月第 1 次
定　　价　345.00 元
广告经营许可证　京西工商广字第 8179 号

中国经济出版社 **网址** www.economyph.com **社址** 北京市东城区安定门外大街 58 号 **邮编** 100011
本版图书如存在印装质量问题，请与本社销售中心联系调换（联系电话：010-57512564）

前 言

《2023中国企业跨境并购年度报告》是一部具有时效性、实用性、专业性的专著。本书全面回顾了2022—2023年第一季度中国企业跨境并购的整体市场，并针对热点行业、国家和典型案例进行独家分析，详细解读了“一带一路”倡议背景下中国企业跨境并购的新机遇，对2023年后三季度的并购市场趋势进行了展望，为准备走出国门的企业提供意见和分析。同时，本书也对全球和中国跨境并购市场的发展历程做了梳理，并从专业和实际操作的角度整理了一份中国企业跨境并购实用手册。

本书第一章详细介绍了全球并购的七次浪潮。全球并购浪潮始于19世纪末的美国，并贯穿了整个20世纪，其中前五次并购主要集中在美国：①1897—1904年以横向并购为主；②1916—1929年以纵向并购为主；③1965—1969年以混合并购为主；④1981—1989年以杠杆并购为主；⑤1992—1999年以横向及跨国并购为主。这五次并购浪潮逐步调整了美国的产业结构，为美国确立在全球经济中的主导地位奠定了基础。

2003—2007年的第六次并购浪潮，发生在2003年互联网泡沫破灭及第五次并购浪潮结束后的3年，并于2006年达到顶峰，2007年次贷危机后逐步退去。这一阶段的并购聚焦于互联网高科技领域。这次并购浪潮由美国信息产业等高新技术产业群主导，这些信息技术企业依托并购策略实现短期“跨越式”发展，培育了新经济时代以信息技术为核心、富有生命力的微观主体——Internet巨无霸（“网络航母”）。无缘赶上前五次并购浪潮的中国国有企业或其他大型企业渐渐融入了第六次并购浪潮。

2012年至今的第七次并购浪潮具有并购的八大特征：①并购主体多元化。在这一次浪潮中，“金砖国家”正在走向并购活动的前沿，新兴国家企业并购发达国家企业成为此次并购浪潮的新特征。其中，中国是此次浪潮中新兴市场国家海外并购的主要力量。在这一阶段，全球并购不仅以大企业为主，中小企业也越来越多地参与到并购浪潮之中。以中国为例，最大的变化是以往以国企占多数的海外并购，也逐渐演变成民企当“主角”。②跨行业整合活动增加。在这一次浪潮下，传统行业之间的界限越来越模糊，相对落后的产业并购相对先进的产业，越来越多的企业希望借力科技变革，为自身贴上“互联网+”“人工智能+”等标签。比如，零售行业线上线下渠道的融合亟须数字技术推动，造成一批传统零售企业与电商的兼并融合。③私募股权投资增长强劲，大型资本行动主义回归。自2016年下半年以来，一些巨无霸基金陆续登上舞台也格外引人注目。例如，目标为1000亿美元的软银愿景基金、目标为3500亿元人民币（约合500亿美元）的中国国有企业结构调整基金等。在2016年百大跨境并购交易中，私募股权基金参与的交易有20个，交易金额从几亿美元到几十亿美元不等。2017年第二季度，已经封闭的PE基金的季度平均单只融资规模接近6亿美元，相当于2012—2014年平均水平的2倍。私募股权投资自2017年开始活跃，预计日后将在资产竞争中扮演更重要的角色。④催生重塑行业格局的大额交易。2014年，企业并购活动飙升至金融危机爆发以来的最高水平，全球并购交易总量总额激增47%，至3.34万亿美元。这是2007年以来并购最为活跃的时期，超大并购案以强劲的势头卷土重来。处于历史低位的借款利率、活跃的资本市场和抬高的股价，催生了可能重塑行业格局的大额交易。⑤企业家对购买增长的信心增强，全球跨境并购新兴市场成为趋势。在金融危机后的商业环境中，企业更注重风险规避和有机增长，但仅依靠有机增长和成本削减可能难以提供积极的财务绩效。通过收购来补充有机增长，企业可以获取新的地区、产品和技术，同时受益于低成本融资。企业在选择跨境并购时首要考虑地域，成熟市场如西欧、北美等在品牌、技术及资源上对中国企业占优势，而新兴市场如印度、东南亚等在风险投资方面仍有机会，且中国企业具备更强的投资意愿。新兴市场拥有庞大的人口和市场，这也是它成为最具潜力的跨境并购始发地的原因。⑥全球数字产业欣欣向荣，数据保护成为关键要素。随着全球数据资产并购的激增，国内企业在数字化专项领域的并购逐渐兴起，大型交易频繁出现。确定并购方向后，资本需要考虑投资的行业和领域。新兴市场在外资投资方面存在一些限制，但数字经济领域得到了政府的全面支持，成为资本助推的重点。新冠疫情的持续影响以及印度等新兴市场对移动互联网的快速发展，使发展数字产业更符合时代形势。东南亚市场的十大独角兽企业中，电子商务、游戏和出行领域占据了8家，其中不乏中国资本的身影。并购使企业有动力进入高技术领域，突显了“传统行业+新兴科技”的巨大潜力，吸引了私募股权基金和其他金融买家的关注。然而，数据保护的法律法规限制了跨境并购中涉及数据出境的交易方案，同时也对个人数据和大数据的获取提出了审查要求。交易双方都面临与数据保护相关的政策风险，这对企业决策层提出了更高的审慎要求。在实际操作中，跨境并购双方可以提前进行数据安全相关的风险防控，以促进交易顺利进行。⑦复杂的外部环境下跨境并购面临的新挑战。传统跨境并购交易面临了一系列新的风险和要求，包括通货膨胀、利率、资本供应、产业政策、国家安全、地缘政治紧张态势、供应链不确定性和监管态度的变化。这些因素对跨境并购交易产生了重要影响。⑧SPAC（Special Purpose Acquisition Company，特殊目的收购公司）提升全球并购热度。SPAC交易在2021－2022年延续了2020年的热度。SPAC上市融资方式集直接上市、海外并购、反向收购、私募等金融产品特征和目的于一体，并优化各个金融产品的特征，完成企业上市融资的目的。相比传统IPO流程，SPAC具有资产注入操作时间短、费用少、流程简单等优势，成为众多企业“曲线上市”的一条捷径。更重要的是，通过收购优质企业完成资产注入，SPAC公司股价可能一飞冲天，令各方获得丰厚投资回报。

本书第二章用“小试牛刀”“喜忧参半”“机遇下的狂欢”及“冰与火之歌”形象地概括了中国企业跨境并购的4个阶段。①“小试牛刀”概括了中国企业跨境并购萌芽探索阶段（1978—2000年）。自1978年改革开放以来，中国企业海外并购终于缓缓拉开了序幕，在改革开放前期所推动的基本政策“引进来”的背景下，开始初步的尝试。该阶段的交易规模和频率都偏向保守，而且海外并购活动主要集中在少数有实力的国有企业（比如中信、华润、首钢、中化等），它们由于自身发展及国家战略的需要在早期的海外并购活动中扮演着核心角色。该时期对外投资基本上处于自发状态，总体特点是：单个项目规模小、投资领域窄、投资方式相对单一。2000年，各国家部门、各地方政府认真贯彻落实党中央、国务院扩大内需、实施积极的财政政策和稳健的货币政策的要求。在此背景下，中国企业的海外并购之路开始走上正轨。据统计，2000年中国企业跨境并购总交易有17个，总交易金额达15亿美元，其中有87%在亚太地区，13%在北美地区。

由此可见，在这一萌芽探索阶段，并购标的的地理范围逐渐扩大，从开放度较高的中国香港企业扩展到少数欧美企业。因此，我们可以说这一阶段的中国企业海外并购是零星的“小试牛刀”。②“喜忧参半”是中国企业跨境并购蹒跚起步阶段（2001—2007 年）的真实写照。在此阶段，中国加入了世界贸易组织，世界经济增长明显加快，尽管国际石油价格的大幅上涨和美元汇率的持续贬值也给经济的平稳运行造成巨大威胁，中国经济却始终保持相对较快增长。总体上看，这期间我国经济发展所面临的国际经济环境还是比较有利的，外需继续保持稳定和全球跨国直接投资重新回升有利于我国继续增加出口和对外投资。这一阶段多数行业都延续这样一条轨迹，即 2000 年到 2001 年时处于相对低谷，但已止跌趋稳，2002 年明显复苏，特别是 2003 年经济进入新一轮景气周期。行业增长加速后，中国企业跨境并购呈跃跃欲试态势。2004 年，海外并购交易数量达 69 个，披露交易金额的并购总金额达 73 亿美元，到了 2007 年，并购交易数量达 123 个，披露交易金额的并购金额达 291. 2 亿美元。这一阶段，部分有意识的中国企业开始勇敢试水，留下了不少经典的成功案例和失败教训，可以说是喜忧参半、积攒经验的一个阶段。③“机遇下的狂欢”则将中国企业跨境并购爆发成长阶段（2008—2016 年）描绘得淋漓尽致。当 2008 年金融海啸爆发，美国、欧洲等发达地区的经济状况受到重创，诸多行业亦面临全球性的洗牌，由于中国受到的波及相对较小，中国企业顺势而为，主动抓住全球投资的宝贵机遇，积极展开海外投资并购；同时，国外企业估值普遍偏低，出售意愿也比较强烈，国内企业借着这阵“东风”，开始继续试水海外。2008 年之后的几年，中国企业跨境并购加速发展，但仍处于发展中国家企业跨境并购成长道路上的起步阶段。根据商务部数据统计，2009 年中国对外直接投资达到 565 亿美元，排全球第五位，名列发展中国家首位。2010 年，中国对外直接投资创下 688. 1 亿美元的历史最高纪录。此后多年投资额屡创历史新高。2016 年，中国政府积极推动“一带一路”建设，稳步开展国际产能合作，“走出去”的工作体系不断完善，中国企业主动融入经济全球化“快车道”。2016 年中国对外直接投资创下 1961. 5 亿美元的纪录，蝉联全球第二位。④中国企业跨境并购理性发展阶段被描述为“冰与火之歌”（2017 年至今）。在经历了 2016 年中国企业跨境交易并购的突飞猛进之后，2017 年对中国企业境外投资并购活动来说是回归理性的一年。本书列举了腾讯、迈瑞、TCL、复星医药和锡产微芯五大企业，这些企业既充当了“机遇下的狂欢”这幕大剧中的重要角色，又为正在观摩另一场大戏“冰与火之歌”的中国乃至全球观众留下了想象空间，同时还为1982年诺贝尔经济学奖获得者乔治·斯蒂格勒经典之说“几乎没有几家美国的大公司，不是通过某种方式、某种程度的兼并与收购成长起来的，几乎没有一家大公司能主要依靠内部扩张成长起来”，提供了新鲜的例证。

本书第三章对2022年中国企业跨境并购进行了总体回顾。从交易数量上看，2022年中国企业跨境并购交易数量较2021年所减少，“走出去”与“引进来”的交易数量分别为250个和178个，较2021年分别减少了13.5%和32.1%，2022年中国企业“走出去”交易数量比“引进来”交易数量仅高出72个。据IMF预测，2023年全球经济增长率将降至2.9%，低于2022年的3.4%，且大多数主要经济体的经济增长率将进一步下降，发达国家降幅将较为明显。随着疫情防控政策的放开，经济有望率先稳步回升，跨境投资热度也有望回暖，但短期内，中国企业在海外投资仍需关注部分国家和地区的地缘政治风险和较高的宏观经济风险。

本书第四章对2022年中国企业跨境并购热点行业进行了分析。本书首选制造业作为2022年中国企业跨境并购热点行业进行分析。工业和信息化部发布的相关数据显示，2022年，我国全部工业增加值突破40万亿元，占GDP比重达33.2%，其中制造业增加值占GDP比重为27.7%，高技术制造业占规模以上工业增加值比重为15.5%，装备制造业占规模以上工业增加值比重为31.8%，制造业规模连续13年居世界首位。受乌克兰战争、激进的全球加息潮、居高不下的通胀等影响，中国企业跨境并购的范围开始收缩，主要集中在以德国、美国为首的欧美发达国家。2022年中国企业海外并购交易金额跌至2010年以来最低，并购交易数量跌至2015年以来最低。尽管中国企业海外并购交易金额和数量在所有行业和地区均大幅下降，但是中国企业仍然对海外高科技行业的跨境并购交易高度青睐。中国制造业企业跨境并购明显呈现以下特征：①跨境并购趋于谨慎，技术服务成为投资青睐行业。②锂电光伏产业繁荣，出境交易持续上扬。③汽车制造业交易规模两级分化，机遇与挑战并存。④化工行业跨境并购热度依旧，ESG成为并购交易助推器。

医疗健康行业是本书第四章中介绍的另一个热点行业。本书从2022年的跨境并购交易情况、宏观经济以及政策导向入手，对医疗健康行业的未来趋势进行了展望，总结了以下 3 点：①医疗健康行业跨境并购趋于谨慎。②细分领域并购交易仍旧活跃。③政府影响力攀升，创新成为关键驱动力。

本书第五章详细分析了以美国、新加坡、英国、德国、澳大利亚等国家为标的国的中国企业跨境并购“走出去”的状况。中国企业跨境并购“引进来”50 强的交易中，以欧美和中国香港等发达地区为主，其中美国在华投资数量为 19 个，占比为 38%，在中国香港的交易数量为 16 个，占比为 32%。整个 2022 年，国内并购，尤其是入境并购市场持续活跃，在亚洲地区居领先地位。中国吸引外资的“磁力”强劲、魅力不减。外资追捧中国市场主要有以下几点原因：一是中国经济稳中向好的长期大势。在新冠疫情全球大流行的形势下，中国不仅率先控制住了疫情，还以完整的工业体系、稳定的产业链供应链等优势，实现了经济逆势增长。从主要指标看，外贸进出口已连续 15 个月实现同比正增长，而制造业采购经理指数（PMI）也连续 18 个月站在荣枯线之上，表明中国制造业仍处于持续扩张阶段。事实上，中国市场已成为众多知名跨国公司业绩增长的“主引擎”，中国经济展现出的强大韧性和活力，已成为稳定外资对中国市场信心的关键。二是中国持续优化的营商环境。近年来，中国持续推进“放管服”改革，同步实施《优化营商环境条例》和外商投资法，市场准入和外商负面清单不断缩短，市场准入门槛持续降低。中国持续构建市场化、法治化、国际化营商环境的努力，得到国际社会高度认可。世界银行报告显示，中国营商环境在全球 190 个经济体中的排名由 2012 年第 91 位跃升到 2020 年第 31 位，8 年提升了 60 位。三是中国不断扩大对外开放。当前，中国正加快构建以国内大循环为主体、国内国际双循环相互促进的新发展格局，推动更高水平对外开放的步伐不断提速。自贸试验区再次扩围、海南自由贸易港建设启航、金融等服务业对外开放深入推进、进博会等开放平台不断升级。这些实实在在的举措，为广大外资企业与中国经济共成长提供了富饶土壤，彰显了中国的诚意和决心。

本书第六章系统介绍了“一带一路”相关政策，回顾了 2022 年“一带一路”中国企业跨境并购，并对“一带一路”跨境并购中的投资国家和行业进行了分析。根据商务部和外汇局的统计数据，2022 年，中国对外投资合作稳步发展，全行业对外直接投资额达 9853.7 亿元人民币（约合 1465 亿美元），增长 0.9%。中国对“一带一路”沿线国家的投资增长尤为显著，中国企业在 2022 年在“一带一路”沿线国家的非金融类直接投资额达 1410.5 亿元人民币，较上一年增长 7.7%（折合 209.7 亿美元，增长 3.3%），为促进东道国经济发展作出了积极贡献。在中国对“一带一路”相关国家及地区的跨境并购发展特征方面，东南亚和南亚仍然是中国企业跨境并购的主要区域，中国企业与印度、新加坡、印度尼西亚等国的投资合作保持活跃。此外，近年来，中国与欧洲伙伴国家的交流也不断加深，在西班牙、意大利等国出现了多起跨境投资；中国与一些国家的大额投资并购交易增加，机构投资者活跃度高，国有经济表现出明显的发力态势。这表明“一带一路”沿线国家及地区的跨境并购将呈现更加活跃和多元的趋势。在“一带一路”沿线跨境并购行业特征方面，中国企业在“一带一路”沿线国家的投资持续升温，成为海外投资的新亮点。在细分行业中，中国与“一带一路”国家在数字经济、传统能源、制造业、TMT 行业和电商等行业的合作保持活跃。特别是 TMT 行业的交易数量和金额在所有行业中居首位，为技术合作和降低跨境交易成本打下了坚实基础。同时，能源、制造业等重点领域的跨境并购也在持续发力，促进了沿线国家之间的基础设施建设、贸易合作和经济发展，推动了区域内的经济一体化、资源共享、技术创新和可持续发展。总体而言，2022 年中国企业在“一带一路”相关国家及地区的跨境并购活动表现出稳定增长的态势。这些活动不仅为区域经济的发展作出了贡献，同时也推动了国际间的贸易合作和技术交流。随着“一带一路”倡议的不断推进，预计中国企业在“一带一路”沿线国家及地区的跨境并购将继续呈现活跃多元的发展特征。

本书第七章概括了 2023 年中国企业跨境并购的三大特征：①“引进来”动力欠缺，“走出去”更加审慎。与 2020—2022 年相比，2023 年中国企业跨境并购受以下三方面的影响：其一是国际经济的形势；其二是地缘政治环境的变化；其三是政府监管趋严；其四是中国整体资本环境的变化。在这样的背景下，中国企业跨境并购，即中国企业“走出去”和“引进来”的周期性波动依旧明显，具体表现为中国企业“走出去”项目和“引进来”项目数量同比减少。但值得注意的是，2023 年第一季度的“走出去”和

"引进来"数量和2022年相比差距不大，因此，我们预测2023年跨境并购趋势将会稳中向好。正如本书编者将跨境并购定义为"走出去"和"引进来"并在《2022中国企业跨境并购年度报告》中预测一级资本市场的相对回落会导致其资产价格的回落，这意味着国外资本进入中国市场的机会将大大增加。当整体国际资本市场环境较好时，中国企业"走出去"呈上升趋势；反之，中国企业"引进来"呈上升趋势，两者存在周期性的波动关系。从2016年到2023年一季度，"走出去"和"引进来"整体的交易数量在逐步减少，交易金额的差距也在不断缩小。②市场变革创造交易机会，跨境并购风险与收益并存。短期来看，2023年初的全球经济前景仍有很多不确定性，如全球对经济衰退的担忧、各国央行为遏制突破历史高位的通胀而进行的持续加息、地缘政治紧张、监管趋严等。但在不确定时期完成并购交易获得成功的机会往往会更高。在企业估值被重新调整、交易竞争压力减小，以及不良资产交易机会增加的当下，对于心态和资金均准备充分的企业而言，当下正是并购的黄金时刻。企业可通过并购实现业务转型，重塑业务模式，助力长期发展。根据经验及近期交易情况，2023年全球并购交易市场保持乐观。③"一带一路"沿线的经济合作有望成为中国企业跨境并购的长期发展动力。对"一带一路"沿线国家而言，由于国内市场小、资本积累不足，大部分国家对外贸和外国资本高度依赖，外向型经济发展路径使这些国家有动力更加积极地融入区域一体化和"一带一路"倡议合作，优化外商投资环境。截至2022年7月底，我国已与149个国家和32个国际组织签署200余份共建"一带一路"合作文件，朋友圈日益广泛牢固，基础设施互联互通硕果累累，多元化投融资体系不断完善。国家发展和改革委员会不断完善地方、企业、金融机构、行业协会、驻外使馆等多方联动的"走出去"工作协同机制，共同为中资企业提供服务和便利，与"一带一路"沿线的经济合作有望成为中国企业跨境并购的长期发展动力。

根据人民中科研究院发布的2022年度十大关键新兴技术，在以下技术领域表现突出的企业，或将成为2023年以及未来投资并购的热门标的（详见表0-1）。

表 0-1 2022 年度十大关键新兴技术

技术	简介
高性能计算	高性能计算迈向“CPU+GPU+QPU”时代。 算力，是数字经济时代一种新的生产力，广泛融入社会生产生活各个方面。高性能计算，是先进算力的代表，也是“国之重器”。高性能计算前沿技术的发展和应用，引领着整个计算领域的发展走向，甚至引发划时代的飞跃，值得产业和社会持续关注。 近年来，AI 大模型、AIGC、自动驾驶、蛋白质结构预测等各类人工智能应用大量涌现，对高性能计算的发展产生重大影响。2022 年是高性能计算技术发展的蓄力之年。高性能计算在架构、硬件和软件等方面的迭代和积累，将在“应用驱动”的持续塑造下，加速完成 2.0 的代际过渡，进入 3.0 新时代。
泛在操作系统	泛在操作系统加速人-机-物全面融合。 操作系统是计算机系统中最为关键的一层系统软件，是计算系统的核心。人类社会、信息空间、物理世界深度融合的泛在计算时代正在开启，融合“人机物”海量、异质、异构资源的新场景正在涌现，所需管理的资源复杂度呈指数级增加。构建一个对下管理各类泛在设施/资源、对上支撑各类场景下数字化与智能化应用的泛在操作系统已成为发展趋势。
生成式 AI	生成式 AI（AIGC）领域出现综合性虚拟人。 随着深度学习的发展，AI 生成虚拟内容 AIGC 正渗透在图像、视频、CG、AI 训练数据等各类领域，甚至同时覆盖多模态的虚拟人技术。虚拟数字人，指存在于非物理世界中，由图形渲染、动作捕捉、语音合成等计算机手段创造及使用，并具有多重人类特征的综合产物。目前分为“CG 建模+真人驱动”和“深度合成+计算驱动”两类。其中，计算驱动的虚拟人最终效果受到多种 AI 生成技术的共同影响，比如语音生成、文本生成及理解、图像生成等。 内容创作已经从早期的高度依赖人，开始逐渐向“人力+算力”转变。除了直接应用于内容相关的商业场景（新闻、有声读物、工业设计等），AI 还极大降低生成门槛，推动内容创作高度定制化、自动化以及民主化。
机器人柔性材料	柔性材料革新推动机器人仿生精进。 触觉感知是目前机器人感知补全领域的攻关重点。作为五个知觉形式之一，触觉在机器人理解作业环境（压力、滑动、接触等），获取接触对象特征（形态、质地、光滑程度、温湿度等）并与之交互等关键环节发挥着无可替代的作用。 触觉感知体系分为传感器和执行器。受益于柔性材料的突破性进展，触觉传感技术在科研界屡有代表性成果发布，已在机器人手、触觉手套、健康检测设备、智能座舱等领域研发测试。触觉执行器复杂性更高，在个人穿戴设备场景向市场化走的较远，利用机械制动的力反馈手套迈入个人消费品时代；此外，利用微流体技术研发的触觉手套已经在 CES 年展亮相。 未来 1-3 年，随着柔性电子技术和机器学习算法的进步，触觉传感器的空间分辨率和精度有望大幅提升。对于提高机器人灵巧操作水平、带来人机交互体验升维意义重大，从而进一步拓展智能机器人应用空间和服务能级。 工业机器人遥操作、医疗手术机器人、仿真培训、空天探索、智能座舱等场景将更多补足触觉感知，向虚拟现实下一代交互终端、末端假肢器等场景扩展。
元宇宙	XR 打造第二世界催熟元宇宙。 元宇宙整体技术生态走向成熟。通过改善光学器件、空间计算、异构计算体系、渲染引擎、交互自由度、定位方式等要素，观看不适、画面粗糙等种种问题得到了解决。在过去依托录音、录像等形式跨越时间，借助手机、互联网等跨越 2D 空间后，XR 带我们实现了进一步跨越。 一方面，XR 帮助我们跨越了 3D 空间，以更立体、更真实的方式突破现场观察和操作的限制，信息的还原和传递成本被进一步降低；另一方面，XR 帮助我们跨越了现实的限制，使我们在第二空间沟通娱乐。

续表

技术	简介
量子计算	量子计算变革经典计算范式。 以中科大为首的中国队，在量子计算的硬件研发能力上，已步入世界前列。当前，我国是世界上唯一在两种物理体系达到“量子计算优越性”里程碑的国家。具体是指以九章为代表的光子路线、以祖冲之号为代表的超导路线。而在应用及配套设施方面，金融、医药、汽车、化学等领域已明确了特定问题下量子计算的使用。
	在微观模拟、复杂建模等特定问题下，量子计算展现出了经典计算难以实现的优势。未来，超算中心可能会出现量子-经典混合架构，由量子计算和经典计算会进行配合，以解决特定大规模问题。
脑机接口	侵入式脑机接口落地高难医疗场景。 如今，随着无线通信、多通道柔性电极、植入手段、芯片、机器学习算法等技术的发展，侵入式脑接机口正逐步跨越工程化和临床难题。今年以登上 Nature 意念打字技术为代表，侵入式脑机接口展现出了效果理想的临床试验，商业化发展初具雏形。 在国家政策引导下，我国侵入式脑机接口也开始加速发展：清华李路明团队研发第二代脑起搏器；瑞金医院开展重度抑郁症治疗的临床试验；浙江大学及浙大二院神经外科完成了国内首例侵入式脑机接口的临床试验，为高位截瘫老人安上机械臂；清华大学、天津大学、上海交通大学、中国科学院、华南理工大学等高校都已成立重点科研团队。在科学家进一步了解大脑如何运作（比如感知区域）后，脑机接口将会发挥更多作用，帮助患者恢复触觉、视觉等特定感知能力。
AI 芯片	新型 AI 芯片引领后摩尔时代。 随着 AI 在各类场景中广泛落地，传统依靠制程工艺提升的 AI 芯片难以满足需求。在集成电路的未来三大演进路线中，以完全架构创新所代表的“More than Moore”成为下一代 AI 芯片的重点方向。这当中，类脑计算、存算一体、量子计算、数据流 AI 计算都是选择。以效仿人脑开发、事件驱动型的神经拟态芯片为例。由于尽可能模仿了神经元间电脉冲传递的方式，神经拟态芯片天然符合事件驱动机制，且存算一体，在时延和能耗上都有显著降低。
基因编辑	CRISPR 基因技术助力基因编辑可控可靠。 以 CRISPR-Cas9 为代表的基因编辑技术，正在一步步走向成熟，从实验室迈向临床应用。在业界看来，由于可基于病患情况快速且针对性制备患者所需细胞（尤其是同种异体细胞），未来有望推进重大疾病的个性化治疗，并改变过往药物标准化生产及分发的医疗流程。而在合成生物学上的应用，可利用不同的基因控制模块创造更为复杂的生物系统。 分子育种，作为代表领域之一，相较于传统利用表型与自然选择筛选方式，结合基因编辑后可以有目的性地改变物种的应激耐受性、组成、产量、繁殖等性状，缩短物种驯化周期，创造性状更加优良的物种。此外，在辅助其他医疗手段、DNA 存储等领域也正在发挥作用。简单总结，基于基因编辑技术，生命科学研究有望实现“精准规划+精细改造”。

资料来源：人民中科研究院（人民网与中国科学院自动化研究所共同建设的“人工智能技术引擎”和科技成果转化平台）

目 录 | CONTENTS |

第三编　中国企业跨境并购实用手册

附 录

Contents

Appendices

第一编

中国企业跨境并购背景

第一章　全球并购历史

第一节　全球并购概述

企业并购，是一种通过转移公司所有权或控制权的方式实现企业资本扩张和业务发展的经营手段，是企业资本运作的重要方式。并购的实质是一个企业取得另一个企业的资产、股权、经营权或控制权，使一个企业直接或间接对另一个企业发生支配性影响。“并购”一词，事实上为合并（Merger）和收购（Acquisition）的合称。

合并是指两个或两个以上的公司，按照《中华人民共和国公司法》（以下简称《公司法》）所规定的条件和程序，订立合并契约以组成一个公司的法律行为。合并后，被合并公司的法人实体将不再存在。根据《公司法》第一百七十二条规定，有以下两种合并方式。

吸收合并（Statutory）：一个公司吸收其他公司后，被吸收的公司注销。

新设合并（Consolidation）：两个以上公司合并后成立一家新公司并同时注销，只留下新成立的公司。

依照合并双方的主营业务及所处行业相关性，可分为以下 4 种合并方式。

水平式（Horizontal）：又称“横向合并”，属于同一行业中竞争对手间的合并行为，借此扩大规模经济，进而降低成本、提高市占率。

垂直式（Vertical）：也称“纵向合并”，属于同一行业中上下游公司间的合并行为，包括为了掌控稳定的原料来源，由下游并上游的“向前整合”（Forward Integration），以及为了获得固定的销售渠道，由上游并下游的“向后整合”（Backward Integration）两种形式。纵向合并的目的在于降低进入障碍、改善生产流程、降低交易成本等。

集团式（Conglomerate）：合并公司间分别处于不同产业，彼此间无相关业务，借由异业结合实现拓展营运范围，进而多角化经营的策略。

生态圈（Ecosystem）：从互联网行业发展出的新兴模式，突破过往以横向、纵向合并为主的思维，转而构筑以用户、粉丝、流量、连接等作串联，得以自给自足的产业生态圈，并在“互联网+”的提倡下越发兴起，出现了很多以打造生态圈为目标的并购交易。

收购是指收购方为了取得被收购方的资产或经营权，以现金或债券、股票等有价证券，购买其全部或部分资产或股份的经济行为。收购后，被收购方的法人实体仍可延续存在。

按照收购对象可以分为资产收购和股权收购。资产收购（Asset Purchase），即收购公司买下目标公司的全部或部分资产，收购方无须承担目标公司的负债，相对风险较小，也较单纯。股权收购（Stock Purchase）是指投资公司作为股权收购方通过与目标公司股东进行有关目标公司权益的交易，使投资公司成为目标公司的控股股东的投资并购行为。如上所述，合并和收购是有一定区别的。但在实际运用中，合并和收购往往交织在一起，很难严格区分开，我们一般习惯于将二者合在一起使用，简称并购。

并购发起的动机与目的有很多。随着生命周期的发展，当企业历经初创期、成长期至成熟期，若没有投入资源、技术等动能，往往容易停滞不前，甚至走向衰退。因此，企业亟须在面对各阶段的经营挑战时，运用有效战略渡过难关。并购，是企业推动成长或带动转型的战略之一，希望借由企业间的资源整合，发挥“1+1>2”的效果，进而达到永续经营的长期目标。

企业从事并购交易，可能出于以下几种不同的动机。

扩大市场：借由并购获得标的公司的市场份额，以提升市占率，从而提升在行业中的领先地位，或快速切入不熟悉的海外市场，增强国际化布局。

降低成本：通过并购达到规模经济的效果，整合生产过程中所需的设备、人力、管理等资源，从而降低生产成本、提高利润，进一步整合上下游的供应链，即增加原料获取或拓展销售渠道，不仅能有效降低议价成本，更能加强关键技术不外泄的安全性。

引入技术：若企业希望从无到有或持续自主研发技术，往往需要投入大量的金钱、时间和资源，且在高度竞争的高科技产业中，很难抢得先机。因此，企业通过并购的方式能够快速获得先进的生产技术，或是提高既有的技术水平，保持领先优势。

业务转型：当企业在本业已发展到稳定阶段，较难再有突破性成长时，可通过涉足新行业寻求具有更高成长性的机会、拓展市场，同时分散风险，实现多角化策略。

获得短期收益：企业出于财务投资的考虑，通过并购获得价值被低估的公司，并通过改善其经营管理后重新出售，可以在短期内获得巨额收益。

总而言之，并购作为企业的重要战略之一，无外乎为发展战略服务，实现企业业务、资产、财务等方面的结构性调整；或为生产经营服务，实现产品的升级换代、不断扩大市场份额；或为体现企业的价值，实现资本价值的增值。

第二节　全球并购浪潮

全球并购重组浪潮始于19世纪末的美国，并贯穿了整个20世纪，其中前五次并购浪潮主要集中在美国。1897—1904年以横向并购为主；1916—1929年以纵向并购为主；1965—1969年以混合并购为主；1981—1989年以杠杆并购为主；1992—1999年以跨国并购为主。这几次并购浪潮调整了美国的产业结构，奠定了美国在全球经济中的主导地位。美国作为拥有丰富并购经验的国家，其并购发展路径对中国具有一定的借鉴意义。2003—2007年的全球并购以私募基金并购为主，这一阶段的并购聚焦于互联网高科技领域，且中国企业参与了这一波并购浪潮。

一、第一次并购浪潮（1897—1904年）

第一次并购浪潮发生在1883年经济大萧条之后，在1898—1902年达到顶峰，结束于1904年。

彼时，生产技术的变革、铁路系统的发展直接推动了企业选择并购来扩大市场范围，获得市场垄断权利。而股票市场的建立为并购创造了便利的条件，据统计，有近60%的并购交易是在股票交易所进行的。与此同时，法律监管的松懈，特别是反垄断法执行不力，为并购创造了法律条件。

第一次并购浪潮几乎影响了所有行业，特别是矿业和制造行业，但主要集中于金属、食品、石化产品、化工、交通设备、金属制造产品、机械、煤炭8个行业，这些行业的并购约占该时期所有并购的2/3。这一波并购浪潮被称为美国商业领域尤其是制造业领域的“大合并运动”。

第一次并购浪潮的特点是横向并购，即在同一行业或领域内运营的公司（通常作为竞争对手）相互合并，占比高达78%，纵向并购仅占12%。这类并购通常由大公司发起，目标是实现更有效的规模经济，所要合并的公司通常提供相同的产品或服务。横向并购对那些想要建立垄断和市场支配地位的公司特别有吸引力，因为这样的组合带来了更大的合并市场份额。集中资源、做大企业是这个时代的鲜明特征。

1893—1904年，即第一次世界大战开始之前，美国的制造业和运输业巨头由此崛起，钢铁、石油、采矿、铁路行业和电话业等也受益于横向并购。

美国第一次并购浪潮是五次并购浪潮中最重要的一次，也是对美国经济结构影响最深远的一次。它造就了一大批大企业，如今的一些产业巨头就起源于此，包括杜邦、标准石油、通用电气等。第一波并购浪潮为美国工业结构奠定了基础，而且确定了现代企业管理方式的基本模式，即所有权与经营权分离。1903年，美国经济增速放缓，股票市场下滑，第一次并购浪潮也随之结束。

在第一次横向并购的浪潮中，第一例超过 10 亿美元的巨额并购交易出现了——J. P. 摩根创建的美国钢铁公司通过收购安德鲁·卡内基（Andrew Carnegie）创办的卡内基钢铁公司等 785 家独立竞争对手公司，最终形成了钢铁巨人——美国钢铁集团。它的产量曾一度占美国钢铁行业生产总量的 75%。

美国钢铁集团的形成①

自 1860 年开始，大量新的技术和更高效的炼解法的应用，为钢铁产量的大幅提升奠定了基础，极大地促进了美国钢铁业的发展，铁路、机械制造等下游需求的快速增长，也推动了钢铁业的发展。美国钢铁产量由 1860 年的 1.3 万吨增长到 1900 年的 1141 万吨，年均增速为 18%。美国于 1890 年正式超越英国，成为世界最大的钢铁生产国，同时快速实现工业化。但 19 世纪末经济的衰退，使这一时期美国钢铁业面临产能分散、生产管理混乱、行业利润被压缩、整体效率不高的困境。

19 世纪末 20 世纪初，卡内基钢铁公司是世界上最大的钢铁企业。它有 2 万多名员工以及最先进的设备，它的年产量超过了英国的钢铁产量，年收益超过 4000 万美元，而它的最大股东就是美国钢铁大王安德鲁·卡内基。

1898 年，J. P. 摩根进入钢铁业，并组建了钢铁公司，成为业内最大的企业之一。摩根对铁路一向兴趣浓厚，拥有许多铁路权益，包括控股了一条沿北太平洋的铁路，他认为通过钢铁工业对铁轨的供应，能够以一种很自然的方式两头获利。

彼时，卡内基帝国是钢铁工业皇冠上的宝石，卡内基宣称要在俄亥俄州开设自己的钢管厂，直接与摩根的全国钢管公司展开竞争，从而破坏主要厂家之间的非正式卡特尔协议。此外，他还计划建立一条运送钢铁的铁路，直接与摩根拥有大量股份的宾夕法尼亚铁路形成正面竞争。因此，摩根开始筹划对卡内基钢铁公司的收购。

起初，卡内基并不想与摩根合作，来自摩根的挑战激发了他的竞争本能。他指导了一系列的反击。卡内基的反击使摩根集团重新考量他们的策略。最后，他们认为合并比斗争更为明智。摩根会见了卡内基的助手查利斯·斯科沃伯（Charles M. Schwarb），要求合并。斯科沃伯表示愿意考虑，但是他无法保证卡内基也愿意。斯科沃伯与卡内基谈了合并的想法。卡内基抓起一张废纸写下了他心中的价格，当时的天价——4.8 亿美元。卡内基说，把这个给摩根。摩根没有犹豫，不假思索地说："我接受。"几年后，摩根承认，他本来愿意支付更多。卡内基则说："我把工厂卖给你的时候，我犯了个错误。""什么错误？"摩根问道。"我该多要 1 亿美元。""如果你那样做，我会付给你的。"摩根说。

---

① 资料来源：《美国钢铁百年工业史钢厂分布》。

就这样，1901 年，卡内基将旗下的钢铁公司全部卖给了摩根集团，并由摩根集团主导完成了第一次大规模并购，并购后成立了美国钢铁集团，该集团占据了当时美国市场 60%以上的份额，成为美国最大的钢铁生产企业，至今仍是美国三大钢企之一。

美国钢铁公司是第一家价值超过 10 亿美元的美国公司。第一年，美国钢铁公司制造了该国 2/3 的钢铁。它控制了炼钢的全过程：该公司拥有制造钢材的所有材料，自己制造钢材，然后将其变成成品。它也拥有运载铁矿石的船舶，以及遍布全国的其他钢铁公司。

美国钢铁公司不断发展。第一次世界大战极大地刺激了对钢铁的新需求。20 世纪 20 年代，美国钢铁公司年销售额约为 20 亿美元。

大量的横向并购增大了企业规模和部分企业的市场份额，美国 100 家最大的公司规模增长了 400%，控制了全国工业资本的 40%，很多行业产生了具有绝对影响力甚至垄断地位的行业巨头。此次并购约有 40%的美国公司加入，3000 家公司消失。

二、第二次并购浪潮（1916—1929 年）

第二次并购浪潮发生于 20 世纪 20 年代，按照美国学者帕特里克·高根的说法，应为 1916—1929 年。这一时期正是第一次世界大战结束后，西方国家战后重建时期。资本市场逐渐恢复，并为战后重建筹集资本，同时也促进了企业并购蓬勃发展。到 1929 年，股票市场大崩溃之后，企业并购也随之降温。

据 IMAA 统计，1926—1929 年，共有约 4000 件并购案发生。这些并购涉及多个领域，但主要集中在公用事业、制造业、钢铁、石油产品、食品、化工、交通工具等行业。

第二次并购浪潮的主要特点是把一个部门内各环节的企业并购形成一个统一运行的联合体，以节约各环节间的交易费用，即纵向并购。

在第一次并购浪潮中通过横向并购形成的垄断，导致政府出面干预并颁布被称为“反竞争行为”的禁止法律。随着 1914 年《克莱顿法》的颁布实施，横向并购的势头被遏制，纵向和混合并购逐渐占据主导地位。例如，标准石油公司在 1911 年被美国最高法院裁定为非法垄断公司。这导致大量公司转向垂直整合，即纵向并购。

纵向并购在这一时期占整个并购的 70%~80%。纵向并购更多地以效率而不是收入的增加为导向，其整体目标是降低成本并提高公司的效率。这种类型的合并涉及两家公司，它们通常不是竞争对手，而是过去曾经处于两个相邻生产阶段的上下游合作伙伴。

此次浪潮的主要参与者是汽车制造商，如福特公司。这一阶段虽然美国的铁路系统继续发展，但公路运输系统的发展更为显著。通过大规模的纵向并购，企业可把焦炭、生铁、钢材、锻造、铸件、汽车零件、装配以及运输、销售和金融等各个环节组成统一体系，成为美国的巨型企业之一。

这一阶段，大型投资银行起了重要作用。该阶段的另一个特征是大量使用债券对交易进行融资。公司在资本结构中使用大量的债务，这给投资者提供了获得高额回报的机会。但债务融资在经济出现严重的衰退时也会给市场带来极大的风险，1929 年股票市场的崩盘导致的经济危机正是本次并购浪潮终止的重要原因，此后企业暂缓继续扩张，转而关注债务偿还能力。

联合化学公司的纵向并购

美国联合化学股份有限公司是 1920 年尤金·迈耶（Eugene Meyer）和科学家威廉·尼可斯（William Nichols）将 19 世纪建立的 5 家美国化学品公司——巴雷特化工公司（成立于 1858 年）、通用化学公司（成立于 1899 年）、全国苯胺化学公司（成立于 1917 年）、蛋氨酸苏威公司（成立于 1895 年）和附属苏威工艺公司（成立于 1881 年）联合起来，成立的联合化学染料公司。

当时，通用化学公司拥有 12 家硫黄生产企业，巴雷特化工公司销售氨水的副产品以及煤焦油产品，全国苯胺化学公司则是美国最大的燃料销售商。这些公司均处于美国联合化学股份有限公司的上下游。通过收购上下游企业，进行协调管理，美国联合化学股份有限公司获得了良好的经济效益。

通用汽车公司并购历程①

通用汽车公司成立之前，其创始人威廉·杜兰特是别克公司的财务负责人和首席执行官，他的野心是建立自己的汽车王国。1907 年，杜兰特开始与摩根商谈组建巨型汽车企业的计划，企图控制汽车行业，但谈判很快破裂。1907 年 9 月，别克公司与奥兹汽车厂合并，通用汽车公司诞生，成为福特公司的主要竞争对手。

在不到 2 年的时间里，通用汽车公司收购了 28 家公司，主要是汽车整车厂和各种生产汽车零部件的厂商，比如生产车身的巴迪公司、生产车轴的韦斯顿—莫特公司。通用汽车公司以 300 万美元的价格收购奥兹汽车公司，拥有了第二条生产线；以 475 万美元的价格收购了凯迪拉克汽车公司。它还购买了 2 家拖拉机制造公司。1918 年，通用汽车公司通过换股和支付现金 2 种方式，兼并了联合汽车公司。公司已成为美国最大的汽车公司。为了稳住自己在通用汽车公司的地位，杜兰特引入了杜邦财团的资本。1919 年，通用汽车公司在底特律建起了当时世界上最大的办公大楼，又继续收购了几家汽车零配件生产厂家，以及瓜地亚冷冻机公司，并且组建了一家通用汽车票据承兑

① 资料来源：《高级财务管理》。

公司。这一年，通用汽车公司还出资2800万美元购买了当时美国最大的制造汽车车身的生产厂家——费希尔公司60%的股份，并以股权委托的形式与费希尔兄弟共同分享对这家公司的控制权。

1920年，公司的财务再次由于过度收购而出现危机，大批成品汽车堆积在库房里，占用的资金额高达8490万美元。公司股价由此大幅下跌，当年7月暴跌到每股20.5美元的新低点。曾允诺负责稳定该公司股价的摩根公司此时却没有履行用1000万美元来稳定股市的诺言，仅让其领导的银行辛迪加投入200万美元，因而未能阻止公司股价的下跌趋势。为了维持股价，杜兰特将能够获得的资金全部用来收购抛向市场的公司股票。当资金耗尽时，他就以自己持有的公司股票为抵押向银行贷款。但最终仍未能遏制公司股票下跌，杜兰特本人反而因此陷入濒临破产的境地。到1920年11月，他已欠下了近3000万美元的贷款债务。1921年11月18日，由于筹集不到第二天股市开盘前急需的94万美元，杜兰特被迫通知公司2家最大的股东——摩根公司和杜邦公司，要求摩根公司按照当天股市的收盘价，即以每股12美元的价格收购自己持有的110万股通用汽车公司股票。但是，最终收购价格仅为每股9.5美元，远低于当时的市价。在杜邦公司和摩根公司的合作安排下，摩根公司发行了3500万美元的债务，以此买下了杜兰特拥有的通用汽车公司的全部股份和债务，从而使杜邦公司拥有的通用汽车公司的股份占该公司全部普通股的35.8%。杜兰特从此永远地离开了他创办的通用汽车公司。

1920年12月，皮埃尔·杜邦就任通用汽车公司董事长兼总经理，此后他依靠阿尔弗雷德·斯隆（1924年，斯隆接替皮埃尔担任通用汽车公司总裁，直到1956年退休）等一批年轻的管理人员对通用汽车公司的管理方式和管理机构进行了深入的改革。通用汽车公司由此进入了一个大规模重组的时代。斯隆认为，通用汽车公司应采取“分散经营，协调控制”的组织管理体制。1921年1月，斯隆改组通用汽车公司的计划开始推行。

斯隆上任后，不仅落实了新的管理理念与制度，还进一步开展了公司的并购活动。1925年，通用汽车公司将其卡车生产部门的资产转移到了一个新组建的厂家——黄色卡车长途公共汽车制造公司中，以便集中公司的力量从事小轿车的生产。1925年，公司分别以257.3万美元和333.6万美元的价格收购了英国的沃克斯豪尔公司和德国的亚当奥佩尔公司。1926年，公司又以换股的方式购买了费希尔公司其余40%的股份，从而将该公司全部股份收购到手。

到1927年，通用汽车公司的销售额和盈利超过福特公司，成为美国最大的汽车企业。从1931年起，它在小轿车生产领域开始居于领先地位。

三、第三次并购浪潮（1965—1969年）

受美国经济大萧条和第二次世界大战的影响，第二次并购浪潮之后美国企业的并购速度明显放缓。由于战后科技的发展，特别是电子计算机、激光、宇航、核能和合成材料等部门的兴起对生产力的发展起到了极大的推动作用，美国在20世纪60年代经历了战后最长的一次经济大繁荣。

第三次并购浪潮发生在20世纪60年代，是美国经济增长的黄金时期。持续的经济高涨使人的预期乐观，同时也使企业并购的数量快速增长。

这次并购浪潮以混合并购为主。1950年《塞勒—凯佛维法》对《克莱顿法》的修改，使此次并购浪潮中横向并购和纵向并购的数量大为减少。大多数收购者是小规模或中等规模的企业，它们采用多元化战略进入传统行业以外的业务领域，被兼并的也是小规模或中等规模的企业。因为多元化经营能在一定程度上分散风险，提高经营的稳定性。可以说，第三次并购浪潮开创了多元化并购的时代。美国联邦委员会的数据显示，1967—1978年，多元化并购的数量占比接近80%。

多元化并购的方式导致大企业集团的兴起，这些集团通常由许多公司组成，而这些公司涉及各个业务领域，它们可能不属于同一个行业，产品或服务也可能有很大的差别，甚至彼此无关。林—泰姆科—沃伊特公司（LTV）、通用电气公司（General Electric Company）、德事隆集团（Textron）、利顿产业公司（Litton Industries）、美国国际电话电报公司（ITT）等，都是在第三次并购浪潮中出现的业务范围极其广泛的集团企业。但由于这些企业采取分散经营的策略，市场的集中度并没有实质性的提高。

在这次并购浪潮中，股权仍是最主要的融资来源。并购通过股票交易进行融资不需要纳税，在这一点上，股票收购要优于现金收购。同时，差别市盈率的使用促进了通过股票融资实施收购的方式发展。

这一时期的许多混合并购由财务操纵引发，根据当时的会计准则，如果被收购的公司拥有一些账面价值远远低于市场价值的资产，收购方就有机会获得账面收益。当收购方卖掉这些资产时，获得的收益记入账中。保险公司的许多资产价值被低估，使这些公司对大公司来说具有很大的吸引力。

美国可口可乐公司的多元化并购

可口可乐公司作为一家成立于19世纪末的老牌饮料公司，旗下的饮料畅销全世界。但你大概难以想象，这家公司还经营过啤酒、咖啡、体育、文化娱乐等业务。事实上，从1886年成立到20世纪50年代，可口可乐公司确实一心一意在生产和经营主营产品。但在20世纪60年代之后的第三次并购浪潮中，可口可乐公司也开始尝试多元化的收购和经营。

1960年，可口可乐公司并购了密纽特·梅德冷冻果汁公司；1961年，并购了主营咖啡的邓肯食品公司；1970 年，收购了化学溶液公司；1977 年，收购了生产塑料薄膜包装材料的普莱斯托产品公司以及泰勒啤酒公司；20 世纪 70 年代，又并购了各国多家装瓶厂。除此之外，从 20 世纪 70 年代到 80 年代，可口可乐公司还通过并购将其业务扩展到了其他许多“无关联”的工业、文化娱乐、体育和社会公益等领域。比如 1982 年，公司斥资 7.5 亿美元收购哥伦比亚制片厂。1985 年，可口可乐公司收购了赫赫有名的电视节目制作公司使者通讯公司的全部产权。1986 年又收购了默芜·格里芬制作公司。

公司的本意是希望为可口可乐建立更加良好的形象。但是，这些投资给公司股东的回报其实很少，其资本收益率仅为 1%。到了 20 世纪 80 年代中期，可口可乐公司终于集中精力关注主营业务，才使利润直线上升。

通用电气公司的多元化并购战略

通用电气公司（GE）是世界上最大的多元化服务性公司。从 1878 年爱迪生擎白炽灯登上电力世界舞台，到 20 世纪 60 年代，GE 拓展至电力、军工、核能和航天航空等五大业务集团，近百年间，GE 形成了罕有匹敌的创新机制。在爱迪生、汤姆生创业时期，GE 就开始了创新的历程。

欧文·扬主政期间，GE 成功转型为电器生产型企业，不仅确立了公司在这一领域内的领导者地位，而且加速了美国农业、工业和交通的电气化进程。欧文·扬还将 GE 的业务拓展到大众消费领域，如洗衣机、收音机、空调等，为公司在普通民众中赢得了声望。

在欧文·扬之后，查尔斯·威尔逊（Charles Wilson）在第二次世界大战期间积极调整 GE 的生产方向和产能，有效发展了飞机、船舶及其他军工制造业务。这为 GE 之后的多元化打下了基础。此外，GE 第四任 CEO 拉尔夫·科迪纳尔（Ralph J. Cordiner）建立的 GE 分权体制，为日后多元化事业的发展扫清了制度障碍。

20 世纪 60 年代中后期，弗雷德·博奇（Fred Borch）开始执掌通用电气，他在 1963—1967 年担任总裁，1967—1972 年担任董事长兼 CEO，先后在原子能、飞机引擎和电子计算机三个业务上进行“豪赌”，虽然电子计算机与核能业务最终失败，但通用电气在航空发动机领域获得了极大的成功，为 GE 在之后 30 年间带来数千亿美元的航空发动机销售和服务合同。

然而，这次浪潮并没有持续太久。美国股价在 20 世纪 70 年代初因石油危机而暴跌。1968 年美国国会以反垄断和税收竞争为由开始提出反对混合性集团公司。1969 年通过的《税收改革法》限制使用可转债为收购融资，该法案规定，必须在全面稀释的基础上计算 EPS，如同债务已经转换成普通股。不利的公共政策环境削减了混合性公司的股票价格。以上种种原因，导致了第三次浪潮的结束。

四、第四次并购浪潮（1981—1989 年）

第四次并购浪潮横跨整个 20 世纪 80 年代。尽管并购的速度由于经济的衰退在 1982 年再次减缓，到 1984 年，一次强劲的并购浪潮还是形成了。第四次并购浪潮与其他三次浪潮的不同之处在于，并购市场成了金融买家的天下，为杠杆收购（指借助债务融资进行的企业收购）打开了空间，同时也推动了“垃圾债券”的兴起。以“垃圾债券”为代表的新型融资工具推动了这次战略驱动型资产重组，并购的最终目的也不再是管理公司，而是从企业买卖中获利。

这次并购浪潮相对稳定，主要以实施多元化的经营战略为具体形式，并购规模较大，跨国并购明显增加。比如 1987 年，英资公司 British Petroleum 以 78 亿美元的价格吞并美国公司 Standard Oil of Ohio。并购行业集中于石油、航空、医药、金融等行业。

这次并购浪潮最突出的特点是杠杆收购快速增加。随着“垃圾债券”的广泛应用，小公司可以用杠杆融资方式筹措巨资进行收购活动，由此产生了很多“蛇吞象”的案例。

KKR 以 250 亿美元收购雷诺兹

1988 年，KKR 以 250 亿美元收购食品和烟草大王雷诺兹公司（RJR Nabisco），这是第四次并购浪潮中规模最大的并购。这一被称为“世纪大收购”的恶意杠杆收购，令盛极一时的雷诺兹元气大伤，至今仍难以复原。

作为当时美国仅次于菲利普·莫里斯的烟草生产企业，雷诺兹每年仍能产生 10 亿美元现金利润。但是公司的 CEO 罗斯·约翰逊（Ross Johnson）拿着巨额的经理津贴，却毫不重视股东利益。1988 年 10 月 19 日，约翰逊在美国运通公司、希尔森—莱曼—赫顿公司、所罗门兄弟公司等投资银行的支持下，提出以每股 75 美元的价格收购公司的方案。但代表雷诺兹方面利益的股东与约翰逊不和，对他提出的收购方案迟迟不作表决。

不久，听到风声的华尔街“杠杆收购之王”KKR 加入了雷诺兹公司的收购战。1989 年 2 月 9 日，KKR 以 250 亿美元的天价完成了对雷诺兹的收购，超过 200 名律师和银行家与会签署了收购合同，华尔街的大牌投行美林、摩根士丹利、垃圾债券大王迈克尔·米尔肯（Michael Milken）和德崇（Drexel Burnham Lambert）均参与其中。

在收购投入的资金中，辛迪加银团贷款 145 亿美元；德崇和美林提供了 50 亿美元的过桥贷款；KKR 本身提供了 20 亿美元（其中 15 亿美元作为股本），另外提供 41 亿美元作为优先股，18 亿美元作为可转债券，并且接收了雷诺兹所欠的 48 亿美元外债。

在整个收购案中，KKR付出的代价极小。由于公司发行了大量垃圾债券进行融资，并承诺在未来用出售被收购公司资产的办法来偿还债务，因此这次收购资金的规模虽然超过250亿美元，但其中KKR使用的现金还不到20亿美元。当时很多杠杆收购是由类似KKR这样的金融买家主导的。这些金融买家的并购对象主要是利润下降、公司治理不佳、股价被低估的生产性企业，完成收购后对企业进行整顿，然后再次卖出。

不过，高成交额并没有带来理想中的收购结果。雷诺兹公司在被收购后并没有重整旗鼓，而是一蹶不振。2003年上半年，雷诺兹的销售额比前一年下降了18%，仅为26亿美元，而营业利润下降了59%，为2.75亿美元。2005年KKR出售了所持有的雷诺兹的所有股权，收益率平平。

在这波浪潮中，投资银行发挥了积极的作用，它们发放大笔现金，以帮助客户进行敌意收购。它们还看到了新市场的发展，其中迈克尔·米尔肯发明的垃圾债券是这一时期最具影响力的金融创新。

第四次并购浪潮的另一个重要特征是超级并购的诞生。相比其他三次并购浪潮，这次并购浪潮的不同之处在于目标公司的规模和知名度。20世纪80年代有一些超大型的公司成为收购的目标，其中包括雷诺兹、海湾石油、卡夫、施贵宝、格蒂石油公司、大陆石油公司等。第四次并购浪潮逐渐演变成一场史无前例的超级并购狂潮。在这10年内，并购的总价值急剧上升，交易的平均规模也显著增加，最大的10笔交易中，每笔都超过了60亿美元。

第四次浪潮的结束发生在1989年，当时银行过于频繁地放贷，高通胀率也意味着借贷成本太高。而1987年股市崩盘使这种情况更加严重，许多公司被迫关门。因海湾战争而产生的经济衰退对这次并购活动起到了抑制作用。有力的接管防御的发展、反接管法律的规定、垃圾债券市场的衰退和经济的低迷，所有这些因素导致了这次并购浪潮的结束。

五、第五次并购浪潮（1992—1999年）

第五次并购浪潮发生于20世纪90年代，一般认为始于海湾战争结束后的1992年，美国经济复苏的势头强劲，股票市场也开始回暖，整体到2000年达到顶峰。但随着美国经济增长放缓，并购活动在2001年开始下滑。此次并购浪潮主要发生在信息、民航、铁路、军工和金融等行业。无论是并购企业还是目标企业的规模都很大。

与第一次并购浪潮相仿，这次并购浪潮以加强核心业务能力的横向并购为主要形式，许多规模巨大的并购活动都发生在行业内部，企业追求规模效应或优势互补，增强自身的竞争力。例如，美国的飞机业巨头波音公司以133亿美元并购另一业内巨头麦道公司，组成了世界上最大的飞机制造公司，其资产总额高达500亿美元，成为占世界民用客机75%市场份额的最大飞机制造商。花旗银行与旅行者集团公司合并成为世界上最大的金融服务公司，交易金额高达830亿美元。

此次并购浪潮的另一个特点是跨国并购活跃（涉及外国投资者获得被收购公司控股权的收购类型）。20世纪90年代，许多企业对更大的经济规模表现出贪婪，创建了庞大的跨国公司和企业集团。它们相信企业规模越大，在市场上的主导地位就越强。外国投资者开始进入美国市场（反之亦然）。大部分企业认为跨境交易是进入其他国家市场并在国际乃至全球范围内建立主导地位的绝佳机会。

历史上最大的并购交易很多都发生在第五次并购浪潮中。其中一个跨界并购的例子是1999年6月29日英国沃达丰（Vodafone）收购美国AirTouch通信公司之后，改名为“Vodafone AirTouch”，并紧接着收购了德国电话、互联网巨头曼内斯曼。

英国沃达丰合并德国曼内斯曼

沃达丰于1982年成立，早期是英国拉考尔电子公司的一个移动电话技术部门，1985年独立，建立了英国第一个模拟信号网络，1987年沃达丰已经被认为是世界上最大的移动通信服务公司之一。

继和美国的AirTouch通信公司合并后，1999年11月19日，沃达丰宣布将收购德国曼内斯曼公司，却遭到了来自德国方面的强烈“反抗”——曼内斯曼公司领导层将其视为“敌意收购”予以坚决拒绝。在1个月内，曼内斯曼公司先后2次断然拒绝了沃达丰公司的并购报价，其理由是沃达丰公司采取了换股的交易方式，而不是以现金支付，这样股东要承担太大的风险。曼内斯曼公司的员工也“同仇敌忾”地在公司总部的办公大厦上打出了拒绝并购的标语。此外，德国民众从心理上无法接受德国的老牌工业集团被英国的后起之秀收购。

但沃达丰并不死心，首先，其开出303欧元/股的报价，比市价高出50%；其次，承诺曼内斯曼公司股东将占有并购以后新公司49.5%的股份；最后，给予曼内斯曼公司总裁和几个高管共5600万欧元的补偿费，仅总裁一人就得到3000万欧元。最终结果是，在沃达丰强大的金钱攻势下，2000年2月3日，曼内斯曼公司监事会正式批准了这次德国经济史上规模最大的企业并购。合并后的公司成为仅次于美国微软、通用电气和西斯科的世界第四大电信公司，也一跃成为欧美市场第一大电信服务公司。

沃达丰的成功，首先是立足于移动通信市场的成功，在移动通信取代传统固话通信市场的大环境格局下获得了飞跃式的发展；其次是金融并购策略的成功，通过“英国—美国—德国”三大市场的规模扩张战略获得进一步的规模优势，从此跻身顶尖企业行列。

与此同时，天然气和石油行业也十分活跃。埃克森美孚（Exxon Mobil）和美孚的合并使埃克森美孚成为目前世界上最大的石油公司之一。

世界最大的石油公司之一——埃克森美孚

埃克森美孚和美孚是两家独立的美国石油公司，于1998年合并成为埃克森美孚公司。它创造了世界上最大的石油公司，并因此降低了成本。新公司成立后做的第一件事就是将员工人数减少7%（9000名工人），因为一些工人做的其实是重复性工作。这大大降低了埃克森美孚的运营成本。同时，合并导致石油行业的竞争减少，这意味着产品价格比之前两家公司竞争时还要低。公司表示，尽管当时油价下跌，合并仍能帮助公司增强能力，成为有力的全球竞争者。该次合并是横向合并的一个例子，因为两家公司处于同一生产阶段，合并最终导致成本削减并节省了38亿美元。

石油工业的发展被迫适应全球化，转型和技术创新产生了巨大的变革。在石油行业的交易中，53%的交易来自跨国贸易，占世界贸易数量的10%，数量超过了任何其他商品。在市场范围内，石油品种和管道需求以及其他专业分销和营销设施导致地理市场的进一步细分。

埃克森美孚的合并于1999年11月30日完成。通过联合、互补资产，埃克森美孚在世界范围内拥有更强的地位，最大限度地发现未来石油、天然气的潜力。

2001年初，埃克森美孚的运营协同效益约为28亿美元，额外的协同效益来自在全球范围内运营各公司的业务实践。不久之后，在该公司的新闻发布会上，埃克森美孚报告称协同效益达到了46亿美元。到2002年，协同效益达70亿美元。

埃克森美孚的现金流量在2000年达到创纪录的290亿美元，几乎是1999年的2倍。在2000年的财务报告中，埃克森美孚表示，“大量现金流为工厂和投资提供了超过100亿美元的额外资金，并通过股息和股票购买使公司能够向股东返还大约80亿美元”。快速增加的现金流使该公司偿还了60亿美元的债务，而现金余额增加了50亿美元。因此，2001年埃克森美孚公司指出，“2000年年终债务占总资本的比例下降至15%，净债务（扣除全部资金）占净资本的百分比降至8%”。

六、第六次并购浪潮（2003—2007年）

第六次并购浪潮在2003年互联网泡沫破灭、第五次并购浪潮结束3年后发生，并于2006年达到顶峰，在2007年次贷危机后渐渐退去。

这一阶段的并购聚焦于互联网高科技领域。此次并购浪潮由美国信息产业等的高新技术企业主导，这些信息技术企业依托并购策略实现短期“跨越式”发展，培育了新经济时代以信息技术为核心、富有生命力的微观主体——Internet 巨无霸或网络航母。

私募股权兴起。此次并购浪潮得益于美联储低利率刺激经济的措施，使市场中涌入大量美元，企业拥有较为充足的现金流。低利率也推动了私募股权基金数量的增长，杠杆收购更为便宜。此外，股票市场的蓬勃发展聚集了大量可用资金，助推并购交易。

高估值和股东积极主义破坏交易价值。并购交易在高流动性和资本廉价的市场环境中成倍增加，但也产生扭曲：投机动机和缺乏感知风险的能力导致标的公司或资产最终被高估，大量资产处于“腐烂”境地。此外，股东参与公司管理决策程度提高，通过简单行使对管理层的所有权，他们对公司施加更大的影响力，而在不擅长领域的过多干涉易造成整合后经营困难。

中国未赶上前五次并购浪潮，但国内的一些国有企业或大型企业参与了第六次并购浪潮。2001 年，中国加入世界贸易组织后，限制外资的高墙逐渐倒塌，内资“走出去”也更为便利，中国经济呈现出相对稳定的发展态势。2002 年以后，中国的并购活动不断升温，中国移动凭借收购八省移动公司数百亿美元资产跻身全球并购强企之列；在海外投资领域，中海油拓展原油市场、宝钢涉足巴西钢铁业、TCL 集团与法国汤姆逊成立合资企业进军欧洲彩电业等跨境并购举措预示着中国企业积极融入新的并购浪潮中，其中联想“小鱼吃大鱼”并购 IBM PC 业务，将中国企业跨国并购演绎到了极致。

全球领先网络解决方案提供商思科公司的并购之道

思科公司是全球最大的路由器供应商，也是全球领先的互联网解决方案提供者，它的网络设备和应用方案将世界各地的人、计算机设备以及网络连接起来，使人们能够随时随地利用各种设备传送信息。自 1984 年两位创始人在斯坦福大学成立思科公司后，公司发展历程被外界称为“并购发动机”式的发展，思科的成功就是一个又一个“并购”企划的成功。

思科公司没有走研发的路子，它在 1993 年以 8900 万美元收购高效能工作群组系统公司 Crescendo 通信公司后的 20 多年里，采取并购这一更快捷有效的方式，迅速发展成为世界 500 强企业。现有统计资料显示，2008 年以前，思科公司前后收购了 122 家企业，其中，2003—2008 年收购数量占比 40%，这些企业基本上都是具有相当大发展潜力的高科技企业，它们的技术优势当时为思科公司所缺乏，这些技术优势提升了思科公司整体的核心竞争力，同时使思科公司夺取了更大的市场份额。总而言之，不间断地并购使思科公司永远走在行业前端。

例如，2003 年 3 月，思科公司以 5 亿美元收购了 Linksys 公司。该公司是一家为小型或家庭网络提供先进设备的供应商，在被收购之时，Linksys 公司已居于家庭网络产品市场的领导地位，拥有 38%的市场份额。当时思科公司认为，家庭网络市场相比企业和电信运营市场是一个新兴市场。此次收购后，思科公司正式进入家用消费网络市场，2003 年的净收入同比增长 0.6%。

此外，思科公司青睐采取换股并购的财务管理方式，即以并购公司的股票作为支付手段换取标的公司的股票。在美国，采取换股并购不仅比现金并购方式更节约交易成本，而且可以在财务上合理避税和产生股票预期增长效应。现金购买通常是应税交易，而股票购买则是免税的。

第三节　当下全球并购特征

受 2008 年金融危机影响，全球跨境并购金额出现暂时性的萎缩，随着美国、欧盟等国家和地区经济出现弱复苏迹象，全球跨境并购金额不断升高，第七次全球并购浪潮就在这样的后金融危机时代产生了。这一次全球并购的浪潮发生在 2008 年金融危机之后，整体的商业环境不佳，同时，受到政治和监管政策的影响，这次并购呈现的特点是对风险规避和企业有机增长的关注。

根据 Patrick Foulis 的判断，全球第七次并购浪潮始于 2012 年。2008 年金融危机后，全球并购活动跌入低值，此后一直处于放缓状态，但从 2012 年开始，全球并购交易开始缓慢增长，直至 2015 年达到峰值，Patrick Foulis 的判断基本符合全球并购情况。编者认为，这一轮并购浪潮从 2017 年开始渐渐消退。

2008 年金融危机后，美国蔓延至欧洲乃至全球的股东积极主义①，使公司治理不断完善，管控风险力度加大，股东价值提升，激发了企业投资积极性，致使近年全球并购活动增多。从 2013 年开始，巨型并购交易不断涌现，竞购大战层出不穷，巨型交易的恶意收购屡屡发生，跨境并购交易比例不断上升，发展中经济体在跨境交易中日益活跃。2014 年，全球企业并购交易达到 2008 年金融危机爆发以来的最高水平，2015 年出现全球史上最高并购交易额 58710.17 亿美元，2016 年出现全球史上第三高并购交易额 48928 亿美元（见表 1-1），仅次于 2007 年 49000 亿美元的交易额。但全球并购的数量和价值在 2017 年出现下降，2017 年总共有 96082 个交易，价值合计 47410 亿美元。

---

① 股东积极主义是指外部股东积极干预、参与公司重大经营决策以将股东权益最大化的行为，是近年来在世界各地兴起的潮流。

表 1-1 2012—2022 年全球并购交易数量与金额

年份	交易数量/个	交易金额/亿美元
2012	85325	33295
2013	92741	36988
2014	102746	48119
2015	109615	58710
2016	104559	48928
2017	96082	47410
2018	51664	37040
2019	50080	34370
2020	50441	32290
2021	65643	52680
2022	54452	33020

资料来源：Refinitiv、Dealogic、PwC analysis。

处于后金融危机时代的第七次全球并购浪潮具有与前几次浪潮不同的特征。

一、并购主体多元化

在这一次浪潮中，“金砖国家” 正在走向并购活动的最前沿，以弱并强、新兴市场国家并购发达国家成为此次并购浪潮的新特征。其中，中国是此次浪潮新兴市场国家海外并购的主要力量。种种迹象表明，中国是这次浪潮的“弄潮儿”。据商务部、外汇局统计，2022 年，中国全行业对外直接投资 1465 亿美元，较上年同期增长 0.9%。其中，我国境内投资者共对全球 160 个国家和地区的 6430 家境外企业进行了非金融类直接投资，累计投资 7859.4 亿元人民币 ，增长 7.2%（折合 1168.5 亿美元，增长 2.8%），连续十年位列全球前三。中国对外直接投资保持平稳发展，虽然中国海外并购总金额因为外部环境继续下降，但对部分地区和行业交易活跃度有所回升，当今中国成为世界前三大对外投资地。

2013 年至今，全球并购不仅以大企业为主，中小企业也越来越多地参与到并购浪潮之中。以中国为例，其中最大的变化是以往以国企占多数的海外并购逐渐演变成民企唱“主角”。并购主体不再局限于中石油、中石化等超大型国有上市公司，一批民营上市公司开始崭露头角。数据显示，2014 年上半年中国民营企业在海外并购的交易金额已经达到了 137 亿美元，相比 2013 年下半年的 43 亿美元，环比增幅达到 200%；2017 年第一季度的海外并购交易，83%是由民营企业参与发起的。无疑，在第七次并购浪潮中，中国发展迅猛的民营公司崭露头角。

二、跨行业整合活动增加

在这次浪潮下，传统行业之间的界限越来越模糊，相对落后的产业并购相对先进的产业，越来越多的企业希望借力科技变革，为自身贴上“互联网+”“人工智能+”等标签。比如，零售行业线上线下渠道的融合亟须数字技术推动，造成一批传统零售企业与电商的兼并融合。

传统零售商在目睹竞争越来越激烈的线下营销后，开始着手与电商结合。2016 年，联合利华以 10 亿美元的价格收购了男性护理品订购服务商 Dollar Shave Club。同样在 2016 年，沃尔玛以高额溢价（33 亿美元）迅速收购了 Jet. com，目的是加强其电子商务以便增强与亚马逊的竞争力。这笔交易大大弥补了沃尔玛在电子商务中的缺失，2016 年，沃尔玛的全球电子商务销售额比 2015 年增长了 15%。值得关注的是，沃尔玛在 2016 年逐渐拓展自己在中国的布局。2016 年底，沃尔玛再次增持京东股份，由 5% 增加到 12. 1%，成为京东第三大股东。沃尔玛旗下山姆会员商店、全球官方旗舰店，以及全球购官方旗舰店也相继入驻京东。沃尔玛看中的是京东的电商经验和能力。京东旗下本地即时物流和生鲜商超 O2O 平台“新达达”还获得沃尔玛 5000 万美元战略投资，整合其在 O2O 到家服务、物流和零售领域的优势。

到了 2017 年，沃尔玛又先后收购了鞋履电商 ShoeBuy、户外服饰装备零售商 Moosejaw、女性时尚电商 ModCloth、在线男装品牌 Bonobos 和纽约物流公司当日达（Parcel）快递业务，旨在拓展其线上零售产业链。2018 年 6 月，谷歌与法国连锁超市家乐福达成合作协议，在线销售杂货，这是家乐福第一次通过互联网巨头谷歌的平台销售新鲜食品。

在“互联网+”并购火热进行的同时，科技巨头在人工智能领域早已开始并购大战。其中，对“人工智能热”情有独钟的当属谷歌。一直以来，谷歌从不吝惜在人工智能上的投入。据不完全统计，2006—2017 年，谷歌收购的人工智能公司达 18 家之多。人工智能软件 DeepMind 于 2014 年 1 月 26 日被谷歌收购；类似 Siri 的对话式智慧助理平台 api. ai 于 2016 年 9 月 19 日被谷歌收购；2017 年，谷歌收购了数据科学家、机器学习开发者社区 Kaggle；2018 年 1 月，谷歌以 11 亿美元完成对 HTC 智能手机 Pixel 团队的收购，这笔交易大大推动了谷歌硬件业务的发展。此外，谷歌在中国台北建立了全新的工程基地，成为该区域最大的工程基地，未来，谷歌很有可能在这里打造出新产品。

三、私募股权投资增长强劲，大型资本行动主义回归

1971 年硅谷诞生，同年纳斯达克成立，1972 年出现了全球第一个风投公司——红杉资本，继而包括微软、苹果、思科在内的一些企业开始繁荣发展。此后，私募股权基金成为美国创新经济崛起的推手。传统私募股权基金平均投资持股期限为 3~5 年。但新型的私募股权基金的期限是传统基金的 2 倍，这有利于减轻短期投资的压力，并保持进行大额交易的能力。私募股权投资在 2017 年开始活跃，日后将在资产竞争中扮演更重要的角色。

手握重金，在全球捕捉投资和并购目标，私募股权基金正是投资界的顶级“掠食者”。

自 2016 年下半年以来，一些巨无霸基金陆续登上舞台也格外引人注目。例如，目标 1000 亿美元的软银愿景基金（Softbank Vision Fund）、目标 400 亿美元的黑石基础设施Ⅰ期基金、目标 3500 亿元人民币（约合 500 亿美元）的中国国有企业结构调整基金、目标 2000 亿元人民币（约合 290 亿美元）的中国国有资本风险投资基金等。2017 年第二季度，已经封闭的 PE 基金的季度平均单只融资规模接近 6 亿美元，相当于 2012—2014 年平均水平的 2 倍，且过半的基金募集额度超过当初目标。单笔规模的上升反映出私募股权行业的集中度不断提高。

在 2016 年百大跨境并购交易中，私募股权基金参与的交易有 20 个，交易金额从几亿美元到几十亿美元不等。最典型的为 2016 年 12 月底艾派克联合 PAG（太盟投资）、君联资本完成对 Lexmark 的并购。艾派克通过“上市公司+PE”等模式的运用，完成了“自有资金+PE 投资+银行贷款+股东借款+发行私募 EB”等多种方式的融资，从而实现了资产体量规模相差约 8 倍的“蛇吞象”收购。在这次收购中，太盟投资和君联资本现金出资超过 11 亿美元，覆盖了此次交易金额的 42%。艾派克以自有资金和向控股股东赛纳科技借款，现金出资 11.9 亿美元，占交易金额的 44%，其中控股股东赛纳科技发行私募 EB（私募可交换债）募集 60 亿元人民币。其他交易所需款项由艾派克开曼子公司和合并子公司向银行贷款，获中国银行和中信银行近 16 亿美元授信。

无法回避的是，许多私募股权投资者在 2017 年面临着部署资本的压力。在企业间对优质资产的激烈竞争的环境中，另类投资者（例如养老基金、主权财富基金、家族办公室）可能会愿意支付更高的交易倍数并贡献更多的股权来完成交易。

从行业来看，生命科技、制药、医疗设备、医疗保健越来越受到私募股权基金的青睐。根据咨询机构贝恩的统计数据，2017 年亚洲地区的医疗健康领域私募股权基金参与的并购交易共有 61 个，交易金额达到 72 亿美元，创下自 2001 年以来的历史新高。其中，中国注册的私募股权基金 2017 年参与的这类交易金额达到 48 亿美元。

四、催生重塑行业格局的大额交易

2014 年，企业并购活动飙升至金融危机爆发以来的最高水平，超大并购案以强劲的势头卷土重来。处于历史低位的借款利率、活跃的资本市场和抬高的股价，催生了可能重塑行业格局的大额交易。

2015 年正值全球并购活动的巅峰时期，在这一年中全球并购交易的数量和金额都处于这次并购浪潮的峰值。以美国为代表，美国的跨国并购逐渐成为各个行业巨型航母之间的整合。根据 2015 年底的数据，美国依然领军全球跨境并购的收购方，多个交易的金额在 100 亿美元以上，全球金额最大的 10 个并购交易中，有 7 个交易由美国企业发起，最大的 1 个为辉瑞制药（Pfizer，NYSE：PFE）以 1600 亿美元的价格并购艾尔建（Allergan），这是医疗保健行业有史以来最大规模的并购交易，其余 6 个交易均为美国企业之间的并购。

在 2016—2017 年的并购交易中，美国的大额并购交易在交易排名中依然占有一席之地。例如，2017 年 12 月，美国连锁药店运营商 CVS Health Corp 以 690 亿美元收购美国医疗保险公司 Aetna，希望通过药店的低成本医疗服务来解决医疗费用的大幅增长问题。Aetna 的股东将拥有合并后公司约 22%的股份，而 CVS 股东将拥有剩余股份。工业气体集团德国林德（Linde）与美国普莱克斯（Praxair）在 2016 年 12 月签署持股对等的全股票合并协议，普莱克斯同意以 378.61 亿美元收购德国林德。合并后的公司将成为全球工业气体行业的领导者，按 2016 年业绩计算的合并营收约为 290 亿美元，股票市值超过 700 亿美元。

在此期间，非美国并购交易的大额交易也屡屡达成。2016 年 7 月，日本软银（SoftBank Group Corp.）同意以 243 亿英镑（约合 320 亿美元）收购英国杰出的科技企业 ARM Holdings plc，押注这家智能手机芯片设计商，助其成为物联网市场的领军者。这成为英国脱欧公投后的首个大型并购交易，也是当时对欧洲科技企业的最高金额的一笔收购。2016 年 2 月，中国化工集团宣布同意通过公开要约收购瑞士农化和种子公司先正达（Syngenta），总收购额达 430 亿美元。2017 年 6 月，中国主权财富基金——中国投资有限责任公司（China Investment Corporation，CIC）买下欧洲最大的仓储物流公司 Logicor，交易金额达 122.50 亿欧元。

五、企业家对购买增长①的信心增加，全球跨境并购新兴市场成为趋势

2008 年金融危机之后的商业环境正在发生变化，其特点是风险规避和对企业有机增长的关注。在一个更加动荡的市场增长时代，越来越多的企业开始明白，这个动荡的世界拥有新的成长标准，因为总会有国家难以履行其主权债务兑付。在这样的环境中，可能无法仅依靠有机增长和成本削减来提供积极的财务绩效。企业通过收购来补充有机增长，可以获得新的地区市场、产品和技术诀窍，同时受益于持续的低资金成本。全球收购机构利用战略组合扩大其地理范围和创新功能，例如，高通公司收购恩智浦的拟议交易半导体，中国化工集团收购先正达，伦敦证券交易所合并德国交易所集团和 AT&T 收购时代华纳。管理者似乎再次相信购买增长比建立增长②更容易。

此外，对于中国资本而言，选择跨境并购首先考虑的是地域。不同国家的经济发展水平千差万别，但总体可以分为两类：成熟市场，是指西欧、北美、日本、新西兰、

---

① 购买增长：消除增长过慢问题的最积极方法是购买增长。管理者为了证明自己的管理能力、保留优秀雇员、避免被企业收购，常常试图采取多元化的经营战略，将多余的现金投入其他行业，特别是正处于成长期的行业。

② 建立增长：一种内生增长，指完全通过公司现有资产和业务，而非通过兼并收购方式实现销售收入和利润的增长。

澳大利亚等发达国家和地区。新兴市场，是指人均年收入处于中下等水平，资本市场不发达，但拥有成为成熟市场国家的潜力和部分条件的发展中国家或地区，主要包括中国、俄罗斯、印度、东南亚、中东，以及个别非洲国家，如南非、埃及，个别南美国家，如墨西哥、巴西、智利。

从体量来看，在全球范围内，新兴市场的国家数量、人口规模远远超过了成熟市场的体量，仅印度、东南亚就拥有超过 20 亿的人口，是未来最具增长潜力的地区。

从特点来看，成熟市场的资本市场体系较为发达，各领域的创业项目具有很好的盈利模式和融资渠道，在品牌和资源上，中国资本在欧美老牌资本的眼中都处于下风。而对于新兴市场，风险投资方式还未普及，中国资本在当地处于优势的有利地位。同时，中国在发展中国家树立了和平友好的形象，他们接受中国资本投资的意愿更强烈。

六、全球数字产业欣欣向荣，数据保护是关键要素

在全球范围内，金融、消费、制造业等传统行业均面临着数字化转型压力。数据资产作为一种新型的生产要素，发展速度之快、辐射范围之广、影响程度之深前所未有，受到各国重视。2021 年，全球数字产业并购纪录屡创新高，交易数量由 2020 年的 85 笔增至 197 笔，增长率达 131%，交易金额也飙升 730% 至 61 亿美元。KKR 以 150 亿美元的价格将美国数据中心运营商 Cyrus One 私有化，黑石以 100 亿美元收购数据中心运营商 QTS，引发了私募基金对数据资产的收购热潮。

与激增的全球数据资产并购相伴，国内企业在数字化专项领域的并购也渐入佳境，大型交易频发。确定并购方向后，资本需要考虑的是投向行业和领域。新兴市场对外资的投资限制要比成熟市场多一些，若以中国为参考标准，交通、能源、K-12 教育等实体产业对外资有诸多限制。

以数字支付、电子商务、社交网络、游戏、远程办公等为代表的数字经济，得到了新兴市场政府的全面支持，这类产业更需要资本的助推。加之新冠疫情在全球的影响短期内还将持续，发展数字产业更符合当下的形势，同时也能促进新兴市场的经济繁荣。

目前东南亚市场公认的十大独角兽企业中，电子商务、游戏、出行三大领域就占了 8 家。这些企业背后不乏中国资本的身影，如腾讯、京东投资的出行应用 Go-Jek，阿里投资的电商零售平台 CrownX，戈壁创投投资的二手车电商交易平台 Carsome。

在金融数字化转型的背景下，并购使企业有动力进入高技术领域，凸显“传统行业+新兴科技”的巨大潜力，吸引了私募股权基金和其他金融买家的目光。

此外，从政策上来看，出于国家安全保护的诉求，过去几年，各国都密集出台了数据保护的相关法律法规，从欧盟的《通用数据保护条例》开始到各国的跟进，包括我国以《个人数据保护法》《数据安全法》《网络安全法》为框架形成的各类法规和标准，以我国企业、资产为标的的并购就必须将数据出境相关行政义务履行流程纳入交

易方案进行整体考虑。无独有偶，个人数据和大数据也是美国金融投资委员会审查的一个关键领域。最近的执法行动大多涉及中国投资者获取美国公民敏感个人数据。在涉及监管审查的领域时，“敏感的个人数据”类别很可能成为一个底线，而不是上限，任何收集或存储美国国民个人数据的美国企业，包括软件和软件服务公司，媒体和数字广告公司，金融技术、健康和生物技术公司，以及其他各种各样的技术公司，在考虑外国投资者或外国收购者时，会被密切审查数据实践的性质和范围。

总体来看，潜在的交易双方都面临和数据保护相关的不确定性政策风险，这对企业决策层提出了更高的审慎要求。从实操层面出发，跨境并购的买卖双方都可以在一定程度上提前进行数据安全相关的风险防控，助力交易顺利推进。

七、复杂外部环境形势下，跨境并购的新挑战

在传统跨境并购交易中，曾经不是核心判断要素或风险的问题浮出水面，包括通货膨胀、利率、资本供应、产业政策、国家安全、地缘政治紧张态势、供应链不确定性、监管态度的变化等，这对参与并购交易的各方都提出了新的要求。举一个显著的例子，从资金端来看，2022 年 6 月的美联储加息标志着货币超发时代的一个转折点，随着其他央行的跟进蔓延至其他国家，又基于美元在全球贸易中的地位将这种影响放大了，于是，全球的并购参与方遇到了一个过去 40 年来鲜少遇到的问题，即资本的紧缺。资本的紧缺会导致原先的资本供应方更加审慎地对待交易本身，成为大型交易锐减的推手之一。从宏观经济角度，在欧洲，由于俄乌冲突可能需要储备对消费者的冬季能源费用补贴，迫使其对医疗保健等其他社会需求的资金进行回撤。

八、SPAC 交易推升全球并购热度

SPAC 交易在 2021 年延续了 2020 年的热度：截至 2021 年 12 月底，全球 SPAC 交易融资超过 1580 亿美元，融资后合并交易的 SPAC 交易金额也超过了 1000 亿美元。2021 年美国的 IPO 中，新上市企业通过 SPAC 的方式上市的比例达到了 59%，同比增长了 53%。中资企业和投资人也尝试使用 SPAC 的方式，在美国上市筹措资金进行收购，或者通过与 SPAC 合并的方式实现上市。比如中资企业微美全息旗下子公司 VIYI 算法公司，就在 2021 年 6 月宣布将通过与 SPAC Venus Acquisition Corporation 合并的方式进行公开上市。同时，中国香港证券交易所也引入了 SPAC 上市机制，预计很快就会进入实施阶段。

第二章　中国企业跨境并购沿革

第一节　中国企业跨境并购概述

随着世界大发展、大变革、大调整，经济全球化深入发展，世界各国相互联系和依存日益加深。几十年来，世界经济势头不断变化，市场也随之发生转变，新旧动能不断转化。面对不断变化的新形势、新机遇、新挑战，中国企业为了在不断变化的市场中拥有立足之地，以及为自身发展考虑，借鉴西方成熟企业经验，通过跨境并购补充自身发展需要。党中央审时度势，作出了主动参与和推动经济全球化进程的战略部署。党的十九大报告提出“要以‘一带一路’建设为重点，坚持‘引进来’和‘走出去’并重，遵循共商共建共享原则，加强创新能力开放合作，形成陆海内外联动、东西双向互济的开放格局”，展示了中国政府开放发展的积极态度，彰显推动各国和企业发展的大国担当。

以对外直接投资、对外承包工程、对外劳务合作为主要内容的对外投资合作已成为中国开放型经济的重要组成部分。首钢集团 1985 年投入 340 万美元收购了美国麦斯塔工程设计公司 70%的股权，拉开了中国跨国并购的序幕，中国企业进入产业市场发展的新阶段。随着中国经济的发展，中国企业不再满足于本土市场，或者因为中国本土市场已经相对饱和，因而希望进入海外市场，开拓海外业务，这个时候通过兼并收购海外企业，尤其是收购对方的品牌、渠道和团队等来进入当地市场，则成为一种捷径。

产业升级、市场瓶颈迫使中国企业迈开了“走出去”的第一步。在 2000 年跨境并购小试牛刀之后，中国企业于 2008 年全球金融危机之后积极参与海外投资并购。2008 年的全球金融危机给以美欧为代表的发达地区经济发展和金融体系造成了很大的影响，许多金融服务机构关门倒闭，很多行业面临全球性的洗牌，而中国经济在这场危机中总体受到的波及较小，这场金融危机给中国企业参与全球资本的竞争带来了历史性的机遇。

许多中国企业意识到了这一机会，因此在随后的 2011—2013 年，开始积极在海外市场寻找投资并购机会。在 2015 年之后的几年中，中国资本出海投资并购的交易数量已经开始出现明显的增长，到海外去收购兼并优质资产也成为中国企业家十分关心的话题。

海外优质品牌和技术引进的需求同样推动着中国企业“走出去”的步伐。以中国制造业为例，虽然本土企业的技术能力发展迅速，但是在部分领域，尤其是一些核心技术方面，中国企业仍与海外有很大的差距，因此通过收购引进海外技术是许多制造业企业的目标。此外，随着中国国民收入水平不断提高，国内的消费者愿意花费更多的钱买到质量更好、品牌更佳的产品，这就是消费升级的概念。顺应这一需求，许多中国企业通过跨境并购将许多受中国市场欢迎的消费品牌收入囊中，再提供给本土消费者享用。

本章我们将具体介绍中国企业跨境并购的历史背景，从中探索跨境并购作为我国企业产业升级的重要方式，在中国企业发展历史中所起的推动作用。

第二节　中国企业跨境并购沿革分析

1982 年诺贝尔经济学奖获得者乔治·斯蒂格勒曾说过：“几乎没有一家美国的大公司，不是通过某种方式、某种程度的兼并与收购成长起来的，几乎没有一家大公司能主要依靠内部扩张成长起来。”

从 19 世纪末 20 世纪初萌发第一次大规模的并购浪潮至今，全球经历了七次大规模的并购浪潮。前四次主要发生在未受战争影响的美国；伴随全球化的快速推进，20 世纪 90 年代第五次并购浪潮在全球市场展开，美国仍是核心国家；在第六次并购浪潮中，遭受金融危机冲击相对较小的以中国为核心的发展中国家跃升为并购主要力量，企业进入世界资源全面整合阶段。

中国企业跨境并购起步相对较晚，可分为 1978—2000 年的萌芽探索阶段，加入世界贸易组织至金融危机期间的蹒跚起步阶段（2001—2007 年），金融危机后至 2016 年的爆发成长阶段（2008—2016 年），以及 2017 年至今的监管趋严和政策引导的理性发展阶段。各阶段的发展概况如下：

一、萌芽探索阶段（1978—2000 年）——小试牛刀

自 1978 年改革开放，中国企业海外并购终于缓缓拉开了序幕。该阶段的交易规模和频率都偏向保守，而且海外并购活动主要集中在少数有实力的国有企业（如中信、华润、首钢等），它们由于自身发展及国家经济发展的需要在早期的海外并购活动中扮演着核心角色。该时期对外投资基本上处于自发状态，总体特点是单个项目规模小、投资领域窄、方式相对单一。20 世纪 90 年代，中国企业第二产业对外投资发展较快，境外装配加工投资增长迅速，并有几项较大规模的境外能源资源投资。

2000 年，在党中央、国务院的领导下，各地区、各部门认真贯彻落实扩大内需、实施积极的财政政策和稳健的货币政策，中国企业的海外并购活动开始步入正轨。

2000 年工业结构调整取得积极进展。技术含量高、附加值大的高新技术产品快速发展，工业新产品生产快速增长，电子及通信设备制造业已成为工业经济的第一支柱。装备工业生产能力有所提高，新建城市轨道交通项目约 70%的装备在国内采购，环保设施陆续采用国产装备。煤炭行业关井压产成果进一步显现，价格呈现出稳中有升的趋势，煤炭行业全年大幅减亏。冶金行业总量控制取得积极进展，行业利润显著提高。

国有企业改革与脱困三年目标基本实现。大多数国有大中型企业初步建立了现代企业制度，特别是一批大型企业和企业集团按照国际惯例进行了兼并重组，在国际资本市场上成功上市。改组、联合、兼并等多种形式，促进了国有小企业经营机制的转换和经营状况的改善。

据统计，2000 年，中国企业总共发起了 17 个海外收购事件，总交易金额达 15 亿美元，其中 87%在亚太地区，13%在北美地区。

由此可以看出，在这一萌芽探索阶段，并购标的的地理范围逐渐扩大。因此，我们可以说这一阶段的中国企业海外并购是"零星的小试牛刀"。

首都钢铁集团（简称首钢）就是这一阶段的典型代表。首钢 1985 年投入 340 万美元收购了美国麦斯塔工程设计公司 70%的股权，拉开了中国跨国并购的序幕。1992 年，首钢全面收购了美国加州钢厂，投标购得秘鲁铁矿等海外企业。

1990—1994 年，中国钢铁产业的国际市场占有率不超过 2%；[①] 1995—2003 年，中国钢铁产业的国际市场占有率维持在 2%～3.37%。1990—2005 年，我国钢材贸易竞争指数均为负数，表明了我国钢铁行业主要还是依赖于进口来满足需求，出口的竞争力较弱。其中 1993 年贸易竞争力指数最低，仅为-0.85。1990—2000 年，我国钢铁产业显示比较优势指数（RCA 指数）除 1995 年达到 1.17 外，其余年份均小于 1，说明我国钢铁产业在国际市场上不具有比较优势，国际竞争力相对较弱。

首钢收购秘鲁铁矿，成耶？败耶？

1992 年 4 月，秘鲁政府启动了对大型国企秘鲁铁矿公司（以下简称秘铁）的私有化程序。首钢在获知秘铁出售的消息后，先后派出三批专家前往秘鲁实地考察，并递交了标书文件。

10 月 30 日开标当日，首钢的报价几乎令所有人大吃一惊：1.2 亿美元用于收购秘铁，同时承诺负担其 4180 万美元的债务，并将在未来 3 年内继续追加投资 1.5 亿美元。首钢的唯一竞争对手——由智利太平洋钢铁公司、日本三菱公司等 4 家公司组成的

① 资料来源：张航燕《我国钢铁产业竞争力度量与提升研究》。

“太平洋矿业财团”出价则远低于此。另外，太平洋矿业财团在其标书中还列出了诸如预留保证金、紧缩开支、裁减员工等一些具体的附加要求。所有这些，首钢均只字未提。至此，招标结果毫无悬念。因此，多年后很多研究人士认为，这笔交易报价过高，以及之后持续不断的劳资关系紧张，都证明了这笔交易的失败。

虽然如此，但首钢仅用了 1 年的时间就使连年亏损的秘铁起死回生、扭亏为盈，1993 年铁矿石年产量较上年增长近 1 倍，达到 512.18 万吨，实现销售额 9383 万美元，创利逾 500 万美元。在 2005 年之后，铁矿石这一自 1986 年以来单吨售价始终在 15 美元上下徘徊的产品价格翻了近 1 倍。铁矿石国际市场的变化，直接带动首钢秘铁走出了经营困境，销售收入呈现整体上升的趋势。

在对首钢—秘铁的案例进行分析时，本书认为这不是简单的成功与失败可以定义的。因为这不仅仅是一个中资企业 20 多年的海外投资历程，更是一定时代背景下的“风雨兼程”和“兴衰荣辱”。它在历史的长河里投下了最初的声响，照亮了原本沉寂的黑夜。至于未来，历史包袱和时代机遇同时存在。

钢铁产业集中度不高已经成为当时我国钢铁行业的致命硬伤。从国际钢铁产业的发展历程看，钢铁产业为典型的规模经济产业，其企业组织规模和企业经济效益之间存在很强的依存关系。因为当企业规模足够大时，可以产生由技术、设备带来的生产的规模经济性以及由专业化引起的生产规模性。因此，要从战略高度引导和协助企业加快联合重组步伐，打破地域间的壁垒，实现跨地区的联合重组。通过兼并、重组、强强联合等方式扩大具有比较优势的骨干企业集团规模，提高产业的进入壁垒，以减少钢铁生产企业数量，淘汰落后的产能，扩大产业规模，提高产业集中度。对该项目的进一步观察，也应当考虑新的背景，超越热点，放宽视野，将关注点放在上述更大范围的议题与挑战上。

二、蹒跚起步阶段（2001—2007 年）——喜忧参半

随着海外并购的经验和资本日益积累，再加上 2001 年中国加入世界贸易组织，中国企业海外并购迈入蹒跚起步的阶段。

在此期间，世界经济增长明显加快，尽管国际石油价格的大幅上涨和美元汇率的持续贬值也给经济的平稳运行造成巨大威胁，但中国经济始终保持相对较快增长。总体上看，我国经济发展所面临的国际经济环境还是比较有利的，外需继续保持稳定和全球跨国直接投资重新回升有利于我国继续扩大出口和对外投资。

这期间，多数行业都延续这样一条轨迹，即 2000—2001 年处于相对低谷，但已止跌趋稳，2002 年明显复苏，特别是 2003 年经济进入新一轮景气周期，行业增长加速后，许多中国企业开始面向海外跃跃欲试。

自“走出去”战略实施以来，中国企业海外并购的交易数量快速增长，到 2004

年，交易数量达 69 个，披露交易金额的并购总金额达 73 亿美元。到 2007 年，中国对外直接投资持续保持两位数快速增长，企业通过收购兼并实现直接投资。2007 年的交易数量达 123 个，披露的并购金额达 291.2 亿美元。交易数量年复合增长率为 15.55%。批发和零售业、商务服务业、交通运输仓储业、采矿业、制造业、金融业的投资占 2007 年对外直接投资流量的 91%；当年流量超过 1 亿美元的国家（地区）数量较上年增加了 17 个；金融类对外直接投资流量主要分布在亚洲和欧洲；非金融类对亚洲、北美洲、非洲、大洋洲的投资较 2006 年增长 1 倍以上；地方对外投资增势强劲，广东、上海、江苏位居各省（自治区、直辖市）非金融类对外直接投资流量的前列。

从 2007 年对外直接投资主体的数量分布来看，多元化格局持续凸显，国有企业占整个境内投资主体的比重较上年下降了 6 个百分点，有限责任公司所占比重较上年上升了 10 个百分点，私营企业对外投资的主体数量占 11%；在非金融类对外直接投资主体中，中央企业及单位仅占 10.3%，各省（自治区、直辖市）的投资主体占 89.7%；从境内投资主体的行业分布看，制造业占 45.5%，批发和零售业占 23%，建筑业占 5.2%。

这一阶段，部分有意识的中国企业开始勇敢试水，留下了不少经典的成功案例和失败教训，是喜忧参半、积攒经验的一个阶段。

TCL 并购汤姆逊公司，梦想败给现实

2003 年 11 月 4 日，中国家电领域的排头兵之一 TCL 集团与法国汤姆逊公司正式签订协议，重组双方的彩电和 DVD 业务。合资公司取名为 TCL 汤姆逊公司，简称 TTE 公司。TCL 希望通过并购汤姆逊，填补其在欧美市场的空白，改变全球产业格局，突破全球市场；而且通过并购汤姆逊可以使 TCL 的产品绕过贸易壁垒，直接进入欧洲和北美市场，实现本土化。同时，汤姆逊是世界上拥有专利权最多的公司之一，这对 TCL 来说是不小的诱惑，得到某项彩电的专利也是 TCL 决定并购的主要原因之一。

事实上，当时汤姆逊公司彩电和 DVD 业务亏损 2.54 亿欧元，但是 TCL 集团喊出了“18 个月盈利”的口号。最终，由于对法国政策不了解导致人事成本极高，以及对彩电技术的发展趋势判断失误，这笔收购带来的是巨额亏损。

成为全球第一彩电生产商自然是一个具有诱惑力的梦想，但仅仅花了 4 个月时间接触就匆忙做决定，忽视一系列的风险，免不了吞下“苦果”。当然，这也是中国企业在海外并购经验不足导致的结果。

总结 TCL 在收购中所犯的错误，主要有以下几点：

（1）TCL 集团自身业务甚少

就业务构成来讲，当时TCL集团的两块主要利润来源——彩电和手机资产和业务都已经归入了TCL通信和TCL国际两家上市公司，其直接持有的业务实际很少。从TCL集团按产品分类的营业额和毛利润数据来看，TCL集团的自身营业额比重只有5%，主要来自电工和白色家电，如开关、冰箱、洗衣机、空调等。尽管TCL集团的产品线非常宽广，涵盖了通信、黑色家电、白色家电、网络产品、电工产品等，但是彩电和手机这两项产品却是TCL集团的绝对主要利润来源，两者的营业额的合计比重达到82%，毛利润的合计比重达到90%，因此不难看出，彩电和手机两大业务的困难直接造成了TCL的颓势，二者直接关系其生存命脉问题。

（2）海外并购导致资金漏洞

相关资料显示，TCL集团2005年度集团公司期内亏损人民币17.1亿元。之所以产生如此巨大的漏洞，在TCL集团的内部员工看来，都要归“功”于集团2004年的两次收购。

法国汤姆逊彩电部门所掌握的核心技术——CRT电视，在液晶和等离子平板电视的攻势下，市场份额急速下降，而TCL并没有及时调整战略方向，结果错失了抢占液晶和等离子平板电视市场的先机。在产业趋势发生变化的同时，TCL对收购部门的整合也颇不顺利，这进一步加剧了TCL亏损，使公司在并购后没有获得技术和效益的好处。

（3）企业管理文化等方面存在差异

由于东西方在企业管理文化方面存在差异，TCL整合汤姆逊彩电业务的努力只停留在以整体采购来节约成本等方面，协同效应并不明显，没有产生“1+1>2”的效果。

（4）整合彩电核心技术失败

即使TCL卖掉一些非核心业务来获得资金投入主营彩电业务中，也不可能对TCL彩电业务的未来产生太大的正面影响。

TCL的案例显然给之后有意跨境收购的企业敲响了警钟。

中澳铁矿项目

2006年，铁矿石市场正处于鼎盛时期。中信泰富与Mineralogy公司签署协议，以4.15亿美元全资购得西澳Sino-Iron和BalmoralIron两个分别拥有10亿吨磁铁矿开采权的公司，被称作中澳SINO铁矿项目。

这个项目一度是中国企业海外矿业投资的骄傲和标杆，成为中国企业迄今为止在海外矿产资源领域最大的投资项目，也是澳大利亚资源领域为数不多的中资100%控股项目。

然而，这一命运多舛的合资项目不仅投产时间推迟4年，而且开发成本超出预算5

倍，到头来却迎来铁矿石价格暴跌的窘境以及一系列麻烦。直到 2016 年 5 月，中澳铁矿项目 6 条生产线的最后一条才进入调试，而 2014 年共出口 1100 万吨铁精矿，距离中澳铁矿项目原计划的 2400 万吨/年少了一半多。截至 2017 年底，中信集团的资源能源业务仍亏损，但亏损由 2015 年的 172.51 亿元人民币缩减至 68.99 亿元人民币。2017 年 2 月 15 日晚，中信股份发布公告称，公司就中澳铁矿项目作出减值拨备，税后金额预计在8 亿~10 亿美元。2017 年 3 月 23 日中信集团表示，资源及能源业务亏损同样受中澳铁矿项目进行减值拨备影响。

这已是中澳铁矿项目连续第 3 年进行减值拨备。该铁矿项目在 2014 年、2015 年分别进行了 17.5 亿美元、17 亿美元的税后减值拨备。

总结中信泰富在收购中所犯的错误，主要有以下几点：

（1）交易文件不够明确，错信合伙人

外界普遍表示 Mineralogy 公司的老板 Clive Palmer 是一位难缠的角色，中信泰富对其了解并不充分。在双方合同履行过程中就分歧进行协商时，Clive Palmer 不断改变立场，要价越来越高，导致双方最后不得不以诉讼的形式来解决纠纷。由于交易结构十分复杂以及交易文件中的某些用语不够明确，Clive Palmer 可以利用合同里的相关条款向法院起诉中信泰富。

（2）海外经验不足，错选总承包商

首先，中信泰富此前没有海外大型矿山开发经验，项目前期调研不充分，使各方面都无法与项目的巨大规模、技术瓶颈和复杂的投资环境相匹配，埋下了项目失败的隐患。其次，过度依赖总承包商中冶集团，未能及时发现中冶集团施工整体设计中存在的问题，对于此后发生的工期一拖再拖和项目报价节节增加的情况缺乏有效的应对方案。中冶集团虽然在海外做过很多项目，但是对澳大利亚工程建设的法律环境、市场条件等了解不够全面和深入，对项目实施过程中可能遇到的困难估计不足，施工遭遇诸多障碍。

（3）错估行业形势，遭三巨头“设计”

从 2004 年开始，随着中国的发展，“中国特需”成为影响铁矿石价格变动的主导因素，全球三大铁矿石巨头把铁矿石价格抬得过高，国际铁矿石价格直线上涨。

这一阶段也不乏比较成功的案例。2004 年联想以 12.5 亿美元（12 亿美元的现金+价值约 5000 万美元的 19%的联想股份）收购了“蓝色巨人”IBM 的 PC 业务。对于联想而言，收购 IBM 的 PC 业务意味着公司在国际扩张的道路上取得了重大突破。

联想收购 IBM 的 PC 业务，互相助力促腾飞

这笔交易不是一个冲动的结果。早在 21 世纪初，IBM 其实就已经与联想接触，探

讨转让其 PC 部门的可能性。因为从 2001 年到 2004 年 6 月 30 日，IBM 的 PC 业务总计亏损了 9.65 亿美元。2002 年，Sam Palmisano 成为 IBM 执行总裁，他在报告中清楚地指出“不会继续保留与企业战略不一致的业务或是不能带来利润的业务”。很显然，由于 IBM 的 PC 业务持续亏损，被剥离就是自然而然的。

当时毫无准备的联想婉拒了这个建议。2003 年，联想的多元化战略受挫，对当时的联想而言，国内的市场已无太大的发展空间，连续恶性的价格战已经将 PC 行业的利润率压榨得越来越薄，如果想在 PC 业务上获得更大的空间，攫取新的利润增长点，走出国门势在必行。

IBM 此时再度抛来橄榄枝。联想决定派一个团队去 IBM 考察，这才开启了长达 1 年多的互相了解和谈判的过程。当时联想缺乏核心技术和自主知识产权，在全球市场上品牌认知度不高，缺乏销售渠道，而 IBM 拥有覆盖全球的强大品牌知名度、世界领先的研发能力以及庞大的分销和销售网络。

在收购 IBM PC 业务之前，联想只有大约 3%的收入来自国外，且主要是东南亚国家。如果想充分打入欧美市场，仅靠一己之力树立品牌、打通渠道，无疑是得不偿失的。并购 IBM，首先可以借助 IBM 的品牌提升国际地位和形象；其次可以获得 IBM 的研发和技术优势；再次渠道和销售体系也将在一定程度上为联想的国际化铺设好道路；最后可以更好地学习国际先进的管理经验，提升市场运作能力。这对于一心想走国际化路线的联想而言，的确是无出其右的选择。

2004 年 1 月 8 日，联想集团与美国巨头 IBM 共同签署了双方酝酿 13 个月之久的转让协议，联想斥资 12.5 亿美元购入 IBM 的全部 PC 业务。2005 年 5 月 1 日，联想集团有限公司与 IBM 对外宣布，联想完成了对 IBM 全球个人计算机业务的收购。收购完成之后，占全球 PC 市场份额第九位的联想一跃升至第三位，仅次于戴尔和惠普，而新公司成立之后，总部迁往纽约。一夜之间，中关村土生土长的联想集团成功登陆美国市场，拥有了庞大的国际采购、运营和销售平台。

在收购完成后，联想在整合上也花了不少力气。初期，联想的做法是维持现状，稳定军心，留住原来的团队和客户，用 5 个月的过渡期稳住了员工和客户，还实现了业绩的小幅增长。如今看来，联想收购 IBM 的 PC 业务达到的整合效果仍是令人满意的。

三、爆发成长阶段（2008—2016 年）——机遇下的狂欢

2008 年，全球金融危机爆发，美国、欧洲等发达国家和地区的经济状况受到极大打击，诸多行业也面临全球性的洗牌。在这场危机中，中国受到的波及相对较小，这场危机其实为中国企业带来参与全球资本的宝贵机遇，因而不少中国企业积极展开海外投资并购。同时，国外企业估值普遍偏低，出售意愿也较为强烈，国内企业借着这阵“东风”，继续试水海外。

2008 年之后的几年，我国的对外投资加速发展，但还处于发展中国家对外投资成长道路上的起步阶段。根据商务部数据，2009 年中国对外直接投资流出量达 565.3 亿美元，名列全球第五位（见表 2-1）。不过商务部发言人表示，此时我国对外投资合作虽发展较快，但仍处于起步阶段。

2010 年后世界经济整体转暖，全球外国直接投资流出量较 2009 年上涨 20%。中国企业在 2010 年抓住机会，对外直接投资流出量为 688.1 亿美元，达到历史最高值。

截至 2016 年，全球直接投资复苏之路依旧崎岖，全球直接投资流出量为 1.45 万亿美元，小幅下降。同时，中国政府积极推动“一带一路”建设，稳步开展国际产能合作，“走出去”工作体系不断完善，中国企业主动融入经济全球化的进程加快。2016 年，中国对外直接投资流出量创下 1961.5 亿美元的历史最高值，蝉联全球第二位。

表 2-1 中国建立《对外直接投资统计制度》以来历年统计结果

单位：亿美元

年份	流出量			存量	
	金额	全球位次	较上年增长（%）	金额	全球位次
2002	27.1	26	—	299.0	25
2003	28.5	21	5.6	332.0	25
2004	55.0	20	93.0	448.0	27
2005	122.6	17	122.9	572.0	24
2006	211.6	13	43.8	906.3	23
2007	265.1	17	25.3	1179.1	22
2008	559.1	12	110.9	1839.7	18
2009	565.3	5	1.1	2457.5	16
2010	688.1	5	21.7	3172.1	17
2011	746.5	6	8.5	4247.8	13
2012	878.0	3	17.6	5319.4	13
2013	1078.4	3	22.8	6604.8	11
2014	1231.2	3	14.2	8826.4	8
2015	1456.7	2	18.3	10978.6	8
2016	1961.5	2	34.7	13573.9	6
2017	1582.9	3	-19.3	18090.4	2
2018	1430.4	2	-9.6	19822.7	3
2019	1369.1	2	-4.3	21988.8	3
2020	1537.1	1	12.3	25806.6	3
2021	1788.2	2	16.3	27851.5	3

资料来源：中国商务网。

这一阶段，中国国有企业加快海外收购速度，以油气行业为例：

2008年前，中国油气企业的足迹仅遍布中东、拉美和非洲等传统油气资源丰富的地区，此后技术突破带来的“页岩革命”，使美国油气开发市场成为一片投资热土。2008—2012年，美国页岩油气产业吸引投资1337亿美元，其中近270亿美元来自海外。“革命”浪潮下，中国油气企业也踌躇满志。然而，由于中美在法律、企业经营环境等方面差异巨大，加之能源领域的并购还容易遭遇政治层面的额外阻力，中国企业在美并购绝非易事。2005年，中海油收购美国优尼科公司以失败告终。

即便如此，中国油气企业依然敲开了美国油气开发市场的大门。自2012年起，中石化通过并购，踏入美国页岩油气开发市场。出于规避风险的考量，中国石化选择以小股东身份和参股的方式实现交易。

2012年，中国各大石油公司加大勘探开发投入，陆上油气突出新区勘探，海上加强深水勘探，取得多项重要油气发现。同年，中国首次发布《页岩气发展规划（2011—2015年）》，实施了第二轮页岩气探矿权招标，油气矿权市场改革取得突破性进展；煤层气将成为中国后石油时代的重要战略补充能源。

国内各大石油公司均强化勘探、增加投入，以实现资源的良性接替。

中国石化收购美国页岩油气项目

2012年5月初，中国石化以约24.4亿美元的价格，收购Devon公司在美国Niobrara、Mississippian、Utica Ohio、Utica Michigan和TuSCaloosa五大页岩油气盆地资产权益的33.3%。按照交割日计算，中国石化在上述盆地拥有的页岩油气资产折合净面积约1858平方千米。此次交易以30%的现金和70%的递延款方式进行，递延款用于支付Devon公司所持有权益对应的开发成本。

中国石化将自身较强的技术优势、综合实力与Devon公司较强的页岩油气勘探开发技术相结合，积极发掘项目资源潜力，加快推进项目商业化开发，实现互利共赢。该笔收购首次开拓了中国石化在美国的油气业务，进一步拓展了中国石化非常规资源领域，增强了中国开采本国页岩油气的能力，为实现中国供应能源的多元化奠定了基础。

中国石油以逾200亿元人民币收购秘鲁油气田

2013年11月，中国石油公布，将联合母公司的合资公司，与巴西国家石油公司签订协议，收购持有秘鲁3个油气区块资产的Petrobras Energia Peru S.A.全部股权，交易有待中国及秘鲁监管部门批准。

Petrobras Energia拥有秘鲁两个油田，以及另一个油田46.16%的权益，目前年产量约为 80 万吨油当量，2012 年全年净利润约为 1.02 亿美元，主营业务收入约为 6 亿美元，净资产约为 6.6 亿美元。

上游资源的布局正在不断为中国石油的业绩提升发挥作用。中国石油 2013 年 10 月 29 日发布第三季度财报称，其上游勘探与生产业务“取得重要进展”，油气产量实现稳定增长。2013 年，中国石油海外业务实现油气当量产量 13650 万桶，占该集团油气当量总产量 9.8%。本次收购有助于中石油扩大在拉美地区的油气合作规模，以及促进海外业务可持续发展。

2013 年，中国提出“一带一路”倡议，鼓励资本、技术、产品、服务和文化“走出去”，对外投资进入全新的发展阶段。也是在这一年，中国对外投资首次突破千亿美元大关。

2015 年，中国对外直接投资连续 13 年实现快速增长，创下了 1456.7 亿美元的历史新高，位列世界第二。

根据国家发展改革委数据，2016 年，中国对外直接投资呈现快速增长态势，当年创下 1961.5 亿美元的历史新纪录，同比增长 34.7%，流量规模仅次于美国（2990 亿美元），由 2002 年的全球第 26 位跃升至 2016 年的第 2 位，同期占比也由 0.5% 提升至 13.5%。

这一阶段，中国企业最为活跃的海外并购行业已经从能源资源类行业拓展至包括 TMT 行业、金融业、高端制造业在内的多元领域，比如 2016 年中国企业对外投资并购涉及制造业、信息传输/软件和信息技术服务业、交通运输/仓储和邮政业、电力/热力/燃气及水的生产和供应业等 18 个行业大类。投资主体呈多元化发展，中小规模的民营企业海外活动活跃；投资目的地集中在欧美发达国家和地区，显示出并购交易的驱动力已经从获取能源资源转变到获取高端先进技术、运营经验和成熟消费市场上，开始向技术品牌知名企业发起并购。

2015 年全球工业机器人销量为 24.8 万台，同比增速为 12%，从全球范围来看，工业机器人销量延续了良好的增速。亚洲市场增速最快，其中，中国市场增长 17%，韩国市场增长 50%，日本市场增长 20%。国内工业机器人销量增速放缓，但需求结构正在优化。中国市场 2015 年工业机器人销量为 6.67 万台，同比增长 17%，仍然是全球最大的机器人消费需求国家，但增速相对于 2015 年而言，明显放缓。

2016 年，我国人均 GDP 为 8123 美元，已达到工业化后阶段标准（按美元购买力平价计算）。国内工业机器人保有量密度接近日本 20 世纪 80 年代初水平，在宏观产业发展节点类似的背景下，对标日本 20 世纪 80 年代工业机器人行业黄金发展史，国内机器人需求量有望持续高增长。此外，国内工业机器人产业链逐步完善，上游零部件打破进口垄断局面，自主生产多关节工业机器人份额显著提升；下游系统集成不断向通用工业领域渗透，全产业链格局的成形有效助力需求的释放。

美的集团收购德国库卡

2016年5月，美的集团发布公告称，其旗下子公司将以每股115欧元要约收购德国工业机器人公司库卡。最终，在经历了一系列阻挠后，截至北京时间2017年1月6日，美的支付总金额37亿欧元，正式持有库卡集团已发行股本的比例为94.55%。

库卡的核心优势在于机器人综合制造实力强、下游应用经验丰富。通过此次收购，美的可以加快机器人领域的中游总装环节的布局，积累下游应用经验，为其在中国推广做好铺垫。同时，白色家电企业属于劳动密集型企业，用机器人代替人工已经逐渐成为制造领域里的趋势之一。因此，通过收购库卡，美的可快速提升自身的机器人研发与应用水平，相对于日资企业安川而言，库卡对中国可能有更开放的态度。

库卡是全球四大机器人企业之一，美的对库卡的收购是2016年机器人行业最大的收购事件。美的收购库卡，使中国有机会进入机器人行业的第一阵营，推动智能制造的发展。收购库卡也有利于美的的海外布局，增大海外收入占美的集团收入的比例。

2016年，我国化工行业处于传统淡季。同期我国农药出口量增长，目前已成为世界主要的农药出口国。我国农药出口基本覆盖了全球农药市场，涉及180多个国家和地区，成为全球农药出口量第一大国。发达国家农药企业受环保和生产成本等因素影响，产能一直在向外转移，我国农药企业在原料配套、资源（能源、水）、劳动力成本等方面具有较强的综合优势，从而成为最主要的产能转移承接者。我国农药出口以原药为主，制剂产品占比较低，原药出口有较强优势。

同期我国城镇居民消费升级带来了食品需求的上升，但我国本身资源有限，许多农用地改为住宅用地和商业用地，在此情况下中国政府试图提高农业的产出以维持自给自足。据世界银行估计，中国可耕地面积在过去10年间减少了6%。另外，种子产品同质化严重和行业累积的高库存导致种企业绩增速滞缓，粮价下跌更致雪上加霜。种子直接决定农业生产效率，是农资的核心。外资企业在生物育种方面研究较中国起步早几十年，更具优势，通过海外并购实现技术突破是很好的路径。

中国化工集团以430亿美元收购瑞士种子和农药巨头先正达

2016年2月，中国化工集团以430亿美元收购瑞士种子和农药巨头先正达，目前交易已完成。这一收购的EBITDA倍数高达19倍（同行业可比中值仅为9倍），刷新了中国企业海外收购金额的历史纪录。

标的公司先正达是北美最大的农药销售公司，它销售的大豆种子占美国市场总量的10%，玉米种子占美国市场总量的6%。公司成立于2000年，由欧洲制药巨头诺华公司和阿斯利康公司的农业部门合并而成。

该笔收购可以帮助中国化工加速下一阶段在中国和其他新兴市场的发展，先正达的种子和作物保护产品可以让全球农民更好地利用现有资源来满足全球消费者需求的增长。此外，中国化工将先正达纳入麾下，可借道跻身农业化学领域巨头行列。中国耕地面积下滑、玉米产量仅为美国的一半，通过收购先正达获得的种子技术将进一步增强中国的粮食安全保障，符合国家利益。

当然，过高的热度也容易引起“高烧”。盲目“买买买”，而忽视众多的风险，自然容易带来“亏损”的苦果。麦肯锡《中国企业跨境并购袖珍指南》研究显示，以当初交易双方定下的目标是否得以实现这个标准来看，中国企业过去 10 年的跨境并购成绩并不尽如人意。约 60%的交易——数量近 300 个、金额约合 3000 亿美元，并没有为中国买家创造实际价值。因此，中国企业在收购前需要谨慎分析标的公司，做好尽职调查，防患于未然。

四、理性发展阶段（2017 年至今）——“冰与火之歌”

为遏制“非理性”海外并购，自 2016 年 12 月开始，我国接连出台多个政策声明，不仅实施严格的资金出境限制措施，对诸如房地产、酒店、娱乐业、体育俱乐部等敏感领域的海外采购交易密切关注，执行更加严格的海外并购用汇申请的审查机制，此外还公布了境外投资法令，加强央企的境外投资审查流程等。因此，2017 年，上至国务院及各大部委，下至省、市各厅局，各类红头文件、窗口指导意见层出不穷。其核心就是严控非理性的海外投资，让中国企业的跨境并购变得更有序、更安全、更合规。

2017 年 1 月 18 日，国家发展改革委发布《中央企业境外投资监督管理办法》。

2017 年 6 月 12 日，国家发展改革委发布《国有企业境外投资财务管理办法》。该办法规范了国企（尤其是央企）的境外投资，其目的是帮助中央企业规避投资风险，增强企业防范风险的能力和领导问责机制。

2017 年 8 月 4 日，国务院办公厅转发国家发展改革委、商务部、人民银行、外交部《关于进一步引导和规范境外投资方向的指导意见》。要以供给侧结构性改革为主线，以“一带一路”建设为统领，进一步引导和规范企业境外投资，促进企业合理有序开展境外投资活动，防范和应对境外投资风险，推动境外投资持续健康发展。

2017 年 12 月 18 日，国家发展改革委和商务部、人民银行、外交部、全国工商联五部门联合发布了《民营企业境外投资经营行为规范》。该规范是对民营企业境外投资经营活动的指引，有助于民营企业提高跨国经营和风险防范能力。

2017 年 12 月 26 日，国家发展改革委发布了《企业境外投资管理办法》（2017 年第 11 号令），旨在加强境外投资宏观指导，优化境外投资综合服务，完善境外投资全程监管，促进境外投资持续健康发展，维护我国国家利益和国家安全。

在国家监管层面的强势治理下，随着非理性跨境投资的日趋减少，无论是交易数量还是交易金额，2017 年中国企业跨境交易相比 2016 年出现了较大回落，整体趋向理性化。

不过，国家政策的引导依然持续推动着中国企业勇敢走出国门，稳健迈向深化国际布局与提升全球竞争力的崭新未来。理性的监管与政策的引导，将共同交织成中国企业跨境并购的“冰与火之歌”。

根据国家发展改革委 2017 年 11 月发布的《中国对外投资报告》，中国对外投资规模已稳居世界前列，对外投资管理体制和政策体系更加完善。面向未来，中国对外投资将在习近平新时代中国特色社会主义思想指引下，以“一带一路”建设为重点，促进国际产能合作，推动形成面向全球的贸易、投融资、生产、服务网络，更好地谋求开放创新、包容互惠的发展前景。

对于制造业，中国企业或许已经意识到，当曾经的廉价劳动力变得越来越昂贵之时，当制造成本的优势逐渐消失之时，当中低端制造业的利润被不断压榨之时，只有向产业链的高端延伸，才是企业独立自强的制胜法宝。海外并购，特别是对高端制造业发起的并购，是中国企业掌握核心技术以壮大自我和提升国际市场竞争力的最快速和最有效的途径。通过“引资购商”，对国际上的老牌技术企业进行并购，将其技术和产业链移动复制至中国，甚至形成模块化的生产基地，取得更大的规模效应和协同效应。

2017 年，针对轻资产类公司，如影视、游戏等 TMT 行业收购、剥离、IPO 和新三板等企业价值评估问题，证监会专门发布了《会计监管风险提示第 7 号——轻资产类公司收益法评估》，从评估资料完整性及可靠性、评估方法的适用性、评估假设合理性、现金流测算、重要事项披露五个方面进行明确。

监管层打击“绕道借壳”，对于有意打散标的资产股权、把大量表决权委托他人从而规避实际控制人变更认定的行为，证监会仍然认定为借壳上市。监管层表示，对于游戏、VR、影视、互联网金融等轻资产类行业审核从严，主要是考虑到这类跨界并购可能会面临商誉大幅减低的风险。

2021 年，我国跨境并购交易在全球并购交易火热的背景下，也一改前几年的颓势，实现了快速发展。回顾 2021 年，全球并购市场持续升温，交易规模超过 5. 8 万亿美元，较 2019 年、2020 年分别增长 54%、64%，创下近 40 年来新高，轻松超越了 2008 年金融危机爆发前创下的 4. 42 万亿美元的纪录。相比之下，我国并购交易总量虽创下历史新高，达到 12790 个，较上年增长 21%，但交易金额却从 2020 年历史最高水平下降 19%至 6374 亿美元。

可以说，2021 年全球并购市场重返巅峰。尽管国内并购市场并不十分活跃，但中企海外并购这边风景独好，交易数量、交易金额分别同比上升 39. 5%和 75. 4%。同时，以新能源、数字化为主题的并购悄然兴起，数字化和绿色资产并购成为新势力。

中企并购利好利空因素多重交织，但不可否认的是，中企在全球并购市场中扮演着越来越重要的角色，按照交易量计算，中企在全球并购市场占据 20% 的份额。中企跨境并购交易量的迅速回升，主要有以下几个原因：

第一，得益于强有力的新冠疫情管控措施，国内经济逐步回归至疫情之前的水平，恢复速度领先全球；第二，“十四五”规划、境内产业升级需求，带动包括科技、医疗、新能源以及消费等在内的多个行业并购交易发展，全球化的中企对这些行业海外优质资产需求较大；第三，共建“一带一路”、RCEP 等的持续推进，为跨境并购发展创造了良好的政策环境；第四，中国买家实力提升，基于海外投资可分散风险、实现行业整合等诉求，企业“走出去”并购的动能依然存在；第五，全球行业整合势头仍在继续，境外整合中的资产剥离，给中企提供了更多交易机会。

从中企跨境并购热点地区上看，亚洲、欧洲和北美成为中企海外并购投资的前三大目的地。尽管一部分西方发达国家加强了对中企海外投资收购的监管审查，但中企在全球并购交易市场活跃度位列前三的北美、欧洲和亚太地区并未缺席。

从中企跨境并购热点行业上看，高端制造业、金融业、矿产资源类行业、交通基础建设行业和医药技术行业的海外并购占据中国企业“走出去”收购的前五位，和 2021 年全球并购交易的热门行业大致保持一致。在中资“走出去”的热门收购行业中，医药技术行业的海外收购交易额增长速度最快，这也体现了新冠疫情以来，中企日益加大在海外收购高品质医药技术资产的力度，以满足国内市场对于高品质医药服务及设备的需求。

此外，中企在跨境并购中的“身份”更多样，不仅是从前全球跨境交易中的买方，也是如今的卖方。近年来，中企从跨境并购交易中“引进来”的并购交易标的受市场的关注度也水涨船高，吸引了不少国际私募基金及潜在买方，比如泛海集团以 13 亿美元向黑石出售旗下 IDG；中国天楹股份有限公司以 18 亿美元出售旗下的西班牙垃圾管理公司 Urbaser SA；万达将其持有的美国 AMC 院线股权进行出售；江苏沙钢集团有意出售旗下总部位于伦敦的数据中心运营商 Global Switch Holdings Ltd. 。

第三节　主要代表企业的跨境并购

一、腾讯

腾讯是中国领先的互联网增值服务提供商，成立于 1998 年，并于 2004 年 6 月 16 日在中国香港联交所主板公开上市。旗下产品 QQ、微信以及许多游戏（QQ 幻想、王者荣耀等）风靡全国，为亿级海量用户提供稳定优质的各类服务。2021 年至 2022 年上半年，腾讯和腾讯牵头的财团参与了 37 个跨境并购，总交易规模接近 100 亿美元。IT 桔子研报显示，在国内，腾讯以投资 121 家游戏公司的成绩霸居榜首，甩开第二名的创新工场（投资 52 家）好几条街；在国外，腾讯依旧以投资 43 家游戏公司的成绩居首位，大幅领先第三名的网易（投资 13 家）。腾讯的快速发展，尤其在游戏领域的突破，离不开跨境并购给它带来的大量资源。它的海外收购标的公司主要分布在东南亚、北美和欧洲。

2005 年，腾讯进行了首次海外并购，标的是韩国网游开发商 GoPets Ltd.。2014 年 3 月 26 日，腾讯发布公告称，计划以 5 亿美元收购韩国 CJE&M 旗下游戏公司 CJ Games 28%的股份，成为其第三大股东，这是迄今为止腾讯进行的较大一笔海外并购。腾讯在东南亚的并购，除韩国外，主要分布于越南、泰国、印度、新加坡、中国香港等地区。腾讯在该地区的并购交易涉及金额相对较小，金额最高者为 2012 年收购新加坡游戏公司 Level Up 67%的股权，涉资 5600 余万美元。

美国是腾讯的另一个重要并购目标区域。2011—2013 年，腾讯先后收购了游戏公司 Riot Games 和 Epic Games 92.78%、48.4%的股权，以及电商 Fab 的部分股权，总耗资约为 7.8 亿美元。在 2015 年 12 月取得美国游戏开发商 Riot Games 全部股权后，推出的《英雄联盟》、手机版《王者荣耀》，已吸引了 5000 万每日活跃用户，比任天堂（Nintendo）火遍全球的游戏《精灵宝可梦 GO》更为流行。

欧洲也是腾讯海外收购的涉足之地。它于 2010 年斥资 3 亿美元入股俄罗斯最大的社交网站 Mail.ru（MAIL.LONDON），获得了该公司 10.3%的股权（Mail.ru 上市后腾讯的持股比例稀释至 7.56%），这是腾讯在欧洲所完成的最大一笔股权投资。2016 年 10 月，以腾讯控股（Tencent Holdings Ltd.）为主的收购财团宣布完成以 86 亿美元收购 SUPERCELL 的交易。收购完成后，按收入衡量，腾讯公司已经成为全球最大的游戏发行商，超过了艺电（Electronic Arts Inc.）和动视暴雪（Activision Blizzard Inc.）等更具知名度的美国公司。

SUPERCELL 是一家芬兰的手游公司，其开发的手游作品有大火的《皇室战争》和 *Clash of Clans* 等，虽然产品不多，但 SUPERCELL 的作品个个都是“超级榨汁机”，在 2015 年，SUPERCELL 营收 23.3 亿美元，净利润达到 9.64 亿美元，净利润率达到 41%。腾讯收购 SUPERCELL，主要是瞄准了手游市场未来的巨大价值。Digi-Capital 首席执行官 Tim Merel 也表示，“我们注意到移动游戏市场会以 8.1%的年复合增长率在 2020 年达到 480 亿美元规模，而相较之下大型多人在线和多人竞技游戏则会达到 300 亿美元规模，年复合增长率仅为 5.2%。与此同时，主机以及单机游戏的市场份额会持续下滑，到 2020 年时仅有 210 亿美元规模，年复合增长率为-3.8%。所以，无论是腾讯收购 SUPERCELL 还是动视暴雪收购 King，都是买家平衡商业布局、接触最有利可图的市场的表现。在小型市场中增长最快的是 VR 以及 AR 市场，2020 年可以达到 100 亿美元规模，电竞稍逊于它。随后可能还会迎来更大规模的整合案例”。并购往往是互利共赢的，腾讯的社交平台可以给 SUPERCELL 带来更大的机会，特别是社交玩法方面，QQ 和微信带来的用户流量使 SUPERCELL 更快融入中国市场，实现更快的经济增长。

在经过一系列的海外收购后，腾讯已在 PC 游戏市场和手游市场占据主导地位，据权威数据，腾讯公司在 PC 游戏市场的收入达到 551 亿元人民币，手游市场的收入达到了 628 亿元人民币，2017 年全年游戏业务收入为 1179 亿元人民币，这个收入已超过世界四大游戏厂商动视暴雪、EA、育碧、Take Two 的收入的总和。与此同时，腾讯游戏也通过增持其他游戏大厂的股份的形式来扩大其全球影响力和收入份额。据外媒报道，腾讯控股计划在转向全球游戏市场之际，增持其在育碧的股份。腾讯在 2018 年收购了育碧 5%的股份，腾讯的目标是通过额外购买股份成为这家法国公司的单一最大股东。简言之，就是腾讯计划从拥有该公司 15%股份的 Guillemot 家族手中购买育碧的更多额外股份。

腾讯游戏海外市场整体规划较晚，2017 年底才开始布局自研游戏“走出去”，当时最大的问题是没有渠道优势，这就需要选择合作伙伴或者与本土公司来合作发行，导致整体利润率低于国内市场水平。之所以利润率较低，主要是因为代发厂商抽成较多。以手游为例，利润起点自然来自玩家，外部渠道抽取 30%（iOS 和安卓一样），到了版权方手上，会分两种模式，一种是买断形式，即每年支付一定费用即可；另一种是流水分成形式，针对不同的 IP，会大致抽成 7%~10%。继续传导，代发厂商抽成全流水的 40%~50%（包含渠道成本），剩余的利润全部归腾讯。

可以直观地看到，代发厂商抽取了大部分利润，利润率低也就不足为奇了。但若去掉代发这一环节而改用自发，利润就很可观了。因此，腾讯开始不断提高自发比例，以提升利润水平。当然，腾讯还通过投资并购与多家海外头部 CP 深度捆绑。最为典型的属蓝洞工作室，腾讯以 4.47 亿美元收购其 10%的股份，成为《绝地求生》中国区独家代理商。腾讯还收购了动视暴雪 6%的股份，因此拥有了《使命召唤》《守望先锋》《炉石传说》等重磅级 IP。

腾讯 2022 年全年财报公布，腾讯游戏业务在 2022 年全年收入达 2074 亿元人民币，同比下降 1%。其中，国际市场部分实现了 468 亿元人民币的营收，同比增长 3%，这展现出腾讯积极布局技术“走出去”和海外并购战略的初步成效。可以预见，腾讯游戏的全球化战略正在加速推行，腾讯游戏打造连接全球的游戏生态系统，成为中国文化输出的重要力量之一。

腾讯在海外收购游戏厂商的同时，还不断扩大自己的用户平台，在汇聚微信、QQ 等众多社交平台后，腾讯有能力轻松地将手上的游戏推送到自己的社交平台上，形成了一个非常可靠的渠道。我们预计，未来，腾讯在全球化格局下，不会停止海外并购的脚步，最终会打造出一个全球化的游戏平台。

（一）腾讯控股收购 Sumo Group

2021 年 7 月 19 日，腾讯全资收购英国游戏开发公司 Sumo Group，后者曾参与制作《龙与地下城》《古墓丽影》等知名 3A 游戏。腾讯出价每股 513 便士，价格相比收盘价高出了 43%。基于这一出价，按完全稀释后的股权计算，Sumo Group 的估值约为 9.19 亿英镑（约合人民币 82 亿元）。2022 年 1 月，Sumo Group 向投资者宣布，英格兰和威尔士高等法院于 1 月 13 日批准了腾讯对其收购一案。早在 2019 年 11 月，腾讯就已经收购了该公司 1500 万股（约 9.96%的股份），是该公司的第二大股东。以最新价计算，Sumo Group 市值在 4 年时间里涨了超过 4 倍。

（二）腾讯投资意大利移动支付平台 Satispay

Satispay 成立于 2013 年，是意大利最大的移动支付提供商，可以为个人用户和商家提供线上线下转账付款等服务。主要功能包括转账汇款、线上线下小额支付、公用事业缴费等，此外，Satispay 还为用户提供外卖订餐、餐厅订座、预约健身或理发等服务，在大部分商户用其购物，用户都能享受一定的返现。新冠疫情出现后，Satispay 所代表的非接触支付方式大受欢迎，其用户数量和市场占有率猛增。截至 2020 年 10 月，Satispay 交易规模达到 4 亿欧元，交易量超过 2150 个，同比增长 78%。

互联网巨头腾讯已经获准入股意大利最大的移动支付公司 Satispay。据悉，Satispay 于 2020 年年末启动 C 轮融资，除新增 6800 万欧元资本外，老股东也将出售价值 2500 万欧元的股份，合计募资 9300 万欧元。投资者中，除腾讯外，还有美国支付巨头 Square Inc.（NYSE：SQ），两家公司的投资额均为 1500 万欧元（约合人民币 1.2 亿元）。按 Satispay 投后估值 2.48 亿欧元（约合人民币 20 亿元）计算，腾讯持股比例约为 6%。

据了解，中国公司屡次投资或进入意大利移动支付市场的原因在于如今意大利已成为中国旅客的主要欧洲旅游目的地国家之一。在新冠疫情出现之前，意大利是中国游客的第二大欧洲旅游目的地国家。因此，中国公司在意大利移动支付产业的投资既能够为中国旅客及当地华人带来便利，也能够分享利益。同时，意大利也在积极推动移动/电子支付在当地社会的发展。2020 年，意大利政府便开始实行严格的现金管控措施，并以退税等鼓励政策促使当地居民改变支付方式，进入现金数字化社会。

（三）腾讯全资子公司 Miniclip 收购《地铁跑酷》开发商 Sybo

2022 年 7 月，丹麦手游开发商 Sybo 正式宣布，腾讯全资子公司 Miniclip 已同意完成对 Sybo 的收购，由于双方都是私人游戏公司，因此这笔交易的具体条款没有披露，外界也因而无法得知收购价格。但 Sybo 的首席执行官 Mathias Gredal Nørvig 对媒体表示，这是 2022 年欧洲手游行业最大的一笔并购交易。

Sybo 之所以如此值钱，是因为《地铁跑酷》作为休闲手游的常青树，自 2012 年 4

月推出至今的11年来，不仅热度不减，经常活跃在全球各国下载量榜单头部之列，而且还创下了不少纪录：它是Google Play商店下载量突破10亿大关的首款游戏，以及苹果App Store历史中下载量最高的跑酷类游戏。

按照计划，Miniclip 2022年将推出14款游戏。项目负责人表示："我们这次收购不是在这里制造某种金融套利。我们希望继续制作和推出出色的游戏。这就是为什么我们在今年推出的产品比以往任何时候都多。而Sybo也有一个路线图，他们很快就会推出一些新游戏。"

（四）腾讯收购《艾尔登法环》开发商FromSoftware部分股权，股有16.25%

2022年8月31日，KADOKAWA（角川集团）发布公告，旗下子公司FromSoftware由腾讯子公司Sixjoy HongKong和索尼互动娱乐作为第三方进行了配额制增资。此次增资将向Sixjoy配售1703股，向SIE配售1476股，共募集363.99亿日元。与此同时，KADOKAWA的持股比例将从100%下降至69.66%，而Sixjoy和SIE分别持股16.25%和14.09%。

FromSoftware表示，此次增资目的是进一步扩大游戏业务，强化游戏IP的创造、开发能力和拓展能力。同时，希望借助腾讯和索尼两家公司在技术和全球市场的支持，做出更高质量的游戏带给全球用户。此外，FromSoftware也强调这次收购不会影响公司开发的独立性与自主性，并会以集得的资金积极投资游戏开发。

二、迈瑞医疗

1991年成立于深圳的迈瑞生物医疗电子有限公司（简称迈瑞医疗，深交所代码300760）是全球领先的医疗器械及解决方案供应商。公司产品主要覆盖三大领域：生命信息与支持、体外诊断以及医学影像（见图2-1）。公司总部设在中国深圳，在北美、欧洲、亚洲、非洲、拉美等地区的约40个国家设有52家境外子公司；在国内设有21家子公司及近40家分支机构；已建立基于全球资源配置的研发创新平台，设有十大研发中心，分布在深圳、武汉、南京、北京、西安、成都、美国硅谷、美国新泽西、美国西雅图和欧洲，形成了庞大的全球化研发、营销及服务网络。公司产品及解决方案应用于中国近11万家医疗机构和99%以上的三甲医院。

2019年，迈瑞医疗42%的收入来自境外，其中北美占10%、欧洲占8%、拉丁美洲占6%、其他地区占18%。分地区看，2021年迈瑞医疗境内收入占比为60.39%，收入同比增加37.34%；境外收入占比为39.61%，收入同比微增0.96%。占比最大的生命信息与支持品类，是迈瑞医疗的基石业务，产品包含监护仪、麻醉机、呼吸机、除颤仪、输注泵等。如今市值千亿元人民币的迈瑞医疗，正是从监护仪代理起家，逐渐转向自主研发并扩充产品线的。

图 2-1　迈瑞医疗产品领域

资料来源：易界 DealGlobe。

我们一起来看看迈瑞医疗的并购之路。

作为国内医疗器械龙头企业，迈瑞医疗的成长史也是一部并购史。2006 年，迈瑞医疗在纽交所上市，彼时公司刚推出中国第一台自主研发台式彩色多普勒超声系统。此后的 2008—2013 年，迈瑞医疗先后收购美国 Datascope 生命信息监护业务、美国 Zonare 医疗系统集团，凭借后者进入了高端彩超领域，逐步扩张业务版图。2016 年，迈瑞医疗完成私有化退市。2018 年，迈瑞医疗在创业板上市，并于 2020 年营收突破 200 亿元人民币大关。

迈瑞医疗能成为国内医疗器械龙头绝非偶然，复盘迈瑞医疗的成长历程，内生增长+外延并购缺一不可！2008 年，迈瑞医疗收购了美国 Datascope 生命信息监护业务，以及瑞典呼吸气体监测领域知名品牌 ARTEMA，拓展了海外生命监护业务市场，并获得部分关键技术。公司以 2.02 亿美元（约合 15.06 亿元人民币）现金收购美国 Datascope 公司生命信息监护业务，收购后，迈瑞获得 Datascope 监护产品及美国、欧洲的销售平台和服务网络，向国际化方向转型，成为全球监护仪第三大品牌。当时，Datascope 在美国 300 张病床以下的中小医院具备直销优势，为迈瑞医疗其他产品提供交叉销售的机会，协同效应显著。

2012 年，迈瑞医疗密集布局了 IVD、输注泵、骨科及内窥镜业务，并购了深科股份、苏州惠生、浙江格林蓝德、长沙天地人、杭州光典、武汉德骼拜尔、北京普利生、上海医光、上海长岛等诸多公司，在强化主业的同时不断扩充产品管线布局。

2013 年，迈瑞医疗以 1.05 亿美元（约合人民币 6.23 亿元）的价格收购 Zonare，布局欧美市场高端超声影像业务，并收购 ULCO 布局大洋洲经销网络。当时，Zonare 的研发团队已开发出了具有革命性意义的 ZONE-Sonography TM 技术（区域成像技术），显著提升了产品图像质量。收购 Zonare 后，迈瑞医疗获得了 Zonare 的技术及渠道。基于先进的 ZST+域光平台，迈瑞医疗昆仑系列高端彩超图像质量显著提高，实现了超声成像域扫描、全域动态聚焦、智能声速匹配、全息域技术四大创新。

分析迈瑞医疗2021年的业绩，不得不提到新冠疫情暴发后的2020年的情况。新冠疫情下监护仪、呼吸机等品类大幅出货带动迈瑞医疗2020年生命信息与支持业务高增，远超规模因疫情受损的体外诊断和医学影像业务。

迈瑞医疗表示，尽管海外新冠疫情持续，但海外常规诊疗量已经基本恢复至新冠疫情前的水平，国际体外诊断和医学影像的常规业务实现了加速复苏，因此公司体外诊断业务和医学影像业务在2021年实现了高速增长；生命信息与支持业务虽然面临着2020年的高基数压力，但得益于国内逐步开展的医疗新基建项目和部分非疫情相关产品的采购恢复，以及AED和微创外科等新兴业务的高速发力，生命信息与支持业务2021年延续了良好的增长态势。

2021年9月22日，迈瑞医疗收购海肽生物及其下属子公司100%的股权的交易完成交割，交易价款为5.32亿欧元（包括本次交易股权价款、偿还标的公司债务、锁箱利息）。交割完成后，迈瑞医疗全资子公司迈瑞荷兰已经直接或间接持有海肽生物及其下属子公司100%的股权，依法享有各项股东权利并承担相应的股东义务。海肽生物将被纳入公司合并报表范围。众所周知，准确度是体外诊断产品的核心要义，而上游原料的质量水平对于提高产品的准确度至关重要。研究表明，50%以上的试剂质量问题是由原料导致的。海肽生物与迈瑞医疗已有10多年的合作历史，是迈瑞医疗核心原料供应商之一。双方互为对方前五大核心合作伙伴，业务关联性强，能够为后续整合提供良好基础。

完成对海肽生物的收购，有望补强迈瑞医疗IVD上游核心原料自研自产能力，支撑高端产品研发，逐渐缩小与海外龙头的技术差距，产品如BC-7500CRP的持续放量有望拉动板块收入增长。

三、TCL

TCL实业控股股份有限公司于2019年4月完成重组后成立。其前身可以追溯到中国首批13家合资企业之一——TTK家庭电器（惠州）有限公司，公司创立于1981年，从事录音磁带的生产制造，后来拓展到电话、电视、手机、冰箱、洗衣机、空调、小家电、液晶面板等领域。截至2019年底，TCL实业拥有5万余名员工、26个研发中心、10余家联合实验室、22个制造加工基地，在80多个国家和地区设有销售机构，业务遍及全球160多个国家和地区，全球累计服务用户超过9.6亿人。

目前，TCL旗下有港股的TCL电子，主营电视和手机业务；A股的TCL科技，主营面板、新能源材料和电子产品分销业务；未上市的TCL家电集团。作为中国企业全球化的先行者，早在1999年TCL就率先布局越南市场，至今已经走过早期探索、跨国并购、稳步成长三个阶段。面对新兴市场迅速增长趋势，以及国家“一带一路”倡议的历史机遇，TCL制定了全球化再出发的路线图，未来几年，将继续巩固和提高海外市场份额，扎根当地市场，进一步完善全球产业和供应链布局，提升全价值链竞争力。

TCL 旗下市值最大的 TCL 科技，经过两年“大刀阔斧”的业务调整，2020 年是检验成果的一年。总体来看，TCL 科技目前收入稳定，利润增长，但与“面板行业第一”的目标仍然有很大差距。2020 年，TCL 科技全年收入 766.77 亿元人民币，以调整后同口径数据为基础，收入同比增幅为 33.89%。从净利润来看，不管是 43.88 亿元人民币的归母净利润，还是 29.33 亿元人民币的扣非归母净利润，都是 TCL 科技有史以来最高的水平。

如今，TCL 品牌电视业务蓬勃发展，稳居全球前三。海外部分，TCL 电子得益于产品竞争力提升、产品结构改善、销售区域结构优化等因素，同时抓住了海外需求爆发的机遇，因此市场份额迅速提升。2020 年第四季度，品牌电视销量增长 28%，且得益于产品结构的调整、ASP 的快速提升，同期收入增长超过 50%。国内部分，公司在全行业衰退的大背景下，通过提升线上销售比例、CEO 直播带货、引入国外好评机型等措施，实现了销量的逆势增长。2020 年第四季度，公司电视机销量同比提升 7%，收入大幅增加 29%至 50.3 亿港元。国内市场份额方面，TCL 是国内前三大品牌中销量份额唯一逆势增长的公司，由 2019 年的 10.7%增长至 13.7%。

2020 年，公司开始与谷歌合作，在北美市场销售谷歌 TV，未来有望放量；同时与 Roku 流媒体平台从 7 月开始新增北美以外的合作。国内部分，互联网业务以雷鸟科技为主体进行运营，2020 年实现收入 9.1 亿港元，同比增长 118.8%。其中会员业务收入同比提升 91.1%，广告业务收入同比提升 10.3%，增值业务收入同比提升 141.9%。

TCL 科技有足够的资本能力进行兼并重组，而并购的目的，是在面板行业做到全球领先，并购只是手段。以下三个典型跨境并购案例充分体现了 TCL 的并购战略。

（一）TCL 电子完成收购 SEMP 40%的股权

SEMP 公司是巴西最大的家电企业之一，在巴西本土拥有 8000 多个销售网点和近 400 家售后服务网点，其在巴西家电市场的占有率曾数度位居第一。SEMP 在当地生产和销售电视机、各类小家电、家庭影院及其他消费类电子产品，在巴西享有盛名，拥有强大的生产、物流配送及分销能力。资料显示，巴西是海外除美国、印度外最大的消费类电子市场，预计电视市场规模未来几年将有所增长。

TCL 电子此前发布公告称，有关收购 SEMP 的股权，已于 2020 年 7 月 20 日（圣保罗时间）完成交割。交割完成后，SEMP 已成为公司拥有 80%股权的间接附属公司，而 SEMP 的业绩、资产及负债将并入集团的账目。此外，于交割日期，根据股份购买协议的条款，TCL NL、STA、SEMP 及 ABH 已订立股东协议；STA、SEMP 及 SUFRAMA 已订立正式物业契据。

根据公开资料，TCL 电子在巴西销售电视机产品尺寸涉及 32 寸到 85 寸，其中大尺寸、4K 及量子点等高端技术的智能电视销售比例已达 20%以上，再附以 X、C、P 等系列供多品类选择，TCL 电子于 2019 年智能电视产品占比达 86.6%，显示 TCL 电子产品与巴西市场需求契合。

同时，这次 TCL 牵手巴西家电企业，凸显了我国家电企业海外拓展的新路数，即中国家电企业不再是购买一个工厂的“空壳”，而是致力于打造国际化的工业能力和品牌影响力，产品也定位在中高端。这让我们相信，一个真正属于中国家电业的“黄金时代”即将来临。

（二）TCL 华星宣布以 20 亿元入股日本 JOLED 公司

JOLED 成立于 2015 年 1 月，主要从事 OLED 显示屏的研发、生产与销售，掌握全球领先的 OLED 材料印刷成膜技术、氧化物半导体技术以及柔性、可绕曲式等面板相关技术。2017 年 12 月，JOLED 完成首款 4K 印刷式 OLED 面板产品出货，成为全球首家供应喷墨印刷 OLED 面板的厂家。其投资的全球第一条喷墨印刷 OLED 面板量产线——第 5.5 代能美产线已于 2019 年 11 月开始运营及试生产，印刷 OLED 关键工艺和产品处于业内领先水平。

TCL 华星光电技术有限公司与日本 JOLED 公司签订投资协议，拟以 300 亿日元（约合 20 亿元人民币）对 JOLED 进行投资，同时双方将在喷墨印刷 OLED 领域开展深度技术合作，联手促进印刷 OLED 的大规模生产。

通过这次投资，TCL 科技将成为 JOLED 的重要战略股东。TCL 华星与 JOLED 将在喷墨印刷 OLED 领域开展为期 3 年的联合研发，发挥各自在氧化物半导体、印刷 OLED 器件、打印工艺、墨水材料、柔性及补偿等方面的技术优势，通过共同研发特定规格的刚性及柔性大尺寸显示产品，进一步强化双方在印刷式 OLED 柔性技术领域的技术积累及量产能力。

（三）惠影医疗（TCL Healthcare）收购 Eckert & Ziegler BEBIG GmbH 多数股权

埃齐放射及医药科技股份公司（Eckert & Ziegler Group）是全球最大的医疗、科学和工业用同位素提供商之一。公司核心业务是癌症治疗、工业放射测量和核医学成像，划分为两大事业部——医疗产品和同位素产品。埃齐放射及医药科技股份公司是一家成立于 1997 年的控股公司。旗下历史最悠久的子公司是 Eckert & Ziegler BEBIG GmbH。

惠影医疗（TCL 医疗旗下子公司）与埃齐医疗已签署协议。根据该项协议，埃齐医疗将剥离其高剂量近距离放疗业务，单独成立新公司，惠影医疗将获得新公司大多数股权，埃齐医疗继续保留为重要股东。该放疗设备将继续在德国进行生产。这是双方自 2019 年针对高剂量近距离放疗业务在中国成立合资公司之后的另一重要举措，通过结合双方优势和资源，旨在成为高剂量近距离放疗业务的全球市场领先者。

据悉，惠影医疗与埃齐医疗在 2019 年便针对中国市场成立了合资公司。此次交易后成立的新公司将继承埃齐医疗 BEBIG 的著名品牌、尖端技术和可靠制造品质的精髓，进一步结合惠影医疗广泛多元的市场资源。这是惠影医疗进一步深入布局不断增长的放疗领域的重要举措，也完全符合惠影医疗的愿景——“为每个人提供可负担的医疗服务”。

四、复星医药

上海复星医药（集团）股份有限公司（“复星医药”，股票代码：600196. SH，02196. HK）成立于 1994 年，是一家全球化医药健康产业集团，直接运营的业务包括制药、医疗器械与医学诊断、医疗健康服务，并通过参股国药控股覆盖到医药商业领域。复星医药以患者为中心、临床需求为导向，通过自主研发、合作开发、许可引进、深度孵化的方式，持续丰富创新产品管线，提升 FIC（First-In-Class，即同类首创）与 BIC（Best-In-Class，即同类最佳）新药的研究与临床开发能力，加快创新技术和产品的研发和转化落地。在“4IN”（创新 Innovation、国际化 Internationalization、智能化 Intelligentization、整合 Integration）的战略指导下，复星医药秉承“创新转型、整合运营、稳健增长”的发展模式以及为股东创造价值的信念，不断加强自主研发与外部合作，丰富产品管线，强化全球化布局，提升运营效率，同时，积极推进医疗健康产业线上线下布局，致力于成为全球医疗健康市场的一流企业。

复星医药 2022 年报显示，公司全球市场布局增速喜人，海外营收强势增长。复星医药集团主要境外资产包括美国创新研发及商业化平台 Fosun Pharma USA、印度注射剂研发及生产企业 Gland Pharma、以色列医疗美容设备研发及生产平台复锐医疗科技（Sisram）、深耕非洲市场的药品分销公司 Tridem Pharma 及瑞典呼吸机研发生产企业 Breas。2022 年上半年，复星医药的海外营收为 75. 92 亿元，同比增长 46. 06%，营收占比达到 35. 58%，较上年同期提升 4. 92 个百分点。对此，复星医药表示，主要是复锐医疗科技（Sisram）业务在北美及欧洲等主要市场的强势增长。截至 2022 年 6 月，复星医药海外商业化团队超 1400 人，已在美国、非洲及欧洲搭建营销平台并实现向美国市场的制剂直接销售，复锐医疗科技、博毅雅（Breas）等医疗器械业务已覆盖中国、美国、欧洲等主要地区，复星诊断的新冠核酸检测试剂盒、新冠抗原检测试剂盒已在十余个国家实现销售。

2009 年，复星医药与美国汉霖生物制药合资成立复宏汉霖，研究单克隆抗体生物创新药和类似药，勾勒出通过产业外延并购和产品许可引进相结合，积极捕捉行业发展机会，持续布局新区域、新产品、新技术，促进公司可持续有机发展的“出海”蓝图。

2013 年，复星医药通过并购医疗美容器械生产企业飞顿激光公司，又将医疗器械纳入集团的业务版图中。复星医药的国际化也在此期间开始布局。飞顿激光公司便是复星医药首个境外产业控股并购项目。以色列飞顿激光公司（Alma Lasers. Ltd.）成立于 1999 年，是世界著名的医用激光、光子及射频设备生产厂。飞顿激光公司拥有极高的市场占有率，公司以 200 人的规模支撑了 60 多个国家和地区的业务，其中包括德国、巴西等，已经占据全球高端医疗美容激光器械领域最大的市场份额，约 15%，2012 年，其销售额近 1 亿美元。复星医药通过以 2.2 亿美元收购飞顿激光公司 95.2%股权，致力将其建设成高端医疗器械的研发、制造管理平台，并利用 Alma Lasers 的渠道优势发展复星医药的国际业务。

2016 年 12 月 10 日，复星医药与达芬奇机器人生产商美国直观医疗器械公司在上海宣布，将共同注资 1 亿美元在上海成立合资企业，主要研发、生产和销售针对肺癌的早期诊断及治疗的基于机器人辅助导管技术的创新产品。达芬奇机器人对复星医药自身的积极影响首先在财务上得到了很好体现。复星医药 2016 年上半年财报显示，截至 2016 年 6 月 30 日，复星医药实现营业收入 69.37 亿元人民币，较上年同期增长 17.15%，其中，医疗器械代理业务的营收增幅最高，达到 31.41%。在研发领域，合资企业使得复星医药可以走“中国+美国”“创新+研发”模式，将美国的研发团队与中国的技术人员相结合，加大研发力度。

2017 年 1 月 11 日，复星医药宣布，通过旗下全资子公司成立中外合营企业，拟在中国引进 Kite Pharma 公司的 CAR-T 治疗产品 KTE-C19，为淋巴癌患者带来全球领先的治疗手段。双方各占合资公司 50%股份。根据协议条款，复星医药拟现金出资 2000 万美元，Kite Pharma 以其产品及专有技术独家使用权作价 2000 万美元，各占合营企业 50%股权。Kite Pharma 在 T 细胞免疫治疗领域的研发处于全球领先水平，其主打产品 KTE-C19 是一种研究中的 T 细胞治疗产品，用于治疗 B 细胞淋巴瘤及白血病。该产品也是本次合作拟引进的首个产品。从 KTE-C19 的 ZUMA-1（研究代号）临床研究中期结果得知，KTE-C19 大幅提升了复发/难治性淋巴瘤患者的完全缓解率，相比较常规挽救性治疗手段，完全缓解率从 8%提高到了 39%。其中最早使用该治疗产品的患者，完全缓解的持续时间目前达到了 22 个月，且处于持续缓解状态，接近治愈。此次强强联合的战略合作伙伴关系，将基础研究和临床紧密结合，通过国内外医患双方的共同努力，为攻克癌症作出积极贡献。同年，为获得呼吸机品牌 Breas，又出资 9000 万美元收购欧洲呼吸机公司 Goldcup 80%的股权。复星医药管理层表示，本次交易有利于提升复星医药医疗器械的研发实力、丰富医疗器械产品线，并助力复星医药覆盖全球的线上线下一体化医疗器械运营平台的搭建。

2017 年 10 月 3 日，复星医药以 10.9 亿美元收购印度医药公司 Gland Pharma74%的股权，创下了中国制药企业海外并购规模的纪录。至此，复星医药通过海外并购、对外投资实现了在医疗器械、生物医药、注射剂等多领域、全平台的国际化布局。Gland Pharma 成立于 1978 年，总部位于印度海德拉巴，是印度第一家获得美国 FDA 批准的注射剂药品生产制造企业，同时在欧美等主要市场拥有注册申报以及销售能力，目前业务收入主要来自美国和欧洲。Gland Pharma 目前主要通过共同开发、引进许可为全球各大型制药公司提供注射剂仿制药品的生产制造服务等。经审计的财务报告显示：2016 财政年度（2015 年 4 月 1 日至 2016 年 3 月 31 日），实现营收 13.58 亿元、净利润 3.14 亿元。复星这次并购 Gland Pharma 之后，无菌注射剂技术可在复星内部制药企业使用。复星医药现在把大型研发药品放到研发平台研发，旗下公司更多承担生产任务，所以相当于增强了复星研发平台的实力。另外，Gland Pharma 有一个庞大注册团队，可以给复星药品全球注册形成支持，例如其重要产品抗凝血药肝素钠和预防静脉血栓的依诺肝素钠，复星医药万邦制药和并购的二叶制药，是这两种药的原料提供商。同时，复星的胰岛素生产建设接近尾声，Gland Pharma 主力产品中有胰岛素，复星像胰岛素这样的药物可以出口到印度市场。

2020 年，复星医药投资 3.26 亿元，买入约 158 万股德国生物公司 BioNTech（BNTX）股票，后者联合辉瑞公司开发了一款新冠疫苗，占据了欧美新冠疫苗市场大半江山。这是复星医药近 10 年第三大规模的股权收购交易，2020 年和 2021 年，BioN-Tech 股价因新冠疫苗涨幅分别为 140%和 216%，截至 2021 年底，这笔投资为复星医药带来了超过 22 亿元的收益。

数据显示，2022 年，中国企业在海外市场并购金额为 287.4 亿美元，同比下降 52%。而在出海频频受阻的 2022 年，复星医药以 1.6 亿美元收购新加坡私立肿瘤医疗中心 OncoCare，其海外子公司 Gland Pharma 以 2.1 亿欧元收购法国 CEMO 公司 Cenexi 集团，让复星医药成为医疗与生命科学领域最抢眼的买手。

（一）复星医药收购 OncoCare

2022 年 6 月 6 日晚间，复星医药公告称，控股子公司 FosunPharmaPte. 拟出资不超过 2.18 亿新加坡元（约合人民币 10.54 亿元）受让 SolidSuccess、SMS 和 3 名持股医生持有的合计 OncoCare60%的股权。OncoCare 成立于 2007 年 3 月，注册地为新加坡，目前是新加坡当地肿瘤专科医生人数最多、规模最大的私立肿瘤专科医疗中心之一。截至目前，OncoCare 在新加坡主要私立医疗中心共设有 7 间诊所，其中包括了新加坡唯一的私立妇女肿瘤医疗中心。经审计，截至 2021 年 12 月 31 日，OncoCare 的所有者权益为 1019 万新加坡元，约合人民币 4926 万元。按此次交易计算，OncoCare100%股权的估值达 17.6 亿元人民币。高溢价收购，主要是由于 OncoCare 业绩亮眼：2021 年，OncoCare 实现营业收入 8808 万新加坡元（约合人民币 4.26 亿元），实现净利润 1755 万新加坡元（约合人民币 8484 万元）；2023 年一季度，OncoCare 实现营业收入 2324 万新加坡元、净利润 478 万新加坡元，分别相当于 1.12 亿元人民币、2311 万元人民币。如果从业绩的角度来看，此次收购的溢价率并不高。OncoCare 的收购估值，约为上年营业收入的 4 倍、净利润的 20.7 倍。收购完成后，OncoCare 将纳入复星医药的合并报表范围。复星医药表示，本次交易完成后，将拓展集团医疗健康服务业务在东南亚地区的布局，并有利于推动集团在肿瘤治疗领域全方位解决能力的提升。

（二）复星医药收购 Cenexi

2022 年 11 月 30 日，复星医药公告，控股子公司拟收购欧洲 CDMO 公司 Cenexi 全部股权，并向 Cenexi 提供股东借款，转让对价及股东借款总额不超过 2.1 亿欧元（约合人民币 15.5 亿元）。本次交易全部完成后，Gland Intl. 将直接及间接合计持有 Cenexi 100%的股权，Cenexi 和 Manxen 公司将成为复星医药的附属公司。Cenexi 集团于 2004 年在法国成立，专注于 CDMO（合作研发生产组织）业务，在无菌产品（包括高壁垒复杂制剂）、生物制品的技术开发和制造领域拥有丰富的技术经验，同时 Cenexi 集团拥有全球化、多样化的客户基础，已累计服务客户超过 100 家。截至 2022 年 6 月 30 日，Cenexi 的总资产为 2.3 亿欧元，所有者权益为 3174 万欧元，负债总额为 1.98 亿欧元；2022 年 1—6 月，Cenexi 实现销售收入 1 亿欧元，录得 EBITDA（税息折旧及摊销前利润）1913 万欧元、净利润 544 万欧元。公告称，Cenexi 集团的 CDMO 业务模式与 Gland Pharma 的长期发展规划相契合。本次交易完成后，通过获得欧洲本地生产基地，Gland Pharma 将实现欧洲市场产品和服务供应能力的拓展；同时有利于提升 Gland Pharma 复杂制剂和生物制品的开发、制造及供应能力，丰富其客户资源。本次收购 Cenexi 是复星医药继收购 Gland Pharma 之后，在海外 CDMO 业务上的又一次产能部署，同时也是自复星集团债务风波以来，首次对外收购资产。

在中国药企的海外订单频遭“退货”之际，复星医药因提前做好海外布局，在海外并购市场表现低迷的情况下，拥有了披荆斩棘的勇气。从 OncoCare 和 Cenexi 两笔收购交易来看，OncoCare 的收购估值为净利润的 20.7 倍，Cenexi 的收购估值为 EBIT 的 5 倍，两次出手精打细算，既权衡标的方的价值及需求，同时在抗肿瘤及 CDMO 业务上加强了复星医药的基本盘。复星医药海外收入占比近 40%，海外团队扩增至 1400 人，产品在美国、欧洲及非洲等十几个国家销售，海外逆行，成效显著。

五、锡产微芯

锡产微芯由无锡产业发展集团有限公司、威孚高科、太极实业、思帕克微电子、初芯半导体五家公司于 2019 年 6 月共同投资设立，注册资本 25.65 亿元，是一家半导体生产商，业务涉及芯片设计、制造、封装、测试整条产业链，范围覆盖汽车电子、安全及工业应用领域，包括 CMOS 图像传感器、智能电力、轻触式显示屏及嵌入式存储器等。追溯锡产微芯这家公司的发展史，基本就是一部收购史。包括 2019 年 6 月 27 日收购意大利晶圆代工厂 LFoundry，2020 年 6 月 30 日收购南京银茂微电子，2021 年 3 月 31 日收购重庆伟特森，以及 2021 年 4 月 30 日完成对江苏中科君芯的 100%股权收购，再到本次对安谱隆的收购。通过这一系列的操作，锡产微芯在短短 3 年内快速成长为一家集芯片设计开发到晶圆制造于一身的 IDM。

意大利晶圆代工厂 LFoundry 主要提供先进的模拟制造服务，晶圆月产量超过 4 万片。这家代工厂可追溯到1989年，LFoundry的前身是由德州仪器（TI）在意大利阿韦扎诺（Avezzano）建立的FAB工厂，彼时该工厂拥有欧洲最大的FAB生产线。后来，这家代工厂历经不同企业接手以及技术转移，直到2016年，国内半导体龙头企业中芯国际完成收购，彼时是由LFE以及MI控股意大利集成电路晶圆代工厂LFoundry 70%的股份，总价值4900万欧元。2019年，中芯国际宣布以大约1.13亿美元的价格将其持有的LFoundry 70%股权，出售给江苏中科君芯科技有限公司，而中科君芯则是锡产微芯的全资子公司。对于本次交易的理由，中芯国际表示，本公司基于自身运营与未来整体发展的考虑，决定出售目标集团。然而业界认为，对于卖方而言，这是一次甩包袱减负行为：首先，欧洲市场并不是中芯国际的主场、占比较小；其次，LFoundry持续亏损，其2018年度和2017年度分别亏损810万美元以及1490万美元。对于买方锡产微芯而言，LFoundry支持150纳米和110纳米自有技术知识产权，拥有大量组合工艺验证库、知识产权、设计工具和参考流程，且产品主要针对汽车和工业相关的应用，包括中央信息系统、安保、智能、嵌入式储存器等。锡产微芯本次收购获得了承接大量芯片设计公司生产需求的下游代工制造能力。

（一）安谱隆几度易手

2015年左右，世界著名半导体厂商恩智浦（NXP）为了顺利出售，按照美国反垄断法规限制，不得不“忍痛割爱”，剥离手上的三家优质公司：安世、瑞能、安谱隆，总额达40亿美元。当时，国内知名PE财团建投华科果断出手，一举包揽了这三块半导体领域的明星资产。彼时有报道称，建投华科对安谱隆的收购花了18亿美元（折合人民币116.82亿元）。此后4年间，建投华科一直在积极寻找上市公司买家。

2017年，第一位“骑士”——刚完成借壳上市不久的奥瑞德，欲收购安谱隆半导体100%股权。虽然急于出手的建投华科，颇具人情味地给出了“七折亏本价”，但总价仍高达86.3亿元，而彼时奥瑞德资金十分紧张，账面现金不足亿元，因而导致这桩收购最终“流产”。如今，奥瑞德已然变成ST瑞德，挣扎在退市的边缘，与安谱隆永远说了再见。

2018年5月，第二位“骑士”——旋极信息紧接着出场。彼时，旋极信息公司发布公告称，正筹划重大资产购买事项，拟收购合肥瑞成及其背后的安谱隆半导体，预计交易金额80亿~96亿元，并已向一方LP支付了1个亿的意向金。不过，旋极信息似乎具有严重的“拖延症”。从2018年到2020年，整整两年时间，旋极信息竟然没有公布任何一份重组预案。这主要是因为公司2018年的年报被审计单位出具保留意见，导致公司无法在框架下通过增发股本融资。

2019年初，由于旋极信息的重组竞购排他协议到期，“明星资产”安谱隆半导体再次公开“招亲”。包括浙江永强、利欧股份在内的多家上市公司都曾被传出有收购意愿，但都没有下文，安谱隆的百亿身家与出售方“现金交割”的要求，似令诸多上市公司望而止步。

有趣的是，安谱隆的荷兰实体一直在追踪安谱隆半导体的竞购进展，其网站的每个公告都会用英文、中文简体和中文繁体发布。安谱隆荷兰总裁每次在公司归属进展中都会加上一句：公司成为上市公司的决心不会改变。

（二）锡产微芯收购安谱隆

这两年，随着国内半导体行业供应链自主提速，有越来越多芯片企业寻求上市拓宽融资渠道。在此背景下，吸纳国外优质资产可帮助拟上市的公司提升资产质量，加快上市进度，同时也可帮助上市公司迅速实现经营业绩与股价的“弯道超车”。

半导体行业由于技术准入门槛极高，全球范围内优质标的都极其稀缺，这也是安谱隆常年受资本圈热捧的最重要原因，作为全球第二大射频芯片企业，安谱隆公司的资产质量处于全球第一梯队，被业界认为比肩安世和豪威。换句话说，任何一家上市公司成功吃下安谱隆这块“蛋糕”，都将有望冲击千亿市值。

2022 年 7 月 25 日，无锡锡产微芯半导体有限公司（简称：锡产微芯）成功收购安谱隆公司 100%的股权，作价数百亿元人民币。该笔交易是自 2022 年以来中国最大的半导体并购交易事件，本次交易完成后，锡产微芯也跃升为全球第二大移动基站射频器件供应商，并将充分受益于全球 5G 建设浪潮和国产替代趋势。

可见，锡产微芯在用一种纯粹资本运作的模式，通过快速融资和收购实现产品线、技术路径和商业模式的搭建。自成立以来，锡产微芯通过并购整合，逐步打造了半导体 IDM 商业模式，成长为覆盖“芯片设计—制造—封测—模组产品”全产业链生态的无锡集成电路核心企业。本次收购完成后，也将帮助锡产微芯成为无锡本地 IDM 龙头企业。公开信息显示，该公司 2021 年 1—12 月的营业收入达到 22.03 亿元，净利润 4.10 亿元；2022 年 1—3 月，营业收入 5.12 亿元，净利润 5942.61 万元，已有相当规模。在完成对安谱隆的收购后，这家公司在研发设计能力上，已进入可与国际大厂抗衡的第一梯队。

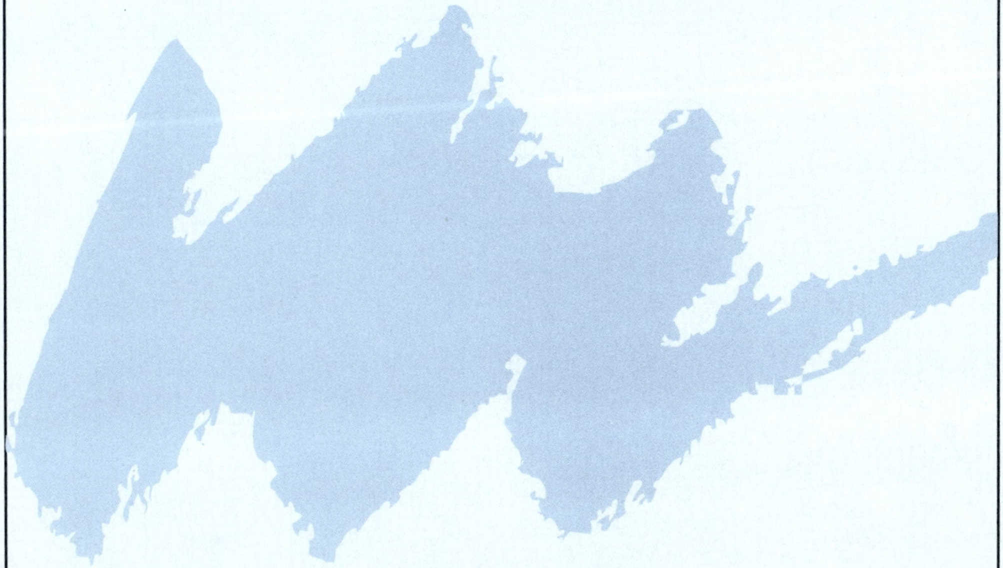

第二编

2023年中国企业跨境并购年度报告

第三章　2022 年中国企业跨境并购回顾

第一节　2022 年中国企业跨境并购总体回顾

2016—2022 年，中国企业跨境并购“走出去”交易数量和交易金额整体呈下降趋势。2016 年的“走出去”交易数量与交易金额都达到了 2016—2022 年的最高值，分别为 635 个和 4653 亿美元（见图 3-1）。

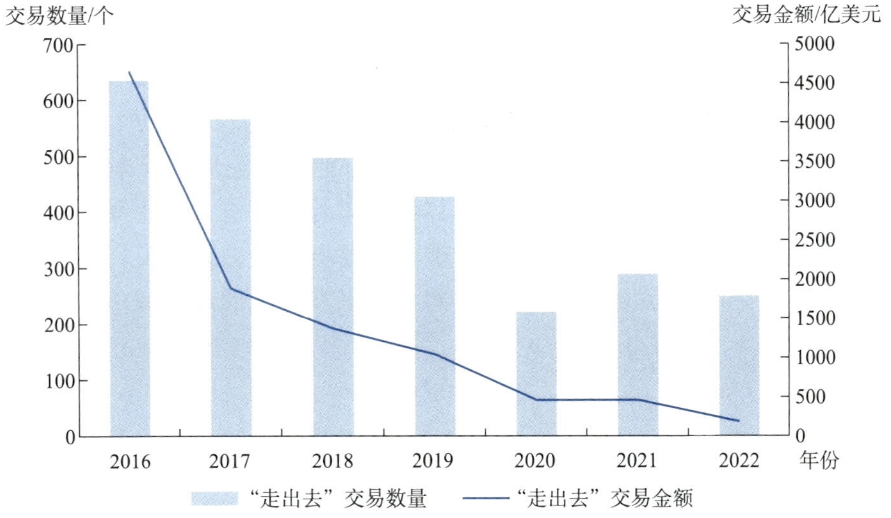

图 3-1　2016—2022 年中国企业“走出去”交易数量和金额

2022 年中国企业跨境并购“走出去”交易数量为 250 个，较 2021 年减少了 13.5%，交易金额较 2021 年有所下滑，约为 185 亿美元（见图 3-2）。

从交易数量上看，2022 年中国企业“走出去”与“引进来”交易数量较 2021 年都有所减少，分别为 250 个和 178 个，较 2021 年分别减少了 13.5%和 32.1%，“走出去”交易数量比“引进来”交易数量仅高出 72 个。从交易金额上看，2016—2022 年，中国企业“走出去”交易总金额约为 10021 亿美元，较入境交易总金额 3749 亿美元的额度高出 167%。不过，入境交易金额在此期间仍为小幅波动。相比之下，2016—2022 年，中国企业跨境并购的交易数量和交易金额连续下滑，究其背后主要原因，是受宏观环境的影响。

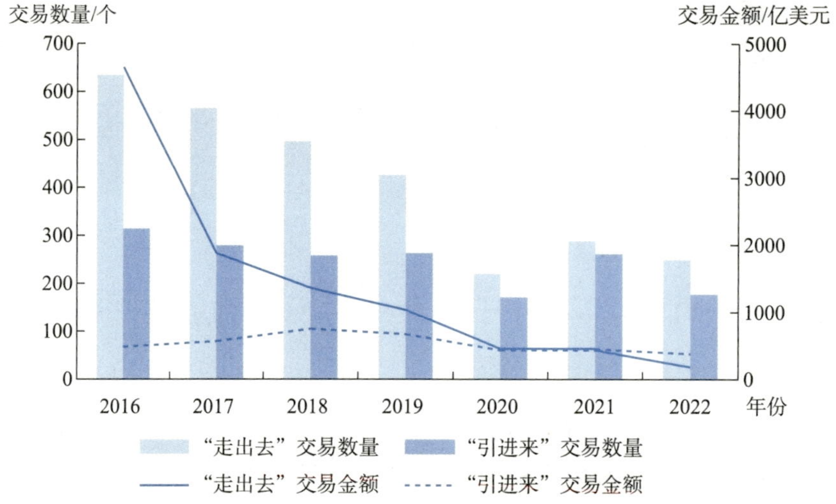

图 3-2　2016—2022 年中国企业跨境并购交易数量和金额

资料来源：Mergermarket、Wind。

世界正在进入以信息产业为主导的经济发展时期，以信息化、智能化为杠杆，培育新动能，推动数字化、网络化、智能化融合发展，互联网、大数据、人工智能的发展不断助推各行业转型升级。据 IMF 预测，2023 年全球经济增长率将降至 2.9%，低于 2022 年的 3.4%，且大多数主要经济体经济增长率将进一步下降，发达国家降幅较明显。随着疫情防控的放开，经济有望率先稳步回升，跨境投资热度也有望回暖，但短期内，中企在海外投资仍需关注部分国家和地区的地缘政治风险和较高的宏观经济风险。

第二节　2022 年中国企业跨境并购热点行业概述

2022 年，受新冠疫情反复的影响，并购市场整体较为低迷，短期内大规模反弹的可能性不高，但在各地方政府积极“出海”推行跨境投资和贸易发展计划的支持下，中国并购市场的回暖指日可待。数据分析显示，2022 年，制造业、医疗健康业和 TMT 行业为前三大并购交易行业。从地区分布来看，德国依然是最热门的中企跨境并购交易地区，其次是美国、意大利和日本，值得注意的是，新西兰也开始成为中企跨境并购交易国。

一、制造业

2022 年，中国制造业共产生 83 个跨境并购交易，占 2022 年中国企业跨境并购总数的 19.40%，交易总值达 118.96 亿美元，占 2022 年中国企业跨境并购总额的 21.01%。其中“走出去”交易数量为 51 个，交易金额为 38.02 亿美元；“引进来”交易数量为 32 个，交易金额为 80.93 亿美元。

2022 年的制造业跨境并购呈现出谨慎态势，投资者更加青睐技术服务领域。受全球通货膨胀、利率上涨、能源危机等因素影响，全球并购市场面临巨大挑战，交易金额下降 20%。然而，中国政府出台了一系列优化政策，促进经济复苏，增强了市场活力。制造业并购交易的关注点转向技术能力和服务领域，并出现业务分拆和剥离的趋势。锂电池和光伏产业蓬勃发展，出境交易增加。汽车制造业交易规模呈现两极分化，大型交易数量增加，锂电池和新能源汽车是主要领域。化工行业跨境并购依旧热络，ESG 成为并购交易的助推器。预计 2023 年中国并购市场将更加活跃，制造业和工业服务业将成为市场热点。

二、医疗健康行业

2022 年，中国医疗健康行业共产生 49 个跨境并购交易，总值达 61.89 亿美元，占 2022 年中国企业跨境并购总数的 11.44%，占 2022 年中国企业跨境并购总金额的 10.93%。其中“走出去”交易数量为 13 个，相比 2021 年降低了 76.36%，交易金额为 19.24 亿美元，同比减少了 47.97%；“引进来”交易数量为 36 个，相比 2020 年降低了 20%，交易金额为 42.65 亿美元，同比降低了 9.8%。

2022 年，中国医疗健康行业的跨境并购出现了较大变动。在全球经济不景气的情况下，2022 年的交易数量呈现下滑趋势，投资并购倾向于保守。同时，受疫情防控影响，商业活动受阻，企业的生产运行出现挑战，自 2022 年开始，投资机构对于生物科技企业的估值出现回调，资本市场整体进入冷静期，导致部分生物科技企业由于财政负担加重，现金流紧张，在推动创新项目方面举步维艰。

从细分赛道来看，生物药（生物科技+细胞与基因治疗）仍是最热门的领域，紧接着是医疗器械。受资本市场对于生物科技的估值回调以及资本寒冬影响，2022 年的并购交易数量呈下降趋势，尤其在交易金额方面，企业对于生物科技企业的并购交易更加小心，并趋向中小额交易。此外，越来越多的资金和并购转向创新医疗器械领域，如基因测序仪、智能介入治疗耗材、手术机器人等前沿创新产品，尤其在低值医疗器械细分市场普遍被本土企业占据的情况下，越来越多的外资医疗器械企业加快本土化布局和高端技术的引进，实现本地化生产以拓展其在中国市场的生存空间。

三、TMT 行业

2022 年，中国企业 TMT 行业共产生 193 个跨境并购交易，总值达 162 亿美元，占 2022 年中国企业跨境并购总数的 45%，占 2022 年中国企业跨境并购总金额的 34%。其中，“走出去”交易数量为 79 个，披露交易金额为 47.94 亿美元；“引进来”交易数量为 114 个，披露交易金额为 114.06 亿美元。

2022 年，中国企业 TMT 行业“走出去”交易总数相比 2021 年降低了 17%，交易金额降低了 64%；“引进来”交易总数相比 2021 年增长了 63%，交易金额减少了 42%；相比 2019 年“引进来”交易总数增长了 37%，交易金额增加了 9%。

如图 3-3 所示，本书将 TMT 行业总体分为互联网/电子商务、电脑软件、电脑硬件、半导体、计算机服务、传媒、通信硬件、电信运营八大子行业（二级行业）。2022 年，中国企业制造业并购交易数量位列第一的二级行业为电脑软件，第二位为计算机服务，半导体和互联网/电子商务并列第三。

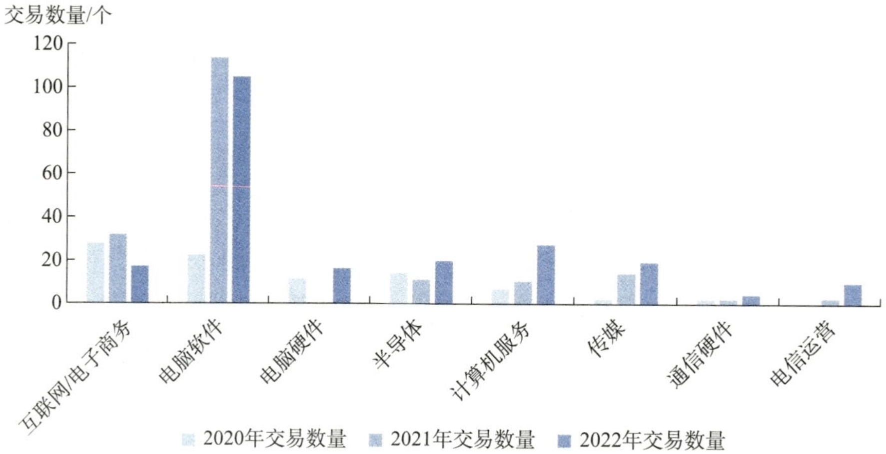

图 3-3　2020—2022 年 TMT 行业子行业跨境并购交易数量

资料来源：Mergermarket。

一直以来，TMT 并购以长期结构性增长驱动力为支撑，即数字化和不断变化的市场环境要求企业不断创新求变。但同时，利率上行、通胀加剧、需求前景调整、地缘政治局势趋紧、供应链中断与监管力度收紧等因素影响着投资者的信心。投资者在 2023 年或将更加谨慎，投资交易活动的开展或面临更多障碍与挑战。尽管如此，我们预计战略交易及优质目标企业相关交易仍将发生，数字领域继续迭代出新，不断推出提升用户体验的平台和解决方案。企业将顺势择机而动，开展行业投资并购以巩固其战略地位，而这将推动 2023 年行业并购交易持续增长。

2022 年，TMT 行业在全球并购交易市场继续占据举足轻重的地位，贡献约四分之一的交易数量和交易金额。利率上升、经济衰退、监管趋严，以及地缘政治紧张等因素使投资者情绪降温，特别是在科技行业。因此，与创纪录的 2021 年相比，2022 年 TMT 行业并购交易市场相对疲软。

中国政府持续高度重视科技创新，党的二十大也提出完善科技创新、强化国家战略科技力量。未来，TMT 行业依然会是最受资本青睐的行业之一。与此同时，各资本市场也为 TMT 行业私募创投释放积极信号：A 股全面注册制正式实施；香港联交所新特专科技公司上市制度“18C 章”正式生效。整体而言，随着各项稳经济政策效应逐步释放，国民经济也将逐步回升。在国家各项推进 TMT 行业的整体发展政策推动下，TMT 行业私募创投市场将有望重新展现出投资活力。

四、消费品行业

2022 年，全球消费市场已随着新冠疫情的好转渐渐恢复，然而受到地缘政治导致的供应链紧张、美国加息应对通货膨胀和疫情时有反弹的影响，全球消费市场仍存在较大的不确定性。2022 年受到疫情的影响，中国全年 GDP 增速为 3%，相对于 2021 年 GDP8.4%的增速有一定的放缓。2022 年上半年，线下实体经济受到较大影响，同时失业率有所上升，居民消费意愿下降。进入到下半年后，多地疫情反复，再加上 12 月放开疫情管控后一段适应恢复期，阻碍了消费市场的恢复。

2022 年，中国企业消费品行业共产生 64 个跨境并购交易，总值达 43.25 亿美元，占 2022 年中国企业跨境并购总数的 15%，占 2022 年中国企业跨境并购总金额的 7.6%。其中“走出去”交易有 40 个，披露交易金额为 12.63 亿美元；“引进来”交易有 24 个，披露交易金额为 30.62 亿美元。2022 年中国企业消费品行业“走出去”交易总数相比 2021 年增加了 53.8%，交易金额降低了 74.6%；“引进来”交易总数相比 2020 年降低了 20%，交易金额降低了 0.2%。

受疫情反复和管控措施的影响，2022 年中国消费市场整体遇冷，线下传统零售受到较大冲击，消费行业投资和融资活跃度下降。一方面，行业估值泡沫消退；另一方面，经济下行叠加疫情反复冲击，消费市场投资标的估值回调，投资者回归理性。

为促进市场回升、提振消费者信心，自疫情防控政策放开后，各地相继出台了稳消费政策，如消费券发放、购物减免、汽车购置税减免和家电补贴等，有助于短期内拉动市场回暖，并激发更大规模的消费需求。

在资本市场方面，2022 年消费品行业的一级融资市场出现明显的降温现象。资本更加谨慎，许多中小品牌因疫情等因素经营不善而无法生存，形成了明显的“马太效应”。头部品牌通过对与原生业务一致或横向扩展业务的投资，并整合产业资源、行业经验和资金实力，实现增长。在宏观波动剧烈、行业受冲击的情况下，企业之间通过并购来互相报团取暖，行业洗牌加剧，重塑了多个行业格局。预计这种整合趋势将在 2023 年继续。

此外，消费升级的趋势转向消费分级，也为并购提供了机会。高净值人士的消费受疫情影响较小，顶级奢侈品行业仍保持较高增长，例如爱马仕推出的高价自行车迅速被抢购一空。中产及中产以下消费者更加理性，追求性价比。名创优品和零食集合店等品牌凭借性价比优势获得广泛关注。随着消费分级趋势的加强，更多消费行业细分赛道将涌现出并购机会。

综上所述，2022 年的消费品并购市场在疫情的影响下显得疲软，但整体表现韧性十足。社会消费品零售总额同比增速多个月份为负值，尤其餐饮行业受到了严重冲击。

然而，整体来看，消费品行业表现稳定，2022 年的社会消费品零售总额仅比 2021 年下降了 0.2%。消费品行业展现出了刚需性特征和韧性，预计将在其他行业之前率先复苏，并迅速恢复至疫情前水平。

五、矿产能源行业

过去数年间，中国企业已快速成长为全球矿业交易市场上不可忽视的中坚力量，对北美洲及澳大利亚等发达国家与地区的成熟矿区出手频繁，而对非洲区域的交易参与相对较少。交易分布聚集度一定程度上反映了基础设施水平、产业链完整度和政治风险水平对交易的影响，多数中国企业倾向选择综合风险较小的并购标的，对待开发区域的资产交易抱有疑虑。

放眼未来，在资本催化及产业布局的必要需求引领下，中国企业对海外矿业交易市场的深度参与不仅受商业利益的驱动，更是国家战略层面布局谋篇的必然要求。笔者建议中国企业参考过往大宗中企海外交易的成功经验，在必要时引入具有丰富经验的顾问团队，可有效管控项目风险、务实提高跨国经营能力及水平，从而提高企业海外布局的成功率。

第三节　2022 年中国企业跨境并购热点地区概述

一、大中华地区

2022 年，中国企业在大中华地区共发生 57 个跨境并购交易，总值达 54.74 亿美元，占 2022 年中国企业跨境并购交易总数的 9.6%。

2019—2022 年大中华地区“引进来”及“走出去”跨境并购交易数量及金额见表 3-1。

表 3-1　2019—2022 年大中华地区“走出去”及“引进来”跨境并购交易数量及金额

大中华地区	年份	交易数量/个	交易金额/亿美元	交易金额占比/%
“引进来”	2019	105	40.46	23.64
	2020	54	88.91	9.96
	2021	44	85.87	9.67
	2022	37	31.44	8.34
“走出去”	2019	157	401.51	23.46
	2020	74	132.11	14.79
	2021	15	9.79	1.10
	2022	20	23.30	11.89

资料来源：Mergermarket。

二、大中华地区以外的亚太地区

2019—2022 年大中华地区以外的亚太地区“引进来”及“走出去”跨境并购交易数量及金额见表 3-2。

表 3-2　2019—2022 年大中华地区以外的亚太地区“引进来”及“走出去”跨境并购交易数量及金额

大中华地区以外的亚太地区	年份	交易数量/个	交易金额/亿美元	交易金额占比/%
“引进来”	2019	45	77	4. 50
	2020	32	58	6. 49
	2021	79	250	28. 12
	2022	49	41	8. 07
“走出去”	2019	33	65	3. 79
	2020	21	24	2. 66
	2021	95	136	15. 33
	2022	83	78	24. 91

资料来源：Mergermarket。

三、欧洲地区

2019—2022 年欧洲地区“引进来”及“走出去”跨境并购交易数量及金额见表 3-3。

表 3-3　2019—2022 年欧洲地区“引进来”及“走出去”跨境并购交易数量及金额

欧洲地区	年份	交易数量/个	交易金额/亿美元	交易金额占比/%
“引进来”	2019	24	130	7. 62
	2020	21	62	6. 95
	2021	54	55	6. 16
	2022	60	158	30. 97
“走出去”	2019	96	306	17. 86
	2020	58	90	10. 09
	2021	90	102	11. 48
	2022	76	58	18. 54

资料来源：Mergermarket。

四、北美地区

2019—2022 年北美地区“引进来”及“走出去”跨境并购交易数量及金额见表 3-4。

表 3-4　2019—2022 年北美地区“引进来”及“走出去”跨境并购交易数量及金额

北美地区	年份	交易数量/个	交易金额/亿美元	交易金额占比/%
“引进来”	2019	30	55	3.23
	2020	32	169	18.88
	2021	124	145	16.35
	2022	65	147	28.91
“走出去”	2019	48	118	6.91
	2020	29	132	14.75
	2021	69	1064	11.98
	2022	61	37	11.70

资料来源：Mergermarket。

五、其他地区

2019—2022 年其他地区“引进来”及“走出去”跨境并购交易数量及金额见表 3-5。

表 3-5　2019—2022 年其他地区“引进来”及“走出去”跨境并购交易数量及金额

其他地区	年份	交易数量/个	交易金额/亿美元	交易金额占比/%
“引进来”	2019	3	0.42	0.02
	2020	3	3.58	0.40
	2021	5	2.22	0.25
	2022	4	35	6.93
“走出去”	2019	47	78.84	4.61
	2020	19	83.08	9.30
	2021	34	91.64	10.32
	2022	30	12.53	4.00

资料来源：Mergermarket。

第四节　“一带一路”背景下中国企业海外并购概述

据商务部、外汇局统计，2022 年中国对外投资合作平稳发展，全行业对外直接投资达 9853.7 亿元人民币（折合 1465 亿美元，增长 0.9%），对“一带一路”沿线国家投资增长尤其快，2022 年中国企业在“一带一路”沿线国家非金融类直接投资 1410.5 亿元人民币，较上年增长 7.7%（折合 209.7 亿美元，增长 3.3%），为促进东道国经济发展作出了积极贡献。

一、中国对“一带一路”相关国家及地区跨境并购发展特征

（一）“一带一路”沿线跨境并购区域发展特征

从区域分布来看，东南亚及南亚仍是中国“一带一路”跨境并购的集中地，仍为 2022 年度中企出海的首要投资标的国所在区域，与印度、新加坡、印度尼西亚等国投资合作保持一贯的活跃，经济联系仍旧紧密。同时，近年来“一带一路”的朋友圈不断扩大。2022 年，中企在出海标的国选择上，对于欧洲伙伴青睐有加，在西班牙、意大利等国家有多起跨境投资。

从交易金额来看，中国与部分国家的大额投资并购交易增加，机构投资者较为活跃，并且国有经济发力明显。随着“一带一路”的共建发展，沿线国家及地区的跨境并购将更加活跃多元。

（二）“一带一路”沿线跨境并购行业发展特征

中国企业对“一带一路”沿线国家的投资持续升温，成为海外投资的新亮点。从细分行业来看，中国与“一带一路”国家积极签署数字经济方面的谅解备忘录以及建立战略伙伴关系，使得跨境并购在传统能源、制造业等领域保持热度，在 TMT 行业和电商领域也有较为快速的增长。2022 年，TMT 行业跨境并购交易数量为 21 起，披露金额为 17. 33 亿美元，在所有行业中数量和金额位居榜首，为技术合作交流以及降低跨境交易成本铺设了坚实道路；同时，在能源、制造业这些“一带一路”重点领域，跨境并购也在持续发力，促进了沿线国家之间的基础设施建设、贸易合作和经济发展，以及区域内的经济一体化、资源共享、技术创新和可持续发展。

（三）“一带一路”沿线的经济合作有望成为中国企业跨境并购的长期发展动力

对“一带一路”沿线国家而言，由于国内市场小、资本积累不足，大部分国家对外贸和外国资本高度依赖，外向型经济发展路径使这些国家有动力更加积极地融入区域一体化和“一带一路”倡议合作，优化外商投资环境。截至 2022 年 7 月底，我国已与 149 个国家和 32 个国际组织签署 200 余份共建“一带一路”合作文件，朋友圈日益广泛牢固，基础设施互联互通硕果累累，多元化投融资体系不断完善。

二、2022 年度“一带一路”投资标的国与重点行业分析

（一）2022 年中国企业“一带一路”并购交易标的国回顾分析

2022 年，中国企业在“一带一路”沿线及相关国家完成的 76 个投资并购中，主要标的所在国为新加坡、韩国、印度尼西亚、哈萨克斯坦、波兰、阿根廷和新西兰。

2022 年，中国企业与投资者在“一带一路”区域交易标的所在国的排行中，在新加坡的交易为 13 个，总交易金额为 18. 87 亿美元；在韩国的交易为 9 个，总交易金额

为 11.41 亿美元；在印度尼西亚的交易为 5 个，总交易金额为 5.71 亿美元；在哈萨克斯坦的交易为 4 个，总交易金额为 2.58 亿美元；在波兰、阿根廷和新西兰的交易数量均为 3 个，与阿根廷、新西兰的交易总金额分别为 9.62 亿美元、0.34 亿美元。

（二）2022 年中国企业“一带一路”交易行业回顾分析

2022 年，中国企业在“一带一路”沿线并购的行业主要集中于 TMT 行业、消费零售业、能源与矿业、工业制造业、金融业、医疗业和服务业。其中，中国企业在“一带一路”沿线 TMT 行业交易数量为 21 个，披露金额为 17.33 亿美元；制造业行业交易数量为 19 个，披露金额为 16.12 亿美元；能源及矿业交易为 16 个，披露金额为 19.20 亿美元；消费零售业交易为 7 个，披露金额为 0.26 亿美元；金融业交易为 5 个，披露金额为 7.05 亿美元；服务业交易为 4 个，披露金额为 6.45 亿美元；医疗业交易为 2 个，披露金额为 11.16 亿美元。

第四章　2022年中国企业跨境并购热点行业分析

2022年，并购市场受新冠疫情的反复影响，整体较为低迷，短期内大规模反弹的可能性不高，但在各地方政府积极“出海”推行跨境投资和贸易发展计划的支持下，中国并购市场的回暖指日可待。数据分析显示，2022年制造业、医疗健康业和TMT行业为前三大交易并购行业。从地区分布来看，德国依然是最热门的中企跨境并购交易国，其次是美国、意大利和日本，值得注意的是，新西兰也开始成为中企跨境并购的目的地。

第一节　制造业跨境并购分析

一、中国制造业概况

工业和信息化部发布的相关数据显示，2022年，我国全部工业增加值突破40万亿元人民币，占GDP比重达33.2%；其中制造业增加值占GDP比重为27.7%，高技术制造业占规模以上工业增加值比重15.5%，装备制造业占规模以上工业增加值比重31.8%，制造业规模连续13年居世界首位。受乌克兰战争、持续不断的全球加息潮、居高不下的通货膨胀和中国面临的经济挑战等冲击，中国企业跨境并购的范围继续收缩，主要集中在以德国、美国为首的欧美发达市场。2022年中国企业海外并购交易金额跌至2010年以来最低，并购交易数量跌至2015年以来最低。尽管中国企业海外并购交易金额和数量在所有行业和地区均大幅下降，但是中国企业仍然高度青睐对海外高科技行业的跨境并购交易。

二、2022年中国制造业跨境并购概况

（一）概况

2022年，中国制造业共产生83个跨境并购交易，占2022年中国企业跨境并购总数的19.40%，交易总值达118.96亿美元，占2022年中国企业跨境并购总金额的21.01%。其中“走出去”交易数量为51个，交易金额为38.02亿美元；“引进来”交易数量为32个，交易金额为80.93亿美元。

2022年中国企业在制造业“走出去”交易总数相比2021年增加了6.25%，交易金额基本维持不变；相比2020年“走出去”交易总数减少了50%，交易金额减少了60.8%。

2022 年中国企业在制造业“引进来”交易总数相比 2021 年减少了 42.86%，交易金额减少了 52.83%；相比 2020 年“引进来”交易总数增加了 10.34%，交易金额减少了 5.65%。

2020—2022 年中国企业在制造业主要子行业跨境并购交易数量如图 4-1 所示。

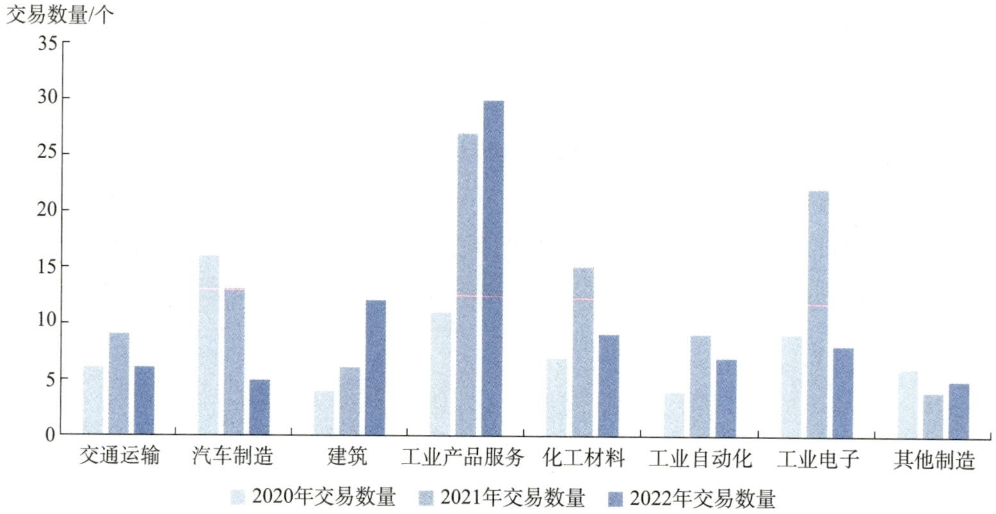

图 4-1 2020—2022 年中国企业在制造业主要子行业跨境并购交易数量

资料来源：Mergermarket。

本书将制造业总体分为交通运输、汽车制造、建筑、工业产品服务、化工材料、工业自动化、工业电子和其他制造八大子行业（二级行业）。2022 年，中国企业在制造业领域的海外并购趋于谨慎，总体交易数量有所回落。按交易数量计，中国企业在制造业并购交易位列前三的二级行业分别为工业产品服务、建筑和化工材料。其中，工业产品服务交易有 30 个，占制造业总交易的 36.14%，披露金额为 5.53 亿美元；建筑交易有 12 个，占制造业总交易的 14.46%，披露金额为 13.23 亿美元；化工材料交易有 9 个，占制造业总交易的 10.84%，披露金额为 35.84 亿美元。按交易金额计，前三大热门子行业为汽车制造、化工材料与工业电子，占总额比例达 73.6%。其中，汽车制造披露交易金额为 38.95 亿美元；工业电子披露交易金额为 17.97 亿美元。

新一轮科技革命和产业变革加速演进，我国正迈入高质量发展阶段。宏观数据显示，2022 年，我国全年国内生产总值 121 万亿元，比上年增长 3.0%。这是继 2020 年、2021 年分别突破 100 万亿元、110 万亿元之后，再次跃上新台阶，工业“压舱石”作用凸显。2022 年，全部工业增加值首次超过 40 万亿元，其中制造业增加值达 33.5 万亿元，我国继续保持世界第一制造大国地位。2022 年，我国新动能继续增强，我国全社会研究与试验发展经费（R&D）达 3.1 万亿元，首次突破 3 万亿元，比上年增长 10.4%，连续 7 年保持两位数增长；R&D 经费占 GDP 的 2.55%，提升 0.12 个百分点。根据国家统计局的核算，10 年来，中国的化工产品产量年均增长率达到 7.3%，已超越其他国家和地区。此外，建筑业作为支柱产业地位稳固，增速高于国内生产总值 2.5 个百分点。

世界正在进入以信息产业为主导的经济发展时期，以信息化、智能化为主要动能正推动数字化、网络化、智能化融合发展，互联网、大数据、人工智能的发展不断助推各行业转型升级。据 IMF 预测，2023 年全球经济增长率将降至 2.9%，低于 2022 年的 3.4%，且大多数主要经济体经济增长率将进一步下降，发达国家降幅较明显。随着疫情防控的放开，经济有望率先稳步回升，跨境投资热度也有望回暖，但短期内，中企在海外投资仍需关注部分国家和地区的地缘政治风险和较高的宏观经济风险。

2020—2022 年中国企业在制造业主要子行业跨境并购交易数量及交易金额见表 4-1。

表 4-1　2020—2022 年中国企业在制造业主要子行业跨境并购交易数量及交易金额

	2020 年交易数量/个	2020 年交易金额/亿美元	2021 年交易数量/个	2021 年交易金额/亿美元	2022 年交易数量/个	2022 年交易金额/亿美元
交通运输	6	13.23	9	40.79	6	3.36
汽车制造	16	45.02	13	14.78	5	38.95
建筑	4	1.73	6	6.33	12	13.23
工业产品服务	11	8.74	27	2.79	30	5.53
化工材料	7	20.32	15	124.02	9	35.84
工业自动化	4	2.49	9	7.54	7	10.17
工业电子	9	6.01	22	33.50	8	17.97
其他制造	6	3.44	4	0.76	5	1.06

资料来源：Mergermarket，Wind。

2022 年，中国企业在制造业跨境并购中与主要卖方国家的交易数量及交易金额如图 4-2所示。

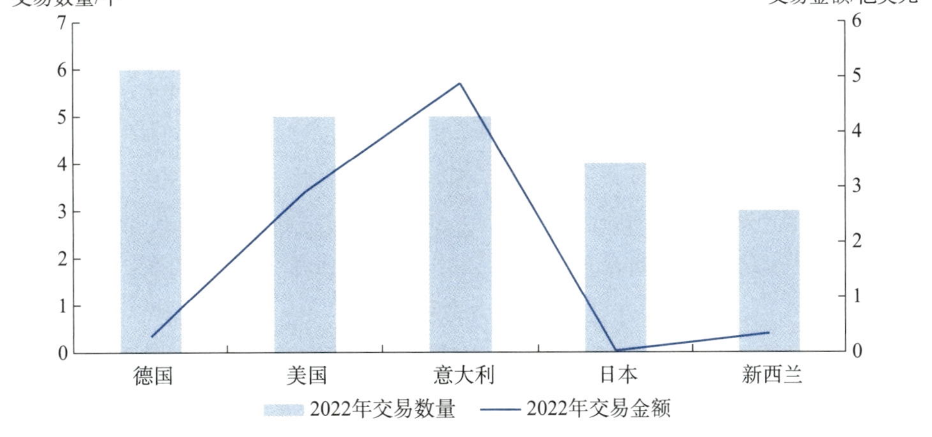

图 4-2　2022 年中国企业在制造业跨境并购中与主要卖方国家的交易数量和金额

2022 年制造业并购标的主要集中于德国、美国、意大利等发达地区，值得注意的是，澳大利亚跌出了主要卖方国家行列，美国和德国依旧为中国企业在制造业的主要跨境并购国家（见表 4-2）。总体而言，2022 年中国企业在制造业的跨境并购交易数量降低，其中，在德国发生交易 6 个，披露交易金额为 0.29 亿美元，占制造业总交易金额的 3.43%；在美国发生交易 5 个，披露交易金额为 2.91 亿美元，占制造业总交易金额的 34.43%。日本进入榜单前五，交易有 4 个，披露交易金额为 0.03 亿美元，占制造业总交易金额的 0.04%。新西兰也进入榜单前五，交易有 3 个，披露交易金额为 0.34 亿美元，占制造业总交易金额的 4.02%。

2022 年中国企业在制造业的跨境并购前五大卖方国家中法国、新加坡跌出前三，德国、美国则再次成为热门，日本、新西兰等国也开始成为中国企业在制造业的跨境并购热门国家，预计未来工业领域的并购将会继续呈现在欧美地区相对活跃的态势。

表 4-2　2020—2022 年中国企业在制造业的跨境并购前五大卖方国家的交易情况

2020 年前五大卖方国家	2020 年交易数量/个	2020 年交易金额/亿美元	2021 年前五大卖方国家	2021 年交易数量/个	2021 年交易金额/亿美元	2022 年前五大卖方国家	2022 年交易数量/个	2022 年交易金额/亿美元
意大利	4	4.38	美国	10	8.70	德国	6	0.29
新加坡	3	10.28	德国	10	1.30	美国	5	2.91
法国	2	2.96	日本	3	0.62	意大利	5	4.88
荷兰	1	4.21	新加坡	2	7.03	日本	4	0.03
瑞典	1	3.8	瑞典	2	5.50	新西兰	3	0.34

资料来源：Mergermarket，Wind。

（二）十大案例

从披露交易金额来看，2022 年中国制造业跨境并购披露金额前十大交易见表 4-3。

表 4-3　2022 年中国制造业跨境并购披露金额前十大交易

日期	买方名称	金额/亿美元	买方区域	标的名称	标的所在国家（地区）	股权比例
2022/8/31	A. P. 穆勒-马士基	37.6	丹麦	利丰物流	中国香港	多数股权
2022/4/5	Poema Global Holdings	26.82	美国	Gogoro	中国台湾	未披露
2022/12/7	英力士	15.58	英国	赛科石化	中国	多数股权
2022/7/23	无锡锡产微芯半导体有限公司	14.81	中国	安谱隆半导体公司	荷兰	未披露
2022/11/22	Brookfield Asset Management Inc.	10	加拿大	Trimco International Holdings Limited	中国香港	多数股权
2022/8/17	Carlyle Group Inc.	10	美国	HCP Holdings Inc.	中国	多数股权
2022/4/8	Heimdall Private Equity Co.，Ltd.	5.65	韩国	韩华石化	中国	少数股权

续表

日期	买方名称	金额/亿美元	买方区域	标的名称	标的所在国家（地区）	股权比例
2022/6/28	Clearlake Capital Group	4.17	美国；中国香港	Luyang Energy-Saving Materials Co.，Ltd.	中国	少数股权
2022/11/23	浙江金华政府	4	中国	NWTN Inc.	阿拉伯联合酋长国	未披露
2022/5/2	Albaugh，LLC	3.94	美国	Rotam Global Agro-Sciences Ltd.	中国	多数股权

资料来源 Mergermarket、Windo。

三、2022 年制造业跨境并购特征

（一）跨境并购趋于谨慎，技术服务为投资者所青睐

2022 年是全球并购交易市场创纪录的一年，伴随着全球通货膨胀和利率上涨加速，股价下跌，因国际局势不稳而导致的能源危机加剧，以及各种新旧不利因素给全球并购市场带来巨大挑战，例如供应链弹性，投资组合优化，环境、社会及公司治理（ESG），对热门技术的竞争等因素将持续影响并购市场。与 2021 年相比，2022 年的全球交易金额下降了 20%，而且随着经济疲软对全球市场定价的影响，未来交易金额可能会进一步下降。

一方面，2022 年底的中国政府出台复工复产等防疫优化政策，出入境限制明显放松，有力刺激市场的经济活力。如果国内经济面实现有效复苏，2023 年的并购市场有望初步反弹。另一方面，持续 3 年的疫情对市场形成了“大浪淘沙”的作用，部分企业经营得到认可，市场并购意愿增强。在经历过复杂环境的考验后，不少企业的实力会更加稳固，而有些面临经营挑战的企业为谋求进一步发展也乐于被并购。受国内新冠疫情暴发及地缘冲突等不确定性因素影响，多数企业和投资机构都处于一个战略调整时期，2022 年中国并购市场发展速度放缓。虽然第四季度的并购交易小幅回暖，全年并购交易规模仍出现同比下滑。

2022 年，制造业并购交易的关注点正在转向技术能力和服务相关的战略领域。同时，企业投资组合优化也推动了一系列业务分拆和剥离。因此，尽管当前宏观经济形势不利，但制造业领域的并购交易仍将继续。

（二）锂电光伏产业繁荣，出境交易持续上扬

新能源汽车的普及拉动锂电池行业高速发展、大规模扩张，投融资活动高度活跃、参与方多样。电池企业和电池材料企业通过投资的形式往上游延伸，性能提升与降本需求促使硅基负极、固态电池等新材料和技术受资本青睐，电池回收进入规模化投资阶段。此外，海外户储及便携式储能需求爆发，国内企业出口大涨，工商业侧及独立储能获得更好的发展和投资机遇，应用场景多样性驱动钠电、液流电池、物理储能等

多种技术形式蓬勃发展，商业化进程将不断加深。

2022 年，尽管国内并购交易活动总体上有所减少，但新能源行业受益于政策的暖风频吹、风电光伏系统成本回调和装机量的不断攀升、新能源汽车的普及拉动锂电池产业链扩张等诸多利好因素，继续保持了较高的增长速度，在风光储能电池各领域获得了长足的发展。新能源赛道的投资者与行业内企业围绕降本增效、产业链一体化、供应链安全、谋求协同发展和跨界、跨境布局等多个并购主题，积极开展投资并购交易活动。

放眼未来，新技术之下生产效率与产品质量将成为竞争主旋律。预计未来行业竞争将加剧，系统成本将下降，技术水平将持续提升，行业将持续保持相对高的增长和较高景气度。应用模式不断拓展驱动产品跨界融合抢占新蓝海市场，电力商品化趋势凸显；此外，跨境并购交易有望增加，新能源企业将面临更复杂和更具挑战性的国际市场环境。

（三）汽车制造业交易规模两极分化，机遇与挑战并存

尽管汽车行业的跨境并购数量相较于 2021 年同期有所回落，但是伴随支持性与规划性政策逐渐落地、技术升级拉动产业价值攀升、市场需求尚具可观空间等利好因素，交易规模增速迅猛，交易量级冲击巨型化，头部聚集效应显著。2022 年汽车行业超百亿元的巨型交易数量相较上年增长 40%，主要集中于电池系统、新能源汽车等细分领域。

在过去的一年中，虽然历经新冠疫情、地缘政治动荡、整体经济增长放缓等宏观负面因素影响，汽车行业依然热度不减，利好政策持续落地。经统计，2022 年共有 40 余个国家层面提案保障汽车行业稳固发展。2022 年出炉的最新政策中包含的一系列举措意在提振消费者信心、加速行业商业化闭环、守护车辆运行安全；同时从国家层面的中长期规划及目标来看，汽车行业将从低碳环保、创新发展、基础设施建设等政策导向中受惠。在政策的有力引导下，中国汽车行业将延续蓬勃发展的上升劲头，并将极大地促进经济复苏。

并购交易继续以境内交易为主，入境交易渐趋踊跃。统计期间内汽车行业并购活动以国内交易为主导形式，数量占比接近 94%；2022 年入境交易金额突现大幅增长，主要集中在整车制造赛道。如荷兰宝马响应我国取消外资股比限制，增持华晨宝马 25%股权；亿咖通成功通过 SPAC 方式登陆纳斯达克等。

此外，跨境并购交易中财务投资整体占比攀升，资本竞逐电动化、智能化赛道。境内并购交易以财务投资为主，财务投资人偏好早期投资轮次，专注于挖掘电池、自动驾驶、智能网联等零部件领域的市场机会，寻求技术创新驱动价值增值带来的投资回报；跨境投资中，战略投资人行业布局整体步伐加快，除以华晨宝马为代表的传统燃油车并购整合外，与能源化工业、工业制造业的跨界融合也呈现积极向好态势。

（四）化工行业跨境并购热度依旧，ESG成为并购交易助推器

2022年，中国化工行业并购交易并未恢复到疫情前的水平，并购交易数量同比下降40%，并购金额同比下滑71.1%，为近五年最低水平。2022年，化工行业并购方以企业为主，其中化工企业占比67%，化工企业不断推动行业整合和扩张。此外，化工品的下游需求方，如电子元器件、包装食品、纺织等企业，通过并购实现产业链的延伸。化工产业整合及产业链整合并购的趋势预计会在2023年持续。私募基金在化工行业并购中参与较少。外资并购在2022年有反弹趋势，并购交易数量占比达14%。2023年，随着全球疫情的放开，外资可能会有更积极的投资表现。

基于国务院颁布的《2030年前碳达峰行动方案》，行业中的企业将会更加关注ESG等相关话题，预计会增加在清洁能源、环保材料方面的研发工作，也会加大和外资企业的合作，这也将带来更多并购交易的机会，如新能源（电池材料）、环保材料等领域。我国的“十四五”规划中，电子化工、专用化学品/高端材料、医药化工是重点发展的方向。医药、电子领域投资者在2022年比较活跃，高端材料如高端化肥、高端塑料薄膜等领域均有若干并购交易，预计2023年在上述领域将展现更加活跃的投资并购趋势。

2022年，世界经济历经了诸多挑战，地缘冲突升级导致许多国家出现能源短缺、高通货膨胀等问题，中国经济也出现下行压力，消费、进出口等经济指标呈现走弱趋势。展望新的一年，新冠疫情防控政策的放开，无异是对市场注入了最有力的强心针，无论是国内并购还是跨境并购，2023年，中国并购市场有望更加活跃，出海企业需要加强对当今世界变化的警觉性以及灵活性，来面对当前纷繁复杂的挑战。未来交易热点方面，随着各行各业数字化转型进程的加快，市场整体更看好制造业、工业服务业等政策利好板块。

第二节　医疗健康行业跨境并购分析

2022年，医疗健康行业在华的并购交易金额创下2013年以来的最低纪录。受全球新冠疫情影响，再加上国内生产总值增长放缓、信贷政策收紧等诸多因素的影响，各类境内外交易的参与者，包括医疗健康行业企业、运营商及金融投资者纷纷采取了保守的投资策略。

一、中国医疗健康行业概况

2022年底，我国经历新冠疫情高峰后，已平稳进入“乙类乙管”常态化防控阶段，医疗健康行业迎来新局面，年内多项重磅政策颁布，医疗健康行业深化改革持续。

回顾过去 3 年，抗疫过程中疫情的突发性、反复性对中国经济和社会运行造成了冲击，中国医疗健康行业此期间的政策层面，市场需求、社会基本结构等层面均发生了不少变化。

在政策层面，围绕着医疗服务高质量发展的纲领性目标，医疗监管机构陆续颁布多项重磅政策；在市场需求层面，对于公共卫生应急处置能力的需求提升，居民健康意识水平从重治疗向重预防过渡，就医习惯从线下向远程适应；在社会基本结构层面，我国进入重度老龄化阶段，围绕老年人医疗及健康管理需求相关的领域将进一步受到关注，同时出生率持续下降，鼓励生育的配套政策也将进一步刺激辅助生殖等医疗服务领域的发展。

尽管新冠疫情反复带来投资的不确定性，服务和技术却是医疗价值不变的内核，二者共同支撑着医疗健康行业投资的基本逻辑。具备技术特色的企业和高服务质量的企业将会持续受到资本青睐，创新在此过程中作为催化剂，将不断提升医疗服务机构的竞争力。只有具备丰富医疗数据、强大技术能力、创新意识形态的数字医疗企业才能脱颖而出，包括人工智能、特色专科等技术创新能力，线上线下资源整合能力，生态圈构建能力等，都将成为不可替代的竞争优势。

二、2022 年医疗健康行业跨境并购概况

（一）概况

2022 年，中国医疗健康行业共发生 49 个跨境并购交易，总值达 61.89 亿美元，占 2022 年中国企业跨境并购总数的 11.44%，占 2022 年中国企业跨境并购总金额的 10.93%。其中“走出去”交易数量为 13 个，相比 2021 年降低了 76.36%，交易金额为 19.24 亿美元，同比减少了 47.97%；“引进来”交易数量是 36 个，相比 2021 年降低了 20%，交易金额为 42.65 亿美元，同比降低了 9.8%。

2022 年的中国医疗健康行业的跨境并购出现了较大的变动。在全球经济不景气的情况下，2022 年的交易数量呈现下滑趋势，投资并购倾向于保守。同时，受疫情防控影响，商业活动受阻，企业的生产运行出现挑战，同时 2022 年开始投资机构对于生物科技企业的估值出现回调，资本市场整体进入冷静期，导致部分生物科技企业由于财政负担加重，现金流紧张，在推动创新项目方面举步维艰。

从细分赛道来看，生物药（生物科技+细胞与基因治疗）仍是最热门的领域，紧接着是医疗器械。受到资本市场对于生物科技的估值回调以及资本寒冬影响，2022 年的并购交易数量呈下降趋势，尤其在交易金额方面，企业对于生物科技企业的并购交易更加小心并趋向中小额交易。取而代之的越来越多的资金和并购转向创新医疗器械领域，如基因测序仪、智能介入治疗耗材、手术机器人等前沿创新产品，尤其是在低值

医疗器械细分市场普遍被本土企业占据的情况下，越来越多的外资医疗器械加快本土化的布局和加速高端技术的引进，实现本地化生产以拓展其在中国市场的生存空间。表 4-4 显示，中国医疗健康行业跨境并购平均交易金额和最大交易金额在 2020 年达到历史高峰，但由于新冠疫情的影响，2021—2022 年，交易额持续走低。

表 4-4　2018—2022 年中国医疗健康行业平均交易金额和最大交易金额变化趋势

	2018 年	2019 年	2020 年	2021 年	2022 年
平均交易金额/亿美元	2.09	1.58	2.30	0.84	1.26
最大交易金额/亿美元	16	13	20	11	2

资料来源：Mergermarket、Wind。

2022 年，国际局势仍处于动荡之中，受新冠疫情、经济波动的影响，中国企业医疗健康行业跨境并购数量有所下降。由于医疗健康行业存在资本投入多、回报周期长等特点，跨境并购存在较大的波动，因此在外部环境较为严峻的时期，投资者更愿意投资具备创新技术实力的医疗企业。表 4-5 显示，从交易数量上看，2022 年，美国依然为中国医疗健康行业跨境并购主要卖方国家，新加坡、印度、越南和比利时均只产生一笔跨境并购交易。从交易金额来看，新加坡发生一起超大型医疗健康行业跨境并购，交易金额高达 10 亿美元。

表 4-5　2022 年中国医疗健康行业跨境并购主要卖方国家交易数量和金额

	美国	新加坡	印度	越南	比利时
交易数量	7	1	1	1	1
交易金额/亿美元	4.53	10	2.60	1.16	0.64

资料来源：Mergermarket、Wind。

（二）十大案例

2022 年医疗健康行业跨境并购披露金额的前十大交易见表 4-6。

表 4-6　2022 年医疗健康行业跨境并购披露金额的前十大交易

日期	买方名称	金额/亿美元	买方区域	标的名称	二级行业	标的所在区域	股权比例
2022/8/4	RRJ 资本	10	中国香港	富乐医疗	医疗	新加坡	未披露
2022/5/10	泰国 PTT 公司；Innobic（亚洲）有限公司	4.75	冰岛	Alvogen Emerging Markets Holdings Ltd.	医疗：制药	中国香港	多数股权
2022/9/26	Samara 资本；太盟投资集团 CX Advisors LLP	2.60	中国香港	Optimus Drugs	医疗：制药	印度	未披露

续表

日期	买方名称	金额/亿美元	买方区域	标的名称	二级行业	标的所在区域	股权比例
2022/6/14	戴蒙特集团	2.08	丹麦	声望听力	医疗	中国	多数股权
2022/12/6	Lakeshore Acquisition I Corp	1.54	中国	ProSomnus	医疗	美国	未披露
2022/11/15	Longitude 资本；Management Co.，LLC；RA Capital Management，LLC；德诚资本；汇桥资本集团；Malin Corporation plc；ORI 资本	1.20	中国香港	CG Oncology	医疗：制药	美国	未披露
2022/9/15	CVC Asia Pacific Ltd.	1.16	中国香港	越南芳洲医院	医疗	越南	多数股权
2022/4/27	Plum Alley，Inc.；Tribe Capital LLC；华东医药投资控股（香港）有限公司；Natural Capital Investment Fund	0.69	中国香港	Ashvattha 公司	医疗：制药	美国	未披露
2022/9/26	翰森制药集团有限公司	0.64	中国	KiOmed 制药	医疗：制药	比利时	未披露
2022/6/16	KCK 集团；汇桥资本集团；Questa Capital Management；OrbiMed 资本	0.60	中国香港	Aerin 医疗	医疗	美国	未披露

资料来源：Mergermarket、Wind。

三、医疗健康行业前景看好，跨境并购之路挑战依旧

（一）医疗健康跨境并购趋于谨慎

为应对新冠疫情对经济的影响，2021 年，各国推出了宽松的货币政策及财政政策，私募股权/风险投资机构及企业对经济复苏的信心增加，跨境交易相对 2020 年呈复苏态势，受益于对疫情的有效控制，2021 年下半年，国内经济迅速从疫情中恢复过来，跨境交易热度回升，2021 年中国企业出海投资的交易数量有所回升，海外投资人更为积极主动地投入中国资本市场。2022 年，受日益紧张的国际地缘政治、国内反复疫情及消费者信心下降等因素影响，市场对投融资交易的态度更为谨慎，国内及跨境交易数量均同比下降。

2022 年上半年，中国生命科学与医疗行业的资本市场活动整体放缓，投融资交易数量虽同比下滑，但仍为 2019 年以来的历史次高点。中国生命科学与医疗行业共发生投融资交易 785 起（含交易金额超过 10 亿美元的超大交易），同比减少 137 起，已披露交易总额约 76 亿美元，比 2021 年上半年巅峰下降约 50.7%，市场整体趋于冷静。与此同时，由于生命科学与医疗板块 PO 热度下降，二级市场表现疲软，A 股的上证医药指数和深证医药指数，以及港股的恒生香港上市生物科技指数均呈负增长趋势，企

业整体估值回落，2022 年上半年单笔项目交易金额有所下滑。

（二）细分领域并购交易仍旧活跃

与 2021 年同期相比，2022 年各领域交易数量均有不同程度的下滑，其中生物医药和医疗器械由于受到资本青睐降幅较小，数字医疗则尤为明显，降幅显著。尽管资本市场遇冷，部门细分领域单笔平均交易数量仍非常可观，有价值的项目更受资金抱团影响，其中，医药服务外包行业和医疗机构尤为明显。

资本市场主要增长驱动力来自对新一代药物的研发生产需求和提供成本效益更高的服务。据商务部统计，我国医药生物技术离岸外包合同执行额在 2020 年和 2021 年增速分别为 25.0%和 24.7%，呈稳定增长趋势，其主要驱动力在于全球 CXO 订单转移的趋势以及新冠疫情的加速作用。医疗机构资本市场主要受益于医疗服务供需不平衡的影响带动社会资本对民营综合医院的投资增长，加大了对二、三线城市的下沉式布局。此外，医美、口腔、辅助生殖和儿科等专科医院诊所的需求也在快速增长，驱动力在于运营模式标准化，可复制性高，且区域扩张的协同效益较好。

（三）政府影响力攀升，创新成为关键驱动力

政府部门的影响力不断上升，主要体现为医改价格谈判和数据保护监管新规。2022 年《数据出境安全评估办法》出台后，首个数据出境申请获得批准。在 2022 年发布的新版《国家医保药品目录》中，经谈判后被列入的药品数量创下新高，达 108 种。新版目录预计将削减超过 900 亿元人民币的药品费用，是上一版的 3 倍。

各种伙伴合作与研发投资将加快创新增长速度。2022 年的医药对外许可交易总额创下新高，达到 170 亿美元，增长了 23%，交易量为 48 个，较 2021 年提升 6 个。新药研发投资规模由 2016 年的 80 亿美元增长至 2022 年的 280 亿美元，表明中国医药行业的研发能力飞速提升。2022 年，已接受的注册申请量创下新高，达 12244 件（增长率 5.8%）。越来越多的生命科学与医疗企业将制定更适应中国市场的特定商业模式与战略。

在中国的创新领域内有许多具备特殊专业技能的从业者，他们志在发现有助于扩大市场份额的核心方案。调研结果显示，随着新病人入院与临床试验项目出现延误（但并未完全中断），更多中国生命科学与医疗企业的产品上市速度减缓。由于本地化产品更受中国市场环境的青睐，许多企业推行本地化战略并且寻求本地资产。这一过程极有可能催生出更广阔丰富的合作布局和合作模式。

第三节 TMT 行业跨境并购分析

一、中国 TMT 行业概况

一直以来，TMT 并购活动以长期结构性增长驱动力为支撑，即数字化和不断变化

的市场环境要求企业不断地创新求变。但同时，利率上行、通胀加剧、需求前景调整、地缘政治局势趋紧、供应链中断与监管力度收紧等因素影响着 CEO 和投资者的信心。投资者在 2023 年或将更加谨慎，投资交易活动的开展或面临更多的障碍与挑战，尤其可能受到更严格监管审查。尽管如此，我们预计战略交易及优质目标企业相关交易仍将发生。

数字领域继续迭代出新，不断推出提升用户体验的平台和解决方案。企业将顺势择机而动，开展行业投资并购以巩固其战略地位，这将推动 2023 年行业并购交易持续增长。

2022 年，TMT 行业在全球并购交易市场继续占据举足轻重的地位，贡献约四分之一的交易数量和交易金额。利率上升、经济衰退、监管趋严，以及地缘政治紧张等因素使投资者情绪降温，特别是在科技行业。因此，与创纪录的 2021 年相比，2022 年 TMT 行业并购交易市场相对疲软。

中国政府持续高度重视科技创新，党的二十大也提出完善科技创新、强化国家战略科技力量。未来，TMT 行业依然会是最受资本青睐的行业之一。与此同时，各资本市场也为 TMT 行业私募创投释放积极信号：A 股全面注册制正式实施；香港联交所新特专科技公司上市制度“18C 章”正式生效。整体而言，随着各项稳经济政策效应逐步释放，国民经济也将逐步回升。在国家各项推进 TMT 行业的整体发展政策推动下，TMT 行业私募创投市场将有望重新展现出投资活力。

二、2022 年中国企业 TMT 行业跨境并购概况

（一）概况

2022 年，中国企业 TMT 行业共发生 193 个跨境并购交易，总值达 162 亿美元，占 2022 年中国企业跨境并购总数的 45%，占 2022 年中国企业跨境并购总金额的 34%。其中，“走出去”交易数量为 79 个，披露交易金额为 47.94 亿美元；“引进来”交易数量为 114 个，披露交易金额为 114.06 亿美元。

2022 年，中国企业 TMT 行业“走出去”交易总数相比 2021 年降低了 17%，交易金额降低了 64%；“引进来”交易总数相比 2021 年增长了 63%，交易金额减少了 42%；相比 2019 年“引进来”交易总数增长了 37%，交易金额增加了 9%。

TMT 行业作为以硬科技为引领、连接新基建和传统制造的驱动领域，不断推动经济高质量发展，它代表了数字经济时代一个国家的综合竞争力。李克强总理曾在第十三届全国人民代表大会第五次会议的政府工作报告中提出“促进数字经济发展，加强数字中国建设整体布局”的明确要求。未来，万物互联是数字经济增长的基础，科技、创投等领域的推动者共同关注 TMT 产业发展，携手探索行业的新发展模式，共商共拓行业的新发展空间。

本书将 TMT 行业总体分为互联网/电子商务、电脑软件、电脑硬件、半导体、计算机服务、传媒、通信硬件、电信运营八大子行业（二级行业）。如图 4-3 所示，2022 年，中国企业制造业并购交易数量位列第一的二级行业为电脑软件，第二位为计算机服务，半导体和互联网/电子商务并列第三。其中，电脑软件行业交易数量为 95 个，占 TMT 行业总交易数量的 49.2%，披露交易金额为 55 亿美元；计算机服务交易数量为 21 个，占 TMT 行业总交易数量的 10.9%，披露交易金额为 18.7 亿美元；半导体交易数量为 17 个，占 TMT 行业总交易数量的 8.8%，披露交易金额为 39 亿美元；互联网/电子商务交易数量为 17 个，占 TMT 行业总交易数量的 8.8%，披露交易金额为 4 亿美元。

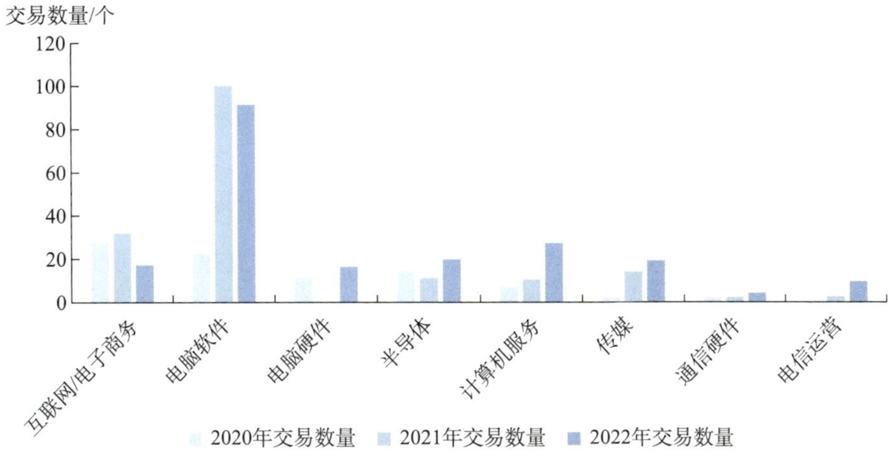

图 4-3　2020—2022 年中国企业 TMT 主要子行业跨境并购交易数量

资料来源：Mergermarket。

从表 4-7 可以看到，在过去的 3 年里，中国企业 TMT 行业整体并购规模持续上升，主要原因在于国家对于大力发展科技的政策鼓励以及深化改革创新的加快推动，科技行业在各个阶段都受到资本的青睐。电脑硬件和通信硬件子行业的交易数量相对稳定，电信运营和传媒子行业在 2022 年都有一定程度回暖。

表 4-7　2020—2022 年中国企业 TMT 主要子行业跨境并购交易数量及交易金额

	2020 年交易数量/个	2020 年交易金额/亿美元	2021 年交易数量/个	2021 年交易金额/亿美元	2022 年交易数量/个	2022 年交易金额/亿美元
互联网/电子商务	26	147.77	27	46.28	17	4
电脑软件	25	22.04	101	97.53	95	55
电脑硬件	9	24.36	0	0.00	13	8.11
半导体	14	38.72	11	19.90	17	39
计算机服务	7	16.59	10	25.92	21	18.70

续表

	2020 年交易数量/个	2020 年交易金额/亿美元	2021 年交易数量/个	2021 年交易金额/亿美元	2022 年交易数量/个	2022 年交易金额/亿美元
传媒	4	33.72	11	38.19	14	15.77
通信硬件	2	2.06	2	2.50	5	1.47
电信运营	0	0	3	9.00	11	49.28

资料来源：Mergermarket、Wind。

2022 年，中国企业 TMT 行业"走出去"交易中，美国和英国交易数量和交易金额都较大，2022 年在美国共达成交易 25 个，成交金额共计 16.7 亿美元，其次是英国、印度、法国、日本和新加坡，中国企业在这五国共完成 TMT 行业的并购 30 个，交易金额共计 15.11 亿美元。我们认为在 TMT 行业，中国企业跨境并购的目标企业为两类：①拥有先进技术和创新能力的优质标的公司；②拥有广大市场和稳定区域供应渠道的成长型公司。

受新一轮疫情及地缘政治紧张等因素影响，2022 年中国 TMT 行业跨境并购市场热度大幅下降，市场观望态度明显。"十四五"规划强化科技支撑，协同推进科技创新、产业创新和数字化转型。2022 年 6 月起，国内热点区域疫情防控取得积极成效，国务院"33+19 条"稳经济政策效应释放，国民经济实现较快企稳回升。配合国家政策对拥有自主研发能力、技术含量高的"硬科技"型企业的扶持，加快国产材料和设备的替代步伐。在强有力的政策支持下，TMT 依然是各个行业中比较活跃、资本比较青睐的行业。为获得企业自身发展所需要的技术，中国积极实施"走出去""引进来"战略，通过并购提高产业技术装备水平，更有效地解决财务成本等问题。

2022 年，中国企业 TMT 行业在各国跨境并购交易数量和交易金额占比如图 4-4、图 4-5 所示。

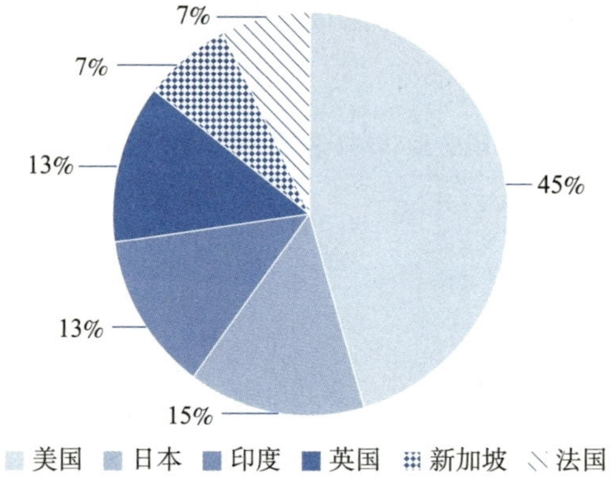

图 4-4　2022 年中国企业 TMT 行业在各国跨境并购交易数量占比

资料来源：Mergermarket。

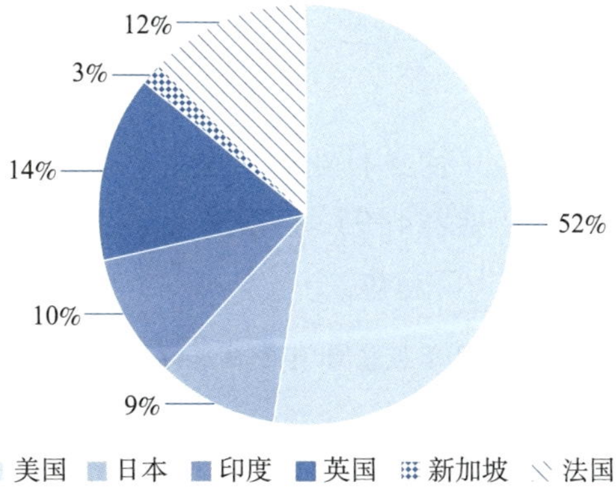

图 4-5　2022 年中国企业 TMT 行业在各国跨境并购交易金额占比

资料来源：Mergermarket。

（二）十大案例

2022 年，TMT 行业披露金额的前十大交易见表 4-8。

表 4-8　2022 年 TMT 行业披露金额的前十大交易

日期	买方名称	交易金额/亿美元	买方区域	标的名称	二级行业	标的所在区域	股权比例
2022/12/20	Crescent Cove Acquisition Corp.	35.87	美国	ECARX Technology Co., Ltd.	计算机：半导体	中国	多数股权
2022/10/28	Provident Acquisition Corp.	11.11	中国香港	玩美移动股份有限公司	电脑软件	中国台湾	未披露
2022/7/29	Duddell Street Acquisition Corp.	9.92	中国香港	FiscalNote Inc.	电脑软件	美国	多数股权
2022/7/13	Global SPAC Partners Co.	9.11	巴林	Gorilla Technology Inc.	电脑软件	中国台湾	多数股权
2022/6/8	Southwind Group Ltd.	6.64	中国香港	Mediaproduccion SLU	传媒	西班牙	未披露
2022/8/12	联想集团	5.89	中国	联想电讯盈科企业方案；电讯盈科网络服务	计算机服务	中国香港	多数股权
2022/12/12	Venus Acquisition Corporation	4.33	美国	VIYI Algorithm Inc.	电脑软件	中国	多数股权
2022/4/3	Urban Renewal（BVI）Promising Ltd.	4.33	美国	明基	电脑硬件	中国香港	多数股权
2022/9/16	Golden Path Acquisition Corporation	3.75	美国	MC Hologram Inc.	计算机服务	中国	未披露
2022/12/16	上海分布士投资管理有限公司	3	中国	Amber Group	电脑软件	中国香港	少数股权

资料来源：Mergermarket、Wind。

三、TMT 行业子行业跨境并购分析

（一）互联网/电子商务

2020—2022 年，互联网/电子商务行业的跨境并购数量大幅降低，2022 年的交易数量与 2021 年相比已经腰斩（见表 4-9），中国企业在互联网/电子商务行业的跨境并购交易数量在 TMT 行业占比有下降趋势。

表 4-9　2020—2022 年互联网/电子商务行业跨境并购交易数量

	2020 年	2021 年	2022 年
互联网/电子商务跨境并购交易数量/个	26	27	13
TMT 行业跨境并购交易数量总计/个	87	165	302
占比/%	30	16	4.3

资料来源：Mergermarket。

从金额上来看，互联网/电子商务行业跨境并购交易金额和交易数量双双下降（如图 4-6），当前，互联网的监管越来越严格，导致跨境投资的热度不断降低。因此，未来如何应用新技术如人工智能等开拓新业务、如何降本增效，或将成为影响互联网行业走势的关键。

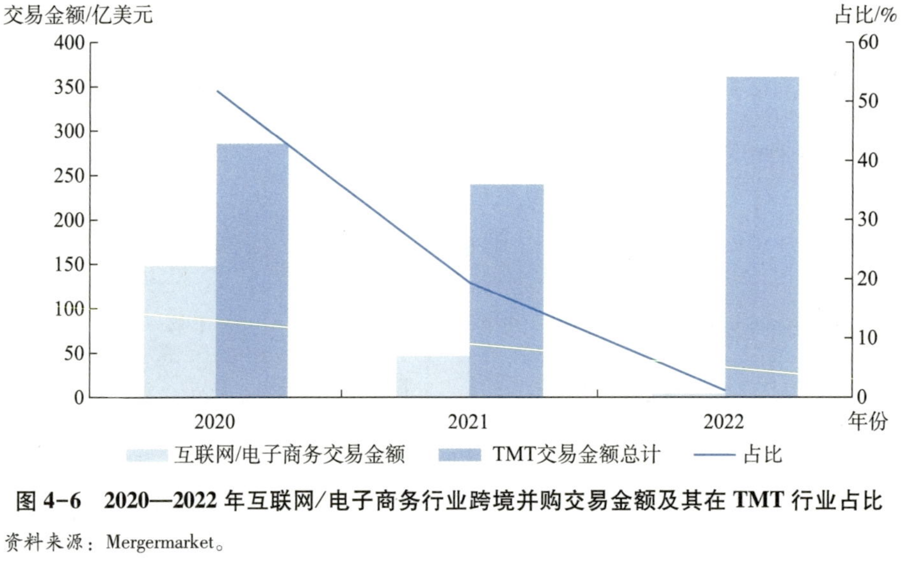

图 4-6　2020—2022 年互联网/电子商务行业跨境并购交易金额及其在 TMT 行业占比

资料来源：Mergermarket。

（二）电脑软件

2022 年，软件行业继续保持增长，但与 2021 年不同的是，新冠疫情在 2022 年初短期影响行业增速以后，行业景气度后续持续恢复，整体来看，受新冠疫情的影响不大。2022 年，得益于数字经济的快速发展，我国软件业跨境并购态势良好，交易增速加快，表 4-10 显示，2021 年电脑软件行业的跨境并购交易数量是 2020 年的 4 倍，

2022 年电脑软件行业的跨境并购交易有 250 个，大约是 2021 年的 2. 5 倍。

表 4-10　2020—2022 年电脑软件行业跨境并购交易数量

	2020 年	2021 年	2022 年
电脑软件行业跨境并购交易数量/个	25	101	250
TMT 行业跨境并购交易数量总计/个	87	165	302
占比/%	28. 74	61. 21	82. 78

资料来源：Mergermarket、Wind。

电脑软件行业跨境并购交易金额及其在 TMT 行业占比见表 4-11。

表 4-11　2020—2022 年电脑软件行业跨境并购交易金额及其在 TMT 行业占比

	2020 年	2021 年	2022 年
电脑软件行业跨境并购交易金额/亿美元	22. 04	97. 53	223. 72
TMT 行业跨境并购交易金额总计/亿美元	285. 27	239. 32	360. 43
占比/%	7. 73	40. 75	62. 07

资料来源：Mergermarket、Wind。

（三）电脑硬件

2022 年，电脑硬件行业跨境并购数量探底回升，共产生 13 起跨境并购交易，见表 4-12。

表 4-12　2020—2022 年电脑硬件行业跨境并购交易数量

	2020 年	2021 年	2022 年
电脑硬件行业跨境并购交易数量/个	9	0	13
TMT 行业跨境并购交易数量总计/个	87	165	422
占比/%	10. 34	0	3. 08

资料来源：Mergermarket、Wind。

2020—2022 年电脑硬件行业跨境并购交易金额及其在 TMT 行业占比见表 4-13。

表 4-13　2020—2022 年电脑硬件行业跨境并购交易金额及其在 TMT 行业占比

	2020 年	2021 年	2022 年
电脑硬件行业跨境并购交易金额/亿美元	24. 36	0	8. 11
TMT 行业跨境并购交易金额总计/亿美元	285. 27	239. 32	360. 43
占比/%	8. 54	0	2. 25

资料来源：Mergermarket、Wind。

（四）半导体

2022 年，半导体行业跨境并购交易数量复苏，随着人工智能和高性能材料的快速发展，半导体企业正利用人工智能和高功率材料打造更优芯片。2022 年全球半导体产业跨境并购交易数量相较 2020 年增加 6 起。随着纯电动汽车、消费电子产品快充、高效能太阳能板以及先进军事应用日益普及，半导体子行业的跨境并购数量持续增长。

2020—2022 年半导体行业跨境并购交易数量及其在 TMT 行业占比如图 4-7 所示。

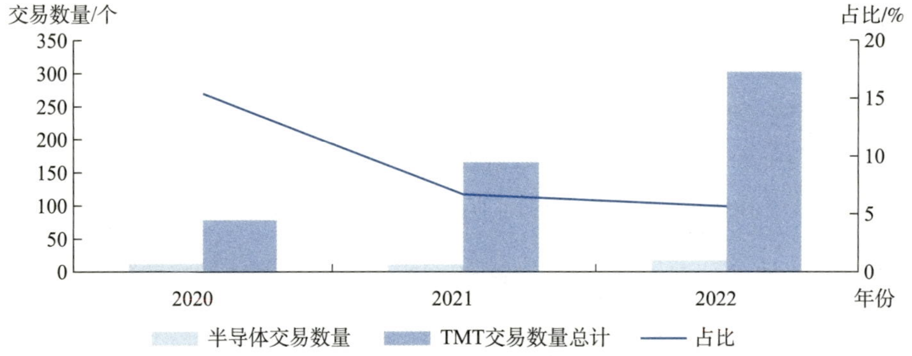

图 4-7　2020—2022 年半导体行业跨境并购交易数量及其在 TMT 行业占比

资料来源：Mergermarket。

半导体行业跨境并购交易金额及其在 TMT 行业占比见表 4-14。

表 4-14　2020—2022 年半导体行业跨境并购交易金额及其在 TMT 行业占比

	2020 年	2021 年	2022 年
半导体行业跨境并购交易金额/亿美元	38.72	19.90	39.44
TMT 行业跨境并购交易金额总计/亿美元	285.27	239.32	360.43
占比/%	13.57	8.31	10.94

资料来源：Mergermarket、Wind。

2020—2022 半导体行业跨境并购交易金额及其在 TMT 行业占比如图 4-8 所示。

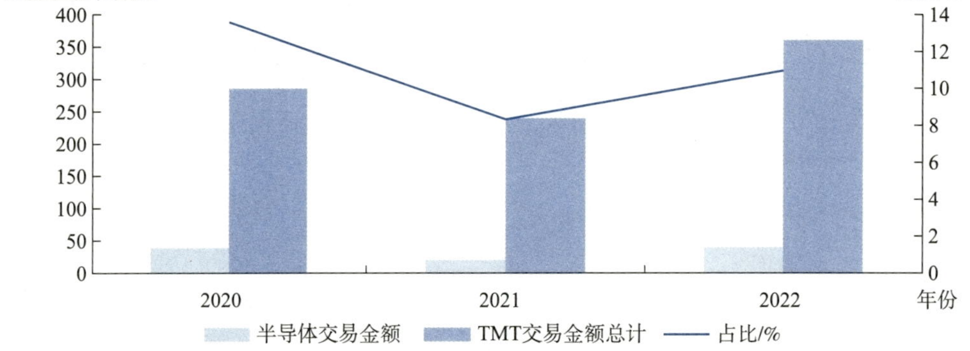

图 4-8　2020—2022 半导体行业跨境并购交易金额及其在 TMT 行业占比

资料来源：Mergermarket。

（五）计算机服务

计算机服务行业的跨境并购交易数量呈现上升趋势，2022 年的跨境并购交易数量大约是 2021 年的 2 倍，是 2020 年的 3 倍（见表 4-15）。

表 4-15 2020—2022 年计算机服务行业跨境并购交易数量及其在 TMT 行业占比

	2020 年	2021 年	2022 年
计算机服务行业跨境并购交易数量/个	7	10	21
TMT 行业跨境并购交易数量总计/个	87	165	302
占比/%	8.05	6.06	6.95

资料来源：Mergermarket、Wind。

2020—2022 年计算机服务行业跨境并购交易数量及其在 TMT 行业占比如图 4-9 所示。

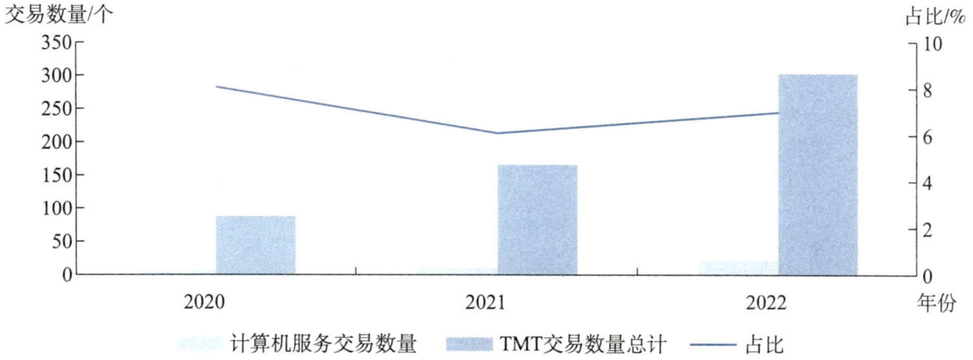

图 4-9 2020—2022 年计算机服务行业跨境并购交易数量及其在 TMT 行业占比

资料来源：Mergermarket。

计算机服务行业跨境并购交易金额及其在 TMT 行业占比见表 4-16。

表 4-16 2020—2022 年计算机服务行业跨境并购交易金额及其在 TMT 行业占比

	2020 年	2021 年	2022 年
计算机服务行业跨境并购交易金额/亿美元	16.59	25.92	18.70
TMT 行业跨境并购交易金额总计/亿美元	285.27	239.32	360.43
占比/%	5.82	10.83	5.19

资料来源：Mergermarket、Wind。

2020—2022 年计算机服务行业跨境并购易金额及其在 TMT 行业占比如图 4-10 所示。

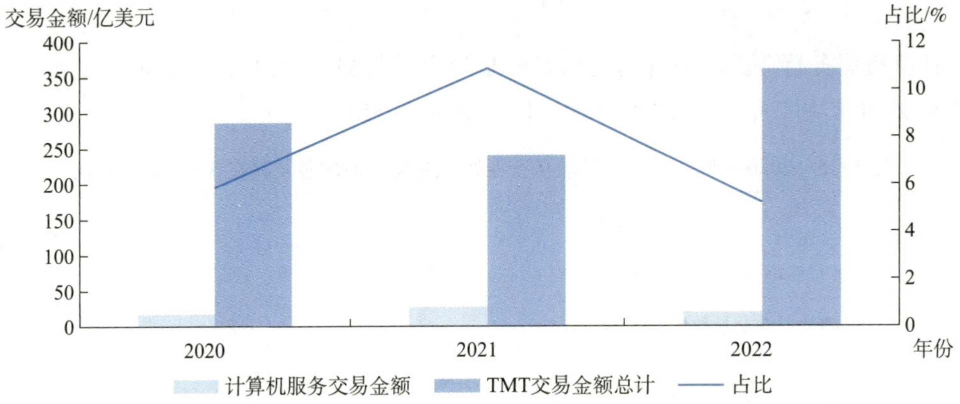

图 4-10　2020—2022 年计算机服务行业跨境并购交易金额及其在 TMT 行业占比

资料来源：Mergermarket。

（六）传媒

传媒行业跨境并购交易数量自 2020 年以来有所增加，2022 年的跨境并购交易数量为 14 个（见表 4-17），但交易金额相较于 2021 年大幅下降。

表 4-17　2020—2022 年传媒行业跨境并购交易数量及其在 TMT 行业占比

	2020 年	2021 年	2022 年
传媒行业跨境并购交易数量/个	4	11	14
TMT 行业跨境并购交易数量总计/个	87	165	302
占比/%	4. 60	6. 67	4. 64

资料来源：Mergermarket、Wind。

2020—2022 年传媒行业跨境并购交易数量及其在 TMT 行业占比如图 4-11 所示。

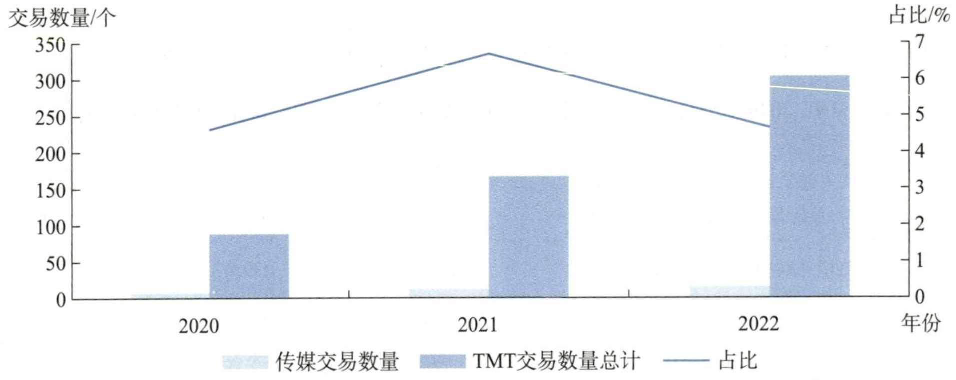

图 4-11　2020—2022 年传媒行业跨境并购交易数量及其在 TMT 行业占比

资料来源：Mergermarket。

2020—2022 年传媒行业跨境并购交易金额及其在 TMT 行业占比见表 4-18。

表 4-18　2020—2022 年传媒行业跨境并购交易金额及其在 TMT 行业占比

	2020 年	2021 年	2022 年
传媒行业跨境并购交易金额/亿美元	33.72	38.19	15.77
TMT 行业跨境并购交易金额总计/亿美元	285.27	239.32	360.43
占比/%	11.82	15.96	4.37

资料来源：Mergermarket、Wind。

2020—2022 年传媒行业跨境并购交易金额及其在 TMT 行业占比如图 4-12 所示。

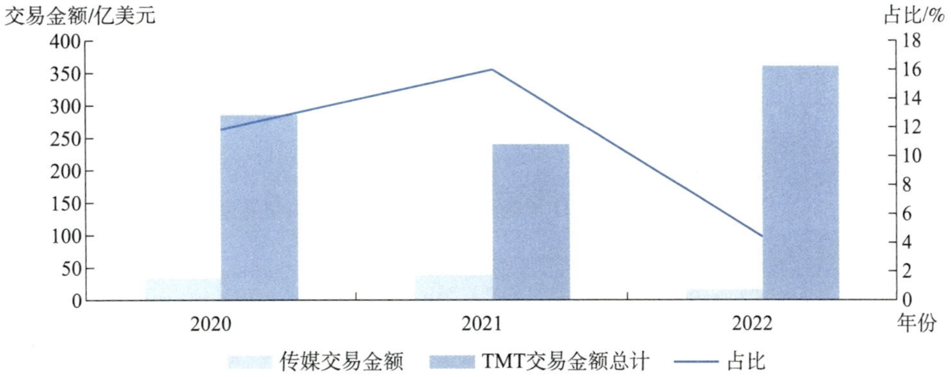

图 4-12　2020—2022 年传媒行业跨境并购交易金额及其在 TMT 行业占比

资料来源：Mergermarket。

（七）通信硬件

2020—2022 年，通信硬件行业跨境并购交易数量总体保持稳定（见表 4-19），2022 年通信硬件行业跨境并购交易金额有所降低（见表 4-20）。

表 4-19　2020—2022 年通信硬件行业跨境并购交易数量

	2020 年	2021 年	2022 年
通信硬件行业跨境并购交易数量/个	2	2	5
TMT 行业跨境并购交易数量总计/个	87	165	302
占比/%	2.30	1.21	1.66

资料来源：Mergermarket、Wind。

表 4-20　2020—2022 年通信硬件行业跨境并购交易金额

	2020 年	2021 年	2022 年
通信硬件行业跨境并购交易金额/亿美元	2.06	2.50	1.47
TMT 行业跨境并购交易金额总计/亿美元	285.27	239.32	360.43
占比/%	0.72	1.04	0.41

资料来源：Mergermarket、Wind。

（八）电信运营

电信运营行业跨境并购交易数量及交易金额与往年相比大幅上升，2022 年交易数量为 11 个，是 2021 年同期的 3.7 倍，2022 年交易金额是 2021 年的 5.5 倍（见表 4-21、表 4-22）。

表 4-21 2020—2022 年电信运营行业跨境并购交易数量

	2020 年	2021 年	2022 年
电信运营行业跨境并购交易数量/个	0	3	11
TMT 行业跨境并购交易数量总计/个	87	165	302
占比/%	0	1.82	3.64

资料来源：Mergermarket、Wind。

2020—2022 年电信运营行业跨境并购交易金额及其在 TMT 行业占比见表 4-22。

表 4-22 2020—2022 年电信运营行业跨境并购交易金额

	2020 年	2021 年	2022 年
电信运营行业跨境并购交易金额/亿美元	0	9.00	49.28
TMT 行业跨境并购交易金额总计/亿美元	285.27	239.32	360.43
占比/%	0	3.76	13.67

资料来源：Mergermarket、Wind。

四、TMT 行业前景展望

（一）行业变革加速，新兴技术炙手可热

新冠疫情加速了行业变革，封控措施加速了游戏机市场增长，流媒体视频服务竞争加剧导致用户流失，传统电视广播商的收视份额下降，健康和保健技术的运用越加广泛，企业与家庭加快部署 5G 和其他先进连接技术。但同时，尽管受疫情影响，我们也发现了全新增长契机，包括一系列新兴技术，如全新芯片架构 RSCV；量子计算及与之密切相关的量子通信、量子传感；有助于扩大电视广告触达范围的可寻址电视技术；以及为体育和其他媒体提供全新盈利途径的非同质化代币（NFT）。

整体来看，随着各项稳经济政策效应逐步释放，国民经济也将逐步回升。在国家各项推进 TMT 行业的整体发展政策推动下，推出资本市场全面注册制；强化科技战略支撑，推进人工智能、量子信息、集成电路等前沿领域发展；发展工业互联网，培育壮大集成电路、人工智能等数字产业；加快壮大新一代信息技术产业，推动互联网、大数据、人工智能等同各产业深度融合；加快第五代移动通信、工业互联网、大数据中心等建设。TMT 行业跨境并购市场会重新展现出投资活力。

（二）TMT 子行业投入加大，跨境并购需求旺盛

2023 年，全球半导体企业将投入 3 亿美元，利用内部自有或第三方人工智能工具

开展芯片设计，且未来4年，这一数字每年将增长20%，到2026年，将超过5亿美元。运算更快、更安全、更便宜的边缘计算服务与产品成为企业投资新对象，引得云技术、电信、设备和平台企业争相竞逐。报告预测，边缘计算的全球市场在2023年将增长22%。中国边缘计算市场规模在2021年已经达427.9亿元，并预计在2025年增长至1987.7亿元，年复合增长率达47%。

随着纯电动汽车、消费电子产品快充、高效能太阳能板以及先进军事应用日益普及，2023年主要由氮化镓和碳化硅等高功率半导体材料构成的芯片销售总额预计将达33亿美元，较2022年增长40%。随着创新技术的不断涌现，为加快数字化转型、提高技术水平，中企将加大跨境并购的力度。

（三）ESG 成为跨境并购的重要考虑因素

2022年，全球科技行业比非科技行业更加积极地采取ESG战略。所谓“积极”是指相比非科技企业，将有更多科技企业宣布到2030年实现ESG目标。为响应国家“双碳”战略目标，我国一些头部高科技企业均相应提出了各自的“碳中和”计划。与此同时，我国正积极鼓励绿色数据中心的建设，例如2021年7月，工信部发布了《新型数据中心发展三年行动计划（2021—2023）》，明确到2023年底，新建大型及以上数据中心PUE（数据中心能源效率）降低到1.3以下。对此，中国科技企业也积极响应，通过各种举措提升数据中心能源效率，降低能耗。

为更好地实现跨境并购，提高估值水平，企业将完善公司管理和公司治理，通过设立高级职位来推动气候倡议，将高管薪酬与可持续发展绩效联系起来，并且改进数据管理流程以确保准确的ESG披露；企业将使用更加节能的建筑、设备和制造环节，使用更多的可持续材料，购买可再生能源，选择加倍使用最有潜力减少碳排放的产品与服务。

2022年，随着通货膨胀、利率上行、经济放缓及消费者信心颓靡，TMT行业跨境并购的趋势并未好转，但在我国培育独立自主的新一代信息技术与数字化产业生态，实现数字经济高质量发展的计划下，2023年TMT行业的跨境并购将持续成为热点领域。

第四节　消费品行业跨境并购分析

一、中国消费品行业概况

2022年，全球消费市场已随着新冠疫情的好转逐渐恢复，然而，受地缘政治导致的供应链紧张、美国加息应对通货膨胀时有反弹的影响，全球消费市场仍存在较大的不确定性。2022 年，受新冠疫情的影响，中国全年 GDP 增速为 3%，相较于 2021 年 8.4%的 GDP 增速有一定的放缓。2022 年上半年，线下实体经济受到较大影响，同时失业率有所上升，居民消费意愿下降。进入下半年后，多地疫情反复，再加上 12 月放开疫情管控后一段适应恢复期，阻碍了消费市场的恢复。

中国国家统计局 2023 年 3 月 28 日发布了 2022 年国民经济和社会发展统计公报，公报显示，中国零售整体保持旺盛。2022 年全年，中国社会消费品零售总额达 439733 亿元，同比下降 0.2%。其中，限额以上单位消费品零售额为 170903 亿元，同比增长 1.4%；除汽车以外的消费品零售额为 393961 亿元，同比下降 0.4%；实物商品网上零售额为 119642 亿元，增长 6.2%，占社会消费品零售总额的比重为 27.2%。

2022 年中国消费品行业数据见表 4-23。

表 4-23　2022 年中国消费品行业数据

指标	12 月		1—12 月	
	绝对量/亿元人民币	同比增长/%	绝对量/亿元人民币	同比增长/%
社会消费品零售总额	40542	-1.8	439733	-0.2
其中：除汽车以外的消费品零售额	35438	-2.6	393961	-0.4
其中：限额以上单位消费品零售额	17071	-1.3	170903	1.4
其中：实物商品网上零售额	—	—	119642	6.2
按经营地分				
城镇	34594	-1.8	380448	-0.3
乡村	5948	-1.3	59285	0.0
按消费类型分				
餐饮收入	4157	-14.1	43941	-6.3
其中：限额以上单位餐饮收入	882	-17.8	10650	-5.9
商品零售	36385	-0.1	395792	0.5
其中：限额以上单位商品零售	16189	-0.2	160253	1.9
粮油、食品类	1894	10.5	18668	8.7
饮料类	272	5.5	3022	5.3
烟酒类	514	-7.3	5046	2.3
服装鞋帽、针纺织品类	1321	-12.5	13003	-6.5
化妆品类	290	-19.3	3936	-4.5
金银珠宝类	245	-18.4	3014	-1.1
日用品类	720	-9.2	7511	-0.7
家用电器和音像器材类	794	-13.1	8890	-3.9
中西药品类	858	39.8	6708	12.4
文化办公用品类	433	-0.3	4439	4.4
家具类	174	-5.8	1635	-7.5
通信器材类	556	-4.5	6284	-3.4

续表

指标	12 月		1—12 月	
	绝对量/亿元人民币	同比增长/%	绝对量/亿元人民币	同比增长/%
石油及制品类	1999	-2.9	22998	9.7
汽车类	5105	4.6	45772	0.7
建筑及装潢材料类	207	-8.9	1911	-6.2
注：				
1. 此表中增速均为未扣除价格因素的名义增速。				
2. 此表中部分数据因四舍五入，存在总计与分项合计不等的情况。				

资料来源：国家统计局。

2022 年，全国居民人均可支配收入 36883 元，比上年增长 5.0%，扣除价格因素，实际增长 2.9%。分城乡看，城镇居民人均可支配收入 49283 元，增长 3.9%，扣除价格因素，实际增长 1.9%；农村居民人均可支配收入 20133 元，增长 6.3%，扣除价格因素，实际增长 4.2%。

2022 年，全国居民人均工资性收入 20590 元，增长 4.9%，占可支配收入的比重为 55.8%；人均经营净收入 6175 元，增长 4.8%，占可支配收入的比重为 16.7%；人均财产净收入 3227 元，增长 4.9%，占可支配收入的比重为 8.7%；人均转移净收入 6892 元，增长 5.5%，占可支配收入的比重为 18.7%。

2022 年，全国居民人均可支配收入中位数 31370 元，增长 4.7%，中位数是平均数的 85.1%。其中，城镇居民人均可支配收入中位数 45123 元，增长 3.7%，中位数是平均数的 91.6%；农村居民人均可支配收入中位数 17734 元，增长 4.9%，中位数是平均数的 88.1%。

二、2022 年消费品并购概况

（一）概况

2022 年，中国企业消费品行业共产生 64 个跨境并购交易，总值达 43.25 亿美元，占 2022 年中国企业跨境并购总数的 15%，占 2022 年中国企业跨境并购总金额的 7.6%。其中“走出去”交易有 40 个，披露交易金额为 12.63 亿美元；“引进来”交易有 24 个，披露交易金额为 30.62 亿美元。2022 年中国企业消费品行业“走出去”交易总数相比 2021 年增加了 53.8%，交易金额降低了 74.6%；“引进来”交易总数相比 2021 年降低了 20%，交易金额减少了 0.2%.

受到疫情反复和管控措施的影响，2022 年中国消费市场整体遇冷，线下传统零售受到较大冲击，消费行业投资和融资活跃度下降。一方面，行业估值泡沫消退；另一方面，经济下行叠加疫情反复冲击，消费市场投资标的估值回调，投资者回归理性。

2021年前三个交易始发地分别是美国、澳大利亚和荷兰（见表4-24）。相较于2021年，2022年日本成为热门交易始发地，荷兰跌出前五（见表4-25）。

表4-24 2021年中国消费行业跨境并购主要卖方国家交易数量和金额

	美国	澳大利亚	荷兰	英国	日本
交易数量/个	5	3	2	2	2
交易金额/亿美元	1.98	0.40	44.93	1.30	未披露

资料来源：Mergermarket、Wind。

表4-25 2022年中国消费行业跨境并购主要卖方国家交易数量和金额

	日本	澳大利亚	英国	美国	英属维尔京群岛
交易数量/个	11	6	3	2	2
交易金额/亿美元	5.10	4.24	1.30	0.72	0.12

资料来源：Mergermarket、Wind。

（二）十大案例

2022年中国消费行业跨境并购十大披露金额的交易见表4-26。

表4-26 2022年中国消费行业跨境并购十大披露金额交易

日期	买方名称	交易金额/亿美元	买方区域	目标公司	二级行业	标的所在区域	股权比例
2022/6/30	Costco Wholesale Corporation	10.5	美国	开市客	消费：零售	台湾（中国）	少数股权（45%）
2022/2/21	Advent International Corporation	4.8	美国	Wagas	休闲	中国	多数股权（60%）
2022/9/30	太盟投资集团	4.8	香港（中国）	豪斯登堡	休闲	日本	多数股权（66.7%）
2022/7/15	Hoshizaki Corporation	3.32	日本	Beijing Royalkitchen Science & Technology Co.，Ltd.	消费：其他	中国	多数股权（51%）
2022/12/19	Emerald Energy Holdings Ltd.	2.4	英属维尔京群岛	Lifestyle International Holdings Ltd.	消费：零售	香港（中国）	少数股权（25.09%）
2022/7/20	Coats Group Plc	2.37	英国	Texon International Group Ltd.	消费：其他	香港（中国）	多数股权（100%）
2023/1/9	PAG	2.3555	香港（中国）	Patties Foods Ltd.	消费：食品	澳大利亚	多数股权（100%）

续表

日期	买方名称	交易金额/亿美元	买方区域	目标公司	二级行业	标的所在区域	股权比例
2022/6/2	TKTR Investment Pte Ltd.	1.7545	新加坡	Rosedale Hotel Kowloon	休闲	香港（中国）	多数股权（100%）
2022/5/7	Symrise AG	1.65319	德国	Wing Pet Food	消费：食品	中国	多数股权（100%）
2022/4/28	Endeavor Group Holdings, Inc.	1.39042	美国	巍美文化	休闲	中国	未披露

资料来源：Mergermarket、Wind。

三、消费品并购趋势分析

（一）消费品行业并购疲软，市场韧性仍在

通过 2022 年社会消费品零售总额数据，我们可以看到，受新冠疫情影响，全年多个月份的社会消费品零售总额同比增速为负值。12 月“新十条”落地后，居民在放开初期外出仍有顾虑、消费场景受限，预期在疫情放开后逐渐恢复常态。从全年来看，2022 年的社会消费品零售总额数据与 2021 年基本持平（2022 年相比 2021 年仅下降了 0.2%），消费大盘基本稳定，韧性十足。餐饮作为最具代表性的服务性消费行业，以线下消费场景为主，受疫情冲击较为严重。2022 年 3—5 月，全国月度餐饮收入对比去年均有双位数的下降幅度。11—12 月，全国餐饮收入同比下降较多。然而从全年看，全国餐饮收入对比去年仅下降 6%，体现出行业的刚需性特征及十足的韧性。经过初期的适应后，消费行业也会先于其他行业率先复苏，预计将较快恢复至疫情前水平。

自疫情防控政策放开后，全国各省市密集出台稳消费政策，如发放消费券、购物减免、汽车购置税减免、家电补贴等，有助于在短期内促进市场的回升及提振消费者信心，撬动更大规模的消费需求。

（二）资本趋向理性，行业洗牌加剧

与 2021 年消费交易市场的热火朝天截然不同，2022 年消费一级融资市场迅速降温，与 2021 年相比可谓“冰火两重天”。在大环境遇冷的情况下，资本变得更加谨慎，在过去一年的消费行业中，“马太效应”非常明显：许多中部或腰部品牌因疫情等因素的影响而经营不善，无法生存下去；细分赛道的头部品牌却通过投资与原生业务一致或与横向扩展业务方向一致的品牌，实现产业资源、行业经验和资金实力的扩充，以求增长。宏观波动剧烈、行业受到冲击时，企业间以收并购互相报团取暖，是一种新的生存策略，也是行业洗牌的表现，“大鱼吃小鱼”的游戏正在重塑多个行业格局。这一行业整合趋势预计也将在 2023 年持续下去。

（三）消费升级转向消费分级，并购机会不断涌现

在 2021 年之前，由于中国人均收入和综合国力的不断上升，消费行业总体呈现消费升级的趋势。人们愿意支付更高的价格以换取更好的产品质量和更高端化的品牌。然而，经过 2022 年疫情反复的不确定之后，我们看到消费分级的趋势越来越明显。

高净值人士的收入并没有受到疫情过多影响，顶级奢侈品行业，如爱马仕等品牌在中国的业绩仍然保持较高的增长。

大部分的普通消费者变得更加理性，越发追求性价比。名创优品凭借庞大的下沉消费人群和类直营的加盟管理模式一路扩张，靠主打高性价比的商品收获大批消费者的青睐。过去一年，零食集合店的模式也在不断兴起，如零食很忙、零食有闲等粮食量贩店以超高性价比的商品实现较高单店坪效，不断在下沉市场扩张。我们相信，在未来消费分级的趋势下，更多的消费行业细分赛道会涌现更多的交易机会。

第五节　矿产、能源行业跨境并购分析

2022 年，中国企业跨境并购矿产、能源行业共发生 24 个交易，交易数量较 2020 年下降了约 14%，相较于 2021 年下降了约 11%；交易金额逐年下降，2022 年跨境并购交易的金额为 0. 21 亿美元，较 2021 年的 0. 73 亿美元下降了 71. 23%，较 2020 年的 1. 5 亿美元下降幅度高达 86%（见表 4-27）。

表 4-27　2020—2022 年中国企业矿产、能源行业并购交易数量

	2020 年	2021 年	2022 年
交易数量/个	28	27	24
交易金额/亿美元	1. 50	0. 73	0. 21

资料来源：Mergermarket、Wind。

过去数年间，中国企业已快速成长为全球矿业交易市场上不可忽视的中坚力量，在北美及澳大利亚等发达国家与地区的成熟矿区出手频繁，而在非洲的交易参与相对较浅。交易分布聚集度一定程度反映了基础设施水平、产业链完整度和政治风险水平对交易的影响，多数中国企业倾向选择综合风险较小的并购标的，对待开发区域的资产交易抱有疑虑。

放眼未来，在资本催化及产业布局的必要需求引领下，中国企业对海外矿业交易市场的深度参与不仅是商业利益的驱动，更是国家战略层面布局谋篇的必然要求。笔者建议中国企业参考过往大宗中企海外交易的成功经验，在必要时引入具有丰富经验

的顾问团队，可有效管控项目风险、务实提高跨国经营能力及水平，从而提高企业海外布局的成功率。

第六节 其他行业跨境并购分析

2022 年，其他行业跨境交易共 92 个，比 2021 年减少了 20 个。2022 中国企业其他行业跨境并购交易数量占比如图 4-13 所示。

除了 TMT、医疗健康、制造、消费和矿产及能源业，2022 年较为突出的细分行业还有金融服务、其他服务和生物技术，交易数量分别为 27 个、27 个和 24 个，分别占 2022 年其他行业交易数量的 29%、29%和 26%。

展望 2023 年，其他行业的领导者可通过优先推进数字化转型与环境、社会及公司管治（ESG）举措实施，聚焦办公环境优化与人才投资，加强创新合作及效率提升，从而克服重重挑战、勇攀新高峰。

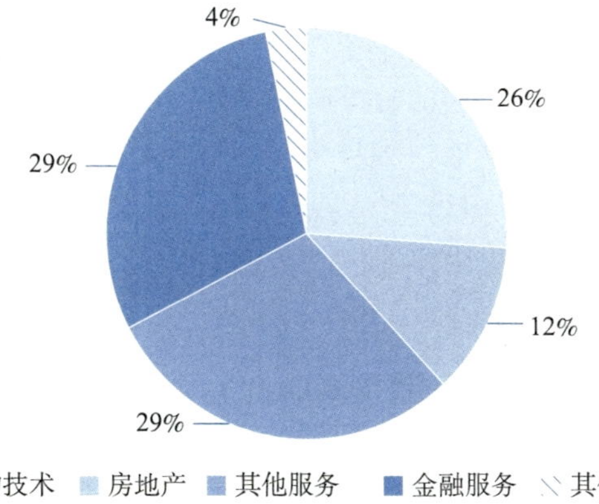

图 4-13 2022 年中国企业其他行业跨境并购交易数量占比

资料来源：Mergermarket、Wind。

第五章　2022 年中国企业跨境并购热点地区和国家

第一节　2022 年中国企业跨境并购地区和国家回顾

一、大中华地区

2022 年，中国企业在大中华地区共发生 57 个跨境并购交易，总值达 54.74 亿美元，占 2022 年中国企业跨境并购交易总数的 12.3%，占 2022 年中国企业跨境并购交易总金额的 11.6%。其中“走出去”交易有 20 个，交易金额为 23.3 亿美元；“引进来”交易有 37 个，交易金额为 31.44 亿美元。

2022 年中国企业大中华地区“走出去”交易总数比 2021 年增长了 1/3，交易金额是 2021 年的 2.4 倍。

2022 年中国企业大中华地区“引进来”交易总数比 2021 年减少了 16%，交易金额下滑了 63%；相比 2020 年“引进来”交易总数下降了 31%，交易金额下滑了 65%。

2019—2022 年中国企业大中华地区“走出去”及“引进来”跨境并购交易数量及金额见表 5-1。

表 5-1　2019—2022 年大中华地区“走出去”及“引进来”跨境并购交易数量及金额

大中华地区	年份	交易数量/个	交易金额/亿美元	交易金额占比
“引进来”	2019	105	40.46	23.64%
	2020	54	88.91	9.96%
	2021	44	85.87	9.67%
	2022	37	31.44	8.34%
“走出去”	2019	157	401.51	23.46%
	2020	74	132.11	14.79%
	2021	15	9.79	1.10%
	2022	20	23.30	11.89%

资料来源：Mergermarket。

二、大中华地区以外的亚太地区

2022 年，中国企业在大中华地区以外的亚太地区共产生 132 个跨境并购交易，总值达 119.04 亿美元，占 2022 年中国企业跨境并购总数的 31.7%，占 2022 年中国企业跨境并购总金额的 32%。其中“走出去”交易有 83 个，交易金额为 77.98 亿美元；“引进来”交易有 49 个，交易金额为 41.06 亿美元。

2022 年，中国企业在大中华地区以外的亚太地区“走出去”交易总数相比 2021 年降低了 13%，交易金额降低了 42.7%；相比 2020 年“走出去”交易总数增长了 295%，交易金额增加了 229%。

2022 年，中国企业在大中华地区以外的亚太地区“引进来”交易总数相比 2021 年降低了 38%，交易金额降低了 83%；相比 2020 年“引进来”交易总数增长了 53%，交易金额降低了 29%。

2019—2022 年中国企业在大中华地区以外的亚太地区“走出去”及“引进来”跨境并购交易数量及金额见表 5-2。

表 5-2　2019—2022 年大中华地区以外的亚太地区“走出去”及“引进来”跨境并购交易数量及金额

大中华地区以外的亚太地区	年份	交易数量/个	交易金额/亿美元	交易金额占比
“引进来”	2019	45	76.94	4.50%
	2020	32	57.91	6.49%
	2021	79	249.66	28.12%
	2022	49	41.06	8.67%
“走出去”	2019	33	64.90	3.79%
	2020	21	23.73	2.66%
	2021	95	136.07	15.33%
	2022	83	77.98	25.95%

资料来源：Mergermarket。

三、欧洲地区

2022 年，中国企业在欧洲地区共产生 136 个跨境并购交易，总值达 215.64 亿美元，占 2022 年中国企业跨境并购总数的 31.77%，占 2022 年中国企业跨境并购总金额的 58.9%。其中“走出去”交易有 76 个，交易金额是 58.04 亿美元；“引进来”交易有 60 个，交易金额是 157.6 亿美元。

2022 年，中国企业在欧洲地区“走出去”交易总数相较 2021 年降低了 15.6%，交易金额降低了 43%；相比 2020 年“走出去”交易总数增加了 31%，交易金额降低了 36.6%。

2022 年，中国企业在欧洲地区“引进来”交易总数相比 2021 年增长了 11%，交易金额增长了188%；相比2020年“引进来”交易总数增长了185%，交易金额增加了154%。

2019—2022年中国企业在欧洲地区“走出去”及“引进来”跨境并购交易数量及金额见表5-3。

表5-3 2019—2022年欧洲地区“走出去”及“引进来”跨境并购交易数量及金额

欧洲地区	年份	交易数量/个	交易金额/亿美元	交易金额占比
“引进来”	2019	24	130.41	7.62%
	2020	21	62.10	6.95%
	2021	54	54.70	6.16%
	2022	60	157.60	33.28%
“走出去”	2019	96	305.66	17.86%
	2020	58	90.14	10.09%
	2021	90	101.94	11.48%
	2022	76	58.04	19.32%

资料来源：Mergermarket。

四、北美地区

2022年，中国企业在北美地区共发生126个跨境并购交易，总值达183.72亿美元，占2022年中国企业跨境并购总数的29.4%，占2021年中国企业跨境并购总金额的50.1%。其中“走出去”交易数量为61个，交易金额是36.64亿美元；“引进来”交易数量为65个，交易金额为147.08亿美元。

2022年，中国企业在北美地区“走出去”交易总数相较2021年降低了11.6%，交易金额是2021年的1/29；相比2020年“走出去”交易总数增长了110%，交易金额减少了72%。

2022年，中国企业在北美地区“引进来”交易总数相较2021年降低了47.6%，交易金额基本持平；相比2020年“引进来”交易总数增长了100%，交易金额降低了12.74%。

2019—2022年，中国企业在北美地区“走出去”及“引进来”跨境并购交易数量及金额见表5-4。

表5-4 2019—2022年北美地区“走出去”及“引进来”跨境并购交易数量及金额

北美地区	年份	交易数量/个	交易金额/亿美元	交易金额占比
“引进来”	2019	30	55.29	3.23%
	2020	32	168.55	18.88%
	2021	124	145.17	16.35%
	2022	65	147.08	31.06%

续表

北美地区	年份	交易数量/个	交易金额/亿美元	交易金额占比
“走出去”	2019	48	118.18	6.91%
	2020	29	131.69	14.75%
	2021	69	1064.05	11.98%
	2022	61	36.64	12.19%

资料来源：Mergermarket。

中国资本大规模扬帆起航、出海弄潮已有近二十年的历史。对于世界而言，“中国模式”的三大优势非常明显：一是资源优势，充分调动了政府部门和民营企业共同积累的巨大财富。二是效率优势，将“中国速度”和低成本运营模式复制到全球。三是信心优势，伴随着国内经济高速发展和企业信心日益增强，海外投资既符合政策导向又是行业潮流。

2022 年，地缘冲突和疫情等多重风险因素持续冲击全球金融市场，国际经济波动较大，中国跨境并购交易市场亦受到一定程度的冲击，多数企业和投资机构都处于一个战略调整时期，进而导致我国资本市场的并购交易处于一个低潮期，跨境交易方面，我国企业出境及外资入境并购交易较往年呈现大幅下降趋势。买家变得更加挑剔，倾向于能源、技术、医疗保健、工业和消费领域的收购。值得注意的大型交易，例如锡产微芯半导体以 14.81 亿美元收购安谱隆半导体公司，表明国有企业对具有重要战略意义行业的重视。

2022 年发生的 5 亿美元以上的交易中，由私募基金和投资公司主导的交易，金额占比近五成，数量占比超四成，较 2021 年同期均增长 14 个百分点左右。由于国家加快深化改革创新，科技、医疗等行业在各个阶段都受到资本的青睐，在初创期、扩张期的企业的投资数量占比均持续上升，但投资金额占比较小幅下降，也反映了当下时代投资的谨慎性。

依照交易国别和地区统计，2022 年中国企业“走出去”跨境并购前 50 的交易中，交易数量位列前五的国家分别为美国、新加坡、日本、英国和印度（见表 5-5）。

表 5-5 2022 年中企“走出去”跨境并购交易前 50

国家和地区	交易数量/个
美国	11
新加坡	5
日本	5
英国	4
印度	4
西班牙	3

续表

国家和地区	交易数量/个
韩国	3
意大利	2
印度尼西亚	2
越南	1
荷兰	1
孟加拉国	1
开曼群岛	1
菲律宾	1
哈萨克斯坦	1
阿拉伯联合酋长国	1
萨摩亚	1
阿根廷	1
法国	1
以色列	1

资料来源：Mergermarket。

表 5-6 展示了 2022 年中国企业“引进来”跨境并购 50 强企业。

表 5-6 2022 年中国企业“引进来”跨境并购 50 强企业

目标公司	目标主导领域	目标主导国家/地区	投标人国家/地区	交易金额/亿美元
霸菱亚洲	金融服务	中国香港	瑞典	74.06
利丰物流	运输	中国香港	丹麦	37.60
ECARX 科技公司	计算机：半导体	中国	美国	35.87
Gogoro	汽车	中国台湾	美国	26.82
赛科石化	化学品和材料	中国	英国	15.58
富卫集团	金融服务	中国香港	百慕大群岛	14.25
Prenetics 生物科技	生物科技	中国香港	开曼群岛	11.56
开市客	消费：零售	中国台湾	美国	10.50
Trimco 国际控股	制造业（其他）	中国香港	加拿大	10.00
兴中控股有限公司	建筑	中国	美国	10.00
Gorilla 科技	计算机软件	中国台湾	巴林	9.11

续表

目标公司	目标主导领域	目标主导国家/地区	投标人国家/地区	交易金额/亿美元
DLJ 房地产 Partners LP	房地产	中国	新加坡	6.92
韩华石化	化学品和材料	中国	韩国	5.65
澳亚集团投资控股有限公司	农业	中国	新加坡	5.06
Xidao Wind Power Co Ltd；Changfang Wind Power Co Ltd	能源	中国台湾	泰国	5.00
Wagas	休闲	中国	美国	4.80
Alvogen Emerging Markets Holdings Ltd	医疗：制药	中国香港	冰岛	4.75
云顶新耀	生物科技	中国	美国	4.55
VIYI Algorithm	计算机软件	中国	美国	4.33
明基	计算机：硬件	中国香港	美国	4.33
Luyang 节能材料	化学品和材料	中国	美国	4.17
华泰保险集团	金融服务	中国	美国	3.87
MC Hologram Inc.	计算机服务	中国	美国	3.75
Evergreen Asia	制造业（其他）	中国	瑞士	3.35
北京东邦御厨科技有限公司	消费：其他	中国	日本	3.32
Santroll 汽车	汽车	中国	美国	2.68
QIMA	服务业（其他）	中国香港	加拿大	2.50
利福国际集团	消费：零售	中国香港	英属维尔京群岛	2.40
Texon 国际集团	消费：其他	中国香港	英国	2.37
量子高科（广东）生物有限公司	生物科技	中国	英国	2.37
6 Waves	计算机软件	中国香港	瑞典	2.19
声望听力	医疗	中国	丹麦	2.08
再惠网络科技	计算机软件	中国	日本	2.00
天源新能源材料	化学品和材料	中国	美国	2.00
汇丰前海	金融服务	中国	英国	1.99
太古海洋开发公司	运输	中国香港	美国	1.90
九龙珀丽酒店	休闲	中国香港	新加坡	1.75
翼邦宠物食品	消费者：食品	中国	德国	1.65

续表

目标公司	目标主导领域	目标主导国家/地区	投标人国家/地区	交易金额/亿美元
太平洋光缆数据通讯有限公司	电信：运营商	中国香港	加拿大	1.60
联拓生物	生物科技	中国	美国	1.55
节卡机器人	工业产品服务	中国	新加坡	1.50
远洋太古里	房地产	中国	英国	1.44
Xinyang Properties Co., Ltd.	房地产	中国香港	英属维尔京群岛	1.40
硅科新材	化学品和材料	中国	德国	1.39
巍美文化	休闲	中国	美国	1.39
Formosa I Wind Power Co., Ltd.	能源	中国台湾	日本	1.38
Particle 文化科技集团	计算机软件	中国	美国	1.34
华泰保险集团	金融服务	中国	美国	1.26
大新金融集团有限公司	金融服务	中国香港	日本	0.92

资料来源：Mergermarket、Wind。

2022年国内并购尤其是入境并购市场持续活跃，在亚洲地区居领先地位。亚洲经济体特别是中国从新冠疫情中复苏更快，中国吸引外资将“磁力”强劲、魅力不减。外资追捧中国资产主要有以下几点原因：

一是中国经济稳中向好的长期大势。在新冠疫情全球大流行的形势下，中国不仅率先控制住了疫情，还以完整的工业体系、稳定的产业链供应链等优势，实现了经济逆势增长。从主要指标看，外贸进出口已连续15个月实现同比正增长，而制造业采购经理指数（PMI）也连续18个月站在荣枯线之上，表明中国制造业仍处于持续扩张阶段。事实上，中国市场已成为众多知名跨国公司业绩增长的“主引擎”，中国经济展现出的强大韧性和活力，已成为稳定外资对中国市场信心的关键。

二是中国持续优化的营商环境。近年来，中国持续推进“放管服”改革，同步实施《优化营商环境条例》和《外商投资法》，市场准入和外商负面清单不断缩短，市场准入门槛持续降低。中国持续构建市场化、法治化、国际化营商环境的努力，得到国际社会高度认可。世界银行报告显示，中国营商环境在全球190个经济体中的排名由2012年第91位跃升到2020年第31位，8年提升了60位。

三是中国不断扩大的对外开放。当前，中国正加快构建以国内大循环为主体、国内国际双循环相互促进的新发展格局，推动更高水平对外开放的步伐不断提速。自贸试验区再次扩围、海南自由贸易港建设启航、金融等服务业开放深入推进、进博会等开放平台不断升级。这些实实在在的开放举措，为广大外资企业与中国经济共成长提供了富饶的土壤，彰显了中国的诚意和决心。

第二节　2022 年中国企业跨境并购热点地区和国家分析

一、美国

2022 年中国企业跨境并购“走出去”在美国的交易数量为 36 个，交易金额为 35.43 亿美元（见表 5-7），和 2021 年相比，交易数量、交易金额均有所回落。

表 5-7　2019—2022 年中国企业“走出去”在美国的相关数据

	2019 年	2020 年	2021 年	2022 年
交易数量/个	36	22	58	36
交易金额/亿美元	68.13	89.08	95.19	35.43
数量占比/%	8.4	9.9	10.55	23
金额占比/%	7	19	10.72	19

数据来源：Mergermarket、Wind。

表 5-8 和图 5-1 分别展示了 2021—2022 年中国企业对美国跨境并购交易行业分布和交易数量行业占比情况。

表 5-8　2021—2022 年中国企业对美国跨境并购交易行业分布

行业	数量
制造	14
TMT	43
医疗健康	18
消费	7
其他	31

资料来源：Mergermarket、Wind。

中国企业在美国的并购领域主要是 TMT 和除制造业、医疗健康和消费的其他行业。当前，美国作为全球技术领先的国家，中国对美国高端技术的需求旺盛，但受到国际局势的影响，技术监管日趋严格，导致中国企业对美国跨境并购的数量有所降低。2019—2022 年，中国企业“引进来”在美国的相关数据见表 5-9。

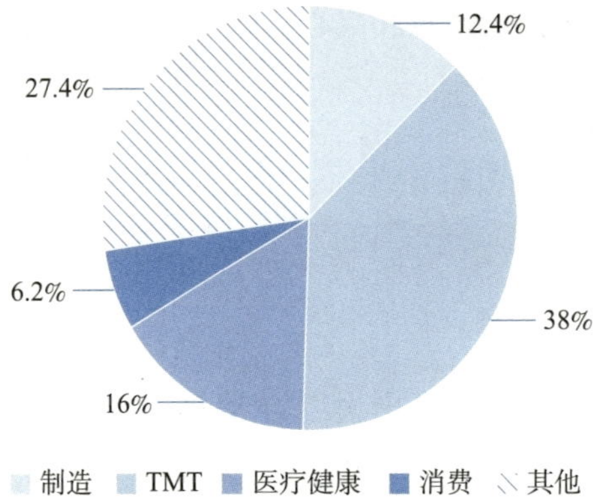

图 5-1　2021—2022 年中国企业对美国跨境并购交易数量行业占比

资料来源：Mergermarket。

表 5-9　2019—2022 年中国企业“引进来”在美国的相关数据

	2019 年	2020 年	2021 年	2022 年
交易数量/个	28	28	104	37
交易金额/亿美元	54. 93	58. 38	129. 39	132. 98
数量占比/%	10. 6	16. 2	39. 69	36
金额占比/%	8	13	28. 64	35

资料来源：Mergermarket、Wind。

2021—2022 年，美国企业在中国的投资交易共计 141 个，交易总金额为 262. 37 亿美元。

二、德国

近年来，贸易保护主义和逆全球化趋势不断抬头，例如美国出台《通胀削减法案》推动制造业回流，对全球产业合理分工造成不利影响。从“不要对中国再天真”，到“摆脱对中国的依赖”，近两年，德国内部在对华问题上出现争论，德国一些政客的立场遭到工商界的强烈反对。

2023 年 5 月，德国政府内部在经过几个月的争论后，同意中远集团收购汉堡港托勒罗尔特集装箱码头 24. 99%的股份。据报道，2021 年 9 月，中远海运港口有限公司同 HHLA 达成收购“福地”码头 35%股权的协议，但这一协议遭到德国个别媒体和政客的反对。2022 年 10 月，德国政府批准了一项妥协方案，允许中企收购“福地”码头 24. 9%的股权。

可以看出，企业层面合作共赢的意愿始终存在，但当外部环境变得复杂，中德关系还未明朗，并购本身能否成功不在再于标的，也不在于中国有多大的市场潜力，有时外部的政治因素对并购会起到决定性影响。此次事件便折射出部分欧洲政客不顾经济发展需求，对华过度防范的政策倾向。

从德国以及欧盟企业角度看，中国仍然是他们不愿失去的最大单一市场。然而欧美对中国的“去风险”和“脱钩”，影响了中德以及中欧的贸易关系。在这样的背景下，中德以及中欧能否进一步加深经贸合作，增强战略互信，存在很多变量。因此，在短期内指望中德以及中欧贸易关系变暖是不太现实的。

2019—2022 年中国企业“走出去”在德国的相关数据见表 5-10

表 5-10　2019—2022 年中国企业“走出去”在德国的相关数据

	2019 年	2020 年	2021 年	2022 年
交易数量/个	22	16	29	1
交易金额/亿美元	20. 3	8. 35	9. 18	0. 29
数量占比/%	5. 1	7. 2	10. 07	0. 6
金额占比/%	2	2	2. 1	0. 2

资料来源：Mergermarket、Wind。

2021—2022 年中国企业对德国跨境并购交易行业分布和交易数量行业占比见表 5-11和图 5-2。

表 5-11　2021—2022 年中国企业对德国跨境并购交易行业分布

行业	数量
制造	16
TMT	7
医疗健康	7
消费	1
其他	5

资料来源：Mergermarket、Wind。

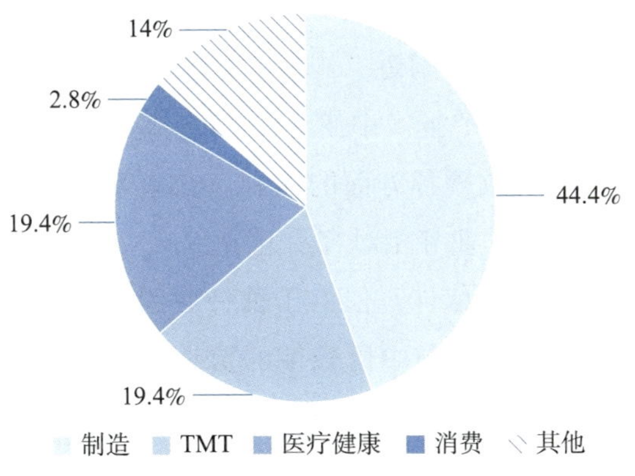

图 5-2　2021—2022 年中国企业对德国跨境并购交易数量行业占比

资料来源：Mergermarket。

同2021年相比，中德之间的并购大幅下降。数据显示，2021年是“中德并购年”，中国企业“走出去”的跨境并购数量为29个，而到了2022年，则只有1个。一方面是因地缘政治发生了巨大变化，另一方面，市场环境的多变掺杂太多其他因素，总体上，中国与德国的贸易关系趋于紧张。

2019—2022年中国企业“引进来”在德国的相关数据见表5-12。

表5-12　2019—2022年中国企业“引进来”在德国的相关数据

	2019年	2020年	2021年	2022年
交易数量/个	2	8	6	3
交易金额/亿美元	51.93	24.43	4.13	3.33
数量占比/%	0.7	4.6	2.29	2.94
金额占比/%	8	6	0.91	0.87

资料来源：Mergermarket、Wind。

作为最稳定和发达的欧洲经济体，德国曾备受中国投资企业的青睐。尤其在中德建交45周年前后，借着两国关系日益密切，大批中国企业纷纷到德国进行投资并购。从全球价值链位置看，德国主要处在高端，中国部分产业跻身全球中高端，也有部分产业环节处在中低端。中德双方相互投资以高技术领域为主，德国在华投资以汽车、化工、发电设备等生产性项目为主，技术含量高；中国对德投资主要集中在汽车及信息通信技术领域。

如今，中国企业在德国的投资进一步衰减，中国与德国的经济关系到底会有哪些变数，我们不得而知。但可以肯定的是，在当前全球经济增速面临较大下行压力的背景下，中德关系的紧张将给中国制造业和外贸行业带来新的挑战和危机。

三、澳大利亚

澳大利亚处于大洋洲，距离中国近，同时，它具有与欧美类似的文化背景，是中国企业走向全球化成本最低的试验场。中澳于2015年签署自贸协定，为中国企业进军澳大利亚市场带来了政策、税收等各方面的便利。在政策和资金投资的帮助下，传统企业、互联网企业在澳大利亚的业务相对容易开展。

中国是澳大利亚第一大贸易伙伴。但由于种种原因，过去几年，中澳经贸往来受到不小影响。据外媒报道，在历经与中国长期的贸易裂痕后，除铁矿石等关键大宗商品外，葡萄酒、大麦、海鲜、煤炭等澳大利亚主要出口产品均受到不同程度的影响。相关数据显示，2022年，在中国进出口总额同比增长7.7%的情况下，中澳双边贸易额却下滑0.9%，这在中国主要贸易伙伴中相当少见。

中澳两国在资源禀赋、产业结构、经济发展阶段等方面都有较强的互补性，双方在包括中澳自贸协定、《区域全面经济伙伴关系协定》（RCEP）等在内的制度型框架上也取得良好进展。尽管受到一些影响，2022 年，中澳贸易仍超过 2200 亿美元。

若是中澳双边贸易如果能够找到互利共赢的解决方案，那么未来中企对澳大利亚的跨境并购定会走向繁荣。澳大利亚政府总体上欢迎外国投资，但是国外企业要想在澳大利亚投资能源矿业、房地产、金融、保险、航空、媒体、电信、机场、港口等敏感行业，需要进行申报和审批。此外，除了澳大利亚的企业商业并购规定，澳大利亚政府做投资评估时还会充分考虑国家安全、对竞争环境的影响、与澳大利亚政府其他政策（包括税收）的关系、对经济和社会的影响、投资人的性质、外国政府与相关实体等因素。

表 5-13 列出了 2019—2022 年中国企业“走出去”在澳大利亚的相关数据。

表 5-13 2019—2022 年中国企业“走出去”在澳大利亚的相关数据

	2019 年	2020 年	2021 年	2022 年
交易数量/个	17	8	18	4
交易金额/亿美元	31. 06	6. 3	38. 61	0. 58
数量占比/%	3. 9	3. 6	6. 25	3
金额占比/%	20	9	8. 85	0. 3

资料来源：Mergermarket、Wind。

2021—2022 年中国企业对澳大利亚跨境并购交易行业分布和交易数量行业占比见表 5-14和图 5-3。

表 5-14 2021—2022 年中国企业对澳大利亚跨境并购交易行业分布

行业	数量
制造	1
TMT	6
消费	7
其他	11

资料来源：Mergermarket、Wind。

对于澳大利亚，中国“走出去”主要的并购领域是 TMT 和消费品，2021—2022 年交易共计 25 个。

2019—2022 年中国企业“引进来”在澳大利亚的相关数据见表 5-15。

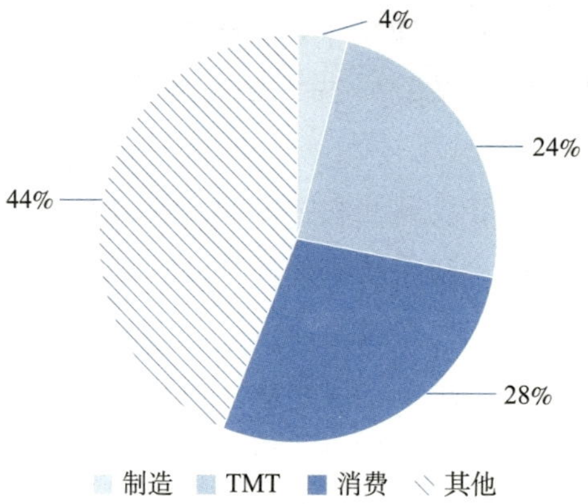

图 5-3　2021—2022 年中国企业对澳大利亚跨境并购交易数量行业占比

资料来源：Mergermarket。

表 5-15　2019—2022 年中国企业“引进来”在澳大利亚的相关数据

	2019 年	2020 年	2021 年	2022 年
交易数量/个	0	3	3	0
交易金额/亿美元	0	3.58	2.08	0
数量占比/%	0	1.7	1.15	0
金额占比/%	0	1	0.46	0

资料来源：Mergermarket、Wind。

四、英国

英国是工业革命的发源地，是近代自然科学的领军者，是西方议会制度的摇篮，对当今世界产生了深刻影响，为人类文明进步作出了杰出贡献。经过 2016 年脱欧公投后的动荡期，英国已正式脱欧并与欧盟达成贸易合作协定，开启了发展新篇章。当前，英国政治形势复归稳定，凭借其优越的经济条件、完善的法律制度、成熟的营商环境、开放的市场体系，以及在新兴领域的创新活力，持续受到全球投资者的青睐。

根据 IMF 数据，2021 年，英国 GDP 总量 3.18 万亿美元，是世界第五大经济体，得益于为应对新冠疫情的冲击而采取的一系列经济刺激措施和逐渐摆脱脱欧不确定性的影响，英国经济增速同比增长 7.44%。英国首都伦敦是全球著名金融中心，同时也是世界重要的外汇交易、证券交易和金融衍生品交易市场。英国商业、服务业发达，可为企业提供全球一流的税务、会计、审计、咨询、营销等服务。

2021 年 4 月 30 日，英国颁布《国家安全和投资法 2021》，出于国家安全考虑，将对外国企业或个人对英国 17 个关键领域的企业和资产的并购交易进行监管。这 17 个领域包括先进材料、先进机器人、人工智能、民用核能、通信、计算机硬件、为政府服务的关键供应商、紧急服务关键供应商、密码认证、数据基础设施、国防、能源、生物工程、军民两用、量子技术、卫星和太空技术、交通运输。按照该项法案规定，外国企业或个人如果计划直接或间接控制英国上述领域内的实体、资产或权益（股权或投票权超过 25%），或计划取得对有关权益的影响力和控制权，都必须提前向英国政府有关部门申报，经批准后方可并购，违法的企业或个人将受到民事或刑事处罚。因此，该项法案对于有意“走出去”、开展对外投资合作的中国企业造成了一定的影响。

2019—2022 年，中国企业“走出去”在英国的相关数据见表 5-16。

表 5-16　2019—2022 年中国企业“走出去”在英国的相关数据

	2019 年	2020 年	2021 年	2022 年
交易数量/个	18	2	13	7
交易金额/亿美元	87. 02	0. 64	10. 54	7. 69
数量占比/%	4. 2	0. 9	4. 51	4. 55
金额占比/%	8	0. 14	2. 42	4. 15

资料来源：Mergermarket、Wind。

2021—2022 年，中国企业对英国跨境并购交易行业分布和交易数量行业占比见表 5-17 和图 5-4。

表 5-17　2021—2022 年中国企业对英国跨境并购交易行业分布

行业	数量
制造	2
TMT	10
医疗健康	1
消费	4
其他	12

资料来源：Mergermarket、Wind。

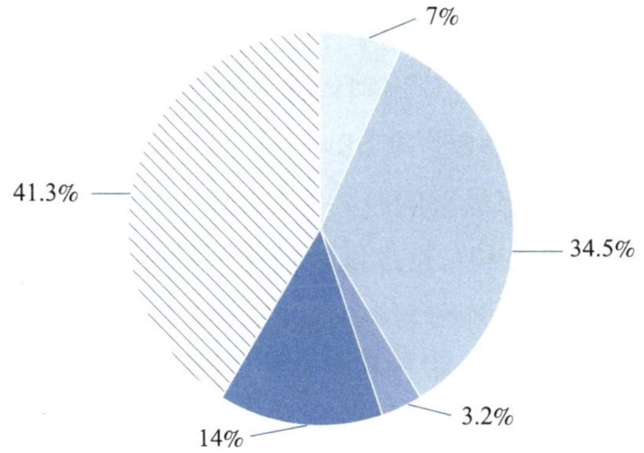

图 5-4　2021—2022 年中国企业对英国跨境并购交易数量行业占比

资料来源：Mergermarket。

2021—2022 年，中国在英国共计完成 29 个并购交易，涉及消费、TMT、制造、医疗健康等行业，其中，TMT 行业占比 34%，其他行业占比为 41%。

2019—2022 年，中国企业“引进来”在英国的相关数据见表 5-18。

表 5-18 2019—2022 年中国企业“引进来”在英国的相关数据

	2019 年	2020 年	2021 年	2022 年
交易数量/个	5	1	7	5
交易金额/亿美元	6.72	5.35	34	23.74
数量占比/%	1.8	0.5	2.67	4.90
金额占比/%	1	1	0.96	6.23

资料来源：Mergermarket、Wind。

五、新加坡

自 1965 年独立以来，新加坡在国家建设上取得了举世瞩目的成就。2021 年，新加坡国内人均生产总值约 7.28 万美元，是全球经济最具活力、前景持续看好的新兴经济体之一。新加坡具有良好的投资环境，主要体现在政治社会稳定。人民行动党一直保持执政党地位，充分保障了国内政策的延续性。政府提倡种族包容，致力于打造多元种族、多元文化、多元宗教和谐并存的社会氛围。区位优势明显。新加坡是亚太地区重要的贸易、金融、航运中心，同时也是区域基础设施建设和科技创新中心，在地区事务中发挥着重要作用。各国企业纷纷到新加坡设立区域总部，以新加坡为跳板，进入东南亚市场。营商环境优越。新加坡政府实施有利于工商企业发展的各项政策，连续多年在世界银行公布的全球营商环境排名中名列前茅。新法律法规完备，政策公开透明，政府廉洁高效，司法公正严明，大大节省了企业经营成本，不可预见风险较小。新加坡对外资企业实行无差别的国民待遇。外资在新加坡设立企业，注册手续简便，一般无出资比例和出资方式的限制，外汇自由进出，政府对内外资企业的监管一视同仁。

新加坡数字经济发展基础较好。近年来，新加坡积极拓展与各国在数字经济领域的合作伙伴关系，参与数字经济国际规则构建。2020 年 6 月，新加坡与智利、新西兰共同签署《数字经济伙伴关系协定》（DEPA），并分别于 2021 年 1 月和 11 月正式生效，该协定是全球首个涵盖数字经济问题的专项协定。绿色经济发展方面，新加坡至今已发行近 180 亿新加坡元与绿色和可持续发展挂钩的贷款，支持可再生能源、绿色建筑、可持续水和废水处理等项目。新加坡政府目前正在研究成立碳服务与交易基础设施公司。

新加坡是亚洲最重要的金融、服务和航运中心之一。根据全球金融中心指数排名，新加坡是继纽约、伦敦、中国上海和中国香港之后的世界第五大金融中心。

从监管的角度看，在新加坡进行商业活动总体上是十分自由的，对外资无一般性要求或义务，绝大多数产业领域对外资的股权比例无限制性措施。但仍存在一些受管制的行业，包括银行和金融服务、保险、电信、广播、报纸、印刷、房地产、游戏等，对这些行业的投资需取得政府批准。在这些行业中，特定法律也可能对其设置外国股权限制、特殊许可或其他要求的规定。

2020—2022 年中国企业“走出去”在新加坡的相关数据见表 5-19。

表 5-19　2020—2022 年中国企业“走出去”在新加坡的相关数据

	2019 年	2020 年	2021 年	2022 年
交易数量/个	14	10	30	11
交易金额/亿美元	20.04	22.23	39.25	17.63
数量占比/%	5.3	5.8	11.45	10.78
金额占比/%	3	5	8.69	4.63

资料来源：Mergermarket、Wind。

2021—2022 年，中国企业“走出去”并购交易在新加坡共计 41 个，交易金额为 56.88 亿美元，主要集中在 TMT 和其他行业，中国企业对在新加坡进行并购交易表现出非常浓厚的兴趣和积极的意愿。

2021—2022 年，中国企业对新加坡跨境并购交易行业分布和交易数量行业占比见表 5-20和图 5-5。

表 5-20　2021—2022 年中国企业对新加坡跨境并购交易行业分布

行业	数量
制造	3
TMT	12
医疗健康	2
消费	2
其他	9

资料来源：Mergermarket、Wind。

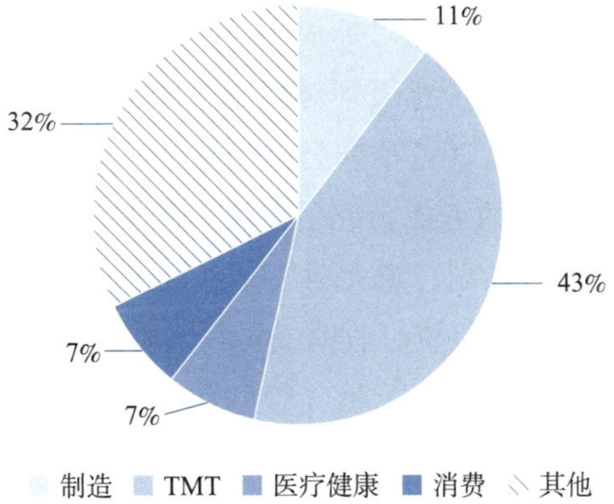

图 5-5　2021—2022 年中企对新加坡跨境并购交易数量行业占比

资料来源：Mergermarket。

2019—2022 年中国企业“引进来”在新加坡的相关数据见表 5-21。

表 5-21　2019—2022 年中国企业“引进来”在新加坡的相关数据

	2019 年	2020 年	2021 年	2022 年
交易数量/个	14	10	30	11
交易金额/亿美元	20.04	22.23	39.25	17.63
数量占比/%	5.3	5.8	11.45	10.78
金额占比/%	3	5	8.69	4.63

资料来源：Mergermarket、Wind。

六、意大利

意大利位于欧洲南部，作为发达工业国，意大利是欧洲第四大、世界第八大经济体。2021 年，意大利 GDP 为 1.84 万亿欧元，人均 GDP 超过 3.1 万欧元。意大利的机械设备、汽车制造、生物医药、航天航空等处于世界领先地位，旅游资源和历史文化遗产丰富，时尚设计独领风骚，地中海美食闻名遐迩，但地区经济发展不平衡，北方工商业发达，以农业为主的南方地区，经济则较为落后。

近年来，中国对意大利投资合作稳步发展，投资领域涉及金融、通信、能源、交通、机械制造、时尚产业、食品加工、文化体育、电子商务等多个行业。意大利是欧洲第二大制造业国，与其他发达国家相比，因拥有大量的中小企业和多元化的产品而具有独特优势。2019 年 3 月，习近平总书记对意大利进行国事访问期间，中意双方签署共同推进“一带一路”建设的谅解备忘录。意大利成为首个加入“一带一路”倡议的 G7 成员国。

从监管角度看，外商投资企业须遵守意大利《民法典》中公司法的相关规定。根据《民法典》第 16 条中的对等原则，外国投资者（个人或企业）可享受意大利公民在该外国能够从事的商业活动中享受的对等权利。欧盟成员国公民对意大利投资不受限制，和意大利国民享受同等待遇。意大利对外国投资的名义开放程度较高，但存在以下例外情况：意大利的反垄断法《竞争和公平交易法》规定意大利政府可以出于“国家经济利益和战略利益优先”的考虑，或是在意大利企业在别国遭受歧视性对待情况下，有权阻止外资企业的并购计划；意大利法律也授予政府在国防和国家安全、能源、交通和通信等战略行业否决外商投资、收购或对收购施加限定条件的“黄金权力”；意大利银行和投资服务、电信、广播、天然气管网和电网等行业的外商投资需经行业主管部门的审核和批准。

2019—2022 年中国企业“走出去”在意大利的相关数据见表 5-22。

表 5-22　2019—2022 年中国企业“走出去”在意大利的相关数据

	2019 年	2020 年	2021 年	2022 年
交易数量/个	9	6	4	4
交易金额/亿美元	10.81	4.38	3.98	5.05
数量占比/%	2.1	2.7	1.39	2.6
金额占比/%	1	1	0.91	2.73

资料来源：Mergermarket、Wind。

2021—2022 年，中国企业在意大利的并购交易共计 8 个，交易金额共计 9.03 亿美元。

七、法国

法国是世界重要经济体，2021 年 GDP 全球排名第七位，法国不仅是欧盟核心成员国，也是最发达的工业国家之一，在核电、航空、航天、轨道交通、高档农食产品、服装与化妆品等行业居世界领先地位。2018 年下半年以来，受国际贸易环境恶化、欧元区经济放缓、“黄马甲”运动、全球能源价格上涨等因素影响，法国经济下行压力加大。在新冠疫情冲击下，2020 年法国 GDP 下跌 7.8%，创第二次世界大战以来历史最大跌幅。自 2021 年第二季度起，法国经济逐步回暖，消费、投资、出口等国民经济主要指标回稳向好。但与此同时，法国公共财政情况却进一步恶化，对外货物贸易逆差再创历史新高。2022 年 2 月乌克兰危机发生后，法国面临通胀加剧与经济滞胀风险。

法国国民教育水平较高，数字经济和绿色经济发展方兴未艾，投资环境开放透明。除某些特殊行业须事先申报外，外国投资者在法国市场可享受“国民待遇”。中法两国经贸互补性强，除传统双边合作外，两国在“一带一路”倡议、第三方市场合作等领域的合作为双方企业提供了新机遇。中国对法国投资涉及领域众多，主要集中在制造业、农食产品、机械设备、信息工程、电信运营等，总体呈现出投资主体多元化、投资形式多样化的特点。

法国明确鼓励发展技术创新产业。2005 年，法国在传统经济园区的基础上，推出“竞争力集群”项目，使之成为经济发展战略的重要组成部分。目前正式批准建立项目约 71 个，涉及领域包括汽车、航空航天、计算机系统、纳米、生物、微电子、环保燃料、海洋产业、图像和网络、工业化学、多媒体、神经科学、粮食生产新技术、癌症治疗、再生能源和建筑、高档纺织业、物流业、塑料成型、化妆品等。

2019—2022 年，中国企业“走出去”在法国的相关数据见表 5-23。

表 5-23　2019—2022 年中国企业“走出去”在法国的相关数据

	2019 年	2020 年	2021 年	2022 年
交易数量/个	8	9	6	6
交易金额/亿美元	6.33	5.68	1.07	5.43

续表

	2019 年	2020 年	2021 年	2022 年
数量占比/%	1.8	4	2.08	3.90
金额占比/%	1	1	0.25	2.93

资料来源：Mergermarket、Wind。

2021—2022 年，中国企业在法国的并购交易共计 12 个，交易金额为 6.5 亿美元。

2019—2022 年，中国企业“引进来”在法国的相关数据见表 5-24。

表 5-24 2019—2022 年中国企业“引进来”在法国的相关数据

	2019 年	2020 年	2021 年	2022 年
交易数量/个	6	3	10	3
交易金额/亿美元	11.03	11.69	9.52	1.45
数量占比/%	2.2	1.7	3.82	2.94
金额占比/%	2	3	2.11	0.38

资料来源：Mergermarket、Wind。

2021—2022 年，法国在中国的并购交易共计 13 个，交易金额合计 10.97 亿美元。

八、日本

2022 年是中日邦交正常化 50 年周年。50 年来，中日经贸合作实现了长足发展。如今，中日两国已建立起货物与服务贸易、双向投资、技术合作、财金合作、人员交流并举的全方位、深层次合作，形成了互惠互补、互利共赢的良好局面，给两国人民带来了实实在在的利益，为地区和世界的发展注入了活力。中国是日本最大的贸易伙伴，日本是中国第二大贸易伙伴，中日贸易额分别占中日两国对外贸易总额的 6.1%和 22.9%。中日双向投资稳步发展。截至 2021 年底，日本累计在华投资项目 5 万余个，实际到位金额 1229.9 亿美元，在中国累计利用外资来源国中排名第一。中国企业对日“走出去”步伐加快，民营企业投资稳定发展，投资领域不断拓宽，跨境电商、共享经济等新经济模式和新能源技术等抢滩日本。据中国商务部统计，截至 2021 年底，中国企业对日本直接投资累计达 48.83 亿美元。作为主要发达国家和世界第三大经济体，日本法律制度完善，投资环境稳定。

2022 年 1 月 1 日，《区域全面经济伙伴关系协定》（RCEP）正式生效，通过 RCEP，中日两国首次建立自贸伙伴关系，不但降低了关税水平，还将区域内各经济体纳入共同规则平台，有助于区域产业链、供应链和价值链进一步整合，促进包括中日两国在内的区域内贸易投资合作进一步发展。

2019—2022 年中国企业“走出去”在日本的相关数据见表 5-25。

表 5-25　2019—2022 年中国企业“走出去”在日本的相关数据

	2019 年	2020 年	2021 年	2022 年
交易数量/个	11	9	15	17
交易金额/亿美元	10. 17	2. 68	8. 99	16. 69
数量占比/%	2. 5	4	5. 21	11. 04
金额占比/%	1	1	2. 06	9. 01

资料来源：Mergermarket、Wind。

2022 年，中国企业“走出去”在日本的并购交易共计 17 个，交易金额为 16. 69 亿美元。

2019—2022 年，中国企业“引进来”在日本的相关数据见表 5-26。

表 5-26　2019—2022 年中国企业“引进来”在日本的相关数据

	2019 年	2020 年	2021 年	2022 年
交易数量/个	17	15	19	11
交易金额/亿美元	38. 81	28. 26	150. 96	9. 55
数量占比/%	6. 4	8. 7	7. 25	10. 78
金额占比/%	6	6	33. 42	2. 51

资料来源：Mergermarket、Wind。

2022 年，中国企业“引进来”在日本的交易数量为 11 个，交易金额为 9. 55 亿美元。2021—2022 年，中国企业“引进来”在日本的交易共计 30 个，交易金额共计 160. 51 亿美元。

九、韩国

韩国投资环境总体良好，具有较强吸引力，近年来，韩国经济发展态势总体较好。韩国政府积极鼓励利用外资，并出台了一系列有利于外商投资的政策与措施。政府对新产业涉及前置审批的外资采取负面清单的形式管理，为融合型新产品的上市提供快捷服务，对拉动就业效果较为明显的外资企业给予现金返还等一系列优惠，提供“一条龙”服务，设立了各具特色、遍布全国、实行较为宽松行政管理的特殊经济区，扩大对于知识服务等领域、技术类等非营利法人的投资支持。韩国的地理位置优越，交通物流便捷，网络通信设施世界一流，文教体育卫生等配套设施较为齐备。

韩国非常注重科学技术的发展。韩国科学技术企划评价院的调查显示，2022 年，韩国政府研发投入占 GDP 的比重居 OECD 国家之首，预算规模排名第六。韩国的资讯科技产业多年来一直实力较强，制造业与科技产业发达，除高速互联网服务闻名世界外，内存、液晶显示器及等离子显示屏等平面显示装置在世界市场中居领导地位。

2019—2022 年中国企业“引进来”在韩国的相关数据见表 5-27。

表 5-27　2019—2022 年中国企业“引进来”在韩国的相关数据

	2019 年	2020 年	2021 年	2022 年
交易数量/个	11	6	15	7
交易金额/亿美元	17.63	7.35	54.73	11.41
数量占比/%	4.1	3.4	73	4.55
金额占比/%	3	2	12.12	6.16

资料来源：Mergermarket、Wind。

第六章　中国企业跨境并购“一带一路”新机遇

第一节　2022 年“一带一路”发展概况

一、“一带一路”总体共建进展

自 2013 年共建“一带一路”构想初次提出后，中国把基础设施“硬联通”作为重要方向，把政策规则“软联通”作为重要支撑，把经贸合作“链联通”作为重要内容，把共建国家人民“心联通”作为重要基础，着力提高国内各区域开放水平，不断拓展对外开放领域，实现共建国家互利共赢。

（一）基础设施“硬联通”

基础设施联通是共建“一带一路”的关键领域。2022 年，多个共建“一带一路”重大基础设施项目建成完工，基础设施“硬联通”加速推进。

交通设施建设取得重大进展。印度尼西亚雅万高铁作为东盟第一条高速铁路试验运行；柬埔寨第一条高速公路正式通车；孟加拉国首条河底隧道卡纳普里河底隧道项目竣工；中泰铁路也进入全面建设阶段。

能源基础设施建设积极推进。马里古伊那水电站正式竣工；哈萨克斯坦谢列克风电项目发电仪式如期举行；肯尼亚卡瑞曼纽大坝供水项目投入运营。中广核巴西公司与巴西米纳斯吉拉斯州政府、南美矿业集团签署投资合作意向协议，将在支持矿业发展、清洁能源开发等方面共同拓展业务。

信息联通水平不断提升。中国联通参与发起的 SEA-H2X 海缆开始铺设，将于 2024 年投产使用，为亚洲及全球数字产业化、产业数字化提速；拉萨区域性国际通信业务出入口局开局，将提升面向南亚国家的国际通信业务服务品质，为全球经济文化交流合作提供有利条件。

中欧班列稳健运行。中欧班列作为欧亚陆路运输新通道，2022 年全年开行 1.6 万列，发送 160 万标箱，同比分别增长 9%、10%，充分发挥中欧班列战略通道作用。目前，中欧班列已铺画了 82 条运行线路，通达欧洲 24 个国家、200 个城市，逐步“连点成线”“织线成网”，运输服务网络覆盖欧洲全境，运输货物品类涉及 53 大门类、5 万多种品类。

海新通道班列、中老铁路也稳健运行。西部陆海新通道班列发送货物 75.6 万标箱，同比增长 18.5%；中老铁路开通运营一周年累计发送旅客 850 万人，运送货物 1120 万吨，开行跨境货物列车 3000 列，跨境运输货值超 130 亿元。

（二）政策规则“软联通”

政策沟通是促进互联互通的重要桥梁，规则标准建设是合作共赢的关键环节。2022 年，中国与共建国家不断加强政策沟通，进一步推进规则标准对接互认，政策规则“软联通”成效显著。

“一带一路”共建不断巩固扩大合作范围。2022 年，又有 5 个国家同中国签署共建“一带一路”合作文件，截至 2022 年底，我国已与 150 个国家、32 个国际组织签署 200 多份合作文件。此外，中国已与 14 个国家签署第三方市场合作文件，建立第三方市场合作机制，共建“一带一路”不仅重视市场份额的开拓，更重视技术合作、经验交流、人才培养。同时，中国在 2022 年成功举办进博会、广交会、服贸会、消博会等重大展会，促进了与共建国家的经贸合作并搭建起更广阔的国际合作平台。

积极推动中国规则标准“走出去”。《海牙协定》《马拉喀什条约》在中国正式生效，中国向深度参与全球知识产权治理继续迈出坚实步伐，积极推动境外项目采用中国标准，中老铁路全线采用中国标准，巴基斯坦卡拉奇核电项目采用具有完全自主知识产权的“华龙一号”堆型。

知识产权布局加强。国家知识产权局战略规划司发布的 2022 年中国与“一带一路”沿线国家专利统计简报显示，随着高质量共建“一带一路”的持续推进，中国与“一带一路”沿线国家经贸往来日益密切，知识产权布局不断加强。2022 年中国企业在共建国家专利申请公开量和授权量分别为 11603 件和 5518 件，同比分别增长 16.4% 和 17.1%。

“中国标准走出去”加速在海外落地，在电力工程、交通运输、通信建设、石油化工等多个领域表现突出，不仅完善了项目所在国基础设施建设的标准体系，也为当地经济发展和居民生活带来实实在在的改变。最新统计显示，“一带一路”沿线国家在建的重点基础设施建设项目执行中国标准的占比超过 1/3，为高质量共建“一带一路”提供技术支撑。2022 年 6 月，由中国主持，中、法、德、日等 10 余国专家历时 4 年编制的《高速铁路设计基础设施》标准由国际铁路联盟发布实施，这是高速铁路基础设施设计领域的首部国际标准；2022 年 11 月，由我国牵头组织制定的《面向工业自动化应用的工业互联网系统功能架构》，该标准成为全球首个工业互联网系统功能架构国际标准，对于规范各国跨行业、跨领域工业互联网平台的架构建设有重要意义。

（三）经贸合作“链联通”

贸易畅通是“一带一路”倡议的重要内容和应有之义，资金融通是促进贸易便利化、降低风险的重要保障，2022 年，中国与共建国家在贸易投资方面的合作稳步增加。

贸易畅通逆势增长。海关统计显示，2022 年我国货物贸易进出口总值 42.07 万亿元，比 2021 年增长 7.7%。同期，中国与“一带一路”沿线国家进出口合计 13.83 万亿元，增长 19.4%，高出整体增速 11.7 个百分点。中国对 RCEP 其他 14 个成员国进出口 12.95 万亿元，增长 7.5%，其中对印度尼西亚、新加坡、缅甸、柬埔寨、老挝进出口增速均超过了 20%。

资金融通创新发展。截至 2022 年 9 月，丝路基金已累计签约以股权投资为主的承诺投资金额超过 200 亿美元，其中 70%投向“一带一路”沿线多个国家，对沿线国家发展产生巨大的拉动效应。与此同时，2022 年 9 月，国际清算银行（香港）创新中心、香港金融管理局、泰国中央银行、阿联酋中央银行和人民银行数字货币研究所联合宣布在货币桥平台上首次成功完成了基于四个国家或地区央行数字货币（CBDC）的真实交易试点测试，来自四地的 20 家商业银行基于货币桥平台为其客户完成以跨境贸易为主的多场景支付结算业务，大幅提升国际贸易跨境支付效率。

值得注意的是，截至 2023 年 1 月，亚投行的成员数量由最初的 57 个增至 106 个，覆盖全球 81%的人口和 65%的 GDP，成为成员数量仅少于世界银行的全球第二大国际多边开发机构。2016-2022 年，亚投行已累计批准 202 个项目，融资总额超过 388 亿美元，撬动资本近 1300 亿美元，涉及能源、交通、水务、通信、教育、公共卫生等领域的可持续基础设施建设与成员经济的绿色复苏，项目遍布全球 33 个国家。

（四）共建国家人民“心联通”

民心相通是共建“一带一路”的人文基础。2022 年，共建“一带一路”助力减贫、创造就业、开展能力建设，同共建国家人民“心联通”。

助力减贫脱贫。莫桑比克塞塞农业合作项目种植户在中国专家指导下掌握科学种植方法，能够熟练地操作机械，家庭收入翻番。近年来，中国通过开展减贫合作技术援助，推进实施菌草种植，显著提升了共建国家人民的生活水平。根据世界银行报告，共建“一带一路”将使相关国家 760 万人摆脱极端贫困、3200 万人摆脱中度贫困。

积极创造劳动就业。中工国际承建的埃塞俄比亚贝雷斯糖厂正式出糖，埃塞俄比亚总理称赞该项目是“实实在在的民生工程”。中国江苏德龙镍业投资建设的印尼巨盾镍铁冶炼厂投产，印尼总统称赞项目给当地带来 2.7 万个就业岗位。此外，根据麦肯锡公司的调查，在非洲 8 个国家的 1000 多家中国企业至少为非洲提供了 30 万个工作岗位。

共建“一带一路”国家相互支持，缔结起团结抗疫、共同发展的“命运纽带”。2020 年 3 月，习近平主席就法国发生疫情向法国总统马克龙致慰问电时，首次提出“打造人类卫生健康共同体”。此后，在二十国集团领导人应对新冠肺炎特别峰会、世界卫生大会、中非团结抗疫特别峰会、全球健康峰会等会议上，中国均提出要加强国际抗疫合作，并指明了疫情形势下中非抗疫及务实合作的前行路径。截至 2022 年 3 月，中国先后向 120 多个国家和国际组织提供了超过 21 亿剂疫苗，其中多数是共建“一带一路”国家。中国践行了疫苗作为国际公共品的观念，并持续就抗击新冠疫情与国际社会展开合作，为缩小“免疫鸿沟”作出不懈努力。

二、2022 年“一带一路”投融资及经贸合作情况

2022 年，中国与“一带一路”沿线国家贸易规模也创下新高，货物贸易额达 13.8 万亿元，同比增长 19.4%，高于外贸整体增速 11.7 个百分点。沿线国家企业也看好中国发展机遇，我国与沿线国家双向投资迈上新台阶，沿线国家对华实际投资 891.5 亿元，同比增长 17.2%。“一带一路”项目建设稳步推进，中国企业在“一带一路”沿线国家承包工程新签合同额 8718.4 亿元，完成营业额 5713.1 亿元，占承包工程总额的比重分别为 51.2%和 54.8%。

（一）沿线国家投融资情况

据商务部数据，对外投资方面，2022 年，中国企业在“一带一路”沿线国家非金融类直接投资 1410.5 亿元人民币，较上年增长 7.7%（折合 209.7 亿美元，增长 3.3%），占同期总额的 17.9%，与上年同期持平，主要投向新加坡、印度尼西亚、马来西亚、泰国、越南、巴基斯坦、柬埔寨、塞尔维亚和孟加拉国等国家。

对外承包工程方面，我国企业在“一带一路”沿线国家新签对外承包工程项目合同 5514 份，新签合同额 8718.4 亿元人民币，增长 0.8%（折合 1296.2 亿美元，下降 3.3%），占同期我国对外承包工程新签合同额的 51.2%；完成营业额 5713.1 亿元人民币，下降 1.3%（折合 849.4 亿美元，下降 5.3%），占同期总额的 54.8%。

（二）产业和经贸合作

2013-2022 年，我国与“一带一路”沿线国家进出口年均增长 8.6%。2022 年，我国与沿线国家贸易规模创历史新高，贸易总额达 13.83 万亿元，增长 19.4%，高出整体增速 11.7 个百分点。其中，出口贸易总额达 7.89 万亿元，增长 20%；进口贸易总额达 5.94 万亿元，增长 18.7%。

我国与“一带一路”沿线国家间的贸易合作主要呈现以下几个特点：

一是占我国的外贸比重持续提升。2022 年，我国与沿线国家贸易规模创历史新高，占我国外贸总额 32.9%，较上年提升 3.2%，较共建“一带一路”倡议提出的 2013 年提升 7.9%。

二是与中亚五国、阿联酋和沙特阿拉伯等国的进出口贸易增长较快。2022 年，我国对中亚五国、阿联酋和沙特阿拉伯的进出口贸易总额分别增长 45.4%、42.1%和 37.2%。

三是产业链供应链互补性增强。2022 年，我国对沿线国家出口中间产品 4.44 万亿

元，增长23.9%，占同期我国对沿线国家出口总值56.3%。其中纺织品、电子元件、基本有机化学品和汽车零配件出口分别增长14.5%、21.1%、31.3%和24.6%。同期，进口能源产品、农产品总值分别为2.46万亿元和3704.1亿元，增速分别为58.8%和13.4%。

四是民营企业与沿线国家贸易活力进一步激发。2022年，民营企业对沿线国家进出口7.85万亿元，增长26.7%，占同期我国与沿线国家进出口总值的56.8%，比重较上年提升3.3个百分点。

三、2022年重点事件对“一带一路”投资的影响

（一）中国与中亚建交30周年

1. 中国与中亚合作概况

中亚五国是指哈萨克斯坦、塔吉克斯坦、吉尔吉斯斯坦、土库曼斯坦和乌兹别克斯坦。中亚地区是中国周边首个战略伙伴集群。

2022年是中国与中亚五国建交30周年。建交30年来，双方持续深化经贸务实合作，构建了内涵丰富、充满活力、互惠互利的经贸关系，取得了一系列合作成果。建交30年以来，中国同中亚五国贸易额增长100多倍，对中亚五国直接投资存量超过140亿美元。2022年1月17日，中国-中亚经贸合作论坛以视频方式举行，论坛期间，商务部和中亚五国经贸部门发布了《关于中国中亚经贸合作高质量可持续发展的联合倡议》，就共同扩大贸易、投资、数字、绿色等领域合作达成广泛共识。2022年6月8日，中国外交部长与中亚五国外长第三次会晤在哈萨克斯坦努尔苏丹举行，会晤通过了《“中国+中亚五国”外长会晤联合声明》《落实中国同中亚五国视频峰会共识路线图》《关于深化“中国+中亚五国”互联互通合作的倡议》和《“中国+中亚五国”数据安全合作倡议》四份成果文件。2022年9月，习近平主席对哈萨克斯坦和乌兹别克斯坦进行国事访问，并在出席上合组织成员国元首理事会第二十二次会议期间，同中亚国家领导人分别会晤。中国是中亚五国最大的贸易和投资伙伴，2022年中国与中亚五国贸易额达到702亿美元，创历史新高。截至2022年底，中国对中亚五国直接投资存量近150亿美元。

未来，中国还应当考虑该地区的个别动荡局势，结合敏感行业的资源储备以及政策环境作出相应的理性分析。基于对形势积极的分析判断，中国与中亚五国在未来仍有非常广阔的合作发展前景。

2. 未来展望

在“一带一路”倡议与中亚国家发展战略对接框架内，中国同中亚国家深化合作至关重要。未来，中国与中亚国家的合作可以围绕习近平总书记在中国—中亚峰会主旨讲话中提出“八点建议”进行，这“八点建议”是从现实需求出发，为构建中国—

中亚命运共同体提出的中国方案，将极大有利于逐级推动、提高效率、尽快落实各项举措，为中国同中亚国家间互利合作注入强大动力。具体实施过程中有以下要点：

在拓展经贸方面，有必要优化口岸功能，积极推动国际地区经贸物流项目，构建商品流通网络、建立边贸中心、加强电子商务合作、保障“中国-中亚交通走廊”畅通，尤其是实现双方边境口岸农副产品快速通关“绿色通道”全覆盖。

在能源合作和绿色创新方面，应高度重视中国-中亚天然气管道的重要性，并加快中国-中亚天然气管道D线建设。同时，中国应与中亚国家在盐碱地治理开发、节水灌溉等领域开展合作，共同建设旱区农业联合实验室，推动解决咸海生态危机，支持在中亚建立高技术企业、信息技术产业园。

在前沿技术合作方面，应在“中国+中亚五国”IT产业园基础上建设“数字丝绸之路”，深化数字经贸、人工智能、大数据、电子政务、区块链等高技术领域合作。

在加强文明对话方面，应支持中亚国家高校加入“丝绸之路大学联盟”，办好中国同中亚国家人民文化艺术年和中国-中亚媒体高端对话交流活动，开行面向中亚的人文旅游专列。

（二）中国与俄罗斯的合作

1. 中国与俄罗斯合作情况

中国海关总署最新发布的数据显示，2022年中俄贸易额增长29.3%，达到1902.71亿美元，创下历史新高。数据显示，中国对俄罗斯进口货物额同比增长12.8%，对俄出口增长43.4%，达1141.49亿美元。中国商务部与俄方编制完成《中俄货物贸易和服务贸易高质量发展的路线图》，签署数字经济领域投资合作备忘录，研究升级中俄投资协定。双方签署多边和区域经济合作备忘录，积极推进“一带一路”倡议与欧亚经济联盟建设对接合作。

一是《中俄货物贸易和服务贸易高质量发展的路线图》。该路线图由中国商务部与俄罗斯经济发展部牵头，会同两国多个政府部门、地方和机构共同编制，为实现两国确定的2000亿美元的贸易目标作出路径规划。在内容上，《中俄货物贸易和服务贸易高质量发展的路线图》涵盖油气、化工、机电、农林、高新技术等20多个领域的200余项合作措施和项目，还包括运输通关、金融服务、贸易投资便利化、知识产权、地方间合作等方面的内容，将为促进中俄贸易高质量发展提供助力和保障。

二是《关于推动可持续（绿色）发展领域投资合作的谅解备忘录》。中国商务部与俄罗斯经济发展部将牵头会同两国有关方面，共同推动绿色发展领域的投资合作。双方商定鼓励两国企业开展低碳能源、绿色基础设施的投资合作，积极推进绿色技术创新，合力打造两国绿色低碳合作新增长点。

此外，双方有关部门和企业还签署了石油、天然气、卫星导航、信息技术等领域的合作协议，推动两国能源贸易与重点项目合作取得新进展。在农业领域，双方签署了俄大麦、小麦、苜蓿草输华检验检疫合作文件，为促进两国农产品贸易创造条件。双方还签署了“经认证的经营者”互认安排，将进一步提升两国贸易便利化水平。下一步，中方将与俄方共同努力，实施好《中俄货物贸易和服务贸易高质量发展的路线图》，深化绿色发展领域投资合作，推动双边经贸、能源、农业、科技、航空航天、互联互通、金融等各领域合作齐头并进。

2. 俄乌冲突的影响

俄乌冲突给“一带一路”地区以及全球带来了重大经济风险，且地缘政治不确定性带来的中长期影响也值得警惕。

从短期直接影响来看，俄乌冲突影响“丝绸之路经济带”上的陆路及航空运输。交火地区的乌克兰货物运输受到阻断，中乌间直达班列已经停运或改道，经乌抵匈的长安号班列也已改道。同时，俄乌冲突也使得中资企业在乌克兰境内的在建项目面临停滞。中资企业在乌的新签承包工程合同额达66.4亿美元，位居同期中方在欧亚地区国家的首位。目前中国上市公司与乌克兰相关企业的合作多集中在风电、光伏领域，以产品提供为主，部分是以EPC总承包方式参与建设，冲突的爆发直接影响相关项目的建设运营。

从长期来看，俄乌冲突对地缘政治格局的冲击将成为未来“一带一路”倡议推进中的变数之一。俄乌冲突使中欧、中俄、中亚之间的双边及多边合作格局将更加复杂，且将影响未来中国与“一带一路”沿线国家经贸、投资合作推进情况。

（三）《区域全面经济伙伴关系协定》与“一带一路”

1.《区域全面经济伙伴关系协定》

《区域全面经济伙伴关系协定》（RCEP）是2012年由东盟发起，历时8年，由包括东盟10国和中国、日本、韩国、澳大利亚及新西兰共15个成员国制定的协定。2022年1月1日，RCEP在10个已核准的成员国正式生效；2022年2月1日起在韩国生效；2022年3月18日起在马来西亚生效。根据协定，区域内90%以上的货物贸易将最终实现零关税，通关和贸易投资将更加便利。

2.《区域全面经济伙伴关系协定》和“一带一路”倡议的关系

RCEP与“一带一路”倡议相得益彰，相互促进，共同发展。RCEP的多数成员国也是“21世纪海上丝绸之路”的重要节点国家，可以说正是“一带一路”建设的成功推进，使中国与RCEP成员国的经贸关系变得更加紧密，成为助力RCEP成功签署的重要因素。同时，RCEP实施后将更充分地发挥重要平台作用，不断发挥自身的制度性安排优势，源源不断地释放红利，助力成员国之间深化合作、互利共赢，提升区域内产业链供应链价值链的稳定性和互联互通，不断扩大“一带一路”的“朋友圈”，使更多国家、企业参与到“一带一路”建设中来，扩大“一带一路”的影响力和成效。从这个意义上说，RCEP 的制定不仅是中国构建自由贸易区网络进程中的重要事件，也是推动共建“一带一路”的重要里程碑之一。

RCEP 和共建“一带一路”倡议有重合的部分，也有各自的特色，可以相互促进、相互支撑。一方面，可以发挥 RCEP 在贸易、投资领域高质量、包容性的规则优势，在知识产权、电子商务、竞争政策、政府采购等议题上树立国际规则典范，为共建“一带一路”高质量发展提供启示和借鉴，促进“一带一路”建设高质量发展；另一方面，可以发挥共建“一带一路”在机制建设、互联互通、金融合作、人文交流等方面的综合效应，推进 RCEP 尽快落地，促进区域产业链供应链价值链融合，促进区域经济一体化。

RCEP 成员国是中国企业“一带一路”专利布局的主要国家。2021 年，中国企业在沿线国家专利申请公开量中，在 RCEP 成员国的申请有 7318 件，占比达 85.1%，同比增长 23.0%；中国企业在沿线国家的专利授权量中，在 RCEP 成员国获授权的有 3158 件，占比 67.0%，同比增长 24.8%。（2022 年数据未更新）

第二节　2022 年“一带一路”相关政策文件

一、“一带一路”相关双多边文件与政策法规

2022 年共建“一带一路”的朋友圈越来越大，截至 2022 年 12 月 6 日，中国已与 150 个国家、32 个国际组织签署 200 余份共建“一带一路”合作文件。2022 年以来与新加入国家

中国与新加入国家签订的“一带一路”相关合作文件，见表 6-1。

表 6-1　中国与新加入国家签订的“一带一路”相关合作文件

国家	文件名称	时间
尼加拉瓜	《关于共同推进丝绸之路经济带和 21 世纪海上丝绸之路建设的谅解备忘录》	2022 年 1 月
叙利亚	《关于共同推进丝绸之路经济带和 21 世纪海上丝绸之路建设的谅解备忘录》	2022 年 1 月
阿根廷	《关于共同推进丝绸之路经济带和 21 世纪海上丝绸之路建设的谅解备忘录》	2022 年 2 月
马拉维	《关于共同推进丝绸之路经济带和 21 世纪海上丝绸之路建设的谅解备忘录》	2022 年 3 月
巴勒斯坦	《中华人民共和国政府与巴勒斯坦国政府在共建“一带一路”倡议下关于共同关心事项的谅解备忘录》	2022 年 12 月

2020—2022 年“一带一路”合作文件，见表 6-2。

表 6-2　2020—2022 年“一带一路”合作文件

颁布主体	文件名称
2020 年	
中国、缅甸	《中华人民共和国和缅甸联邦共和国联合声明》
中国、基里巴斯共和国	《共建“一带一路”谅解备忘录》
G20	《二十国集团领导人应对新冠肺炎特别峰会声明》
中国、巴基斯坦	《中华人民共和国和巴基斯坦伊斯兰共和国关于深化中巴全天候战略合作伙伴关系的联合声明》
国家发展和改革委员会、商务部	《外商投资准入特别管理措施（负面清单）（2020 年版）》
国家发展和改革委员会、商务部	《自由贸易试验区外商投资准入特别管理措施（负面清单）（2020 年版）》
生态环境部	《关于 2020 年“一带一路”生态环保国际合作相关项目承担单位的公示》
中共中央、国务院	《海南自由贸易港建设总体方案》
中国商务部、智利外交部	《关于加强自贸合作、抗击新冠疫情的联合声明》
中国商务部、智利外交部	《关于建立贸易畅通工作组的谅解备忘录》
中国	《全球数据安全倡议》
国家发展和改革委员会	《海南自由贸易港外商投资准入特别管理措施（负面清单）（2020 年版）》
国家发展和改革委员会、商务部	《市场准入负面清单（2020 年版）》
2021 年	
商务部、新西兰贸易和出口增长部	中华人民共和国政府和新西兰政府关于升级《中华人民共和国政府和新西兰政府自由贸易协定》的议定书
中国、毛里求斯共和国	《中华人民共和国政府和毛里求斯共和国政府自由贸易协定（生效）》
中国、刚果（金）	《共建“一带一路”谅解备忘录》
中国、博茨瓦纳	《共建“一带一路”谅解备忘录》
财政部、海关总署、税务总局	《关于海南自由贸易港自用生产设备“零关税”政策》
第十三届全国人民代表大会常务委员会第二十九次会议	《中华人民共和国海南自由贸易港法》
中国等 29 个国家	《“一带一路”疫苗合作伙伴关系倡议》
中国等 30 个国家	《“一带一路”绿色发展伙伴关系倡议》
生态环境部	《2021 年生态环境国际合作及“一带一路”环保合作项目承担单位公示》

续表

颁布主体	文件名称
中国银保监会、俄罗斯中央银行	《中俄保险监管合作谅解备忘录》
中共中央、国务院	《全面深化前海深港现代服务业合作区改革开放方案》
市场监管总局	《“一带一路”相关国家反垄断法汇编》
中国、不丹	《关于加快中不边界谈判“三步走”路线图的谅解备忘录》
商务部	《“十四五”利用外资发展规划》
中国交通运输部、俄罗斯联邦运输部	《中华人民共和国交通运输部与俄罗斯联邦运输部关于危险货物国际道路运输协议》
中国贸促会调解中心	《中国国际贸易促进委员会/中国国际商会调解中心知识产权争议调解规则》
商务部	《“十四五”对外贸易高质量发展规划》
第十三届全国人民代表大会常务委员会第三十一次会议	《中华人民共和国陆地国界法》
文化和旅游部	《2021 年“一带一路”文化产业和旅游产业国际合作重点项目》
中国等 10 个国家财政部	《第三届“一带一路”国家会计准则合作论坛联合公报》
中国、厄立特里亚	《共建“一带一路”谅解备忘录》
中国、几内亚比绍	《共建“一带一路”谅解备忘录》
中国国家税务总局	《“走出去”税收指引（2021 年修订版）》
中国、53 个非洲国家和非洲联盟委员会	《中非合作论坛第八届部长级会议达喀尔宣言》
中国国家发展和改革委员会、古巴共和国政府	《中华人民共和国政府与古巴共和国政府关于共同推进“一带一路”建设的合作规划》
中国、圣普	《共建“一带一路”谅解备忘录》
中国、布基纳法索	《共建“一带一路”谅解备忘录》
国家发展和改革委员会、商务部	《外商投资准入特别管理措施（负面清单）（2021 年版）》
中国商务部、塞内加尔贸易和中小企业部	《中华人民共和国商务部和塞内加尔共和国贸易和中小企业部关于电子商务合作的谅解备忘录》
国家发展和改革委员会、商务部	《自由贸易试验区外商投资准入特别管理措施（负面清单）》
2022 年	
商务部等 6 部门	《关于高质量实施《区域全面经济伙伴关系协定》（RCEP）的指导意见》
中国、叙利亚	《关于共同推进丝绸之路经济带和 21 世纪海上丝绸之路建设的谅解备忘录》
中国、阿根廷共和国	《共建“一带一路”谅解备忘录》
中国、阿根廷共和国	《中华人民共和国和阿根廷共和国关于深化中阿全面战略伙伴关系的联合声明》

续表

颁布主体	文件名称
中国石油天然气集团有限公司、俄罗斯天然气工业股份有限公司	《中国石油天然气集团有限公司与俄罗斯天然气工业股份公司远东天然气购销协议》
中国、巴布亚新几内亚	《中华人民共和国和巴布亚新几内亚独立国联合声明》
中国、厄瓜多尔共和国	《中华人民共和国和厄瓜多尔共和国关于深化中厄全面战略伙伴关系的联合声明》
中国、俄罗斯联邦	《信息化和数字化领域合作协议》
中国海关总署、俄罗斯联邦农业部	中华人民共和国海关总署与俄罗斯联邦农业部关于《俄罗斯输华小麦植物检疫要求议定书》补充条款
中国国家体育总局、俄罗斯联邦体育部	《中华人民共和国国家体育总局与俄罗斯联邦体育部关于举办2022—2023年中俄体育交流年联合声明》
中国商务部、俄罗斯联邦经济发展部	中华人民共和国商务部和俄罗斯联邦经济发展部关于完成制定《中俄货物贸易和服务贸易高质量发展的路线图》的联合声明
中国海关总署、俄罗斯联邦消费者权益保护和公益监督局	《中华人民共和国海关总署与俄罗斯联邦消费者权益保护和公益监督局国境卫生检疫合作协议》
中国海关总署、俄罗斯联邦海关署	《中华人民共和国海关总署和俄罗斯联邦海关署关于“经认证的经营者”互认的安排》
中国外交部、俄罗斯联邦外交部	《中华人民共和国外交部与俄罗斯联邦外交部2022年磋商计划》
中国、俄罗斯联邦	《中华人民共和国和俄罗斯联邦关于新时代国际关系和全球可持续发展的联合声明》
海关总署	《海关总署关于开展丝绸之路经济带海关区域通关一体化改革》
中国市场监管总局、俄罗斯联邦反垄断局	《中华人民共和国政府与俄罗斯联邦政府反垄断执法和竞争政策领域的合作协定》
中国、伊朗、巴基斯坦、俄罗斯、塔吉克斯坦、土库曼斯坦、乌兹别克斯坦	《第三次阿富汗邻国外长会联合声明》
国家发展和改革委员会等四部门	《关于推进共建“一带一路”绿色发展的意见》
中国、哈萨克斯坦共和国、吉尔吉斯共和国、塔吉克斯坦共和国、图尔曼斯坦、乌兹别克斯坦共和国	《“中国+中亚五国”外长会晤联合声明》
中国国家铁路集团有限公司	《中老泰铁路互联互通》
中国、尼加拉瓜	《中华人民共和国政府和尼加拉瓜共和国政府关于成立经济、贸易和投资合作混合委员会的谅解备忘录》
农业农村部、外交部、科技部	《上海合作组织农业技术交流培训示范基地建设方案》
中国、东南亚国家联盟成员国	《关于加强中国—东盟共同的可持续发展联合声明》
中国、阿拉伯国家联盟成员国	《首届中阿峰会利雅得宣言》

二、“一带一路”相关重要文件解读

《“十四五”商务发展规划》

商务部发布《“十四五”商务发展规划》。《“十四五”商务发展规划》以立足新发展阶段、贯彻新发展理念、构建新发展格局、推动商务高质量发展为主线贯穿全篇，强调了商务工作“三个重要”新定位，明确了“十四五”时期商务发展的指导思想、主要目标和工作重点。

《“十四五”商务发展规划》提出，要围绕国内国际两个大局，统筹商务发展和安全，促进形成强大的国内市场，推动高水平对外开放，积极参与全球经济治理体系改革，加快建设商务高质量发展体系，更好地构建新发展格局，为全面建设社会主义现代化国家开好局、起好步作出新贡献。

规划分为三个板块，共包括 12 章、52 节，合计约 2.5 万字。第一板块为总论，包括第一、第二章。主要论述“十四五”时期商务发展环境、指导方针和主要目标，着眼于推进市场相通、产业相融、创新相促、规则相连，从畅通国内大循环、促进国内国际双循环、推动高水平对外开放、加快数字化发展以及推进绿色发展 5 个方面，对商务工作服务构建新发展格局作了提纲挈领的表述。第二板块为分论，包括第三至十一章。主要从促进形成强大国内市场、推进对外贸易创新发展、提高利用外资质量、推动自贸区高质量发展、优化区域开放布局、提升对外投资和经济合作水平、深化“一带一路”经贸合作、积极参与全球经济治理以及完善商务领域风险防控体系 9 个方面，提出一系列具体任务和举措。第三板块是结尾，包括第十二章。主要是规划实施的保障措施，包括加强党的全面领导、强化法律保障和政策支撑、建设商务人才队伍、完善规划实施机制等。同时，《“十四五”商务发展规划》明确了 35 项重点工作，分布在 10 个专栏，包括自贸试验区、自由贸易港、国际消费中心城市等 15 个重要平台和自由贸易区提升战略实施行动等 20 项重要行动，作为“十四五”时期商务高质量发展的重要抓手，为规划目标任务落到实处提供有力支撑。

【解读】

“十四五”时期是中国开启全面建设社会主义现代化国家新征程的第一个 5 年，是推动商务高质量发展的关键时期。党的十九届五中全会作出战略部署，为做好“十四五”时期商务工作指明方向。商务工作是国内大循环的重要组成部分，是联结国内国际双循环的重要枢纽，在构建新发展格局中发挥着重要作用。为确保党中央、国务院重大部署落地见效，商务领域要绘制好“施工图”。

《“十四五”电子商务发展规划》

商务部、中央网信办、发展改革委三部门联合发布《“十四五”电子商务发展规划》。遵循中央发展数字经济、建设数字中国的战略部署和《中华人民共和国国民经济和社会发展第十四个五年规划和2035年远景目标纲要》总体要求，为“十四五”时期电子商务发展作出全面安排，对指导中国电子商务高质量发展具有重要意义。

《“十四五”电子商务发展规划》全面总结了“十三五”时期电子商务发展取得的显著成果，分析了“十四五”时期电子商务发展面临的机遇和挑战，明确了电子商务发展的指导思想、基本原则和发展目标，提出了电子商务发展的7大主要任务、23个专项行动和6条保障措施。

《“十四五”电子商务发展规划》从深化创新驱动、优化要素配置、统筹发展安全入手，深度挖掘数据要素价值，推动5G、大数据、区块链、物联网等先进技术的集成创新和融合应用，实现电子商务高质量发展。在推动更高水平对外开放方面，更好统筹两个市场两种资源，依托“丝路电商”，深化数字经济国际合作，积极推动跨境电商发展，加强数字产业链全球布局；推进跨境交付、个人隐私保护、跨境数据流动等数字领域国际规则构建，倡导开放共赢的国际合作新局面。

【解读】

《“十四五”电子商务发展规划》进一步明确了电子商务在新时代国民经济社会发展中的新使命。《“十四五”电子商务发展规划》以习近平新时代中国特色社会主义思想为指导，以立足新发展阶段、贯彻新发展理念、构建新发展格局为主线，聚焦电子商务连接线上线下、衔接供需两端、对接国内国外市场的三个定位，赋予电子商务推动“数字经济高质量发展”和助力“实现共同富裕”的新使命，明确提出“十四五”时期电子商务“四个重要”的发展目标，并用“五个成为”描绘了2035年远景目标。

《“十四五”对外贸易高质量发展规划》

国务院批复同意商务部等部门组织实施《“十四五”对外贸易高质量发展规划》。《“十四五”对外贸易高质量发展规划》以习近平新时代中国特色社会主义思想为指导，立足新发展阶段、贯彻新发展理念、构建新发展格局，促进共同富裕，围绕商务工作“三个重要”新定位，提出了“十四五”时期对外贸易高质量发展的指导思想、基本原则、主要目标、重点任务和保障措施。

《“十四五”对外贸易高质量发展规划》提出，“十四五”时期对外贸易要坚持创新驱动，加快发展方式转型；坚持绿色引领，加快绿色低碳转型；坚持数字赋能，加快数字化转型；坚持互利共赢，提升开放合作水平；坚持安全发展，提升风险防控能力。《“十四五”对外贸易高质量发展规划》展望了2035年对外贸易高质量发展前景，提出了“十四五”时期将努力实现贸易综合实力进一步增强、协调创新水平进一步提高、畅通循环能力进一步提升、贸易开放合作进一步深化、贸易安全体系进一步完善的目标。

《“十四五”对外贸易高质量发展规划》从优化货物贸易结构、创新发展服务贸易、加快发展贸易新业态、提升贸易数字化水平、构建绿色贸易体系、推进内外贸一体化、保障外贸产业链供应链畅通运转、深化“一带一路”贸易畅通合作、强化风险防控体系，以及营造良好发展环境10个方面，明确了45项重点任务，制定了6个方面的保障措施。

【解读】

对外贸易是中国开放型经济的重要组成部分和国民经济发展的重要推动力量，是畅通国内国际双循环的关键枢纽。“十四五”时期是中国开启全面建设社会主义现代化国家新征程的第一个5年，是推进对外贸易高质量发展的关键时期。当前，百年变局与世纪疫情交织，对外贸易面临的发展机遇和风险挑战都前所未有。面对新形势、新要求，我们坚持以供给侧结构性改革为主线，持续推动对外贸易高质量发展。这是构建更高水平开放型经济新体制、提升中国综合国力和国际竞争力的必然要求。

《“十四五”数字经济发展规划》

《“十四五”数字经济发展规划》是中国数字经济领域的首部国家级专项计划，《“十四五”数字经济发展规划》紧紧围绕贯彻落实习近平总书记关于推动中国数字经济健康发展的重要讲话精神，准确把握数字经济发展趋势和规律，突出体系化设计、系统化布局，以“优化升级数字基础设施、充分发挥数据要素作用”为基础支撑，以“大力推进产业数字化转型、加快推动数字产业化”为发展主线，以“持续提升公共服务数字化水平、有效拓展数字经济国际合作”为目标导向，以“健全完善数字经济治理、着力强化数字经济安全体系”为保障手段，构建形成了推动数字经济健康发展的“四梁八柱”。

《“十四五”数字经济发展规划》指出，当前新一轮科技革命和产业变革深入发展，数字化转型已经成为大势所趋，受内外部多重因素的影响，中国数字经济发展面临的形势正在发生深刻变化。发展数字经济是把握新一轮科技革命和产业变革新机遇的战略选择；数据要素是数字经济深化发展的核心引擎；数字化服务是满足人民美好生活需要的重要途径；规范、健康、可持续，是数字经济高质量发展的迫切要求。

《“十四五”数字经济发展规划》要求：①优化升级数字基础设施；②充分发挥数据要素作用；③大力推进产业数字化转型；④加快推动数字产业化；⑤持续提升公共

服务数字化水平；⑥健全和完善数字经济治理体系；⑦着力强化数字经济安全体系；⑧有效拓展数字经济国际合作。

《“十四五”数字经济发展规划》目标：到2025年，数字经济迈向全面扩展期，数字经济核心产业增加值占GDP的比重达到10%，数字化创新引领发展能力大幅提升，智能化水平明显增强，数字技术与实体经济融合取得显著成效，数字经济治理体系更加完善，中国数字经济竞争力和影响力稳步提升。展望2035年，数字经济将迈向繁荣成熟期，力争形成统一公平、竞争有序、成熟完备的数字经济现代市场体系，数字经济发展基础、产业体系发展水平位居世界前列。

【解读】

在全球经济曲折复苏的大环境下，数字经济以数据带动高水平融合，以创新驱动数字化转型，以智能引领高质量发展，成为撬动经济增长的新杠杆，成为各国抢占未来发展主动权的关键选择。《“十四五”数字经济发展规划》顺应数字经济时代需求，紧扣数字经济特征优势，从要素、产业、融合、治理等方面系统布局，为“十四五”时期推动数字经济健康发展提供了重要指引。

《区域全面经济伙伴关系协定》（RCEP）

RCEP于2020年11月15日正式签署，现有15个成员国，其总人口、经济体量、贸易总额均占全球总量约30%。该协定生效对于进一步推动区域内自由贸易、稳定产业链供应链，以及促进中国高水平开放，具有重要意义。RCEP涵盖序言和20个章节（主要包括货物贸易、原产地规则、海关程序和贸易便利化、贸易救济、服务贸易等），以及4个市场准入承诺表附件。RCEP与“一带一路”倡议相得益彰、相互促进、共同发展，RCEP的多数成员国也是“21世纪海上丝绸之路”的重要节点国家，“一带一路”建设的成功推进，能够紧密中国与RCEP成员国间的经贸关系，成为助力RCEP成功签署的重要因素。

在货物贸易方面，第二章旨在推动实现区域内高水平的贸易自由化，并对与货物贸易相关的承诺作出规定。规定包括：承诺根据《关税与贸易总协定》第三条给予其他缔约方的货物国民待遇；通过逐步实施关税自由化给予优惠的市场准入；特定货物的临时免税入境；取消农业出口补贴；全面取消数量限制、进口许可程序管理，以及与进出口相关的费用和手续等非关税措施方面的约束。

在原产地规则方面，第三章确定了有资格享受优惠关税待遇的原产货物的认定规则。在确保适用实质性改变原则的同时，突出了技术可行性、贸易便利性和商业友好性，以使企业，尤其是中小企业易于理解和使用RCEP协定。

在海关程序与贸易便利化方面，第四章通过确保海关法律和法规具有可预测性、一致性和透明性的条款，以及促进海关程序的有效管理和货物快速通关的条款，来创造一个促进区域供应链发展的环境。本章包含高于世界贸易组织《贸易便利化协定》水平的增强条款，包括：对税则归类、原产地以及海关估价的预裁定；为符合特定条件的经营者（授权经营者）提供与进出口、过境手续和程序有关的便利措施；用于海关监管和通关后审核的风险管理方法；等等。

在贸易救济方面，第七章包括“保障措施”和“反倾销和反补贴税”两部分内容。关于保障措施，协定重申缔约方在世界贸易组织《保障措施协定》下的权利义务，并设立过渡性保障措施制度，对各方因履行协议降税而遭受损害的情况提供救济。关于反倾销和反补贴税，协定重申缔约方在世界贸易组织相关协定中的权利和义务，并制订了“与反倾销和反补贴调查相关的做法”附件，规范了书面信息、磋商机会、裁定公告和说明等实践做法，促进提升贸易救济调查的透明度和正当程序。

在服务贸易方面，第八章削减了各成员影响跨境服务贸易的限制性、歧视性措施，为缔约方之间进一步扩大服务贸易创造了条件。包括市场准入承诺表、国民待遇、最惠国待遇、当地存在、国内法规等规则。部分缔约方采用负面清单方式进行市场准入承诺，要求现在采用正面清单的缔约方在协定生效后 6 年内转化为负面清单模式对其服务承诺作出安排。

在投资方面，第十章涵盖了投资保护、自由化、促进和便利化四个方面，是对原“东盟‘10+1’自由贸易协定”投资规则的整合和升级，包括承诺最惠国待遇、禁止业绩要求、采用负面清单模式做出非服务业领域市场准入承诺并适用棘轮机制（即未来自由化水平不可倒退）。投资便利化部分还包括争端预防和外商投诉的协调解决。

在电子商务方面，第十二章旨在促进缔约方之间电子商务的使用与合作，列出了鼓励缔约方通过电子方式改善贸易管理与程序的条款；要求缔约方为电子商务创造有利环境，保护电子商务用户的个人信息，为在线消费者提供保护，并针对非应邀商业电子信息加强监管和合作；对计算机设施位置、通过电子方式跨境传输信息提出相关措施方向，并设立了监管政策空间。缔约方还同意根据世界贸易组织部长级会议的决定，维持当前不对电子商务征收关税的做法。

在竞争方面，第十三章为缔约方制定了在竞争政策和法律方面进行合作的框架，以提高经济效率、增进消费者福利。规定缔约方有义务建立或维持法律或机构，以禁止限制竞争的活动，同时承认缔约方拥有制定和执行本国竞争法的主权权利，并允许基于公共政策或公共利益的排除或豁免。本章还涉及消费者权益保护，缔约方有义务采取或维持国内法律和法规，以制止误导行为，或在贸易中作虚假或误导性描述；促进对消费者救济机制的理解和使用；就有关保障消费者的共同利益进行合作。

在经济与技术合作方面，第十五章为实现 RCEP 各国的共同发展提供了框架，为各方从协定的实施和利用中充分受益、缩小缔约方发展差距作出贡献。根据本章，缔约方将实施技术援助和能力建设项目，促进包容、有效与高效地实施和利用协定所有领域，包括货物贸易、服务贸易、投资、知识产权、竞争、中小企业和电子商务等，同时将优先考虑最不发达国家的需求。

【解读】

RCEP 自贸区的建成，是中国在习近平新时代中国特色社会主义思想指引下，实施自由贸易区战略取得的重大进展，将为中国在新时期构建开放型经济新体制，形成以国内大循环为主体、国内国际双循环相互促进的新发展格局提供巨大助力。RCEP 一体化大市场的形成将释放巨大的市场潜力，进一步促进区域内贸易和投资往来，这将有助于中国通过更全面、更深入、更多元的对外开放，进一步优化对外贸易和投资布局，不断与国际高标准贸易投资规则接轨，构建更高水平的开放型经济新体制。在当前全球经济面临困难的背景下，RCEP 自贸区的建成，发出了反对单边主义和贸易保护主义、支持自由贸易和维护多边贸易体制的强烈信号，必将有力提振各方对经济增长的信心。据国际知名智库测算，到 2025 年，RCEP 可望带动成员国出口、对外投资存量、GDP 分别比基线多增长 10.4%、2.6%、1.8%。此外，RCEP 还将显著提升东亚区域经济一体化水平，促进区域产业链、供应链和价值链的融合，并将显著优化区域内整体营商环境，大幅降低企业利用自贸协定的制度性成本，进一步提升自贸协定带来的贸易创造效应。RCEP 还将通过加大对发展中国家和最不发达经济体的经济及技术援助，逐步弥合成员国之间发展水平的差异，有力促进区域协调均衡发展，推动建立开放型区域经济一体化发展新格局。

《“十四五”时期推进“空中丝绸之路”建设高质量发展实施方案》

为深入贯彻习近平总书记关于推进“空中丝绸之路”建设的重要指示精神，落实《中华人民共和国国民经济和社会发展第十四个五年规划和 2035 年远景目标纲要》《推进“一带一路”建设“十四五”实施方案》《“十四五”民用航空发展规划》，近日，民航局、国家发展改革委联合印发《“十四五”时期推进“空中丝绸之路”建设高质量发展实施方案》（以下简称《实施方案》）。

《实施方案》阐明“十四五”时期推进“空中丝绸之路”建设的指导思想、基本原则、主要目标和重点任务，是“十四五”时期推进“空中丝绸之路”建设的指导性文件。

《实施方案》强调，“十四五”时期推进“空中丝绸之路”建设，要以习近平新时代中国特色社会主义思想为指导，全面贯彻落实党的十九大和十九届历次全会精神，坚持以人民为中心的发展思想，坚持稳中求进工作总基调，完整、准确、全面贯彻新发展理念，构建新发展格局，统筹发展和安全，践行共商共建共享原则，弘扬绿色开放廉洁理念，以更好满足与共建国家互联互通需要为目标，努力构建安全可靠、便捷高效、绿色集约、互惠包容的“空中丝绸之路”，服务新时代民航强国建设，助力共建“一带一路”高质量发展。

《实施方案》提出，“十四五”时期，要优化完善航空枢纽格局，加强航线网络互联互通，推动“硬联通”迈上新台阶；加强政策对接和标准联通，积极参与多边国际民航治理，加快“软联通”实现新突破；建立健全合作机制，拓展人文交流领域，促进“心联通”取得新进展；增强风险防控能力，提升安全治理水平，推进航空安全水平再上新台阶；加强“空中丝绸之路”品牌建设，进一步扩大“朋友圈”，稳步推动国际影响力、感召力、塑造力实现新提升。在此基础上，《实施方案》提出 8 项量化预期指标。

《实施方案》围绕政策沟通、设施联通、贸易畅通和民心相通等方面，明确了深化国内航空枢纽开放发展、深化航线网络互联互通、深化民航基础设施领域合作、深化科技创新合作、深化规则标准联通、深化人文交流合作、深化国际贸易合作、深化合作平台建设 8 项重点任务。为进一步细化、实化以上任务，提出加强双边政策沟通、推动标准互联互通等 11 项重点工程。

为确保目标指标和重点任务落实落地，《实施方案》还要求各部门加强组织领导，加强内外联动，加强风险防控，加强跟踪评估，加强宣传引导。

【解读】

近年来，共建“一带一路”倡议坚持共商共建共享原则，扎实推进政策沟通、设施联通、贸易畅通、资金融通、民心相通，成为广受欢迎的国际公共产品，为推动构建人类命运共同体作出了中国贡献。作为国民经济的重要战略性产业，民航业统筹发挥独特优势，通过支撑对外互联互通、经贸往来和文化交流，主动融入共建“一带一路”，积极服务国家发展战略和人民美好生活需求。《实施方案》更加注重与国务院相关部门的协同合作。民航局与国家发展改革委联合印发《实施方案》，有利于进一步凝聚共识、调动资源，更好地推进“空中丝绸之路”建设高质量发展。

《广州南沙深化面向世界的粤港澳全面合作总体方案》

2022 年 6 月，国务院印发《广州南沙深化面向世界的粤港澳全面合作总体方案》（以下简称《方案》）。《方案》是贯彻落实《粤港澳大湾区发展规划纲要》的战略部署，是建设高水平对外开放门户、推动创新发展、打造优质生活圈的重要举措。

《方案》指出，其实施范围为广州市南沙区全域，总面积约 803 平方公里。按照以点带面、循序渐进的建设时序，以中国（广东）自由贸易试验区南沙片区的南沙湾、庆盛枢纽、南沙枢纽 3 个区块作为先行启动区，总面积约 23 平方公里。充分发挥上述区域依托交通枢纽快捷通达中国香港的优势，加快形成连片开发态势和集聚发展效应，有力带动南沙全域发展，逐步构建“枢纽带动、多点支撑、整体协同”的发展态势。

《方案》提出建设科技创新产业合作基地、创建青年创业就业合作平台、共建高水平对外开放门户、打造规则衔接机制对接高地以及建立高质量城市发展标杆 5 个重点任务。计划到 2025 年，南沙粤港澳联合科技创新体制机制更加完善，产业合作不断深化，区域创新和产业转化体系初步构建；青年创业就业合作水平进一步提升，教育、医疗等优质公共资源加速集聚，成为中国港澳青年安居乐业的新家园；市场化法治化国际化营商环境基本形成，携手参与“一带一路”建设取得明显成效；绿色智慧节低碳的园区建设运营模式基本确立，先行启动区建设取得重大进展；计划到 2035 年，南沙区域创新和产业转化体系更趋成熟，国际科技成果转移转化能力明显提升；生产生活环境日臻完善，公共服务达到世界先进水平，区域内中国港澳居民数量显著提升；国际一流的营商环境进一步完善，在粤港澳大湾区参与国际合作竞争中发挥引领作用，携手中国港澳建成高水平对外开放门户，成为粤港澳全面合作的重要平台。

《方案》强调，要通过全面加强党的领导，加强资金、要素等政策支持，将创新合作模式以及加强组织管理作为《方案》成功实施的保障措施，打造立足湾区、协同中国港澳、面向世界的重大战略性平台，在粤港澳大湾区建设中更好地发挥引领带动作用。

【解读】

《广州南沙深化面向世界的粤港澳全面合作总体方案》提出了 2025 年和 2035 年两个时期的发展目标和五大任务。按照以点带面、循序渐进的建设时序，重点突出 23 平方公里的先行启动区，统筹好 803 平方公里的南沙区全域，加快实施《广州南沙深化面向世界的粤港澳全面合作总体方案》各项重点任务。广州是“一带一路”重要枢纽节点，该方案的出台有利于引领广州实现“老城市、新活力”，增强在粤港澳大湾区发展中的核心引擎作用；有利于进一步强化航运、贸易、金融、国际交往等综合服务功能，携手粤港澳打造高水平对外开放门户，在推动构建新发展格局中，发挥更大作用；有利于打造粤港澳全面合作重大战略性平台，丰富“一国两制”实践，更好地支持港澳两地融入国家发展大局。

第三节　2022 年中国企业“一带一路”相关跨境并购

据商务部、外汇局统计，2022 年中国对外投资合作平稳发展，全行业对外直接投资达 9853.7 亿元人民币（折合 1465 亿美元，增长 0.9%），对“一带一路”沿线国家投资增长尤其较快，2022 年中国企业在“一带一路”沿线国家非金融类直接投资 1410.5 亿元人民币，较上年增长 7.7%（折合 209.7 亿美元，增长 3.3%），为促进东道国经济发展作出了积极贡献。

一、中国对“一带一路”相关国家及地区跨境并购发展特征

（一）“一带一路”沿线跨境并购区域特征

从区域分布来看，东南亚及南亚仍是中国“一带一路”跨境并购的集中地，仍为 2022 年度中企出海的首要投资标的国，与印度、新加坡、印度尼西亚等国投资合作保持一贯的活跃，经济联系仍旧紧密。同时，近年来“一带一路”的“朋友圈”不断扩大，中欧班列在联通贸易、打通民心上成果显著。2022 年，中企在出海标的国选择上，对于欧洲伙伴青睐有加，在如西班牙、意大利等国家有多起跨境投资。

从交易金额来看，中国与部分国家的大额投资并购交易增加，机构投资者较为活跃，并且国有经济发力明显。随着“一带一路”的共建发展，沿线国家及地区的跨境并购将更加活跃多元。

（二）“一带一路”沿线跨境并购行业特征

中国企业对“一带一路”沿线国家的投资持续升温，成为海外投资的新亮点。从细分行业来看，中国与“一带一路”国家积极签署数字经济方面的谅解备忘录以及建立战略伙伴关系，使得跨境并购在传统能源、制造业等领域保持热度，在 TMT 行业和电商领域也有较为快速的增长。2022 年 TMT 行业跨境并购交易数量为 21 起，披露金额为 17.33 亿美元，在所有行业中数量和金额位居榜首，为技术合作交流以及降低跨境交易成本铺设了坚实道路；同时，在能源、制造业这些“一带一路”重点领域，跨境并购也持续发力，促进沿线国家之间的基础设施建设、贸易合作和经济发展，促进区域内的经济一体化、资源共享、技术创新和可持续发展。

二、2022 年度“一带一路”投资标的国与重点行业分析

（一）2022 年中国企业“一带一路”并购交易标的国回顾分析

2022 年中国企业在“一带一路”沿线及相关国家完成的 76 个投资并购中，主要标的所在国为新加坡、韩国、印度尼西亚、哈萨克斯坦、波兰、阿根廷和新西兰。

2022 年，中国企业与投资者在“一带一路”区域交易标的所在国的排行中，在新加坡的交易为 13 个，总交易金额为 18.87 亿美元；在韩国的交易为 9 个，总交易金额为 11.41 亿美元；在印度尼西亚的交易为 5 个，总交易金额为 5.71 亿美元；在哈萨克斯坦的交易为 4 个，总交易金额为 2.58 亿美元；在波兰、阿根廷和新西兰的交易数量均为 3 个，与阿根廷、新西兰的交易总金额分别为 9.62 亿美元、0.34 亿美元（如图 6-1）。（注：2022 年度部分交易未披露具体金额，对交易金额统计有所影响）。

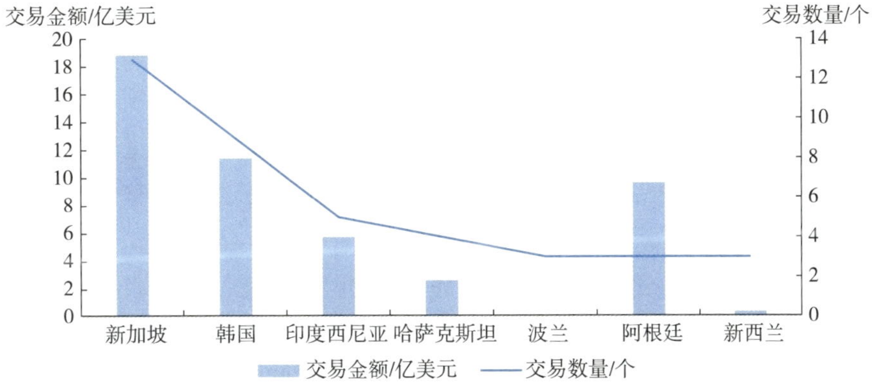

图 6-1 2022 年中国企业"一带一路"并购交易主要标的国及交易情况

资料来源：Mergermarket、Wind。

1. 新加坡

自"一带一路"倡议提出以来，新加坡一直是中国企业与投资者的主要投资目标，2022 年，中企赴新投资共达成 13 笔交易，其中，TMT 行业为主要投资领域，医疗健康、消费和其他行业也有所涉及。其中，交易金额最大的一笔为专注于能源、医疗保健和金融领域投资的私募股权基金 RRJ Capital 投向 Fullerton Health Corporation Limited 的 10 亿美元。

近年来，新加坡不断推出利好政策，其优良的营商环境、优越的地理位置、高度国际化的配套服务和与时俱进的政策规则工具等，愈发吸引包括中国企业在内的投资者。与此同时，美国资本市场政策进一步收紧，迫使中概股掀起回归亚洲热潮；港股市场的低迷表现则会让更多中国内地投资者转向新加坡。值得注意的是，新加坡还是东盟国家中第一个完成 RCEP 官方核准程序的成员国。RCEP 相关投资便利政策的落地有望进一步刺激至新外商直接投资，保持新加坡对外资的吸引优势。

2. 韩国

2022 年是中韩建交 30 周年，中韩互为重要贸易伙伴。30 年来，中韩贸易实现跨越式发展，根据海关总署公布的数据，2022 年，中韩贸易额为 3622 亿美元，同比增长 0.1%。两国已启动中韩自贸协定第二阶段谈判，以负面清单模式开展高水平服务贸易和投资自由化磋商。迄今，双方已举行 9 轮正式谈判，中韩贸易取得实质性进展。

韩国是 2022 年中国企业"一带一路"投资并购的第二大标的国，共达成 9 笔交易。2022 年中国企业赴韩投资的主要标的行业为 TMT 行业，也涉及制造、消费零售行业和其他行业。

3. 印度尼西亚

2022 年中国企业在印度尼西亚的并购交易总金额为 5.71 亿美元，其中金额最大的一笔交易是来自中国香港的 Big Data Exchange（BDx）收购印度尼西亚 PT Starone Mitra Telekomunikasi 多数股权（75%），这是 BDx 正式进入印度尼西亚数据中心市场的重要一步。近年来，印度尼西亚经济加速向数字化转型，信息通信技术领域将是基建投资的重点。基于印度尼西亚政府大力支持所有企业数字化转型，极度重视信息和通信技术（ICT）基础设施的举措，到 2025 年底，印度尼西亚数字经济的整体规模有望超出 1240 亿美元。

中印双方在"一带一路"框架下不断加深双边经贸联系，不仅联手打造了雅万高铁、北加里曼丹工业园等重点项目，还不断推出"区域综合经济走廊"、印度尼西亚与中国福建省"两国双园"等深度共建"一带一路"新举措。未来，两国在促进产业链、供应链深度融合，拓展数字经济和绿色发展合作方面大有可为。

4. 哈萨克斯坦

2022 年是中哈建交 30 周年，中国是哈萨克斯坦最大的贸易伙伴之一，双方在能源、农产品、机械设备等领域有着密切的合作关系。在"一带一路"倡议的推动下，两国的贸易合作得到进一步提升和深化，双边贸易额 30 年来增长 60 多倍。特别是在 2022 年，中哈货物进出口总额 311. 7 亿美元，同比增长 23. 6%，创历史新高。

在中哈双边合作中，能源合作也一个重要的合作领域。哈萨克斯坦拥有丰富的能源资源，而中国是全球最大的能源消费国之一。双方在油气开采、管道建设和能源交流等方面进行了深入合作，互利共赢。2022 年中国企业在哈萨克斯坦的 4 笔并购交易也都集中在能源和电力领域。未来除了在能源领域的合作，双方可以进一步加强农产品、能源资源、机械设备、电子产品等领域的合作，促进双边贸易的多元化和平衡发展。

5. 波兰

中波两国建交 70 多年来，双边关系不断发展，经贸合作持续深化，波兰保持中国在中东欧地区最大贸易伙伴和最大出口市场，中国则是波兰第二大贸易伙伴和第二大进口来源国。双方在机械设备、电子产品、化工品、农产品等领域有着广泛的贸易往来。2022 年中国企业在波兰共有 3 笔并购交易，涉及消费及新零售及能源行业。随着"一带一路"倡议的推动和中东欧合作机制的深入发展，中国和波兰之间的经贸合作将进一步拓展和深化。

6. 阿根廷

2022 年，中国企业在阿根廷有 3 个投资并购交易，其中赣锋锂业股份有限公司收购阿根廷 LitheA Inc. 交易价值高达 9. 62 亿美元。作为拉丁美洲最大的经济体之一，阿根廷在农产品、能源资源等方面具有重要优势，而中国作为世界第二大经济体和最大的发展中国家，对阿根廷提供了广阔的市场和合作机会。尤其地，能源合作是中阿合作的重要方面。阿根廷拥有丰富的石油、天然气、可再生能源等资源，而中国是全球最大的能源消费国之一，双方在能源领域展开合作，通过能源投资、技术合作和资源开发，共同推动能源产业的发展和能源安全。未来中阿两国将拓展领域，在科技创新、生物技术、信息技术等领域加强合作，共同探索新的经济增长点。

7. 新西兰

2022 年是中新建交 50 周年，经贸合作是中新关系发展的动力源，中国目前是新西兰第一大货物出口市场和进口来源地，中新经济结构高度互补，中国在纺织鞋帽、机电产品方面具有比较优势，新西兰则在农林牧渔业领域具有优势。2022 年中国企业对新西兰产生的 3 笔收购均集中于化学品和建材、建筑、运输这几个制造业细分领域，充分体现了中国对新的制造业优势。展望未来，中新经贸合作将继续深化。双方将进一步加强政策沟通、市场准入和人文交流，推动贸易便利化和投资合作的进一步提升。同时，随着两国对可持续发展和创新的共同关注，双方还将加强在科技创新、绿色经济和可持续发展等领域的合作，共同应对全球挑战，实现共同繁荣和可持续发展的目标。

（二）2022 年中国企业“一带一路”交易行业回顾分析

2022 年中国企业在“一带一路”沿线并购的行业主要集中于 TMT 行业、消费零售业、能源与矿业、工业制造业、金融业、医疗业和服务业。其中，中国企业在“一带一路”沿线 TMT 行业交易数量为 21 个，披露金额为 17.33 亿美元；制造业行业交易数量为 19 个，披露金额为 16.12 亿美元；能源及矿业交易为 16 个，披露金额为 19.20 亿美元；消费零售业交易为 7 个，披露金额为 0.26 亿美元；金融业交易为 5 个，披露金额为 7.05 亿美元；服务业交易为 4 个，披露金额为 6.45 亿美元；医疗业交易为 2 个，披露金额为 11.16 亿美元。2022 年中国企业“一带一路”交易主要行业如图 6-2 所示。

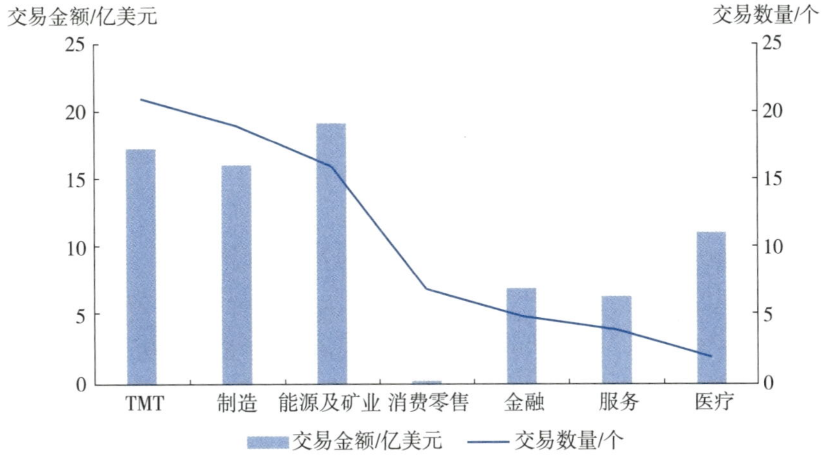

图 6-2　2022 年中国企业“一带一路”交易主要行业

资料来源：MergerMarket、Wind。

1. TMT行业

2021—2022年中国企业“一带一路”跨境并购最集中的行业是TMT行业（技术、通信和媒体）。当前中国在TMT行业的跨境并购标的主业主要集中在计算机软件领域，25个项目中有19个与互联网相关。“一带一路”沿线国家包括了全球1/3的经济及44亿的人口，其巨大的人口基数对TMT行业有着巨大的需求，为该行业的发展提供新的机遇和广阔的前景。尤其在数字经济时代，随着更深层次的科技革命和产业变革，现代信息技术不断取得突破，数字经济蓬勃发展，各国利益更加紧密相连。共建“一带一路”坚持创新驱动发展，与各方加强在人工智能、纳米技术、量子计算机等前沿领域合作，推动大数据、云计算、智慧城市建设，连接成21世纪的数字丝绸之路，TMT行业已成为“一带一路”建设的重点。自共建“一带一路”以来，中国信息服务产业已启动海外扩张暨并购之旅，主要有五个机遇点：一是跨境电子商务领域，二是通信领域，三是交通基础软件领域，四是适合国际化的通用型管理软件领域，五是软件外包领域。党的十八大以来，中国信息通信业取得了历史性成就，已经成为国民经济的战略性、基础性、先导性行业，在从小到大的基础上，迎来由大向强的跃升。

2015年开始，亚洲贸易出现了自金融危机以来的首次下滑，东亚地区经济体的工业中间品的出口和进口出现双降。同时，亚洲制造业产品以中间品为主，即使如日本这些创新能力技术较强的国家，其出口产品很多也是配件类的半成品类、中间品类。发展至今，工业制造业数字化转型已被视为重中之重，工信部在部署2022年工作时强调推动制造业数字化转型向纵深拓展，增强产业发展新优势、新动能。同时，“一带一路”倡议和合作有助于亚洲经济一体化发展，充分利用各国的要素禀赋优势，通过技术合作交流促进数字化转型，促进各方产能的有机结合。

2. 消费零售业

2022年中国企业在“一带一路”沿线消费零售业的交易分布比较多元，主要涉及乌拉圭、新加坡、波兰、韩国、奥地利、葡萄牙这些国家。销售零售业领域跨境并购的主要标的主业为电子商务/互联网企业，“一带一路”倡议将推动中国消费零售业进入下一个上升通道。

商务部数据显示，中国跨境电商出口增速明显快于整体增速。“一带一路”消费零售业由电子商务积极赋能，跨境电子商务等新业态、新模式正成为推动贸易畅通的重要新生力量。2018年，通过中国海关跨境电子商务管理平台零售进出口商品总额达203.5亿美元，同比增长50%，其中出口84.8亿美元，同比增长67%，进口118.7亿美元，同比增长39.8%。“丝路电商”合作蓬勃兴起，中国与17个国家建立双边电子商务合作机制，在“金砖国家”等多边机制下形成电子商务合作文件，加快了企业对接和品牌培育的实质性速度。在人口稠密、部分地区人均收入高、居民受教育程度高但是生活零售物资仍有较大缺口的背景下，预计沿线电商平台对中国企业的跨境并购会在近期保持持续的吸引力。

3. 能源及矿业

能源问题是中国持续关心的重点议题之一，最新的“一带一路”倡议中也将能源设施建设方面的内容列为“设施联通”的重要部分，意在电力、油气、核电、新能源、煤炭等领域开展广泛合作，与相关国家共同维护油气管网安全运营，促进国家和地区之间的能源资源优化配置。跨境并购数据显示，标的主业为能源的企业数量胜过矿业的企业数量，能源领域的重要性进一步凸显；标的国家、地区集中在中亚、中东国家，此外还涉及其他能源资源丰富的国家，例如俄罗斯、阿根廷等国。

2021 年国家能源局发布通知，拟启动“一带一路”能源合作伙伴关系合作网络相关工作，力争在未来 5 年内形成一批最佳实践案例，培育一批能源合作研究基地，发布一批优秀能源合作智库产品，在国际上塑造一批有影响力的能源合作专家，为能源行业培养一批国际合作优秀青年人才，逐步夯实“一带一路”能源合作伙伴关系的国际影响力，推动“一带一路”能源合作走深、走实。

4. 工业制造业

制造业转型升级一直是中国企业发展的迫切诉求，尤其是在当下鼓励数字化转型作为基础支撑推动制造业转型升级的背景下。从制造业领域并购标的国家、地区来看，2021—2022 年中国企业在“一带一路”沿线工业制造业的交易主要发生在韩国和意大利这样的国家，这与韩、意本身的科技研发能力、机械制造以及工业设计等优势强相关；从制造业领域并购的标的来，标的以汽车、建筑、工业产品服务等企业为主。

2015 年开始，亚洲贸易出现了自金融危机以来的首次下滑，东亚地区经济体的工业中间品的出口和进口出现双降。同时，亚洲制造业产品以中间品为主，即使如日本这些创新能力技术较强的国家，其出口产品很多也是配件类的半成品类、中间品类。发展至今，工业制造业数字化转型已被视为重中之重，工信部在部署 2022 年工作时强调推动制造业数字化转型向纵深拓展，增强产业发展新优势、新动能。同时，“一带一路”倡议和合作有助于亚洲经济一体化发展，充分利用各国的要素禀赋优势，通过技术合作交流促进数字化转型，促进各方产能的有机结合。

第七章　2023 年中国企业跨境并购展望

第一节　2023 年第一季度中国企业跨境并购回顾

2023 年第一季度，中国企业跨境并购交易数量略有下降，较 2022 年上半年减少了 46 个，较 2021 年上半年增加了 122 个（如图 7-1）。2023 年第一季度完成的交易为 182 个，披露金额为 3.09 亿美元。

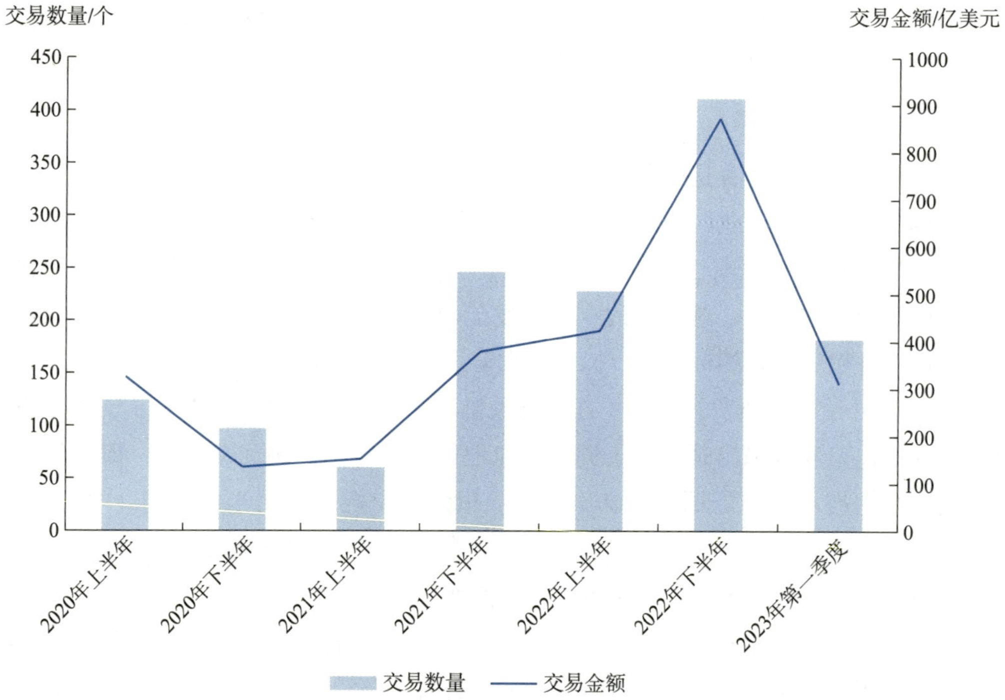

图 7-1　2020—2023 年第一季度中国企业跨境并购交易数量及金额

资料来源：Mergermarket。

2023 年第一季度，前十大交易细分行业中，TMT 占 78 个，制造业占 65 个，消费、医疗健康、矿产及能源的交易数量分别为 26 个、24 个、23 个。2023 年第一季度，中企跨境并购前十大交易行业分布趋势如图 7-2 所示。

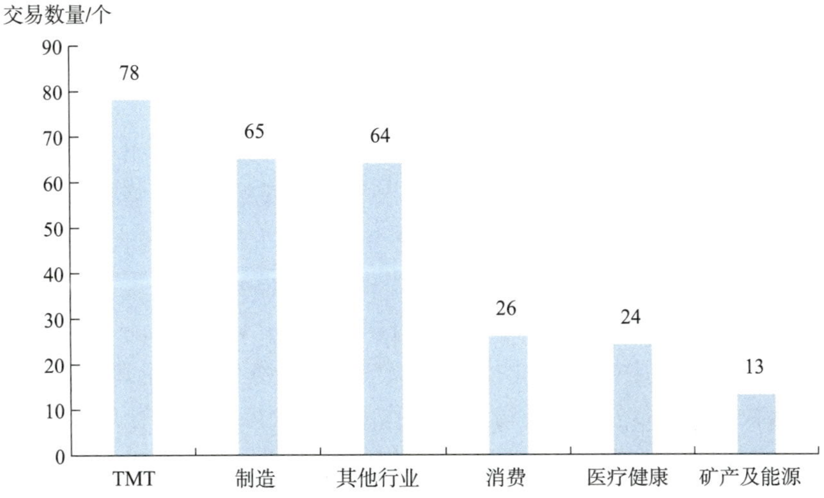

图 7-2 2023 年第一季度中国企业跨境并购前十大交易行业分布趋势

资料来源：Mergermarket。

2023 年第一季度，在所有披露成交价格的交易中，最大规模的跨境并购交易是 Poseidon Acquisition Corp. 和 Atlas Corp. 达成的并购交易。世界最大独立集装箱船船东公司 Seaspan 的母公司 Atlas Corp. 以 15.6 亿美元的价格同意一个名为 Poseidon Acquisition Corp. 的联合财团的 109 亿美元的收购邀约，将被私有化。2023 年第一季度中国企业跨境并购前十大交易金额总计 77.96 亿美元（详见表 7-1）。

表 7-1 2023 年第一季度中国企业跨境并购前十大交易

买方	交易金额（亿美元）	买方区域	标的名称	二级行业	标的所在国家	股权比例
Poseidon Acquisition Corp.	15.68	美国	Atlas Corp.	制造	香港（中国）	40.62%
凯德投资有限公司	11.03	新加坡	铁狮门	房地产	中国	100%
摩根资产管理控股公司	10.32	美国	摩根基金管理（中国）有限公司	金融服务	中国	49%
Mountain Crest Acquisition Corp. III	10.00	美国	北京长城华冠汽车科技股份有限公司	TMT	中国	100%
迈凯希金融公司；IGM Financial	9.04	加拿大	华夏基金	金融服务	中国	13.90%
波士顿科学公司	5.24	美国	先瑞达	医疗健康	中国	65%
ESR Group Ltd.	4.50	香港（中国）	越南 BW 工业发展公司	房地产	越南	未披露
华懋集团有限公司	4.33	香港（中国）	Landsec	房地产	英国	100%
凯德集团	4.07	新加坡	北京苏宁生活广场	房地产	中国	100%
中远海运港口	3.75	中国	苏科纳港	制造	埃及	25%

资料来源：Mergermarket。

（1）2023 年 3 月 28 日，Poseidon Acquisition Corp. 宣布收购了 Atlas Corp. 所有已发行的普通股，完成对 Atlas Corp. 的收购。Atlas Corp. 是一家全球领先的资产管理公司，专注于严格的资本部署，以创造可持续的股东价值。

（2）2023 年 1 月 5 日，铁狮门宣布向凯德投资的人民币基金出售位于上海的尚浦中心项目，此次交易的办公园区包括 10 栋办公楼，是铁狮门在尚浦领世第一期的开发项目。交易估值为 76 亿元人民币，成为 2022 年中国最大规模的房地产交易之一。

（3）2023 年 4 月 25 日，摩根基金管理（中国）有限公司正式宣布，公司品牌名称正式变更为"摩根资产管理有限公司"（J. P. Morgan Asset Management），以便通过全球运营模式更好地赋能中国业务的发展，投资人将陆续见到新品牌更新在各大平台。此前，上投摩根基金发布公告，公司法定名称由"上投摩根基金管理有限公司"变更为"摩根基金管理（中国）有限公司"。

（4）2023 年 5 月 2 日，前途汽车的母公司长城华冠汽车宣布与一家特殊目的收购公司 Mountain Crest Acquisition Corp. 正式签署合并协议。根据计划，双方将于 2022 年 12 月底完成重组合并，然后在美国纳斯达克进行 IPO。

（5）2023 年 1 月 6 日华夏基金公告称，原股东加拿大鲍尔集团将其持有的华夏基金 13. 9%股权转让给股东迈凯希金融公司一事项完成工商变更登记，迈凯希金融公司最新持股比例提升至 27. 8%，

（6）波士顿科学公司将发起部分要约，以收购先瑞达最多不超过 65%股份的多数股权，先瑞达是一家中国医疗科技企业，针对各类介入手术提供解决方案。

（7）ESR Group Ltd. 透过全资附属公司 ESR V Investor 5 同意认购关连方 BW 工业发展公司约 1. 68 亿股新发行股份，约占认购完成后 BW 经扩大总股本 10. 89%。

（8）2023 年 1 月 29 日，中国香港开发商华懋集团在其官网宣布，已与英国房地产巨头 Landsec 正式达成合约交换协议，完成收购位于伦敦市中心的地标写字楼 One New Street Square——该楼是全球四大会计事务所之一德勤的伦敦总部大楼。

（9）凯德集团宣布，凯德投资设立凯德中国特殊机会伙伴计划，总承诺股本 11 亿新元，投资于中国的特殊机会项目。目前，单一资产基金已经收购了北京苏宁生活广场。

（10）中远海运港口宣布投资埃及苏科纳港（Sokhna Port）部分股权。苏科纳港是埃及主要港口之一，位于苏伊士运河南面入口处，开罗以东约 120 公里，毗邻苏伊士西北经济区，处于东西方贸易的沿线。

第二节　2023 年第一季度中国企业跨境并购行业分析

2023 年开年以来，已有近 60 家公司发布并购公告，并购市场已出现回暖迹象。无论是国内并购还是跨境并购市场，2023 年，中国并购交易将更加活跃。一方面，2022 年底中国政府出台的复工复产等防疫优化政策，以及出入境限制明显放松，有力刺激

市场的经济活力。如果 2023 年上半年国内经济面实现有效复苏，并购市场在下半年有望初步反弹。另一方面，国内 3 年疫情对市场形成了“大浪淘沙”的作用，部分企业经营得到认可，市场并购意愿增强。

具体行业方面，2023 年第一季度，建筑、计算机软件、零售等领域的并购交易数量明显更多。受国内新冠疫情暴发及地缘冲突等不确定性因素影响，多数企业和投资机构都处于一个战略调整时期，2022 年，中国并购市场发展速度放缓，尽管第四季度的并购交易小幅回暖，但全年并购交易规模仍出现同比下滑。2023 年，中国并购市场有望更加活跃。未来交易热点方面，随着各行各业数字化转型加快，市场整体更看好制造业、数字经济等政策利好板块。

一、制造业

国际局势变化莫测，中美贸易冲突，新冠疫情，全球流动性扩张转向为跟随美国加息收紧流动性，俄乌冲突等。对世界经济增长前景和方式带来了深远影响，国家间的竞争合作模式向对抗和孤立转变。

严重的通胀及预期，突显了实物制造业在国家竞争力中的核心地位，也使各国政府重构其国家发展战略和产业结构，各国发展模式和产业政策发生较大的转变，制造业的竞争和对抗加剧，生产要素的安全保障以及产业链的稳定可控成为国家安全的重要内容。当前的形势，依然证明工业化仍然是国家竞争力的最核心部分，制造业必然是国家安全的最基本产业。2023 年，制造业的跨境并购将继续成为热门行业。

2023 年第一季度，中国企业在制造业的投资并购交易达 65 个，披露的交易金额为 70.62 亿美元。交易数量较 2022 年上半年的 44 个增加了 45%，跨境并购趋势开始回暖（如图 7-3）。

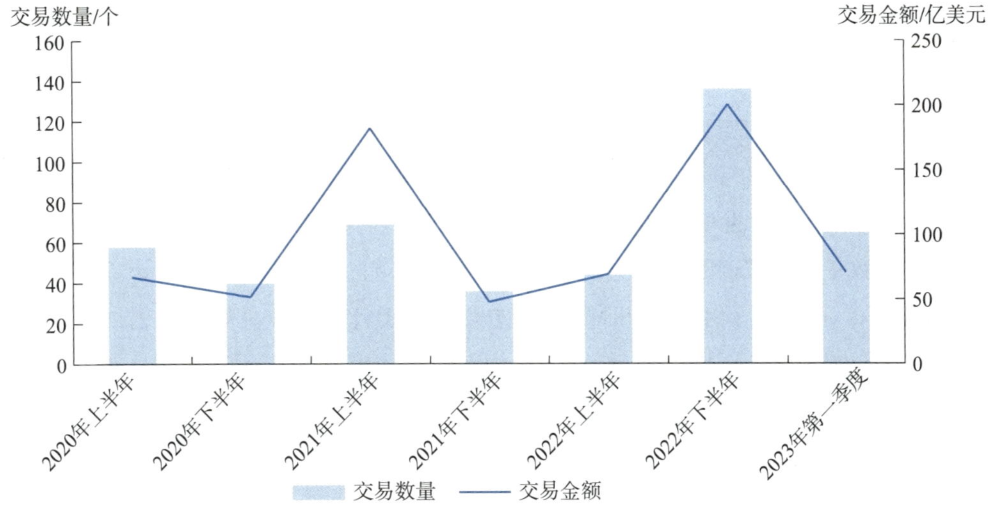

图 7-3　2020—2023 年第一季度中国企业制造业跨境并购交易分布

资料来源：Mergermarket。

2023 年第一季度，建筑跨境并购交易数量占中国企业制造业细分领域跨境并购交易的 38%，是主要的制造业跨境交易领域。其次为工业产品和服务，占中国企业制造业跨境并购细分领域的 17%。2023 年第一季度，在物流市场恢复以及消费刺激政策等因素的带动下，电子制造业维持较快增长态势，对工业总体拉动作用明显，成为工业经济增长的重要支柱。我国 5G、新能源等领域的蓬勃发展将持续为电子制造业注入发展动力，2023 年下半年有望迎来新一轮增长周期。2023 年第一季度，规模以上工业增加值同比增长 3%，增幅高于去年四季度 0.3 个百分点，扭转了去年 10 月份以来持续下行态势。

2023 年第一季度，中国企业制造业跨境并购细分行业交易数量占比如图 7-4。

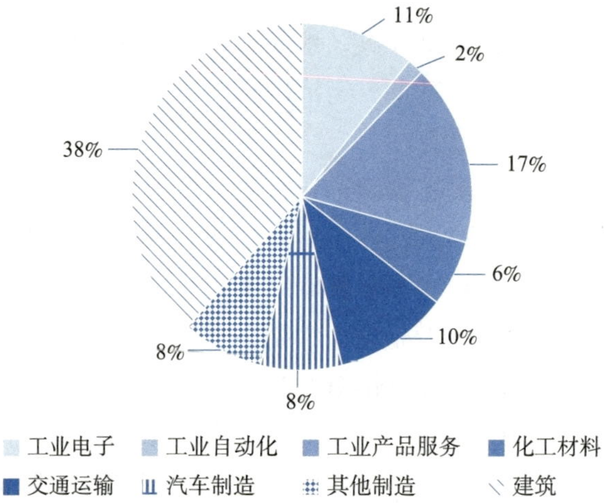

图 7-4 2023 年第一季度中国企业制造业跨境并购细分行业交易数量占比

资料来源：Mergermarket。

二、TMT 行业

TMT 行业的发展和变化从未停止。随着一系列技术的快速发展和部署，企业“走出去”和“引进来”的步伐将持续加快。作为以硬科技为代表的 TMT 行业将不断驱动新基建和传统制造向前发展。2023 年第一季度，中国企业在 TMT 行业投资并购交易达 78 个，交易数量与 2022 年上半年几乎持平（如图 7-5）。

2023 年第一季度，经披露的 TMT 交易主要聚焦于计算机软件行业，占所有细分行业的 68%（如图 7-6）。其他细分行业占比为 10%或 10%以下。运算更快、更安全、更便宜的边缘计算服务与产品成为企业投资新对象，引得云技术、电信、设备和平台企业争相竞逐。边缘计算市场的这种高速增长一开始或以硬件投入为主，但随着市场的逐步成熟，其方向或将转向软件和服务。

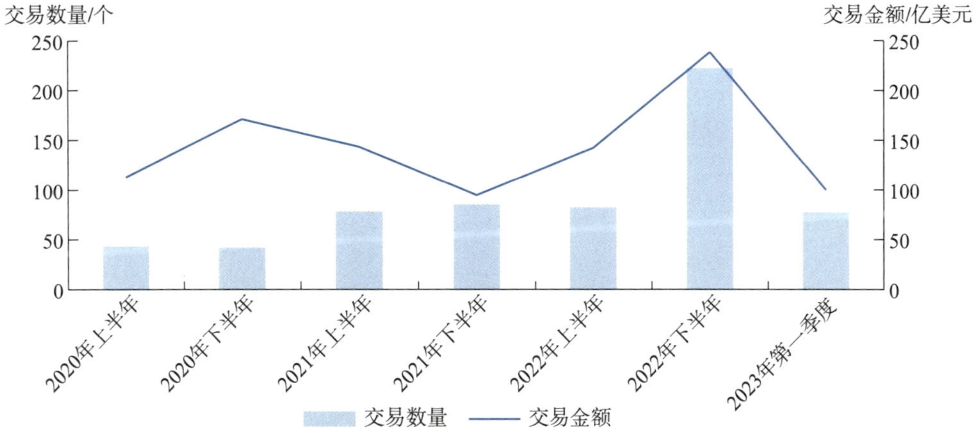

图 7-5　2020—2023 年第一季度中国企业 TMT 行业跨境并购交易分布

资料来源：Mergermarket。

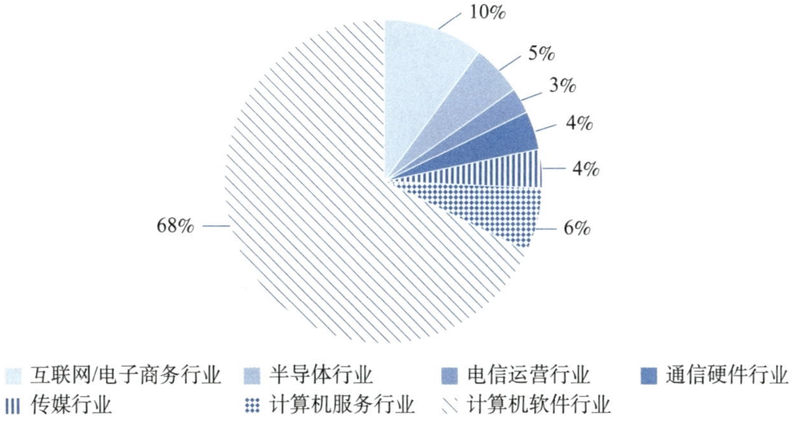

图 7-6　2023 年第一季度中国企业 TMT 行业跨境并购细分行业交易数量占比

资料来源：Mergermarket。

三、医疗健康行业

2023 年第一季度，中国企业在医疗健康行业投资并购交易达 24 个，披露的交易金额为 32. 85 亿美元，交易数量较 2022 年上半年的 34 个减少了 10 个，披露的交易金额下降了 19 亿美元（如图 7-7）。

2023 年第一季度，中国企业在医疗健康行业跨境并购中，医疗行业占比 58%，制药行业占比 42%（如图 7-8）。

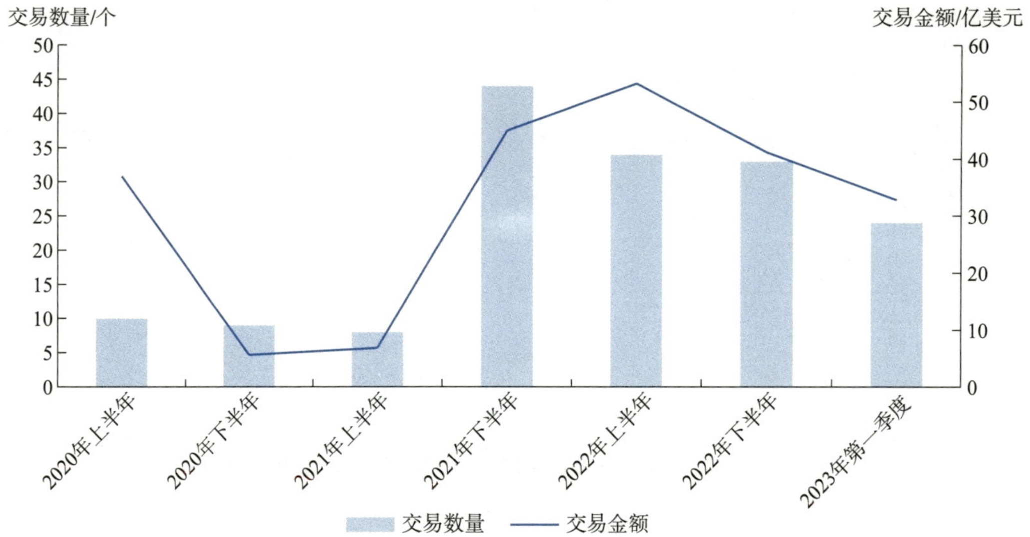

图 7-7　2020—2023 年第一季度中国企业医疗健康行业跨境并购交易数量和金额

资料来源：Mergermarket。

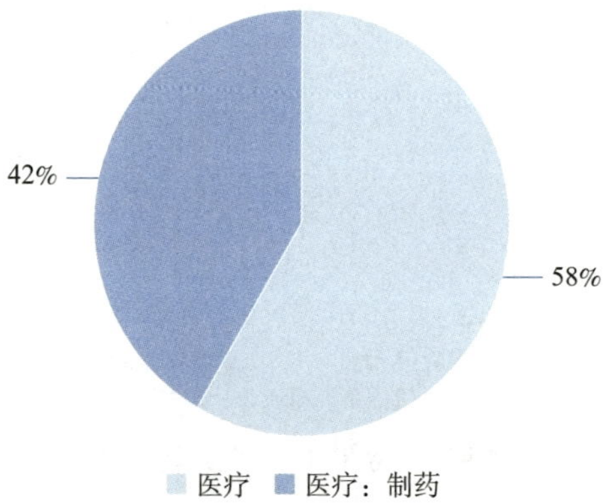

图 7-8　2023 年第一季度中国企业医疗健康行业跨境并购细分行业交易数量占比

资料来源：Mergermarket。

2023 年第一季度，中国企业在医疗健康行业跨境并购平均交易金额为 22.07 亿美元，较 2022 年上半年平均交易金额下降了 35%（如图 7-9）。

四、消费零售行业

2023 年第一季度，中国企业在消费零售行业的投资并购交易达 13 个，披露的交易金额为 9.62 亿美元，交易数量较 2022 年上半年的 22 个，减少了 41%，较 2021 年上半年的 10 个增加了 33%（如图 7-10）。

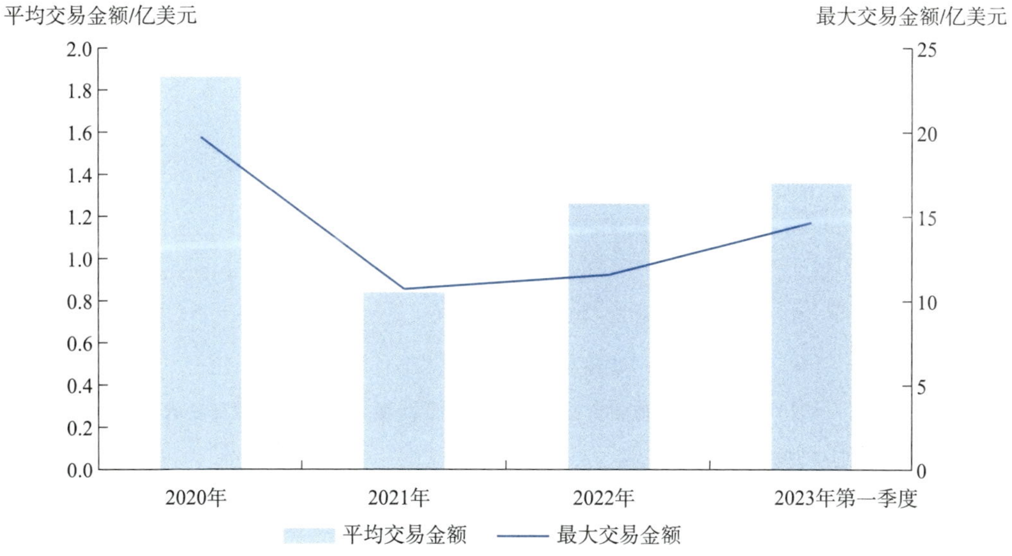

图 7-9 2020—2023 年第一季度中国医疗健康行业跨境并购平均交易金额和最大交易金额变化趋势

资料来源：Mergermarket。

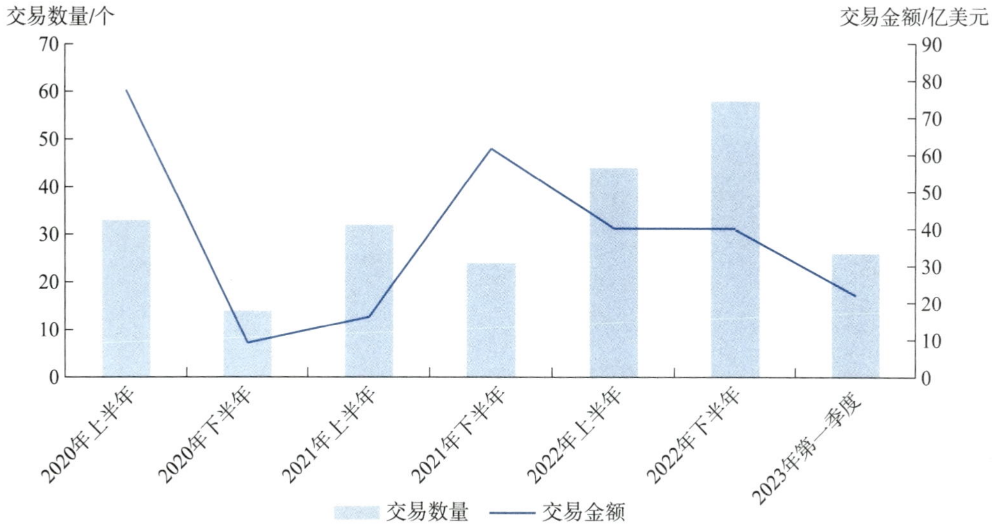

图 7-10 2020—2023 年第一季度中国企业消费零售行业跨境并购交易数量和金额

资料来源：Mergermarket。

2023 年第一季度，中国企业在消费零售行业跨境并购交易中，其他类消费品业（31%）和零售业（31%）占据了最多的比例，其次是休闲类，占比 27%（如图 7-11）。

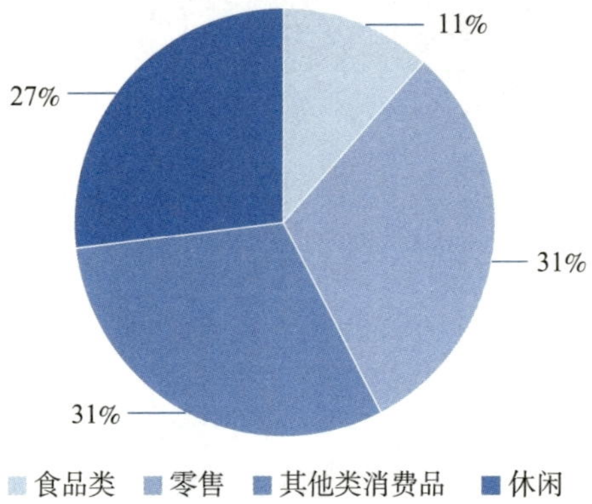

图 7-11　2023 年第一季度中国企业消费零售行业跨境并购细分行业交易数量占比

资料来源：Mergermarket。

在 2020 年中国企业在消费零售行业跨境并购平均交易金额以及最大交易金额达到近年来的最高值后，两种金额在 2021 年与 2022 年呈减少趋势。但是在 2023 年第一季度，平均交易金额有所上升，最大交易金额小幅回落（如图 7-12）。

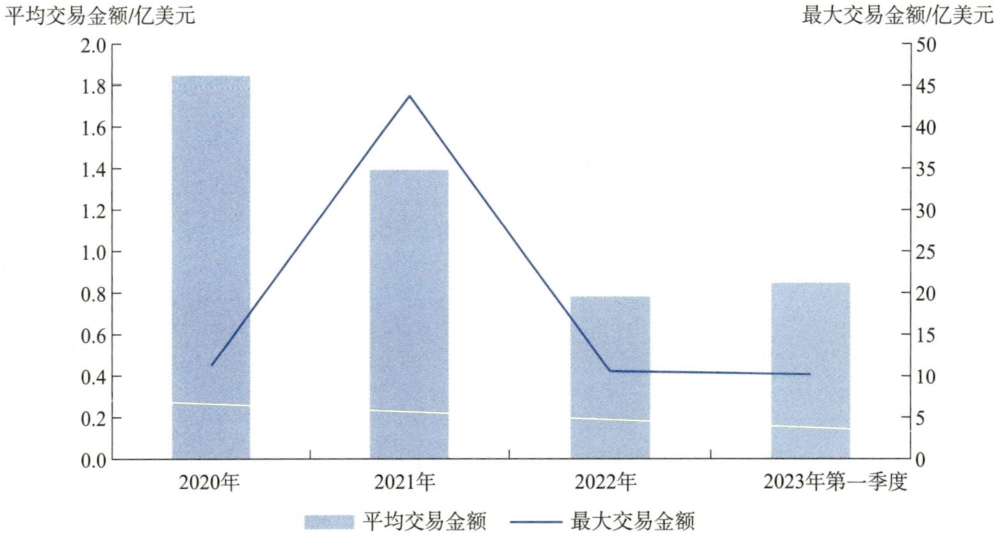

图 7-12　2020—2023 年第一季度中国消费零售行业跨境并购平均交易金额和最大交易金额变化趋势

资料来源：Mergermarket。

五、能源矿业行业

2023 年第一季度，中国企业在能源与矿业行业投资并购交易达 13 个，披露的交易金额为 9. 62 亿美元，占 2023 年第一季度交易金额的 3%。该交易数量较 2020 年上半年的 14 个减少了 7%，较 2022 年上半年的 22 个减少了 4%，2023 年第一季度的交易金额较 2022 年上半年基本持平（如图 7-13）。

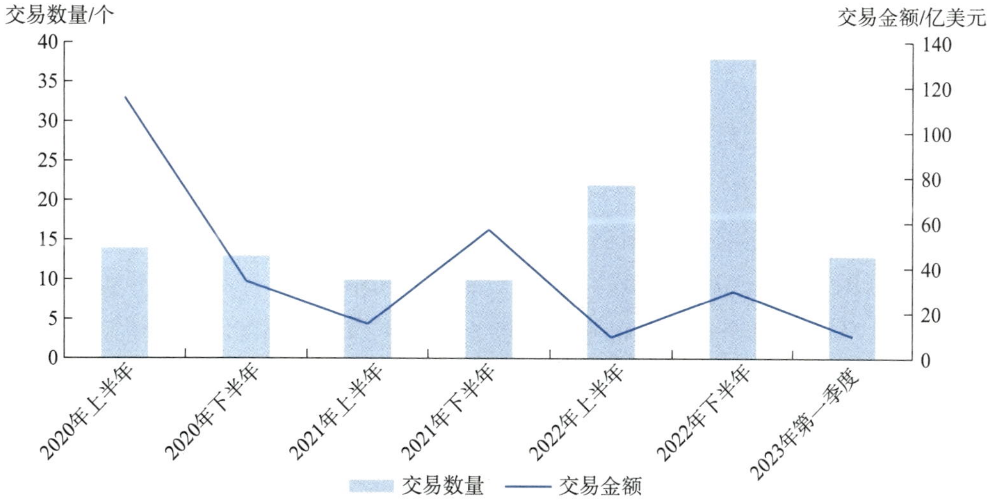

图 7-13　2020—2023 年第一季度中国企业能源矿业跨境并购交易数量和金额

资料来源：Mergermarket。

六、金融服务行业

2023 年第一季度，中国企业在金融服务行业投资并购交易达 13 个，披露的交易金额为 24.21 亿美元，占 2023 年第一季度交易金额的 7.8%。该交易数量与 2022 年上半年交易数量的 33 个减少了 61%，交易金额不及 2022 年上半年的 65 亿美元（如图 7-14）。

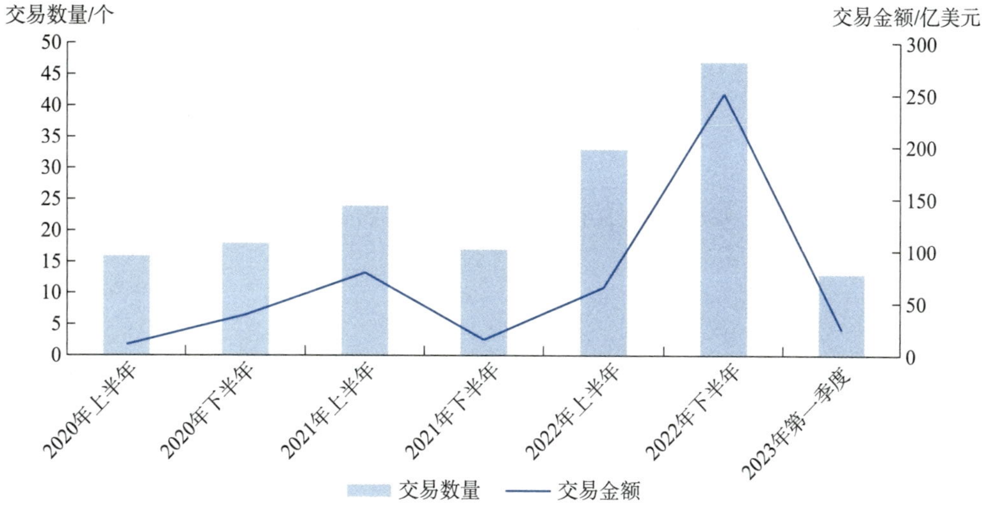

图 7-14　2020—2023 年第一季度中国企业金融服务业跨境并购交易数量和金额

资料来源：Mergermarket。

第三节　2023 年第一季度中国企业跨境并购国家分析

一、制造业

印度和新加坡排名前列，德国排名有所降低，美国拔得头筹，跨境并购交易达到了 18 个（如图 7-15）。2023 年第一季度，德国对中国制造业企业跨境并购交易的规模、复杂性，以及对于并购交易的审查力度相比往年都有大幅度增加。从监管层面上来看，不仅涉及反垄断方面，还涉及投资监管制度方面，标的公司的总部需要接受审查，标的公司进行业务活动的其他国家/地区也要被纳入审查范围。

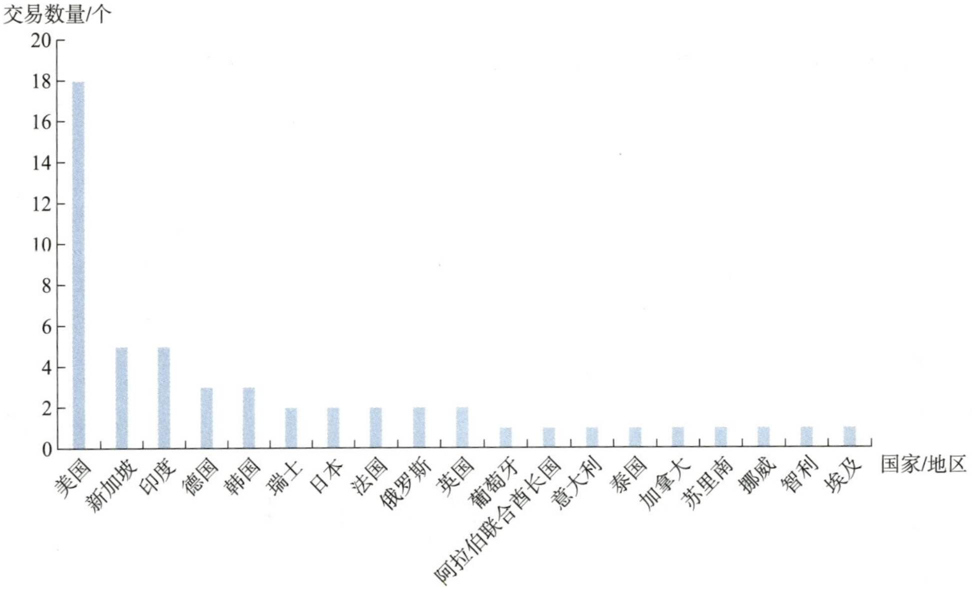

图 7-15　2023 年第一季度中国企业在制造业领域跨境并购交易数量（按国家和地区划分）

资料来源：Mergermarket。

二、TMT 行业

2023 年第一季度，中国企业在 TMT 行业的投资并购主要发生在日本、英国、德国和澳大利亚（如图 7-16）。中国企业在美国的 TMT 行业投资并购交易数量为 4 个。

三、消费零售行业

2023 年第一季度，中国企业在消费零售行业的并购交易在各国各地分布比较均匀（如图 7-17），总交易数达到了 17 个。2023 年第一季度，消费零售行业交易金额约为 2.98 亿美元，占 2022 年上半年消费品行业交易金额的 31%。

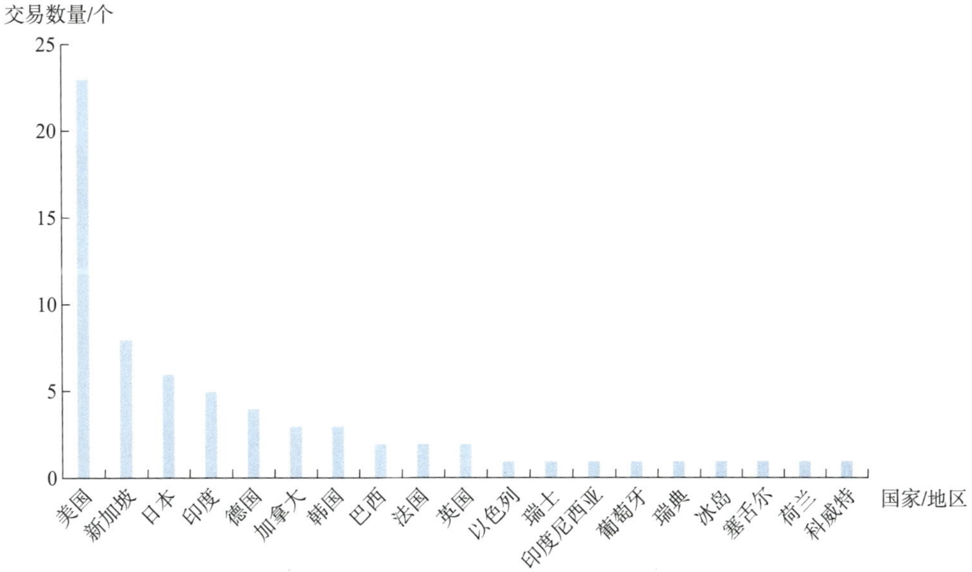

图 7-16　2023 年第一季度中国企业在 TMT 行业跨境并购数量统计（按国家和地区划分）

资料来源：Mergermarket。

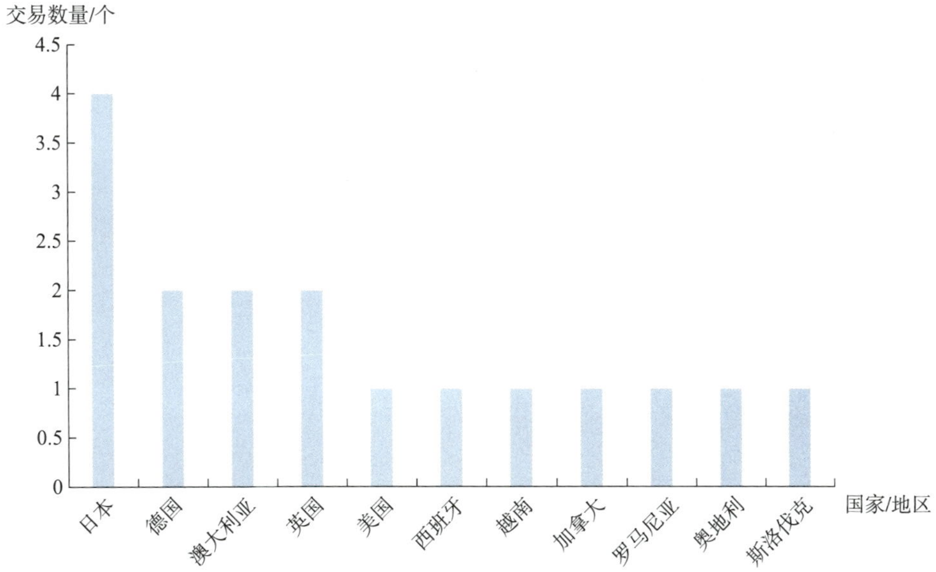

图 7-17　2023 年第一季度中国企业消费零售行业跨境并购数量统计（按国家和地区划分）

资料来源：Mergermarket。

四、医疗健康行业

2023 年第一季度，中国企业在医疗健康行业的跨境并购交易地以美国为主，共有 9 个交易（如图 7-18）。值得注意的是，与 2022 年同期相比，中国企业在美国的医疗健康行业的跨境并购交易基本持平。

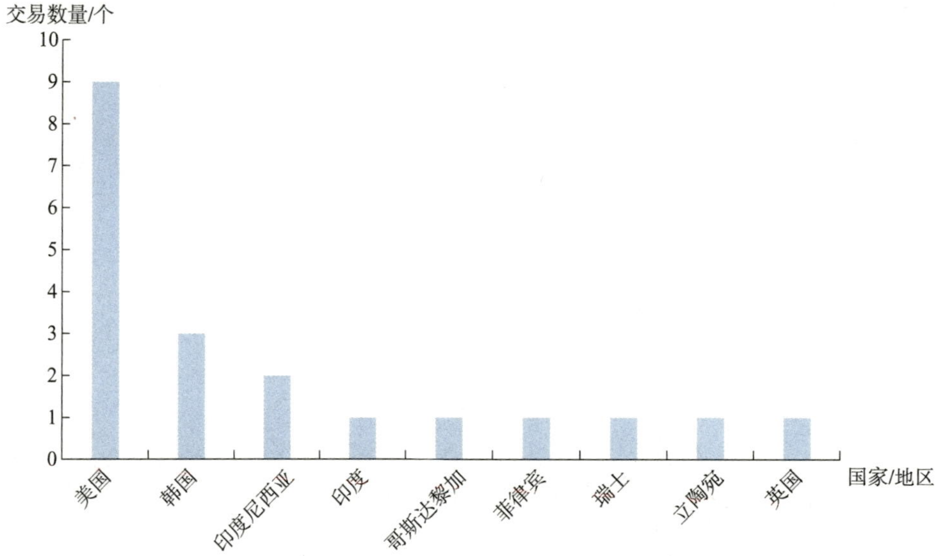

图 7-18 2023 年第一季度中国企业医疗健康行业跨境并购数量统计（按国家和地区划分）

资料来源：Mergermarket。

五、能源矿业行业

2023 年第一季度，中国企业在矿业的跨境并购交易有 8 个，在发生并购交易的国家中，印度尼西亚、挪威和英国分别存在 2 个跨境并购交易，占总交易数量的 75%（如图 7-19）。

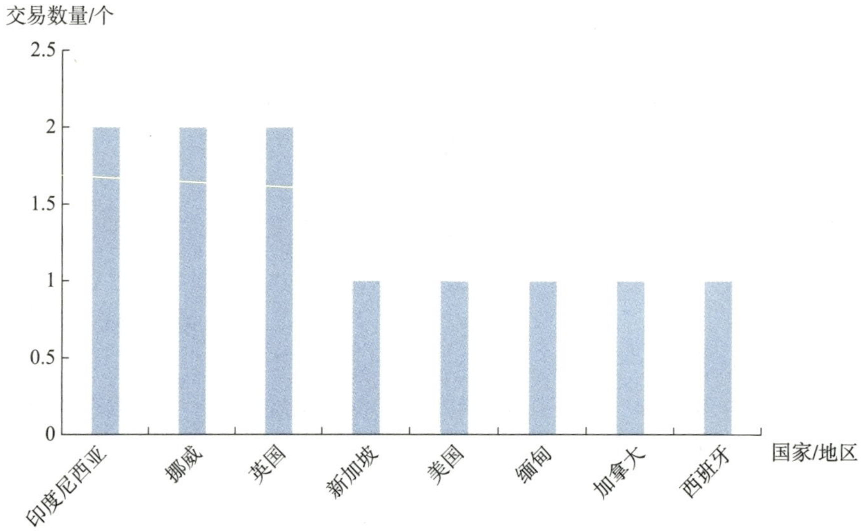

图 7-19 2023 年第一季度中国企业能源矿业跨境并购数量统计（按国家和地区划分）

资料来源：Mergermarket。

六、金融服务业

2023 年第一季度，中国企业在金融服务业的跨境并购交易平均分布在 4 个国家，分别为美国、韩国、德国和英国。其中，在美国的交易数量比其他国家多 1 个（如图 7-20）。

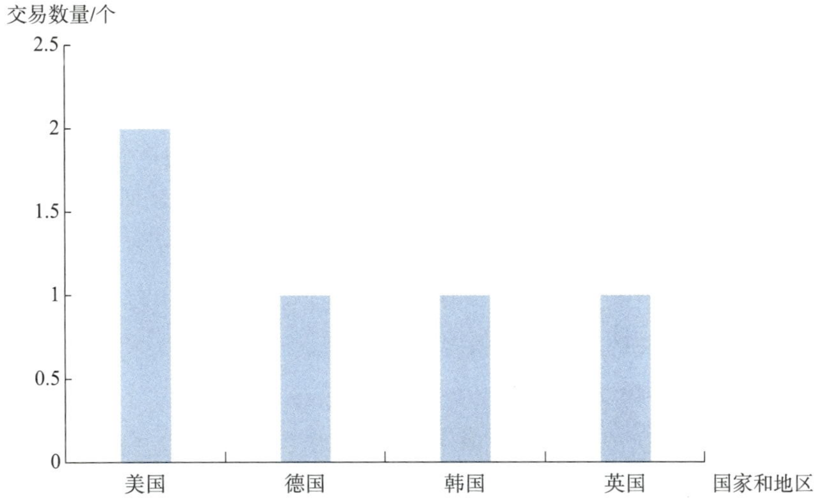

图 7-20 2023 年第一季度中国企业金融服务业跨境并购数量统计（按国家和地区划分）

资料来源：Mergermarket。

第四节 2023 年中国企业跨境并购主要趋势

当前，世界正处于大发展、大变革、大调整时期，和平与发展仍然是时代主题，经济全球化在曲折中继续前进，开展国际经贸合作面临重要机遇。同时，世界百年未有之大变局正加速演进，新一轮科技革命和产业变革带来的竞争日趋激烈，气候变化、疫情防控等全球性问题对人类社会带来前所未有的影响，国际经贸合作环境日趋复杂。俄乌冲突令企业领导人开始优先考虑地缘政治风险。这可能导致去全球化主导并购事务的优先事项。在动荡的世界中，美国和欧洲的董事会有两项战略关切——使供应链多样化以及将资本从风险更大的市场转移至他们心目中可作为美国相对的政治和经济避风港的地方。这意味着近年来企业活动趋势的扭转。现在的重点不是酝酿协议进入新区域或产品领域，而是有可能转向更有选择性的收购，着眼于收购关键供应商。与此同时，通胀压力将促使企业在邻近总部的地区进行削减成本的常规性合并。与这种去全球化同时发生的将是一项融资优先事项：去杠杆化。投资者一直在奖赏能够控制债务的企业，而这种情况不大可能很快改变。诚然，制药巨头需要进行并购来补充它们的制药研发生产系统。但总体而言，大胆通过举债把公司引向冒险方向的巨额并购协议很可能是例外。

虽然 2022 年国内并购交易持续下降，短期内大规模反弹可能性也不大，中央政府鼓励外商投资重点行业，自 2022 年 11 月开始，各地方政府已积极“出海”推行跨境投资和贸易发展计划。此举从长期来看将推动中国并购市场的回暖，投资者的信心将会逐步恢复，市场情绪也将得到改善。

2023 年，有一些积极的影响因素出现，新冠疫情限制措施被取消后的影响逐步缓解，一些积压的并购需求有所反弹；政府采取新措施对某些房地产企业进行风险化解，以及对互联网+经济的限制放松；由新冠疫情和地缘政治导致的各种经济失调也将引发交易和转型活动，包括与破产重组有关的活动；随着市场逐步恢复开放，一些并购交易将有所起色，但投资者在这种情况下往往相对谨慎，在众多不确定性的影响下，并购交易市场有可能在较长的一段时间内来回波动。

预计 2023 年中国并购交易在短期内将以国内交易为主导，海外并购交易将出现激增，亚太地区、中东地区或将成为首选目的地。2023 年全年的并购交易数据将接近 2022 年，2023 年上半年可能较弱，但下半年较强。具体来看，未来更看好制造业、数字经济等政策利好板块。2022 年底，召开的中央经济会议亦对相关板块释放了较为利好的政策信号。全年来看，2023 年科技行业可能会出现一波人工智能和机器学习市场的并购浪潮，因为各行各业的企业都在加快数字化转型。

一、行业趋势

2023 年，对于跨境并购的投资者来说，一个突出的特征是投资者做出的决策将会与中国政府发布的政策相关。随着经济下行周期的临近，投资者正在微调其收购策略，使其转向工业、技术和医疗保健等行业，面临资本压力的买家可能会抓住这些受政策青睐的行业，并利用有利的政府政策以及下调的估值进行买入。预计 2023 年，跨境并购行业的发展趋势将不断回暖，交易数量和交易金额不断增加，参与跨境并购的投资者们将会更加注重一下四大因素：

一是更多考虑投资组合的优化。在经济增速放缓甚至是衰退的时期，为实现利益最大化，企业将会重新评估其当前投资组合的市场现状和业务重心，以决定后续投资方向以及资产剥离的领域。此外，我们预计资产剥离相关交易将会明显增多。企业将选择剥离部分非核心业务，以腾出资金投资于可持续发展的项目，加速实现数字化转型。如果当前的经济不利因素延续至 2024 年，可能还会发生更多不良资产收购。

二是更加注重数字化转型中存在的机会。对于制造业、医疗、消费等各个行业的细分领域，数字化转型将是未来战略性并购交易的一大重要驱动因素，企业将通过并购获取新的技术能力，实现业务转型。对于业内成熟的企业而言，云转型将是推动并购的关键因素，尤其针对商业服务、航空航天和国防事业等细分行业，该类行业研发成本高，急需颠覆性的创新商业模式。

三是更加看好产业融合趋势。预计未来会发生更多涉及不同行业的融合收购。投资者将继续寻找处于初创阶段的技术公司，以实现企业转型；航空航天和国防事业，工程和建筑、工业制造等领域的企业也将继续投资技术、人才等能力，以加速业务创新。此外，预计越来越多的企业将跨行业收购，通过这种方式直接获取原材料或关键部件，加强供应链韧性。

四是更加聚焦环境、社会与治理（ESG）。越来越多的企业开始重视ESG，ESG既是企业不可推卸的责任，更是企业创造长期价值的抓手。在各项投资考量标准达标之外，目标公司如果能展现更多ESG方面的优势，可有助于改变关键利益相关者的看法。这将推动并购交易的达成，并对估值产生积极影响。

根据人民中科研究院发布的2022年度十大关键新兴技术，在以下技术领域表现突出的企业，或将成为2023年以及未来投资并购的热门标的。

表7-2 2022年度十大关键新兴技术

技术	简介
高性能计算	高性能计算迈向“CPU+GPU+QPU”时代。 算力，是数字经济时代一种新的生产力，广泛融入社会生产生活各个方面。高性能计算，是先进算力的代表，也是“国之重器”。高性能计算前沿技术的发展和应用，引领着整个计算领域的发展走向，甚至引发划时代的飞跃，值得产业和社会持续关注。 近年来，AI大模型、AIGC、自动驾驶、蛋白质结构预测等各类人工智能应用大量涌现，对高性能计算的发展产生重大影响。2022年是高性能计算技术发展的蓄力之年。高性能计算在架构、硬件和软件等方面的迭代和积累，将在“应用驱动”的持续塑造下，加速完成2.0的代际过渡，进入3.0新时代。
泛在操作系统	泛在操作系统加速人-机-物全面融合。 操作系统是计算机系统中最为关键的一层系统软件，是计算系统的核心。人类社会、信息空间、物理世界深度融合的泛在计算时代正在开启，融合“人机物”海量、异质、异构资源的新场景正在涌现，所需管理的资源复杂度呈指数级增加。构建一个对下管理各类泛在设施/资源、对上支撑各类场景下数字化与智能化应用的泛在操作系统已成为发展趋势。
生成式AI	生成式AI（AIGC）领域出现综合性虚拟人。 随着深度学习的发展，AI生成虚拟内容AIGC正渗透在图像、视频、CG、AI训练数据等各类领域，甚至同时覆盖多模态的虚拟人技术。虚拟数字人，指存在于非物理世界中，由图形渲染、动作捕捉、语音合成等计算机手段创造及使用，并具有多重人类特征的综合产物。目前分为“CG建模+真人驱动”和“深度合成+计算驱动”两类。其中，计算驱动的虚拟人最终效果受到多种AI生成技术的共同影响，比如语音生成、文本生成及理解、图像生成等。 内容创作已经从早期的高度依赖人，开始逐渐向“人力+算力”转变。除了直接应用于内容相关的商业场景（新闻、有声读物、工业设计等），AI还极大降低生成门槛，推动内容创作高度定制化、自动化以及民主化。

续表

技术	简介
机器人柔性材料	柔性材料革新推动机器人仿生精进。 触觉感知是目前机器人感知补全领域的攻关重点。作为五个知觉形式之一，触觉在机器人理解作业环境（压力、滑动、接触等），获取接触对象特征（形态、质地、光滑程度、温湿度等）并与之交互等关键环节发挥着无可替代的作用。 触觉感知体系分为传感器和执行器。受益于柔性材料的突破性进展，触觉传感技术在科研界屡有代表性成果发布，已在机器人手、触觉手套、健康检测设备、智能座舱等领域研发测试。触觉执行器复杂性更高，在个人穿戴设备场景向市场化走的较远，利用机械制动的力反馈手套迈入个人消费品时代；此外，利用微流体技术研发的触觉手套已经在 CES 年展亮相。 未来 1-3 年，随着柔性电子技术和机器学习算法的进步，触觉传感器的空间分辨率和精度有望大幅提升。对于提高机器人灵巧操作水平、带来人机交互体验升维意义重大，从而进一步拓展智能机器人应用空间和服务能级。 工业机器人遥操作、医疗手术机器人、仿真培训、空天探索、智能座舱等场景将更多补足触觉感知，向虚拟现实下一代交互终端、末端假肢器等场景扩展。
元宇宙	XR 打造第二世界催熟元宇宙。 元宇宙整体技术生态走向成熟。通过改善光学器件、空间计算、异构计算体系、渲染引擎、交互自由度、定位方式等要素，观看不适、画面粗糙等种种问题得到了解决。在过去依托录音、录像等形式跨越时间，借助手机、互联网等跨越 2D 空间后，XR 带我们实现了进一步跨越。 一方面，XR 帮助我们跨越了 3D 空间，以更立体、更真实的方式突破现场观察和操作的限制，信息的还原和传递成本被进一步降低；另一方面，XR 帮助我们跨越了现实的限制，使我们在第二空间沟通娱乐。
量子计算	量子计算变革经典计算范式。 以中科大为首的中国队，在量子计算的硬件研发能力上，已步入世界前列。当前，我国是世界上唯一在两种物理体系达到“量子计算优越性”里程碑的国家。具体是指以九章为代表的光子路线、以祖冲之号为代表的超导路线。而在应用及配套设施方面，金融、医药、汽车、化学等领域已明确了特定问题下量子计算的使用。
	在微观模拟、复杂建模等特定问题下，量子计算展现出了经典计算难以实现的优势。未来，超算中心可能会出现量子-经典混合架构，由量子计算和经典计算会进行配合，以解决特定大规模问题。
脑机接口	侵入式脑机接口落地高难医疗场景。 如今，随着无线通信、多通道柔性电极、植入手段、芯片、机器学习算法等技术的发展，侵入式脑接机口正逐步跨越工程化和临床难题。今年以登上 Nature 意念打字技术为代表，侵入式脑机接口展现出了效果理想的临床试验，商业化发展初具雏形。 在国家政策引导下，我国侵入式脑机接口也开始加速发展：清华李路明团队研发第二代脑起搏器；瑞金医院开展重度抑郁症治疗的临床试验；浙江大学及浙大二院神经外科完成了国内首例侵入式脑机接口的临床试验，为高位截瘫老人安上机械臂；清华大学、天津大学、上海交通大学、中国科学院、华南理工大学等高校都已成立重点科研团队。在科学家进一步了解大脑如何运作（比如感知区域）后，脑机接口将会发挥更多作用，帮助患者恢复触觉、视觉等特定感知能力。
AI 芯片	新型 AI 芯片引领后摩尔时代。 随着 AI 在各类场景中广泛落地，传统依靠制程工艺提升的 AI 芯片难以满足需求。在集成电路的未来三大演进路线中，以完全架构创新所代表的“More than Moore”成为下一代 AI 芯片的重点方向。这当中，类脑计算、存算一体、量子计算、数据流 AI 计算都是选择。以效仿人脑开发、事件驱动型的神经拟态芯片为例。由于尽可能模仿了神经元间电脉冲传递的方式，神经拟态芯片天然符合事件驱动机制，且存算一体，在时延和能耗上都有显著降低。

续表

技术	简介
基因编辑	CRISPR 基因技术助力基因编辑可控可靠。 以 CRISPR-Cas9 为代表的基因编辑技术，正在一步步走向成熟，从实验室迈向临床应用。在业界看来，由于可基于病患情况快速且针对性制备患者所需细胞（尤其是同种异体细胞），未来有望推进重大疾病的个性化治疗，并改变过往药物标准化生产及分发的医疗流程。而在合成生物学上的应用，可利用不同的基因控制模块创造更为复杂的生物系统。 分子育种，作为代表领域之一，相较于传统利用表型与自然选择筛选方式，结合基因编辑后可以有目的性地改变物种的应激耐受性、组成、产量、繁殖等性状，缩短物种驯化周期，创造性状更加优良的物种。此外，在辅助其他医疗手段、DNA 存储等领域也正在发挥作用。简单总结，基于基因编辑技术，生命科学研究有望实现“精准规划+精细改造”。

资料来源：人民中科研究院（人民网与中国科学院自动化研究所共同建设的“人工智能技术引擎”和科技成果转化平台）

二、“一带一路”沿线跨境并购特征

从区域分布看，跨境并购呈现更加多元化态势，并显著集中于区域重点国家。东南亚是中国“一带一路”跨境并购的主要目的地。全球金融危机后，随着欧美发达经济体对外直接投资减弱、中国资本在国际市场日渐活跃，中国对“一带一路”跨境并购的区域开始由东南亚、南亚、中亚等周边区域向中东欧、中东产油国及中东北非等区域扩展。

从行业分布来看，“一带一路”沿线跨境并购基本贴合区域产业结构特征，中国对“一带一路”沿线累计并购数量排名前 5 名的行业依次为：信息服务业、制造业、采掘业、批发零售和金融保险。从发展趋势来看，随着中国与“一带一路”沿线国家经贸合作的不断深化，中国企业对其跨境并购呈现明显的多元化特征。

总体看，中国对“一带一路”沿线跨境并购基本贴合该国产业结构和双边经济合作发展要求。体现在：（1）“一带一路”沿线中亚、独联体（俄罗斯和阿塞拜疆）、中东产油国等区域资源禀赋优越，因此这些地区的并购以能源、矿产资源类行业为主，并购规模占比因此也远大于并购数量占比；（2）随着“一带一路”沿线区域在中国对外贸易占比中逐渐提高，与之相关批发零售、交通运输及仓储物流并购投资需求相应上升；（3）近年来，数字经济、信息产业成为大部分“一带一路”沿线国家产业发展与升级的重点，这为中国投资沿线国家信息产业创造了良好的政策环境和行业环境，其中以新加坡和印度最为典型；（4）近年来，中国制造业跨境并购向半导体、医药设备、信息通讯等紧密制造业转向，这使得中国在制造业领域的跨境并购数量在 2016 年后逐年下降，并出现区域分化，一方面对发达经济体（包括“一带一路”沿线的新加坡和以色列等国）更加侧重高精尖领域的制造业并购；另一方面对“一带一路”沿线经济和工业体系发展水平相对滞后的大部分国家，仍以汽车、机械制造和轻工制造等为主，或是利用当地资源禀赋发展起来的加工制造业，这部分发展相对稳定。

三、总结

（一）“引进来”动力欠缺，“走出去”更加审慎

与 2020—2022 年相比，2023 年中国企业跨境并购背景受到以下四个方面的影响，其一是受整体国际经济形势影响；其二是受地缘政治环境变化影响；其三是受政府监管趋严因素的影响；其四是受中国整体资本环境变化影响。在这样的背景下，中国企业跨境并购即中国企业“走出去”和“引进来”的周期性波动依旧明显，具体表现为中国企业“走出去”项目和“引进来”项目数量同比减少。但值得注意的是，2023 年上半年“走出去”和“引进来”的数量和 2022 年相比差距不大，因此，2023 年跨境并购趋势预计会稳中向好。正如本书编者将跨境并购定义为“走出去”和“引进来”，并在《2022 中国企业跨境并购年度报告》中预测一级资本市场的相对回落会导致其资产价格的回落，这意味着国外资本进入中国市场的机会大大增加。当整体国际资本市场环境较好时，中国企业“走出去”呈上升趋势；反之，中国企业“引进来”呈上升趋势，两者存在周期性波动关系。从 2016 年到 2023 年上半年，“走出去”和“引进来”整体的交易数量在逐步减少，交易金额的差距也在不断缩小（如图 7-21）。

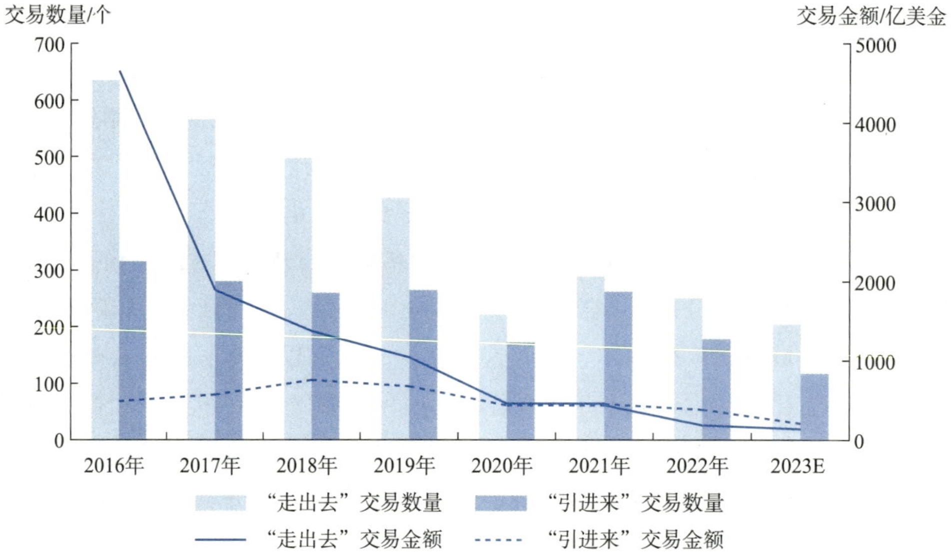

图 7-21　2016—2023 年上半年中国企业跨境并购交易数量和金额

资料来源：Mergermarket。

（二）市场变革创造交易机会，跨境并购风险收益并存

短期来看，2023 年初的全球经济前景仍有很多不确定性，如全球对经济衰退的担忧、各国央行为遏制突破历史高位的通胀而进行的持续加息、地缘政治紧张、监管趋严等。但往往在不确定时期完成的并购交易获得成功的机会更高，投资方有更多的机

会获得高额回报甚至加速增长。在企业估值被重新调整、交易竞争压力减小，以及不良资产交易机会增加的当下，对于心态和资金均准备充分的企业而言，现在正处于并购的黄金时刻。企业可通过并购实现业务转型，重塑业务模式，助力长期发展。根据经验及近期交易情况，2023 年全球并购交易市场保持乐观状况。

（三）“一带一路”沿线的经济合作有望成为中国企业跨境并购的长期发展动力

对“一带一路”沿线国家而言，由于国内市场小、资本积累不足，大部分国家对外贸和外国资本高度依赖，外向型经济发展路径使这些国家有动力更加积极地融入区域一体化和“一带一路”倡议合作，优化外商投资环境。截至 2022 年 7 月底，我国已与 149 个国家和 32 个国际组织签署 200 余份共建“一带一路”合作文件，朋友圈日益广泛牢固，基础互联互通硕果累累，多元化投融资体系不断完善。国家发展改革委健全部门、地方、企业、金融机构、行业协会、驻外使馆等多方联动的“走出去”工作协同机制，共同为中资企业提供服务和便利，与“一带一路”沿线的经济合作有望成为中国企业跨境并购的长期发展动力。

第八章　中国企业跨境并购成功案例

一、殷拓收购霸菱亚洲

2022 年 10 月 18 日，瑞典投资公司殷拓集团（EQT）完成了对香港霸菱私募股权亚洲公司（Baring Private Equity Asia，简称“霸菱亚洲”）的收购，这笔现金加股票的交易在 3 月份首次宣布时价值 68 亿欧元。这是该行业有史以来规模最大的私人股本公司并购交易，两家公司的亚洲私人股本团队将合并，成立 BPEA EQT。与此同时，霸菱亚洲的房地产业务将被整合到殷拓旗下。殷拓将以 1.912 亿股新普通股和 16 亿欧元现金为这笔交易融资。彭博社数据显示，9 月份 BPEA EQT 以 112 亿美元的总资本承诺完成了第 8 轮私募股权投资，远远超过了其最初 85 亿美元的目标规模。

（一）标的公司介绍

霸菱亚洲是亚洲最大的三个私募基金公司之一，管理的资产总额达 177 亿欧元。该公司正在利用其在 2021 年 9 月首次募集的霸菱亚洲第八号旗舰基金进行投资。霸菱亚洲自 1997 年成立以来，已发展出深厚的行业主导投资专长，并采取了以价值创造为导向的积极持有投资策略。它主要投资亚洲的中大型企业，专注于私募股权并购投资，同时也覆盖了房地产和成长性股权投资。霸菱亚洲在全球设有 10 个办事处，由具有广泛亚洲视野和影响力的本地团队运营（2021 年员工总数为 236 人），这与殷拓集团的“本土市场，本土投资团队”的理念相符。自成立以来，霸菱亚洲已完成超过 100 个私募股权投资项目，保持了强劲的业绩记录，总投资收益倍数达到 2.6 倍。由于与超过 300 家投资人客户建立了长期的合作关系，并具有强大的募资能力，霸菱亚洲有独特的优势来把握亚洲的增长机遇。

（二）买方介绍

殷拓集团 2021 年总收入为 16.23 亿欧元，管理资产增至 734 亿欧元，在全球拥有全职员工和顾问 1160 名。2021 年 4 月 1 日，殷拓集团完成了与埃克塞特房地产集团的合并，并将殷拓埃克塞特联合品牌与殷拓房地产整合。此次合并使殷拓跻身全球最大的增值房地产投资管理公司之列。殷拓曾发起多次国际收购：2019 年，以 14 亿美元的价格从 Digital Colony Partners 收购 Zayo 集团控股公司；2020 年，以 2 亿美元的价格收购数据中心提供商 Edge Connex。

（三）并购逻辑

2022 年，殷拓集团管理着超 700 亿欧元的资产，霸菱亚洲则管理规模为 177 亿欧元，经此合并，一家超 877 亿欧元（约合人民币 6000 亿元）管理规模的超级 PE 由此形成。与此同时，EQT 在亚洲将拥有超过 300 名员工，设有 9 个办事处，组成一个大型的泛亚洲投资平台，拥有超过 200 亿欧元的已投资资产管理规模，覆盖私募资本与实体资产业务。

在相对年轻的中国私募基金行业，基金之间的并购可能并不常见，但在成熟市场则更为常见。例如，2011 年凯雷集团（Carlyle Group）收购了全球基金管理公司 Alpinvest。本质上，基金之间的并购与商业公司之间的并购逻辑相同，主要是为了提升基金的品牌力或业务耦合。

发展亚洲市场一直是 EQT 的战略重点。目前亚洲占全球 GDP 总值超过三分之一，其对全球 GDP 总值增长的贡献到 2030 年预计更将超过 40%。亚洲也是驱动全球私募市场发展的增长引擎，其市场体量于 2021 年达 2.1 万亿美元左右，自 2015 年来年均复合增长率高达 24%，远超欧洲与北美市场总和的 14%增长率。

（四）编者点评

本案例是中国基金“引进来”的典型案例。殷拓集团为了提升基金的品牌力，实现长期战略重点，遵循“本土市场，本土投资团队”的理念，通过本次交易，即 EQT 有史以来最大规模的私人股本公司并购交易，合并两家公司的亚洲私人股本团队，成立 BPEA EQT。霸菱亚洲的房地产业务将被整合到殷拓瑞典投资公司旗下。本次并购交易的根本驱动力在于：中国乃至亚洲的资本市场正在逐渐壮大并成熟，中国资本市场将成为世界的焦点。

二、马士基收购利丰

2021 年 12 月 22 日，A. P. 穆勒-马士基（简称“马士基”）宣布已达成收购总部位于中国香港的合同物流公司 LF Logistics（利丰物流）的协议。此次交易价值为 36 亿美元。2022 年 8 月 31 日，该交易以全现金支付的形式正式达成。此次收购按 36 亿美元的估值进行定价，按利丰物流 2021 年预估的 EBITDA（除息税、折旧及摊销前盈利）的 14.4 倍估值。这意味着它必须加速利丰物流的增长，目标是到 2026 年将其规模扩大一倍。这笔交易使马士基成为合同物流领域的第七大运营商，帮助公司通过运营仓库组织供应链。

（一）标的公司介绍

香港利丰集团成立于 1906 年，目前拥有全球最广泛的供应链网络之一。它在 40 个不同市场的 230 多个办事处和配送中心拥有约 15000 名员工。利丰物流成立于 1999 年，主要致力于为亚太地区客户提供合同物流解决方案，并独立于利丰运营，在全球 14 个国家拥有 223 个仓库和配送中心，总面积达 270 万平方米。2020 年全年，利丰物流的收入为 13 亿美元，调整后的 EBITDA 为 2.35 亿美元。在被马士基完全收购之前，利丰曾分别被淡马锡、普洛斯收购21.7%和67.67%的股份。

（二）买方介绍

A. P. 穆勒-马士基集团成立于1904年，总部位于丹麦哥本哈根。该集团位于世界十大船公司之首，是全球最大的集装箱航运公司，其业务集中于运输（集装箱运输船队），供应链与物流，以及物流数字化解决方案。拥有全球超过十万名员工及客户，拥有730余条集装箱船舶。2022年，马士基营业额达815亿美元，息税前利润达309亿美元。

（三）并购逻辑

利丰集团的发展与香港的兴衰密切相关。改革开放以来，中国迎来与全球贸易的迅速膨胀期。利丰享受着内地发展的超级红利，香港成为中国连接世界供应链的超级枢纽，利丰趁势而起。然而，自2010年之后，中国内地以阿里巴巴、京东、顺丰为代表的电商物流体系逐渐壮大，旧时代以生产为中心的推式供应链，正向新时代以需求为中心的拉式供应链转变。供应链的变革对利丰的传统业务造成了巨大冲击，尤其在2017年，买方去库存的趋势加剧，严重影响了公司供应链解决方案的有效性。随之而来的疫情极大冲击了香港的转口贸易，且内地不断崛起的跨境电商业务正在替代传统国际物流业务。加之内地港口城市的兴起（深圳、广州、上海等），香港作为中国超级物流枢纽的地位逐渐降低，利丰难以再享受“战略高地”的红利。此次溢价收购不仅帮助利丰获得财务优势，对抗不断恶化的情况，更重要的是帮助这家百年企业进行专业化转型，成为丹麦巨头的得力干将。

通过此次收购，马士基现有资产组合将增加223个仓库，在全球的仓储设施将达到549个，总占地面积达950万平方米。利丰物流的物流网络控制权将全归马士基所有，马士基能为用户提供优质的仓配履约服务。

对于马士基而言，此次交易对其战略布局十分关键。马士基一直对外强调能为用户提供“端到端供应链服务，通过不断收购，寻求将海运业务拓展到陆运业务，从运输物流向供应链服务的延伸。此次交易同样能帮助马士基拓展亚洲业务，尤其是中国内地的业务。

（四）编者点评

本案例是中国集装箱航运物流供应链企业“引进来”的典型案例。借助运营倉储与配送中心网络扩展供应链，促使马士基成为合同物流领域的第七大运营商是本次并购交易的一大亮点。利丰物流将在以马士基引领的专业化转型升级基础上，再次享受中国、亚洲，乃至全球发展“战略高地”的新红利；同样，对于马士基也将实现“能为用户提供“端到端”的供应链服务，并寻求将海运业务拓展至陆运业务、从运输物流向供应链服务延伸”的战略布局。

三、美国SPAC公司COVA收购亿咖通

2022年5月27日，Egatone与美国SPAC公司COVA合作。签署了一项合并协议，

通过 SPAC（特殊目的收购公司）机制在纳斯达克上市，股票代码为“ECX”。根据公告，亿通的预估股权价值为 38.2 亿美元，交易前股权价值为 34 亿美元。股权估值包括 COVA 信托持有的 3 亿美元现金，以及战略投资者吉利控股集团、激光雷达公司 Luminar 和路特斯提供的 4500 万美元额外资金。此次交易于 2022 年第四季度完成，交易所得将用于后续的技术研发和产品迭代、战略收购和投资以及国际市场拓展。

（一）标的公司介绍

湖北亿咖通科技有限公司成立于 2017 年，其中吉利集团掌门人李书福占据 70%股权，为公司实控人与最终受益人。亿咖通在上市文件中明确表示，吉利是其发展路程中重要优势之一。以吉利旗下车型为主，国内已有数百万台汽车搭载亿咖通的技术。2018 年 3 月，亿咖通首次为吉利汽车深度定制研发车联网系统 GKUI（吉客智能生态系统）。一年后，亿咖通发布 GKUI 19，搭载由亿咖通与联发科联合设计研发的 E 系列车机芯片。未来亿咖通将为智能驾驶开发硬件（芯片）以及软件（辅助驾驶系统）。

（二）买方介绍

Crescent Cove Acquisition Corp.（COVA）是一家空白支票公司，在 2021 年的 IPO 中筹集了 3 亿美元，并于 2021 年 2 月 5 日在纳斯达克上市。此次收购案是其作为 SPAC 进行反向收购的重要环节。该公司由 Crescent Cove Advisors LP 设立，其目的是与一家或多家企业进行合并、资本证券交易、资产收购、股票购买、重组或类似业务合并。公司专注于在东南亚消费者互联网、电子商务和软件行业的高增长技术和技术支持业务中寻找目标。

（三）并购逻辑

亿咖通与吉利深度绑定，客户单一，曾经在科创板谋求上市，但因为该原因未能成功。与此同时，吉利集团旗下的高端品牌，如路特斯和沃尔沃，并未选择亿咖通的车载系统，而是走上了自研的道路。针对此问题亿咖通提出未来专注于为第三方车企服务的战略。在车联网行业，大部分企业都脱胎于车企，并且无法独立于母公司，完全为第三方企业服务。此次亿咖通通过被 SPAC 公司收购寻求上市，目的在于拓展市场，实现“断奶”。

38.2 亿美元的估值对于这样一个传统车联网企业来说可能过高，但对于智能驾驶公司来说，其潜力可能超过此估值。反向收购的目的通常都是彻底释放新兴公司的发展潜力，是一种典型的风险投资。COVA 正是瞄准了中国企业日益增长的创新实力。

传统 IPO 是普通上市的过程，过程漫长且充满不确定，交易成本也是正常上市的标准。相较于 IPO，SPAC 是通过现有上市公司收购标的公司而实现上市的，其流程较短，且市场风险更小。对于需要快速抢占市场的新兴企业，SAPC 是合适的上市方式。2021 年 7 月，同为车联网行业的斑马智行获得了 30 亿的融资。2022 年 3 月，博泰车联网完成了 B 轮融资，准备冲刺科创板。

（四）编者点评

本案例是汽车智能驾驶芯片、软件开发领域“引进来”的典型案例。亿咖通是一家专注于汽车智能驾驶芯片、软件开发的初创企业，主要服务于大股东李书福的吉利集团旗下车型，国内已有数百辆汽车搭载亿咖通技术。亿咖通曾谋求在在科创板上市，但终因与吉利汽车深度绑定，客户单一，未获成功。为了摆脱车联网技术服务企业“脱胎于母公司，受制于母公司”的阴影，实现“为全方位车企服务，成为真正的第三方”战略目标，亿咖通经过多渠道寻求合作，最终聚焦于美国 SPAC 公司 COVA。亿咖通所从事的软件行业高增长技术和技术支持业务也正中 COVA 下怀。亿咖通选择了 SPAC，为其在车联网行业奠定了基础。

四、英力士收购赛科石化

2022 年 11 月 14 日，中国市场监管机构无条件批准英力士收购上海赛科石化一案。7 月，中国石化集团公司宣布与英国化工和能源集团英力士达成一系列交易，价值 79 亿美元，包括以人民币 105 亿元（15.6 亿美元）出售上海赛科石化 50%的股份，上海赛科转由中国石化与英力士双方共同运营。双方还将利用英力士技术，合资建设至少两套 50 万吨/年高密度聚乙烯装置，以满足国内市场对高端高密度聚乙烯产品的需求。

（一）标的公司介绍

上海赛科成立于 2001 年 11 月，其前身是由中国石化、上海石化和英国石油华东投资有限公司共同出资组建的中外合资有限责任公司，总投资超过 30 亿美元。成立之初，中国石化、上海石化和英国石油分别持有 30%、20%和 50%的股份。赛科目前拥有 420 万吨石化产品的生产能力，包括乙烯、丙烯、聚乙烯、聚丙烯、苯乙烯、聚苯乙烯、丙烯腈、丁二烯、苯和甲苯。该工厂占地 200 公顷，位于上海化学工业园内。

（二）买方介绍

英力士集团是一家全球领先的石油化工公司。总部位于瑞士罗勒。作为一家专业生产和销售石油化工品，特殊化工品和石油制品的跨国集团，英力士集团拥有 15 个大型石油化工业务集团和 15000 名员工，年产逾 5400 万吨石油化工产品和 2000 万吨石油炼制产品。2022 年销售额逾 610 亿美元。近年来，英力士曾完成数次重大收购。2019 年 8 月 8 日，亚什兰全球控股有限公司将位于德国马尔的复合材料业务的部分资产以及丁二醇装置出售给英力士。2021 年 1 月 1 日，英力士宣布以 50 亿美元完成对英国石油巨头 BP 全球芳烃和乙酰业务的收购，收购后这些业务将被称为英力士乙酰和英力士芳烃。

（三）并购逻辑

除该起收购外，英力士已同意与中石化成立一家新的合资企业，旨在建立高达 120

万吨 ABS 工程塑料的生产能力，以满足中国快速增长的需求。英力士和中石化还将成立一家 50∶50 的合资企业，在天津新建一座年产 500 万吨的 HDPE（高密度聚乙烯）工厂。中国是英力士的关键增长地区，这些协议显著扩展了英力士的石化业务，使其将重点放在拥有一些领先专有技术的产品上。

（四）编者点评

本案例是中国石化企业“引进来”的典型案例。瑞士英力士收购上海赛科并购交易成功：上海赛科将转由中国石化与英力士双方共同运营。中瑞双方还将利用英力士技术，合资建设至少两套 50 万吨/年高密度聚乙烯装置，以满足中国市场对高端高密度聚乙烯产品的需求。本交易还将进一步扩大英力士在华石化业务，并使其将战略重点集中放在拥有领先专有技术的一些产品上。

五、Artisan Acquisition Corp. 收购 Prenetics

2021 年 9 月 16 日，总部位于香港的基因诊断与检测公司 Prenetics 宣布将通过与特殊目的收购公司（SPAC）的 Artisan Acquisition Corp. 合并上市。Prenetics 的交易价值为 12.5 亿美元，合并后的股权价值约为 17 亿美元。并购完成后，公司将在纳斯达克上市，股票代码为“PRE”。通过此次 SPAC 收购，Prenetics 计划筹集现金 4.59 亿美元，其中包括来自 Aspex、PAG、Lippo、Dragonstone、Xen Capital 等公司的 1.2 亿美元。在这笔交易之后，Prenetics 还将拥有足够的现金，以支持其在全球市场的商业和收购活动。

（一）标的公司介绍

Prenetics 成立于 2014 年，总部位于香港。其核心业务是基因组诊断测试。凭借独特的基因科技与该领域经验，Prenetics 获得过阿里巴巴创业者基金、平安创投以及 Apis Partners 等超过 8500 万美元的投资。疫情期间，Prenetics 推出的便携式 COVID-19 快速筛查设备，这一度成为英国与香港地区在疫情期间最主要的产品。其超过 500 万次的使用，帮助 Prenetics 迅速发展壮大。目前为止 Prenetics 的多项癌症基因筛查项目正处于早期开发以及临床试验阶段。

（二）买方公司介绍

Artisan Acquisition 成立于 2021 年，公司位于开曼群岛，是一家针对大中华地区医疗，消费和科技行业的空白支票公司。2021 年 3 月 24 日，Artisan 向美国证券交易委员会申请通过 IPO 筹集 3 亿美金。

（三）并购逻辑

此前获得大卖的 Circle HealthPod 新冠检测设备是由 Prenetics 与 Artisan 的发起人郑志刚联合推出的，这展示了这位房产大亨进军医疗行业的意愿。近年来随着尖端生物科技的转化应用，基因领域开始受到广泛关注。Prenetics 已经在新冠疫情大流行期间展示出不俗能力，并且拥有具备极大市场潜力的早期项目——癌症早筛项目。由于公司仍处于初创阶段，其后续项目投入巨大，此次 SPAC 能帮助其快速且低成本地筹集资金。

（四）编者点评

本案例是中国企业通过 SPAC 机制“走出去”的典型案例。收购方 Artisan Acquisition 是由香港四大家族之一郑裕彤家族的第三代继承人郑志刚发起，专注于高增长的全球医疗保健、消费和技术行业。此外，郑志刚还掌管新世界发展（00017. HK）及周大福（01929. HK），同时也是 K11 品牌及 C 资本（C Ventures）的创办人。此外，Prenetics 是中国香港第一家以 SPAC 形式在美股纳斯达克成功敲钟的公司，但受利率上升及市场波动加剧影响，2022 年美国 SPAC 市场由热转冷，Prenetics 股价已经明显进入低估区间，后续市场走势还有待观察。

六、凯雷收购 HCP 包装公司

2022 年 3 月 26 日，凯雷投资集团宣布，同意从霸菱私募股权亚洲（BPEA）附属基金手中收购全球化妆品包装设计、开发和制造领导者 HCP 100%的股份，交易价值为约十五亿美元。这笔交易的股权将来自凯雷亚洲合伙公司（Carlyle Asia Partners）和凯雷日本合伙公司（Carlyle Japan Partners）的关联公司。

（一）标的公司介绍

HCP 成立于 1960 年，总部位于上海，目前是世界上最大的美容包装供应商之一，在中国、美国、墨西哥等地拥有 10 个最先进的生产和制造基地。该公司生产了许多屡获殊荣的创新包装设计，并致力于研究和投资美容行业的可持续包装解决方案。公司与 250 多个领先的化妆品、护肤品和香水品牌合作，包括雅诗兰黛，欧莱雅和资生堂。

（二）买方介绍

凯雷是一家全球投资公司，拥有深厚的行业专业知识，在三个业务领域部署私人资本：全球私募股权、全球信贷和全球投资解决方案。截至 2022 年 3 月 31 日，凯雷管理着 3250 亿美元的资产，在五大洲的 26 个办事处拥有近 1900 名员工。凯雷曾经参与过著名的徐工集团收购案以及麦当劳中国业务收购案。

（三）并购逻辑

HCP 的前投资者为霸菱亚洲，在霸菱亚洲投资 HCP 期间，HCP 成长为世界最大彩妆和护肤品初级包装供应商，产品技术和全球布局不断扩大。凯雷拥有更大的国际性平台，有助于 HCP 下一阶段的全球化战略。现阶段以 HCP 为代表的包材企业短板十分明显，如产品创新设计能力不足，机械设备尚需依赖国外进口等。凯雷的收购有望帮助 HCP 利用这个平台跨越转型瓶颈。

凯雷看中 HCP 的增长潜力。HCP 可以做到在 20~30 天，完成设计、打样、出货的生产流程。此前，HCP 就曾帮助美康粉黛完成 25 天内设计、生产一款产品，并投入市场。HCP 的大规模生产能力和快速反应力是其未来发展的坚实后盾，也是吸引凯雷注资的原因。

（四）编者点评

本案例是中国包装企业“引进来”的典型案例。随着美妆新品牌的崛起，与之相关的配套服务类企业也开始站在镁光灯下，颇受投资人瞩目。此次收购将帮助 HCP 持续在全球范围内扩大业务规模并拓展客户群体，并利用其在美妆、消费和制造业的全球投资网络，帮助 HCP 探索全球战略收购，进一步加强公司先进的研发能力，促进业务协同与战略联盟。

七、锡产微芯半导体收购安谱隆半导体

2022 年 7 月 23 日，无锡锡产微芯半导体有限公司完成对全球第二大移动基站射频半导体企业荷兰 Ampleon 公司的收购，本次交易金额，一跃为今年以来中国最大的半导体并购交易事件。据参与投资锡产微芯的河南资产表示，锡产微芯作为全球领先的射频芯片供应商，本次完成对 Ampleon 的收购后，锡产微芯将直接跃升为全球第二大移动基站射频器件供应商，充分受益于全球 5G 建设浪潮和国产替代趋势。

（一）标的公司介绍

Ampleon 集团创建于 2015 年，总部位于荷兰尼梅亨，是全球最大的射频功率放大器解决方案供应商，并占据射频功率领导地位 50 多年，拥有 1600 多名员工。该公司擅长基于先进 GaN 和 LDMOS 技术的高频应用创新，以促进业务发展。其创新且相互协同产品组合为 4G LTE 和 5G NR 基础设施、工业、科学、医疗、广播、导航和安全无线电应用提供产品和解决方案。根据研究机构 ABI Research 的统计，2016 年，Ampleon 集团在射频功率半导体行业的市场占有率为 19.6%，全球排名第二。Ampleon 集团的射频功率芯片主要供应各大通讯基站设备制造商，在全球范围内不仅拥有华为、诺基亚、爱立信、中兴以及三星等业内优质客户，还在射频功率芯片其他多元化应用领域拥有包括 LG、西门子、美的、NEC、日立等其他国内外知名客户。

（二）买方介绍

锡产微芯半导体有限公司由无锡产业发展集团有限公司、威孚高科、太极实业、思帕克微电子、初芯半导体五家公司于 2019 年 6 月共同投资设立的国有控股企业，注册资本 25.65 亿元，是一家半导体生产商，业务涉及芯片设计、制造、封装、测试整条产业链，范围覆盖汽车电子、安全及工业应用领域，包括 CMOS 图像传感器、智能电力、轻触式显示屏及嵌入式存储器等。该公司 2021 年 1-12 月的营业收入达 22.03 亿元，净利润 4.10 亿元；2022 年 1-3 月，营业收入 5.12 亿元，净利润 5942.61 万元。据悉，该公司将在 2025 年筹备上市。

（三）并购逻辑

以 5G、AI 及自动驾驶为代表的新技术正在促进数字化世界，推动各细分领域头部整合，芯片为其提供底层技术支撑。面对新的风口，美国大企业加强整合，打造巨型供应链及生态系统，以对冲中国大陆企业的技术替代威胁。与此同时，美国政府采取宽松货币政策，资本市场位处高点，细分赛道的龙头企业现金充沛，且有补齐业务板块打造生态闭环的需求。此次收购实际上是在 ICT 领域为实现技术集中突破的国家层面布局。凭借国家队的强势支持，有望形成具有国际竞争力的国产半导体巨头公司，并与美国垄断半导体企业争夺新的市场高地。

（四）编者点评

本案例是中国半导体芯片企业“引进来”的典型。Ampleon 无疑是非常优秀的资产。曾经甚至有媒体报道谁能收购 Ampleon，谁就可以达到千亿市值。就像闻泰科技的安世半导体，韦尔股份的北京豪威，北京君正的 ISSI 在被并购前或多或少都遇到了较大的瓶颈和困难，一是缺资金，二是缺产业上下游客户。在被收购后都不约而同的获得了腾飞，而他们最大的逻辑在于国产替代。在被收购前，也曾经有不少声音怀疑花高价收购是否值得，但之后的财报证明了非常值得。股东们也获得了非常高的回报，虽然最近半年，半导体一直在回调，但对比收购前的位置仍然收获颇丰。自成立以来，锡产微芯通过并购整合逐步打造了半导体 IDM 商业模式，成长为覆盖“芯片设计-制造-封测-模组产品”全产业链生态的无锡集成电路核心企业。本次收购完成后，也将帮助锡产微芯成为无锡本地 IDM 龙头企业，助推无锡集成电路产业的高质量发展。

八、RRJ Capital 收购富乐敦医疗有限公司

2022 年 8 月 4 日，富乐敦健康有限公司（Fullerton Health Corporation Limited），已完成由 RRJ Capital 牵头的合并，涉及私募股权公司的股权注入和总计 3.9 亿新元的高级贷款。RRJ 已向 Fullerton Health 认购了 1.4 亿新元的新普通股，而该公司已与三家信誉良好的银行签订了 2.5 亿新元的高级贷款协议。RRJ 现有的永续证券和可转换优先股已被取消，并与富乐敦健康发行的价值 1.8 亿新元的新股、次级债务和现金相抵消。合并后，RRJ 现在是公司的大股东。其余股份由平安资本等股东持有，这些股东已选择展期。

（一）标的公司介绍

富乐敦是一家综合企业医疗保健服务提供商，于 2011 年在新加坡成立。该公司专门为企业和保险公司客户设计定制的医疗服务。富乐敦健康曾在 2015 年进行 3 次重大收购，这有助于扩大其在现有和新市场的影响力。五月，他们的子公司 Global Assistance & Healthcare（GAH）收购了 PT JLT GESA，提供托管医疗保健和第三方管理服务。8 月下旬，他们以 3.3 亿新元收购了香港医疗供应商 HMMP Limited（HMMP）

80%的股份。最重要的是，以11亿新元收购新加坡锐德，标志着其进入先进医疗诊断成像市场，并通过流程数字化降低成本。截至2022年，富乐敦在新加坡、香港、印度尼西亚和马来西亚拥有550余家诊所和设施，拥有近12000名员工，年收入接近10亿美元。

（二）买方介绍

RRJ Capital是一家专注于私募股权投资的亚洲投资公司，总资产规模接近150亿美元，投资组合公司遍布亚太、欧洲和美国。该公司成立于2011年3月，目前在香港和新加坡设有办事处，拥有近20名专业人员。其战略重点是关键行业，包括医疗保健，金融机构，技术和物流。

（三）并购逻辑

合并将使公司大幅削减借款，增加营运资金，并有更大的灵活性来筹集资金。作为一家医疗服务概念公司，富乐敦希望通过快速融资以帮助其商业理念快速实现——垂直整合家庭医生到诊所再到专业医院，用数字化以及规模效应实现低成本且高效的医疗服务网络——这意味着大量的前期投入，较短的融资窗口期以及一定规模的周转资金。由于缺少必要的实体资产以及信用担保，富乐敦的最佳选择就是通过出让股权来获得融资。

（四）编者点评

本案例是中国医疗服务机构“引进来”的典型案例。此次并购依据开曼群岛的法定合并模式进行，交易的顺利完成使得富乐医疗获得了更为强健的资产负债表和新的资本结构，将为富乐医疗在新冠疫情大流行之后的经营增长提供重要助力。富乐医疗获得了新的股权及债权融资，其中包括RRJ以1.4亿新元认购富乐医疗的新发行普通股、以5亿新元认购的可转换次级融资和以2.5亿新元认购的外部优先级银行融资。同时，富乐医疗现有的永久证券和可转换优先股通过此次并购实现了股权化。

九、赣锋锂业收购LitheA Inc.

2022年7月11日，全球第三大及中国最大锂化合物供应商赣锋锂业召开董事会，决定以9.62亿美元收购Lithea公司100%股份。该收购总对价包含Lithea公司全部股权价值及公司将承担的Lithea公司相关债务的价值。

（一）标的公司情况

Lithea公司成立于2009年，注册地位于英属维京群岛。Lithea公司主要从事收购、勘探及开发锂矿业权，旗下的主要资产PPG项目是位于阿根廷萨尔塔省的锂盐湖项目，包括Pozuelos和Pastos Grandes两块锂盐湖资产。该矿主要产品为含锂盐湖卤水生产的碳酸锂，主要作为生产锂电池正极材料的原材料，项目规划了一期年产3万吨碳酸锂的产能，扩建后可达5万吨。经勘探，这两处锂矿的碳酸锂当量可达1100万吨。

（二）买方情况

赣锋锂业是全球第三大及中国最大锂化合物供应商，是全球唯一同时拥有“卤水提锂”“矿石提锂”和“回收提锂”产业化技术的公司，拥有五个大类逾 40 种锂化合物及金属锂产品的生产能力，稳居世界第一梯队。公司溯源而上实施矿源国际化布局策略，矿产权益覆盖澳大利亚、爱尔兰、阿根廷、墨西哥以及国内江西、青海。2016年产业合围推动废旧电池回收利用，打造闭环产业链，成立了江西赣锋循环科技公司。至此业务贯穿上游锂资源开发、中游锂盐深加工及金属锂冶炼、下游锂电池制造及退役锂电池综合回收利用。锂化合物产品下游客户包括特斯拉、德国宝马、韩国 LG 化学、德国大众，TWS 电池用于蓝牙耳机和智能穿戴设备，客户有 OPPO、VIVO、JBL、漫步者。

（三）收购逻辑

该并购案为典型的资源型对外直接投资（FDI），为近年来流行的对外 FDI 形式。最近 5 年，我国新能源产业发展迅速，以电能为主的新能源产品需求正在膨胀。我国新能源汽车产销量连续 7 年位居全球第一，锂电池订单数量急速飙升。如此便带动了锂电池核心原料碳酸锂价格暴涨，从 2021 年底的 5. 3 万元/吨到 2022 年底的 60. 9 万元/吨。在生产体系完善的情况下，阻碍赣锋锂业收入扩大的最大因素便是资源拥有量不足。此次交易的逻辑与其他新兴产业龙头的 FDI 逻辑相似，如宁德时代收购 Millennial Lithium Corp.，青山控股收购印尼镍矿。此次收购案便是一个典型案例。

（四）编者点评

本案例是中国锂资源企业“走出去”的典型案例。本次交易的资金来源包括但不限于公司自有资金、融资资金等，本次交易会使公司现金流产生一定的净流出，但不会对公司正常的运营资金产生明显影响。本次交易对公司未来的财务状况和经营成果有积极影响，对公司 2022 年度的财务状况和经营成果影响很小。赣锋锂业从中游锂化合物及金属锂制造起步，成功扩大到产业价值链的上下游，已经形成垂直整合的业务模式，业务贯穿上游锂资源开发、中游锂盐深加工及金属锂冶炼、下游锂电池制造及退役锂电池综合回收利用。此次收购完成后，标的公司将会和赣锋锂业原有各个业务板块间有效发挥协同效应，以提升营运效率及盈利能力，巩固市场地位，收集最新市场信息及发展顶尖技术。

第三编

中国企业跨境并购实用手册

第九章　跨境并购的交易结构和融资手段

第一节　中企跨境并购的交易结构

一、股权交易与资产交易

虽然收并购领域很复杂，而且每一笔交易都是独特的，但我们可以从股权交易和资产交易的基础讲起。

1. 股权交易

一般来讲，股权交易的买家获取卖家的全部业务，包括纳税的法律主体。比如，2021 年，方源资本收购 China F&B（中国食品饮料集团）、新西兰宠物食品公司 ZIWI、物流公司 CJ Rokin 的股权。

2. 资产交易

在资产交易中，买方只购买卖方的一部分股权，不构成公司控制权的转换，交易的资产通常不只包括设备、楼房这类实体资产以及商标、知识产权等，还包括相应的人员。这类资产交易是对于卖方一部分业务的股权割让（Carve-outs）或分拆（Spin-offs）。所以，买方需要确保一个法律主体能够纳入新收购的业务和人员，并进行相应的登记和纳税。

资产交易很受投资人欢迎，主要原因是买方能够只购买目标资产，而避免多余的资产和整家公司承担的负债。因为资产交易着重关注目标资产，一些情况下可能比股权交易需要更少的尽职调查。比如，2018 年，翰同资本联合 TPG 资本、华住酒店集团共同成立合资公司，向腾飞酒店全资收购两家位于北京的酒店物业，项目改造后作为“三元 NEO”旗舰店开业。再如，2021 年，高瓴资本向飞利浦集团收购家用电器业务，附加为期 15 年的品牌使用许可，交易作价约为 37 亿欧元。通过这一跨境资产交易，飞利浦能够更专注于发展医疗业务，高瓴资本能够拓展家电布局。

尽管如此，考虑跨境资产交易的公司必须了解这类交易通常面临在标的国家的交易成本高、耗时长的困境。我们发现，这些可能是未被预见到的，尤其是当买家在不熟悉的国家购买资产时。提前对这些要求有全面理解对于任何交易的成功都很关键，在大型跨国企业的专业化部门向规模明显更小的公司割让股权的交易中更是如此。

二、间接投资架构的优势与应用

在跨境并购中，交易架构分为直接投资架构和间接投资架构。间接投资架构是相对于直接投资架构而言的投资模式，指境外投资人通过在其他国家或地区设立中间控股公司来间接持有境内公司。

1. 间接投资架构的优势

间接投资架构常见于海外投资，主要是因为其具有以下优势：

法律方面，企业可以规避严格的法律管制，并且享受税收优惠。首先，国资背景的中资企业在进入和退出对外投资时，很可能面临标的所在国严格的审查和监管，通过设计收购主体和在境外转让股权的方式，可以在一定程度上规避监管。其次，通过将中间控股公司设立在与投资人所在国有税收优惠协定的国家和地区，企业能够在股息和交易收益中享受优惠税率。

资金方面，企业通过选择合适的注册地设立投融资平台，可降低融资成本，以达到统筹资金的目的。此外，以日常经营以及贸易中少有或没有资金流动限制的地区作为注册地，譬如我国的自贸区，能够减少公司受到的外汇限制，契合资金流动的需要。

架构方面，间接投资有隔离风险且保留控制权的优势。中间控股公司具有独立法人资格，在一定程度上能够隔离标的相关风险。同时，融资手段和交易架构依照买家需要设计，为买家保留控制权。

因此，间接投资架构成为大型海外并购的重要部分，在不同的实际情况下，股权架构有不同的规划和设计。

2. 间接投资架构的应用

在跨境并购交易中，并购方主要通过设立特殊目的公司（Special Purpose Vehicle，简称 SPV）的形式来搭建间接投资架构，可能设置位于不同国家和地区的多层 SPV。

【案例 1】

楚天科技通过 SPV 并购德国 Romaco 75.1%的股权（2017 年）

（1）交易方案概述

2017 年，楚天科技通过发行股份、可转债及现金并购德国 Romaco Holding GmbH（简称 Romaco）75.1%的股权，交易作价 1.5 亿欧元。

（2）架构设计

交易通过两层 SPV 的结构进行——楚天科技、楚天投资、湖南澎湃出资设立 SPV 楚天资管，楚天资管设立德国 SPV。三家公司通过换汇、银行保函、内保外贷等多种方式向德国 SPV 提供股东贷款，德国 SPV 支付交易对价并持有股权。

3. 并购方引入投资人

并购方可能通过联合原股东、投资人成立合资公司或组成财团的方式进行收购，可得益于股权融资的资金以及财务和产业投资人的帮助。成立合资公司进行收购这一方式，为并购方提供了进入市场、拓展业务的良好机会，与合作方以协同互补的形式共同经营。引入投资人以及产业方组成财团，为并购提供了资金和产业资源方面的支持，各方通过基于合资公司搭建的新股权架构实现持股。

【案例2】

安踏体育与 Kolon Sport 成立合资公司（2017 年）

（1）交易方案概述

2017 年，安踏体育旗下子公司与韩国品牌 Kolon Sport 成立合资公司，各持 50%的股份，通过合资公司在中国从事 Kolon Sport 业务。

（2）架构设计

安踏收购标的为 Kolon Sport 中国区的业务，通过与 Kolon Sport 成立合资公司，达成这一收购目标。

安踏持股结构如图 9-1：

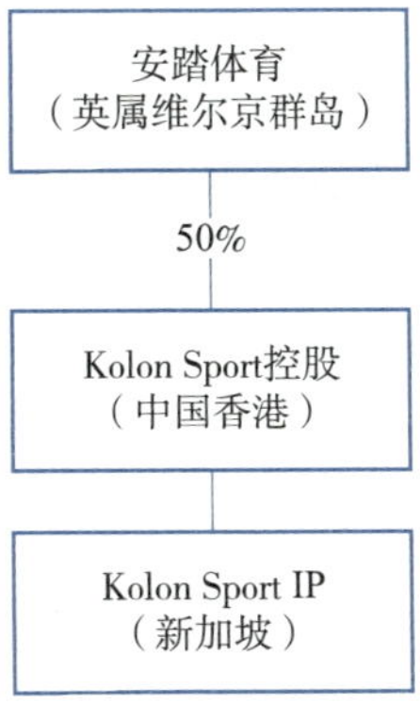

图 9-1　安踏持股结构

资料来源：易界 DealGlobe。

【案例3】

中信、凯雷联手收购麦当劳中国（2017 年）

（1）交易方案概述

2017 年，中信股份、中信资本及美国凯雷集团以最高 20.80 亿美元的价格收购麦当劳中国，交易对价通过现金与发行新股进行支付。交易完成后，中信、凯雷与麦当劳分别持有52%、28%和20%的股份。

（2）架构设计

中信与凯雷联手收购麦当劳中国80%的股份，为麦当劳在中国的业务赋能，在资金和业务方面提供支持，帮助麦当劳释放在中国市场的潜力。

【案例4】

安踏体育组建财团收购 Amer Sports（2018年）

（1）交易方案概述

2018年，由安踏体育牵头的投资者财团宣布自愿性建议公开现金要约收购 Amer Sports 全部股份，要约收购价格约为46亿欧元，溢价43%。交易完成后，安踏获得 Amer Sports 57.95%的股份。

（2）架构设计

投资者财团由安踏体育、方源资本、Anamered Investments 以及腾讯组成，通过成立新公司，对 Amer Sports 进行现金要约收购。其中，腾讯通过对方源资本的投资，在新公司中持股5.6%。

4. 被并购方股权转让安排

在外商收购中国公司时，被收购方能够通过股权转让、发行股份及要约收购进行股份出售。其中，要约收购是指收购方以取得目标公司的控制权为目的，通过公开方式直接向目标公司股东购买股份的收购方式。此外，被并购方可能剥离部分资产或负债，以达到划清所出售资产或推进股权顺利交割的目的。

【案例5】

法国 SEB 收购苏泊尔（2007年）

（1）交易方案概述

2007年，苏泊尔向 SEB 公司转让股份2480万股，每股18元人民币；再定向增发股份4000万股，交易金额为7.2亿元人民币；SEB 对苏泊尔要约收购，要约价格为47元人民币，股份数量不高于4913万股，交易完成后合计持有苏泊尔52.74%的股份。随着持股比例的提升，2022年，SEB 持有苏泊尔82.63%的流通股。

（2）架构设计

获得商务部同意后，SEB 受让苏泊尔股份、斥资认购定增股份、进行要约收购。2007 年 12 月 20 日要约到期时，苏泊尔流通股股东预约要约数量为 6604 万股，超过预定收购数量。2011 年，SEB 收购苏泊尔 20%股份的决议获得证监会批准。截至 2019 年，SEB 已通过增持成为苏泊尔持股超过 80%的大股东。

【案例 6】

中国化工集团约收购先正达（2017 年）

（1）交易方案概述

2017 年，中国化工以 430 亿瑞郎（约合 434.5 亿美元）的对价要约收购瑞士先正达，并且实现私有化。分别有 16 家中外银行参与先正达的 202 亿美元无追索权贷款和 127 亿美元短期过桥贷款融资。

（2）架构设计

如图 9-2 所示，中国化工设立三层结构、六家 SPV 公司，分别位于中国和欧洲，以便筹集资金、整合资源。

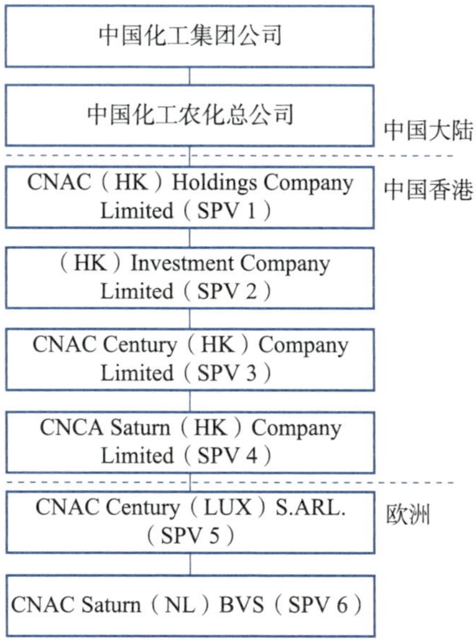

图 9-2　中国化工设立三层结构、六家 SPV 公司

资料来源：易界 DealGlobe。

为实现要约收购并且使先正达私有化，中国化工需要在要约有效期内成功取得超 2/3 的表决权股东的支持。如果中国化工取得 90%以上的股权，则可进入强制排除权制度（squeeze out）程序，进行二次收购，并且无需再次就收购事宜进行投票（如果异议股东对要约价格不满意，可向法院申请重新估价）。此外，如果中国化工取得98%以上的股权，则可要求取消公开持有的剩余股份。如果中国化工取得股权超过67%但不足90%，则完成要约收购，但未完成私有化，未来或可启动下一轮私有化。

【案例7】

百事收购百草味（2020年）

（1）交易方案概述

2020年，好想你公司通过现金出售的方式，向百事公司出售上市公司持有的杭州郝姆斯食品有限公司（旗下拥有百草味品牌），公司对郝姆斯持有的新疆百草味、南通勋铭33%的财产份额，以及预付浙江恒宇债权进行剥离，不纳入交易范围。企业价值为7.05亿美元，交易价格由基本金额和调整金额构成。

（2）架构设计

郝姆斯通过剥离部分资产，明确了所出售标的范围。同时，经百事公司建议，郝姆斯将其对浙江恒宇享有的债权转让给好想你公司，公司通过承接标的所预付债权，更好地推进了出售事项的顺利进行。交易完成后，百事直接持有郝姆斯。

第二节　中企跨境并购的主要融资手段

跨境并购中所需的大量资金可能来自自有资金，其余资金主要通过债务融资、权益融资、杠杆收购等方式筹措。在这一过程中，被收购企业的财务杠杆上升，投入资金能撬动更大体量的交易。并购方可能根据不同的融资需求，选择不同的融资手段。据Refinitiv数据，2021年全球企业通过贷款、发债和发行股票完成融资规模达12万亿美元，主要原因是宽松的货币环境和较低的资金成本增强了投资人融资并购的意愿。

一、债务融资手段

债务融资涵盖“内保外贷”、杠杆收购、银团贷款、境内发行可转债、境外发行债券等方式。

“内保外贷”由境内银行提供担保、境外银行发放贷款的方式实现。实际操作中，境内企业在境外成立特殊目的公司，需要以股权、收益权、现金存单等作为质押物。这一融资方式的资金用途较为灵活、完成融资速度较快，也能够作为过桥融资支持跨境并购。“内保外贷”的三种主要应用形式及适用情况见表9-1：

表 9-1　“内保外贷”的三种主要应用形式及适用情况

应用形式	适用情况
提供中长期境外融资	并购方：境内自筹资金充裕，境外暂无外币资金 质押物：并购方境内持有的人民币资金 担保：中长期融资性保函或备用信用证 资金：100%并购交易对价 目标：帮助并购方完成并购交割
提供过桥融资并出具融资承诺函	并购方：参与竞标型跨境并购的第二轮竞标阶段 担保：融资承诺函 资金：1 年期过桥性质的内保外贷 目标：满足客户的竞标需求
组合式融资	标的公司：评级较高、经营稳定、现金流充足 组合式融资：银行在境外牵头筹组并购银团，基于标的现金流筹集部分资金，同时以“内保外贷”形式为股东提供融资

资料来源：广东省商务厅。

在杠杆收购中，并购方向金融机构抵押标的公司资产，进行绝大部分融资，并以标的公司未来现金流还款。

银团贷款方面，筹组银团贷款实现跨境并购交易，是较为传统的融资方式。据 Bloomberg 统计，在 2021 年的贷款条件方面，单笔跨境并购银团贷款平均期限为 6.5 年，同比拉长近 30 个百分点；平均贷款价差为 94bps，同比上升近 15 个百分点；并购方提供担保的贷款占比为 17 个百分点，同比降低 8 个百分点。

境内发行可转债方面，上市公司可通过这一方式较快融资、支持并购。境外发行债券时，并购方需要综合考虑可获得的债券评级、发行成本等因素。

【案例 1】

山东黄金贷款并购 Veladero 金矿项目 50%的权益（2017 年）

（1）交易方案概述

2017 年，山东黄金通过中国香港的子公司收购 Argentina Gold（Bermuda）II Ltd. 50%的股权，并认购其子公司 Minera Andina Del Sol S. R. L.（简称 MAS）新发行的 2.15%的股权，以 1.41 亿美元交易作价购买巴理克黄金公司（简称巴理克）持有的 MAS 50%的股东贷款，收购价款合计 9.6 亿美元。交易后，山东黄金与巴理克共同经营 MAS 拥有的阿根廷 Veladero 金矿。

山东黄金通过并购资金贷款，募集交易所需的 9.6 亿美元。其中，中国银行、招商银行分别提供贷款 4.9 亿美元、4.7 亿美元。纽约招行作为担保代理，持有山东黄金所质押的公司的股权、标的公司股权、偿债准备金账户、股息分红账户和收款账户，并执行对 MAS 股东的贷款担保转让。此外，国家开发银行提供 3 亿美元的定期贷款，作为一般营运资金。

（2）融资策略

山东黄金原本计划非公开发行股票，但不以之为收购阿根廷 Veladero 金矿的前提条件。在受到大股东反对、公司终止筹划非公开发行后，山东黄金通过贷款融资的方式解决并购资金的来源问题，实现对 Veladero 项目的共同经营。

【案例 2】

炼石有色通过杠杆收购 Gardner 公司 100%的股权（2017 年）

（1）交易方案概述

2017 年，炼石有色收购英国 Gardner 公司 100%的股权，标的公司估值为 3.2622 亿英镑。公司向空港兴城借款 18 亿元人民币（可协商展期，年息为 6.37%），向 Star Space Investment 借款 1.6 亿美元（可协商展期，年息为 8%，可提前偿还），用于支付并购价款。2018 年，公司与空港兴城协商 16 亿元人民币的借款的展期（年息为 6.37%，可提前还款，原担保方式不变），与 Star Space Investment 协商展期（年息为 10%，可提前还款，原担保方式不变）。此后，公司通过非公开发行股票募集资金，用于偿还收购 Gardner 所用的借款。

（2）融资策略

炼石有色通过向基金和银行借款，在未提供自有资金的情况下，完成收购 Gardner 公司，并以定增募集资金予以置换。贷款主要增信措施为子公司股权。质押收购主体股权可行性的关键，在于标的公司拥有较为稳定的现金流，以及较为理想的经营业绩。通过非公开发行股票募集资金置换借款的前提是炼石有色的市值高达 110 亿元人民币，能满足拟发行股份数量不超过发行前总股本 20%的再融资规定。

【案例 3】

安踏体育组建财团贷款收购 Amer Sports（2018 年）

（1）交易方案概述

2018 年，由安踏体育主导的投资者财团宣布自愿性建议公开现金要约收购 Amer Sports 全部股份，要约收购价值约为 46 亿欧元，溢价 43%。交易完成后，安踏获得 Amer Sports 57.95%的股份。

（2）融资策略

在46亿欧元的收购金额中，安踏牵头的投资者财团贷款超42亿欧元，来源见表9-2：

表9-2　安踏牵头的投资者财团贷款来源

资金来源	金额（亿欧元）
亚洲机构5年期财团贷款	22
欧洲7年期B类定期贷款	17
循环授信额度	3

资料来源：易界DealGlobe。

这种贷款举措弥补了资金缺口，在产生一定财务成本的情况下，使得投资者财团完成了对Amer Sports全部股份的收购。

【案例4】

蓝帆医疗发行可转债收购瑞士NVT（2019年）

（1）交易方案概述

2019年，蓝帆医疗通过在境内发行可转债，募集资金31.4亿元人民币，其中13.9亿元人民币用于收购瑞士经导管主动脉瓣置换公司New Valve Technology（简称NVT），部分用于补充营运资金，交易价款为1.39亿欧元和85.10万瑞士法郎。可转债面值为100元人民币，1~6年利率为0.40%、0.60%、1.00%、1.50%、1.80%、2.00%，到期赎回价为108元人民币（含最后一期利息）。

（2）融资策略

除收购NVT外，蓝帆医疗发行可转债所募集的31.4亿元人民币还用于两个股权收购项目、两个生产项目，以及补充现金流，有助于拓展产业布局和促进业务发展。

二、权益融资手段

权益融资涵盖股权融资、发行股份（即非公开发行股票、向原股东配股、发行优先股）、股权置换等方式。股权融资方面，并购方可向财务投资人（产业基金、金融机构）和战略投资人（产业方）寻求股权融资。

发行股份方面，第一，非公开发行股票为上市公司向特定对象融资的方式；第二，上市公司可发行股份购买资产，以增发的股份作为支付对价进行并购，卖方将持有上市公司股份。跨境换股方面，上市公司可直接向境外卖方支付股份对价，但这一方式存在监管上的不确定性。其中包含一类特殊情况：外商投资的上市公司收购非上市标的（非特殊目的公司），通过与其境外股东换股实现跨境并购，以下三个案例为未来上市公司跨境换股提供了参考价值。

【案例 1】

闻泰科技发行股份收购安世半导体（2019 年）

（1）交易方案概述

2020 年，闻泰科技通过发行股份及支付现金的方式，实现对目标公司安世集团的间接控制。在境内，公司通过发行股份及支付现金的方式收购境内基金的上层出资人的有关权益份额。在境外，闻泰科技关联方通过支付现金的方式收购境外基金中智路资本作为 GP 拥有的全部财产份额和相关权益，以及境外基金 LP 拥有的全部财产份额。

2019 年以来，公司陆续通过定增及支付现金对价的方式收购安世集团股权，2019 年及 2020 年公司分别完成两次非公开股票发行。截至 2020 年底，公司间接持有安世集团 100%的股份。

（2）融资策略

闻泰科技通过投入 17 亿元人民币自有资金，实现规模超过 300 亿元人民币的并购，得益于分三步进行的融资策略：

首先，组成联合体、收购合肥广芯（特殊目的公司合肥裕芯股东）LP 份额时，闻泰科技所引入投资人以股权和债权的形式出资，叠加借款、并购贷款以及自有出资，取得部分股权。此外，闻泰科技引入战略投资人，继续收购 LP 份额。

其次，在战略投资人进入时并未争夺合伙基金 GP 权益的情况下，公司搭建了 GP 控制结构，以很低的成本通过小魅科技（GP）获得合肥广讯（特殊目的公司合肥裕芯股东）对安世集团的控制权。联合注资方将所持股份置换为上升公司股权。公司结合发行股份、支付现金，通过小魅科技将境内外相关基金绝大部分 GP 和 LP 份额收购，取得控制权。

最后，发行股份、支付现金，并进一步收购剩余少数股东权益。

整体来看，闻泰科技收购安世半导体的资金来源见表 9-3：

表 9-3 闻泰科技收购安世半导体的资金来源

支付方式	资金来源	金额（亿元人民币）
股份支付	第一次发行股份	99.56
	第二次发行股份	61.84

续表

支付方式	资金来源	金额（亿元人民币）
现金支付	自有资金	17.05
	发行股份配套募资	43.37
	境内借款	6.45
		35.00
		10.15
	境外借款	56.32
合计		329.74

资料来源：易界 DealGlobe。

【案例 2】

上海莱士换股购买 Grifols Diagnostic Solutions Inc. 45%的股权（2020 年）

（1）交易方案概述

2020 年，上海莱士发行股份，以购买西班牙上市公司 Grifols. S. A.（简称基立福）持有的 Grifols Diagnostic Solutions Inc.（简称 GDS）45%的股权，包括已发行的 40 股 A 系列普通股（占比为 40%）、50 股 B 系列普通股（占比为 50%）。交易完成后，公司股权结构变化如图 9-3：

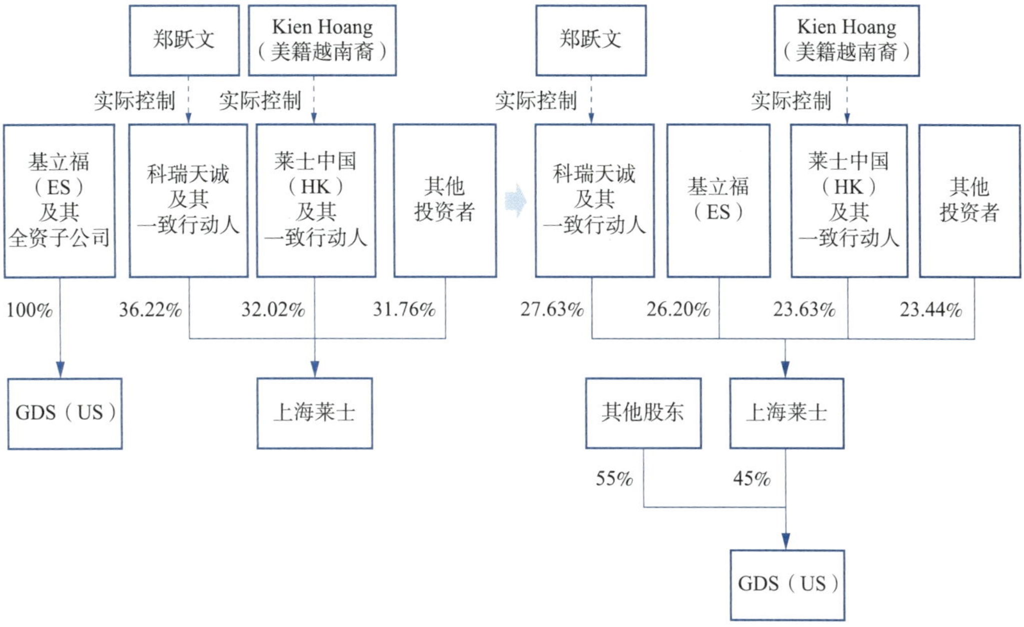

图 9-3　上海莱士股权结构变化

资料来源：易界 DealGlobe。

（2）融资策略

上海莱士原本的收购方案标的为 GDS 的全部或部分股权和天诚德国 100%的股权，但预案复牌后，公司股价下跌幅度较大，方案推进难度加大。同时，由于协调天诚德国众多股东的难度较大，公司为尽快推进方案，调整为仅收购 GDS 45%的股权，估值为 295.81 亿元人民币，交易价格为 132.46 亿元人民币。

上海莱士通过论证不属于《关于外国投资者并购境内企业的规定》所定义的“境内公司”，不受其监管影响，不适用需要商务部审批的“外国投资者以股权作为支付手段并购境内公司”情形。主要原因是公司作为中外合资企业设立、运行，并且于 2007 年变更为外商投资股份有限公司。这一论证得到了证监会、国家发展改革委、商务主管部门的认可，满足了上海莱士收购 GDS 45%的股权交易成功的必要条件。

【案例 3】

环旭电子跨境换股收购法国 Asteelflash Group（2020 年）

（1）交易方案概述

2020 年，环旭电子完成收购法国公司 Financière AFG（简称 FAFG）及其子公司 Asteelflash Group（简称 AFG），其中，10.4%的股权通过发行股份购买，89.6%的股权通过支付现金购买，现金交易作价 3.75 亿美元。

（2）融资策略

环旭电子股东为环诚科技（USI Enterprise Limited），因而，本次交易并不在《关于外国投资者并购境内企业的规定》监管范围之内。

三、债权融资手段和权益融资手段的优势

（一）风险与回报

风险与回报是投资人选择投资方式时重要的考量因素，投资人的风险偏好与回报预期也影响跨境并购融资的难易程度。此外，匹配并购资金时，财务投资人可能考虑到流动性的需求。相比之下，产业方作为战略投资人，寻求布局和业务协同，对流动性、风险与回报等指标敏感度稍低。不同投资产品对于投资人的风险回报对比见表 9-4。

表 9-4 不同投资产品对于投资人的风险回报对比

类别	纯股	可转债/可交债	纯债
流动性	8~12 年	6~7 年	3~5 年
年度派息	无	2%~3%	3%~5%
收益	30% IRR	20% IRR	<10% IRR
风险	高	中	低

资料来源：易界 DealGlobe。

（二）债务融资优势

债务融资主要包括贷款和发行债券的方式。随着跨境并购交易场景不断丰富、交易结构更加灵活以及交易需求不断更新，中资商业银行正在进一步丰富跨境金融产品和服务，而并购贷款已成为中资商业银行服务跨境并购交易的主要产品。国际金融研究所（IIF）数据显示，2010 年以来，我国银行业跨境放贷规模增长了 500%，远超同期美、日同业增速。为满足中国企业全球化的需求，我国六大商业银行自 2011 年以来累计发放国际银团贷款 2650 亿美元（不含中国港澳台地区）。其中，75%的贷款发放给发达国家和地区。2020 年，我国完成的跨境银团贷款规模位居亚太地区第二，全年完成交易 163 个，累计贷款 792.3 亿美元。

成功的跨境银团贷款计划需要在交易结构、信用条款、跨境担保和资金路径等方面进行量身定制的方案，并结合国内监管要求，最大限度满足融资方需求和合规性前提，并遵守国际银团市场的交易惯例。

中资商业银行跨境银团贷款主要提供两类服务：一是为“走出去”的中国企业提供境外融资；二是为国外客户提供融资。目前，“走出去”的中国企业对跨境银团融资普遍有诸多要求：第一，这些企业对融资便利性要求较高，即财团可以为境内外企业提供一站式服务，参与银行基础设施需要满足跨境融资要求；第二，这些企业往往跨境交易量大、资金比例高、交易币种多样化；第三，这些企业实际业务推进所需的担保措施多样化；第四，由于这些企业跨境资金流动的高需求，银行在设计银团结构时必须充分考虑跨境资金渠道的畅通。

应市场需求，中资商业银行银团跨境并购业务发展迅速，尤其是在亚太市场。目前，越来越多的中资银行参与银团贷款。从初期的大型国有银行，到股份制银行乃至城市商业银行，参与机构的类型呈现多元化趋势。与此同时，中资银行逐渐开始主导亚太银团贷款市场。随着跨境并购业务回归理性，并购融资业务仍将是亚太银团贷款市场的重要组成部分，其未来潜力不可小觑。

目前，银行提供的境外并购贷款成本为 5%~6%，债权基金提供的境外并购贷款成本为 7%~9%。贷款作为较为传统的并购融资方式，可选方案相对成熟。

例如，在 2020 年深圳市商务局批准的跨境并购贷款业务中，中国建设银行（简称“建行”）提供跨境并购贷款——为满足借款人跨境支付跨境并购交易价款和费用资金需求的贷款业务。跨境并购贷款可采取过桥贷款、定期贷款、“内保外贷”、夹层贷款、跨境创业投资等符合融资地监管要求的业务形式。

这一并购贷款具有以下优势和亮点：一是为客户提供“一对一”融资方案设计、税收结构优化等全方位“融智”服务，有效满足企业跨境交易的资金需求；二是为满足跨境并购交易中的资金确定性要求，可在竞标阶段出具贷款批文，交易完成后，提供银团的筹组、推团、分销服务及代理服务（贷款代理、押品代理、结算代理等）。

交易结构方面，考虑到税收成本、隔离风险等因素，收购方一般会为并购交易设立多层 SPV，可能分布在不同的国家和地区。并购方出资链中，战略投资者可能作为并购融资的补充来源在不同环节进入。贷款人根据还款顺序分为不同类型，建行的风险偏好倾向于充当优先级贷款人。此外，无追索权并购融资的责任追究范围有限，完全取决于该范围内借款人或信用风险承担者的还款能力。

根据建行披露的案例，客户需提供三类材料。一是收购人、借款人、担保人、目标方等的基本资料：大股东名单、收购前后的集团关系树；现有负债、相关贷款协议关键条款、余额及还款计划；关键资产估值报告（如有）；评级机构、投资银行等第三方机构出具的研究报告（如有）；最近 3 年经审计的财务报表。二是跨境并购交易资料：交易计划；收购方提供或建行编制的财务模型和预测（预测期不短于拟贷款期限，可含假设及计算方法）；标的公司估值报告（至少采用两种估值方法，含假设及计算方法）；并购资金来源说明、现金流计划、并购交易框架；收购方聘请的专业中介机构出具的所有相关尽职调查报告（如有，包括但不限于商业、法律、税务、会计、环保、保险、退休金、IT 系统、员工和法规）；并购所需的审批和程序，包括但不限于跨境投资审批、境外监管审批、股东大会、董事会、反垄断、国家安全许可等（可在获得授信批复后提供）。三是建行办理授信业务所需的其他材料。

同时，建行向符合一定资质等条件的客户群体提供跨境并购贷款服务。首先，收购方应具备以下条件：一是依法合规经营，经营管理制度健全，业绩良好；二是信用状况良好，3 年内无不良记录；三是财务运作稳健，资产负债结构合理，具备完成并购的财务实力；四是具备整合经营、整合协同的能力。其次，标的方应具备以下条件：依法设立并持续经营，具有稳定的净经营现金流或有产生稳定净经营现金流的趋势。如果标的方是在建公司，收购方应当能够承担偿还跨境并购贷款本息的义务。最后，原则上信用风险承担人的信用评级不得低于 8 级（AA-级），不要求 SPV 评级，须符合建行相关业务和产品体系规定的其他要求。

建行贷款办理流程见表 9-5：

表 9-5　建行贷款办理流程

内容	简介
业务受理	贷款申请人应按建行有关规定提交申请文件。建行在核实客户身份信息且所有申请文件无误后为客户办理相关业务
团队组建	跨境并购贷款牵头行与参与银行组成专业团队，对跨境并购贷款进行尽职调查和风险评估。团队成员由国内外分行相关部门的专家和具有相关经验的业务人员组成
尽职调查	跨境并购贷款尽职调查和风险评估专业团队根据收购方聘请的专业中介机构或银行自行聘用的专业中介机构出具的尽职调查报告内容进行尽职调查工作

续表

内容	简介
风险评估	跨境并购交易应基于尽职调查、国别风险、法律与合规风险、战略与整合风险、经营与财务风险、外汇风险、资金风险等与跨境并购交易有关的各项风险进行全面评估
授信申报	跨境并购贷款的主办行负责借款人的授信审批申报。在总行相关部门制定新规定前，贷款申请文件格式参照现行国家并购贷款文件格式要求执行。涉及异地贷款的，则按照建行相应的管控措施办理
协议签订	对外融资协议由总行或跨境并购贷款主办行代表与客户或其他金融机构谈判。谈判工作应在专业中介机构协助下进行，相关法律协议文本由专业中介机构起草。授信审批批复同意后，境内外分行、借款人和交易相关方应在充分谈判的基础上签订对外融资协议

资料来源：易界 DealGlobe。

2021 年深圳市商务局发布的出口信贷再融资（Export Credit Refinance）产品，用于满足并购方在跨境并购交易中支付并购价款的需要，以并购后企业产生的现金流、并购方收益或其他合法收入为还款来源。这一产品适用于以下情况：①国内行业龙头企业开展的具有重大战略性意义的跨境并购；②并购交易能产生显著正向协同效应，且该协同效应具有持续性；③并购交易合法合规，并已取得各有关方面批准。成功案例包括中海油收购英国石油公司部分股权等项目。融资结构示意如图 9-4：

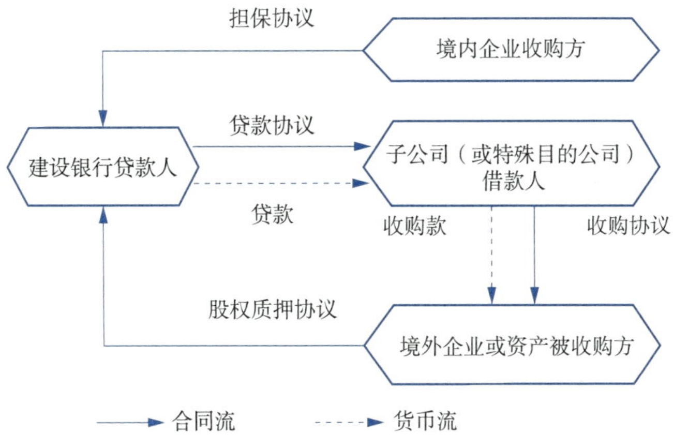

图 9-4　融资结构

资料来源：深圳市商务局。

此外，可转债、可交债融资在近年热度提升，为并购融资提供了较好的机遇，特别是对于银行投资人，银行可提供并购贷融资，有机会与可转债、可交债投资形成协同。表 9-6 为上市公司可转债、可交债融资案例。

表 9-6 上市公司可转债、可交债融资案例

标的方	所在行业	投资人	时间	规模（亿元人民币）	类型
中国香港中华煤气	能源及公用事业	骏麒资本	2021 年	23	可转债
医思健康医疗中心	医疗美容	奥博资本	2021 年	5	可转债
首程控股	钢板制造及矿物开采	欧力士集团	2022 年	11	可转债
顺丰速运	快递物流	招广投资	2020 年	50	可交债

资料来源：易界 DealGlobe。

整体而言，债务融资方式相比权益融资方式的优势在于以下几方面：首先，能够有效避免股权的稀释，在不影响收购主导方地位的情况下，满足大额资金需求；其次，贷款的利息支出可减轻企业税负；再次，收购方通过与金融机构合作，与金融机构分担并购项目的风险；最后，债务性融资也向市场传递了积极信号，即负债比例的上升表明经营者对企业未来收益有较高的期望，并由此表明其市场价值。

（三）权益融资优势

跨境权益融资主要包括股权融资、发行股份、股权置换等方式。以招商银行为例，境外股权融资全过程主要针对境内企业或中资境外企业。服务内容涵盖开立专项账户、跨境收支、资金汇兑、协助企业办理各类外汇监管手续等基础服务，及独立财务顾问、合规顾问、过桥融资、保荐承销、收单派息、增发派售、投资顾问、私有化退市等全面服务。适用对象为受境内资本市场监管限制、希望提高境外市场知名度、需在较短时间内获得资本市场融资或在境外资本市场进行股权融资的客户。

第三节 中企跨境并购新通道——SPAC

SPAC（Special Purpose Acquisition Company）。SPAC 上市融资方式集直接上市、海外并购、反向收购、私募等的特征及目的于一体，并优化各个金融产品的特征，达成企业上市融资的目的。

相比传统 IPO 流程，SPAC 具有资产注入操作时间短、费用少、流程简单等优势，成为众多企业“曲线上市”的一条捷径。更重要的是，通过收购优质企业完成资产注入，SPAC 股价可能一飞冲天，令各方实现丰厚投资回报。

一、SPAC 简介

SPAC，被称为特殊目的收购公司，是指一家没有商业运作，通过 IPO（首次公开

募股）筹集资金，并通过收购或合并一家标的私有公司使其上市而成立的空壳公司，这样标的无须再经过传统的 IPO 程序。

SPAC 可以理解为“造壳”，由 SPAC 发起人设立一个特殊目的公司，这个公司只有现金，没有实际业务或资产，并以 IPO 的形式于证券市场上市交易。发起人通常在 12~24 个月的时间内完成一个拟上市标的公司的收购。

二、SPAC 发展史

（一）SPAC 前身：空头支票

早在 18 世纪的英国，“南海泡沫”时期，就出现了类似这样的叫作“盲池”（blind pools）的空头支票公司。这种空头支票公司在 20 世纪 20 年代初被引进美国，在 1929 年之前风靡一时，当时叫作“投资信托”。随着金融危机的爆发，这种模式骗不到钱了，逐渐销声匿迹。20 世纪 80 年代，美国的一些“仙股”（penny stocks）开始在 OTC 市场上市，这些公司信息披露极其简单，也不告诉投资者它们的业务和战略，总之也成为“上市”公司了。当时美国资本市场监管规则也疏于对这些“仙股”的管理，导致妖股横行，上市后就开始各种“花式操作”，宣传要搞并购重组，同时管理层通常会有一个认股期权，在公布收购计划之后，管理层就行权，等股价在消息的刺激之下大涨后就抛售，开动“韭菜收割机”。据统计，从 1987 年到 1990 年，共有 2700 家这样的“韭菜收割机”在美股联合收割投资者。

（二）SPAC 商标注册，开始走入正轨

这一阶段始于 1990 年，为了应对空头支票公司铺天盖地的欺诈行为、规范市场、提振投资者信心，1990 年，美国国会通过了《低价股改革法案》，要求 SEC 规范空头支票公司的注册行为。随后的 1992 年，美国颁布了《证券执行救济与美分股改革法》，通过了 419-a 规则，这些规则也成为后来各国 SPAC 的重要参考依据：

- 强制发起人将募集资金托管于特别设立的监管账户中，直至收购完成
- 收购的目标公司的净资产至少应为托管资金的 80%
- 为了遏制价格投机行为，禁止在收购发生之前买卖空头支票证券
- 强制要求空头支票公司向投资者和 SEC 提供经审计的季度和年度财务报表

1993 年，美国的吉凯恩证券 GKN 公司希望重塑空头支票并购公司的市场信誉，同时不受 419-a 规则对空头支票公司的限制，因此开创了 SPAC 模式并注册了“SPAC”商标，即建立特殊的空头支票并购公司，专门用于汇集资金，以便在设定的时间范围内为并购机会提供资金。SPAC 不属于 419-a 规则对空头支票公司的定义范围，同时又遵循了大部分 SEC 规定的对投资者的保护措施。1993—1994 年，美国市场上有 13 家 SPAC 公司，其中有 12 家完成并购。但这段时间，美国资本市场在 IT 和生物科技繁荣

周期的带动下整体向好，IPO 比较容易，因此 SPAC 的模式被人们忽略。1997 年美国全国证券交易商协会（NASD）以涉嫌操纵市场、哄抬价格等指控对当时的吉凯恩证券 GKN 公司进行了处罚，吊销了包括 CEO 在内的 29 名公司经纪人的执照。在 NASD 的这次处罚之后，空头支票市场的活动完全停止，直到 2003 年现代 SPAC 正式横空出世。

（三）第一家现代 SPAC 上市

2003 年 8 月，小型投资银行 Early Bird Capital（早起鸟资本）雇用了许多前吉凯恩证券 GKN 公司的员工，承销了第一家现代 SPAC，即 Millstream Acquisition Company。这家新的 SPAC 遵守了 SEC 先前制定的各项关于空头支票的规则，还主动向投资者披露了很多额外信息。尽管将 IPO 的融资定在 500 万美元以上并在最低价之上发行并不是强制的，但这些做法确实将它和过去的"仙股"、空头支票公司彻底区分开来，让其具备了更好的投资价值。这一举措形成了良好的示范效应，2003—2008 年，伴随私募基金及避险基金的崛起，其高额的报酬获利表现吸引一般投资大众的青睐，由于一般投资大众无法参与该类基金的投资，转而寻求替代的投资渠道 SPAC 模式，造成了 SPAC 模式的需求兴起，并于 2007—2008 年达到高峰，SPAC 的 IPO 数量分别占 2007 年和 2008 年的整个 IPO 数量的 31%和 55%。2008 年金融危机爆发后，SPAC 模式再度降至低点，2009 年只有一家。

值得一提的是，2005 年中国 SPAC 第一股——奥瑞金种业通过 SPAC 在 NASDAQ 上市。奥瑞金种业成立于 1997 年，由美国爱荷华州立大学遗传育种博士韩庚辰回中国后创立。公司业务涉足玉米、棉花、油菜等领域，依靠持续 30%的年均增长速度，短短数年间，发展成为年销售收入超亿元人民币的种业公司。

2010 年之后，随着经济的逐渐回暖及资本市场的稳定发展，SPAC 模式再度受到资本市场的欢迎，2003—2018 年，美国市场上共有 329 个 SPAC IPO，其中有 173 个 SPAC 公司已完成收购协助企业成功上市，平均每个 SPAC 融资额为 1.68 亿美元，随着市场的活跃与复苏，自 2016 年开始有上升的趋势，2017 年平均融资额上升至 2.95 亿美元，件数增加至 46 个，占整体 IPO 件数的约 21.3%。2020 年，突如其来的新冠疫情在对世界经济造成严重影响的同时，也意外引发市场对 SPAC 的热捧。一是各国政府纷纷出台经济刺激政策，资金供过于求，需要寻找投资标的。二是 SPAC 对投资人设有赎回机制，被视为风险较低的投资工具。三是 SPAC 上市无须大规模路演，可以满足减少接触的防疫要求。另外，有一批著名的基金经理转型成为 SPAC 发起人，制造了一些明星项目，进一步推升了市场热度。著名投行和基金纷纷投身其中，高盛、摩根、黑石、软银都先后设立 SPAC。

近年来，交易对价比较高的中国美股 SPAC 案例是 2019 年 7 月 30 日新风天域与和睦家医疗的合并案：新风天域通过“现金+股票”的方式向和睦家的原股东收购和睦家，交易对价合计 13 亿美元。SPAC 并购完成后，原股东复星实业退出，和睦家现有管理层及复星医药将保留部分股权，共持有公司约 12%的股份。

（四）美国之外的 SPAC 市场

加拿大

加拿大多伦多证券交易所（简称多交所）于 2008 年采用规则来管理 SPAC，允许 SPAC 公开交易，SPAC 筹集资金用于完成 SPAC 并购，收购未确定的 SPAC 潜在并购标的。但是，由于一些实际问题以及 SPAC 规则的僵化，SPAC 对于上市公司、金融人士或机构来说吸引力较小。直到 2015 年 4 月，加拿大才有第一个真正意义上的 SPAC 出现。

欧洲

欧洲市场上，伦敦早于 2000 年就放行 SPAC，但是由于其“收购即停牌”的规定，一直没有得到很大的发展。为维持其国际金融中心的地位，英国金融市场行为监管局于 2021 年 7 月 27 日对 SPAC 规则进行了修订，不再要求 SPAC 找到潜在并购目标时暂停其上市，大大提升了英国 SPAC 上市的吸引力。

2008 年 7 月，莱恩斯坦与两位传奇人物——兰·伯杰、托马斯·米德尔霍夫，成立了欧洲第一家 SPAC 公司——Germany1 Acquisition。这是为收购电源设备提供商 AEG Power Solutions 而成立的壳公司。Germany1 Acquisition 在纽交所 IPO 募集到 2.5 亿欧元。

除了英国，荷兰阿姆斯特丹的泛欧证券交易所也正在吸引投资者的关注。2018 年 2 月，荷兰 SPAC 明星公司 ONE 成为首个出现在泛欧证券交易所的 SPAC。2020 年 2 月，全球移动服务提供商 CM. com 通过与 ONE 并购实现上市。

亚洲

韩国和马来西亚早在 2009 年就引入 SPAC 上市机制。2021 年，新加坡和中国香港也纷纷设立 SPAC 上市机制。

2009 年，韩国交易所成为首个引入 SPAC 上市机制的亚洲交易所。韩交所将 SPAC 定义为一家公司，其唯一目的是合并企业，成功 IPO 后，经营团队选定目标企业，由股东大会投票决定是否并购目标企业，时限通常为完成 IPO 后的 36 个月内。同年，马来西亚证券委员会制定了专门针对 SPAC 的特定监管框架，并纳入公司法监管体系。指导方针规定了关于 SPAC 的收益，从 IPO 获得的收益的 90%应以信托形式持有。

2021 年 9 月 2 日，新加坡交易所正式发布 SPAC 主板上市规则，并于次日生效。新规部分条款较此前的征求意见稿大幅放宽：SPAC 在新交所上市的市值不低于 1.5

亿新元，低于征求意见稿的3亿新加坡元；SPAC的最低公众持股人数降至300人，低于征求意见稿的500人；SPAC设立地可以不在新加坡，此前则要求其设立地必须在新加坡。2021年12月，中国香港的SPAC制度也正式确认，并于2022年1月1日起实施。中国香港SPAC上市制度较美国和新加坡而言更为严格，被称为“史上最严SPAC制度”。

（五）示意性De-SPAC合并机制

示意性De-SPAC合并机制如图9-5所示。

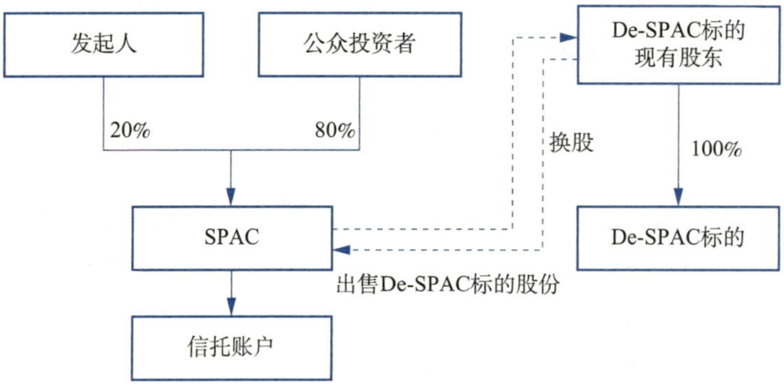

图9-5　示意性De-SPAC合并机制

资料来源：根据调研所得。

（六）De-SPAC交易完成后示意性结构

De-SPAC交易完成后示意性结构如图9-6所示。

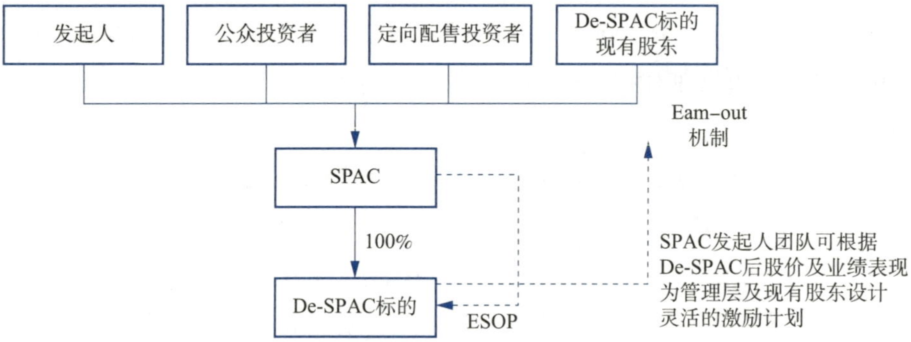

图9-6　De-SPAC交易完成后示意性结构

资料来源：根据调研所得。

三、SPAC机制设计

（一）A、B股

SPAC发行股份时通常采用A、B股架构，SPAC在IPO之前给发起人及管理层发行的股份为B类股，SPAC在证券交易所IPO之后发行给社会公众投资者的股份为A类股。这里的A、B股与同股不同权中的A、B股含义不同，SPAC的A、B股在投票权上是平等的，都是一股一票。A、B股的区别在于，在SPAC完成并购交易之前，仅B类股股东有权选举公司董事，A类股股东此时无董事会选举权，当SPAC完成并购交易之后，A类股股东才获得公司董事的选举权。设置A、B股的目的在于保证SPAC发起人在公司设立初期有一定的控制权和话语权。

（二）IPO募集资金托管机制

SPAC IPO募集的资金必须存放在第三方信托账户中，只有当SPAC在规定的时间内成功完成并购交易，IPO募集资金的托管机制才会被解除，由此起到了有效的资金保护作用。如果SPAC未能如期完成并购，或者有的投资者选择行使赎回权，投资者的资金将从信托账户中连本带息返还给投资者。

（三）投资单元

SPAC在IPO时向社会公众投资者发行的是投资单元（Unit），一个投资单元包含一股普通股（A类股）和0.5个认股权证。以美股SPAC为例，一个认股权证许可投资者在约定的期限内以11.5美元的价格购买一股普通股，这相当于赋予了投资者期权的价值。如果新风天域公司后期并购交易进行得非常成功，股价大涨，则投资者在行权期间可以以约定的价格（可能远低于二级市场的价格）购买新发行的股票，由此获得无风险套利收益。

四、SPAC在全球市场的概况

（一）中国香港资本市场SPAC

1. 概况

随着中国及海外企业通过De-SPAC方式在美上市的趋势持续，港交所希望通过引进SPAC制度吸引相关企业来港上市。港交所于2021年12月设立全新SPAC上市机制，以提升中国香港作为国际金融中心的竞争力。截至2022年7月21日，共有13家公司向港交所提交了A1申请SPAC上市。

关于引入SPAC产品的原因，港交所上市主管陈翊庭表示：“中国香港引入SPAC上市制度可为市场提供传统首次公开招股以外的另一渠道，吸引更多来自大中华区、东南亚以至世界各地的公司来港上市。”港交所CEO欧冠升指出，港交所并不希望市场上出现很多SPAC，而是想要很谨慎地建设这种制度。通过SPAC这种机制，港交所拟吸纳非常优质的公司、保荐人以及投资者。

2. 中国香港SPAC的详细介绍

港交所SPAC上市申请主体情况见表9-7。

表 9-7 港交所 SPAC 上市申请主体情况

上市主体	发起方	A1 递交时间	IPO 时间
Aquila Acquisition Corporation	招银国际资产管理有限公司蒋榕烽、凌尧、乐迪、吴骞	2022 年 1 月 17 日	2022 年 3 月 18 日
Tiger Jade Acquisition Company	泰欣资本有限合伙基金、龙石资本管理有限公司	2022 年 1 月 28 日	未上市
Trinity Acquisition Holdings Limited	李宁、LionRock Capital（Cayman）Limited、Astrapto Capital Partners（11K）Limited	2022 年 1 月 31 日	未上市
Interra Acquisition Corporation	Primavera Capital Acquisition（Asia）LLC、农银国际资产管理有限公司	2022 年 1 月 31 日	2022 年 9 月 16 日
Ace Eight Acquisition Corporation	ACE Promoter Ltd.、Assos Omada Promoter Ltd.	2022 年 2 月 14 日	未上市
Vision Deal HK Acquisition Corporation	嘉御资本创始合伙人兼董事长卫哲、楼立枢、DealGlobe Limited、创富融资有限公司	2022 年 2 月 15 日	2022 年 6 月 10 日
Vivere Lifesciences Acquisition Corporation	VMS Asset Management Limited、天境生物	2022 年 2 月 21 日	未上市
HK Acquistion Corporation（香港汇德收购公司）	陈德霖、曾璟璇、巨溢有限公司	2022 年 2 月 28 日	2022 年 8 月 15 日
Pisces Acquisition Corporation	东建资产管理有限公司	2022 年 3 月 2 日	未上市
A SPAC（HK）Acquisition Corporation	A SPAC（Asia）Holdings Corp.、裕承科金有限公司、汇通永利资产管理有限公司	2022 年 3 月 15 日	未上市
Black Spade Asia Acquisition Corporation	黑桃资本有限公司、中银香港资产管理有限公司	2022 年 3 月 20 日	未上市
Destone Acquisition Corporation	王石、亚投基金管理有限公司	2022 年 4 月 8 日	未上市
TechStar Acquisition Corporation	信银（香港）资本有限公司、清科管理顾问集团有限公司、清科资本有限公司、倪正东、李竹、刘伟杰	2022 年 6 月 24 日	2022 年 12 月 23 日
Everest Acquisition Corporation	弘毅投资、农银国际	2022 年 9 月 19 日	未上市

资料来源：根据易界 DealGlobe 调研所得

（1）Aquila Acquisition Corporation

Aquila Acquisition Corporation 于 2022 年 1 月 17 日递表，并于 2022 年 3 月 18 日成功上市，其发起人为招银国际旗下招银国际资产管理有限公司、董事及管理团队持股的 AAC Mgmt Holding Ltd，分别通过拥有 90%、10% 权益的 CMBI AM Acquisition Holding LLC，持有所有已发行的 B 类股份，占公司所有股份的 20%。Aquila 按每股 A 类股份 10 港元的发行价计算，发售 1.00065 亿股 A 类股份，募资约 10.0065 亿港元，计划重点关注亚洲，特别是中国的“新经济”行业，包括绿色能源、生命科学及先进科技与制造行业内有科技赋能的公司。

（2）Tiger Jade Acquisition Company

Tiger Jade Acquisition Company 于 2022 年 1 月 28 日递表，发起人为泰欣资本基金、龙石资本。泰欣资本基金是千亿市值上市公司泰格医药董事长叶小平等发起的私募股权基金。龙石资本则是谢国民（腾讯音乐娱乐集团的前联席总裁及执行董事）与金融专才兼非执行董事张轲、张丛共同拥有的全面多策略资产管理及融资平台。截至 2021 年 12 月 31 日，龙石资本管理的资产已超过 15 亿美元。

（3）Trinity Acquisition Holdings Limited

Trinity Acquisition Holdings Limited 于 2022 年 1 月 31 日递表，发起人包括知名运动员及企业家李宁，还包括莱恩资本（LionRock）和 Astrapto。莱恩资本创立于 2011 年，专注于消费领域私募股权投资，管理资产超过 90 亿港元；Astrapto 是一家新成立的私募股权公司，由前高盛亚洲特殊资产投资集团联席主管周之扬担任管理合伙人。Trinity 将在中国寻找有强大增长潜力，并且可受益于发起人和管理团队的专业运营知识及能力的全球性消费领域生活方式公司。

（4）Interra Acquisition Corporation

Interra Acquisition Corporation 于 2022 年 1 月 31 日递表，发起人为春华资本和农银国际资管。春华资本成立于 2010 年，由知名经济学家胡祖六创立，管理多支人民币和美元私募股权投资基金，迄今在管资产超过 170 亿美元。农银国际资管则是农银国际的资产管理部门，产品组合横跨一、二级市场，管理超过 70 家基金，基金的认缴总额超过 1000 亿元人民币。Interra 关注新零售，以及创新科技、高端制造、医疗健康、气候行动等领域的高增长型公司。

（5）Ace Eight Acquisition Corporation

Ace Eight Acquisition Corporation 于 2022 年 2 月 14 日递表，发起人为 ACE Promoter 和 Assos Omada Promoter，前者的股东之一是中国香港上市公司皇朝家居（01198. HK）的间接全资附属公司。Ace Eight 拟专注于亚洲经营生物技术及 TMT 行业，业务重心位于中国，但不排除在任何其他商业行业、部门或地理位置寻求收购或业务合并机会的可能性。

（6）Vision Deal HK Acquisition Corporation

Vision Deal HK Acquisition Corporation 于 2022 年 2 月 15 日递表，并于 2022 年 6 月 10 日成功上市，发起人为嘉御资本创始人兼董事长卫哲、DealGlobe 及创富融资。Vision Deal 拟重点关注专门从事智能汽车技术、具备供应链及跨境电商能力，且从国内消费升级趋势中受益的中国优质公司。从发起人背景来看，卫哲创立的私募股权投资基金嘉御资本专注于中国互联网行业赋能的新渠道、B2B 平台/服务/产品、新消费及新技术，截至 2021 年 12 月 31 日，资产管理规模达 22 亿美元。过去 10 年间，Vision

Deal 在中国进行的部分以消费升级为主题的知名投资包括泡泡玛特、思摩尔国际、安克创新等。DealGlobe 为跨境精品投行易界集团成员公司，易界集团旗下有易界投资及易界投行，易界投资至今已完成总规模为 7 千万美元的投资项目，易界投行至今已完成总规模为 35 亿美元的财务顾问项目。楼立枢曾于多家私募股权公司及投资银行担任多个职务，包括旧金山的高盛、纽约的 Apax Partners 及北京的高瓴资本。创富融资提供多项金融服务，自成立以来已成功完成 46 项上市公司及私人公司的首次公开发售及二次发行交易，总交易规模约为 15 亿美元。

（7）Vivere Lifesciences Acquisition Corporation

Vivere Lifesciences Acquisition Corporation 于 2022 年 2 月 21 日递表，发起人为鼎佩资产管理 VMS Asset Management Limited 与天境生物。Vivere Lifesciences Acquisition Corporation 将更多聚焦中国或其他具有中国视角的全球医疗健康行业的公司，尤其关注从事生物科技、诊断、医疗专业设备、新型平台技术及医疗健康相关科技、合成生物学以及 CXO 等领域，展现创新特质并能与公司的生态圈实现协同价值的公司。从发起人背景来看，鼎佩资产管理为一家专门从事私募股权投资的资产管理公司，以投资中国相关医疗健康、科技、传媒和电信以及前沿科技领域为主。天境生物（IMAB. Nasdaq）于 2016 年 6 月成立，2020 年 1 月在纳斯达克上市，是一家处于临床阶段的生物药公司，致力于研发、生产及商业化创新或高度差异化的生物药，以治疗医疗需求亟待满足的疾病，尤其是癌症及自身免疫疾病。

（8）HK Acquistion Corporation（香港汇德收购公司）

香港汇德收购公司于 2022 年 2 月 28 日递表，并购标的并不限于任何行业或地域的目标，不过仍拟专注于在持续性及公司治理方面具备竞争优势，并在大中华地区设有营运或预期设有营运的金融服务或科技公司。香港汇德收购公司发起人为陈德霖、曾璟璇、巨溢，分别间接或直接持有 51%、32%、17%的发起人股份。陈德霖为银行和金融领域的资深卓越人士，曾于 2009 年 10 月—2019 年 9 月担任中国香港金融管理局总裁。曾璟璇是第一位获任渣打银行大中华区主席的亚洲人，以及第一位获任渣打银行大中华区主席的女性，担任渣打银行高级银行职务 22 年。巨溢为巨溢集团及其客户管理着一系列专注于中国及亚洲的私募股权基金及投资项目，投资方向偏向环境、社会和治理（ESG）方面。

（9）Pisces Acquisition Corporation

Pisces Acquisition Corporation 于 2022 年 3 月 2 日递表，计划主要关注以大中华区为重点的亚太地区高增长“新经济”行业的公司，例如大健康、新能源、新经济消费与零售、先进科技等领域的公司。Pisces Acquisition Corporation 发起人为东建国际（00329. HK）全资持有的东建资产管理，间接持有 100%的发起人股份。东建国际由 JZ International，东方证券（03958. HK，600958. SH）、中国建设银行（00939. HK，

601939. SH）分别间接持股 29. 34%、20. 94%、13. 06%。东建资产管理主要从事资产管理及投资咨询业务，专注于私募股权投资、固定收益及相关衍生产品、二级市场权益投资及其他投资，所管理资产的平均筹资总额约为 107 亿港元。

（10）A SPAC（HK）Acquisition Corporation

A SPAC（HK）Acquisition Corporation 于 2022 年 3 月 15 日递表，倾向于在消费行业（将利用科技促进其在亚洲的增长和发展）物色潜在目标。ASPAC（HK）Acquisition Corporation 的发起人为 ASPAC（Asia）Holdings Corporation、裕承科金（00279. HK）间接全资拥有的 De Oro Strategics Limited A、汇通永利资产管理有限公司，分别持有公司已发行 B 类股份的约 73. 25%、16. 05%、10. 70%。从发起人背景来看，裕承科金从事金融服务行业内广泛领域业务（包括证券及期货经纪、配售及包销、企业咨询、融资、资产管理、保险经纪及财务规划）。汇通永利资产管理有限公司管理着账户下超过 60 亿港元的资产，其管理的投资类型包括横跨股权、固定收益及另类投资等多个资产类别的全球资产配置。

（11）Black Spade Asia Acquisition Corporation（黑桃亚洲特殊目的收购有限公司）

Black Spade Asia Acquisition Corporation 于 2022 年 3 月 20 日递表，拟寻找能从创办人及管理团队的综合网络、知识及经验中受益并与娱乐、生活方式、医疗保健行业相关，或该行业中专注于全球的智能技术、生活方式品牌、产品或服务，以及娱乐媒体的大中华区的特殊目的收购公司并购目标。Black Spade Asia Acquisition Corporation 的发起人为黑桃资本、Black Spade Assets、Black Spade Acquisition Holding、Black Spade Asia Sponsor（即 BSA 发起人）和中银香港资产管理。黑桃亚洲的 B 类股份分别由 Black Spade Asia Sponsor、中银香港资产管理持有。

Black Spade Asia Sponsor 由何猷龙先生的黑桃资本通过 Black Spade Acquisition Holding 等间接持股 81. 01%，其余股份由公司数名董事和管理层及 BSA 发起人持有。中银香港资产管理为中国银行（601988. SH，03988. HK）旗下的中银香港（02388. HK）间接全资拥有，获中国香港证监会发牌从事第 1 类（证券交易）、第 4 类（就证券提供意见）及第 9 类（提供资产管理）受规管活动。

（12）Destone Acquisition Corporation（深石收购企业有限公司）

Destone Acquisition Corporation 于 2022 年 4 月 8 日递表，拟将重点放在已准备好把握脱碳经济增长趋势的绿色科技及环保消费品与服务领域中的目标，总部可能位于亚太区或在亚太区有巨大增长潜力。Destone Acquisition Corporation 的发起人为王石先生、亚投基金管理有限公司（亚投资本）。王石先生通过 Destone Holdings LLC 持有 65%的 B 类股份、亚投资本持有 35% 的 B 类股份。王石先生为万科企业股份有限公司（02202. HK、000002. SZ）的创始人及名誉主席。王石先生于 1984 年创建万科前身，并于 1988—2017 年担任万科董事会主席。在王石先生的领导下，万科成为中国首家公开上市的房地产公司，其业务组合扩展至物业管理、度假及酒店、物流及仓储，以及物业科技、智能建设、教育及食品的创投和投资。亚投资本成立于 2016 年，是一家由亚投资本控股有限公司全资拥有的资产管理公司，截至 2022 年 3 月 21 日，亚投资本的在管资产超过 15 亿美元。亚投资本团队在全球资本市场、跨国并购及私募股权投资方面拥有数十载的经验，专注于大中华区及东南亚市场的投资。

（13）TechStar Acquisition Corporation

TechStar Acquisition Corporation 于 2022 年 6 月 24 日递表，拟专注于识别“新经济”领域的高增长特殊目的收购公司并购目标，包括但不限于并购目标经营所在司法权区的经济趋势及国家产业政策一致的创新技术、先进制造、医疗保健、生命科学、文娱、消费及新零售、绿色能源和气候行动行业。TechStar Acquisition Corporation 的发起人为信银资本、清科集团、清科资本、倪正东先生、李竹先生、刘伟杰先生，分别间接持有公司已发行 B 类股份的 35%、15%、15%、10%、20%、5%。信银资本为中信银行旗下信银投资的全资附属公司。清科集团为中国领先的投资管理公司，由倪正东先生控制，通过管理逾 40 个人民币私募股权基金，清科集团管理资产超过人民币 100 亿元。清科资本是清科创业控股的间接全资附属公司。

（14）Everest Acquisition Corporation

Everest Acquisition Corporation 于 2022 年 9 月 19 日递表，拟专注于大中华地区具有科技赋能及高增长的公司或是与中国有着紧密联系并具有增长潜力的区域性公司，该公司主要聚焦于医疗健康、消费及绿色产业领域。Everest Acquisition Corporation 的发起人为 Hony Partners Group（弘毅投资）和农银国际融资，从发起人背景上看，弘毅投资是中国首批专注并购的私募股权公司之一，截至 2021 年 12 月 31 日，其私募股权资产管理规模约为 100 亿美元，自成立以来，弘毅投资已进行了 26 亿美元的并购投资。农银国际融资为农行的国际投资银行部门，为企业发展的各个阶段提供全方位企业融资及财务咨询服务，自成立以来，农银国际融资成功保荐及/或承销总交易额约为 1500 亿美元，农银国际融资的行业覆盖范围广泛，涵盖医疗健康、消费及绿色产业。

3. 香港 De-SPAC 关键点分析

（1）De-SPAC 标的

为阻止不符合上市资格的企业利用 SPAC 制度规避《上市规则》进行上市，港交所实质上将 De-SPAC 交易视为新上市申请，规定 De-SPAC 并购标的必须符合港交所现有的所有 IPO 上市规则，包括最低市值、财务资格测试、保荐人委任等规定。同时，港交所规定并购目标的预期市值须达到 SPAC 募集资金的 80%以上，即并购标的市值至少为 8 亿港元。

另外，香港 SPAC 必须在 24 个月内宣布 De-SPAC 交易，在 36 个月内完成 De-SPAC 交易，否则将被摘牌清算。

因此，SPAC 发起人在规定时间内找到符合上市规则并有意向通过 SPAC 上市的优质并购目标成为香港 De-SPAC 的关键前提。

（2）PIPE 交易①

港交所规定 De-SPAC 交易必须引入 PIPE 交易，即 De-SPAC 需要从独立第三方投资者处获得投资。根据并购目标的估值水平，PIPE 交易所适用的最低占并购目标估值的比例有所不同详见表 9-8。

表 9-8　香港市场 De-SPAC PIPE 交易最低投资规模门槛

并购标的估值	PIPE 投资最低占并购标的估值比例
20 亿港元以下	25%
20 亿~50 亿港元	15%
50 亿~70 亿港元	10%
70 亿~100 亿港元	7.5%
100 亿港元以上	可视具体情况申请低于 7.5%

资料来源：港交所文件

另外，港交所对 PIPE 投资者设定较高门槛，要求至少 50%的 PIPE 投资额必须来自至少 3 个机构投资者，其中每个机构投资者的资产管理规模须达到 80 亿港元及以上。同时，此要求不能通过可转债等 PIPE 结构来满足。

香港 De-SPAC 的强制性 PIPE 交易有利于通过外部投资者验证估值、补充 SPAC 投资者赎回造成的资金缺口以及为目标公司未来发展提供额外资金。但是这一规则相当于将传统 IPO 中承销发行定价的环节前置，并且对于投资金额占比与投资者资质有着较严格的标准，不可避免地增加了 De-SPAC 的难度。因此，找到符合资格的优质 PIPE 投资者且获得超过最低门槛的 PIPE 投资是香港 De-SPAC 的关键难点。

截至 2023 年 5 月，港交所已上市 SPAC 暂未宣布 De-SPAC 交易。

（二）美国资本市场 SPAC

1. 概况

受利率上升及市场波动加剧影响，2022 年美国 SPAC 市场由热转冷。根据 SPAC Research 统计数据，美国 2022 年 SPAC IPO 数量为 86 起，筹资额仅为 134 亿美元，与上年相比分别下降了约 86%和 92%。

① PIPE 是私募基金、共同基金或者其他的合格投资者以市场价格的一定折价率购买上市公司股份以扩大公司资本的一种投资方式。PIPE 主要分为传统型和结构型两种形式。传统型 PIPE 由发行人以设定价格向 PIPE 投资人发行优先或普通股来扩大资本。而结构型 PIPE 则是发行可转债（转换股份可以是普通股，也可以是优先股）。

2. 趋势

2022 年美国 SPAC 市场上市数量和募资规模双下滑，上市数量与井喷前夕相比基本稳中增长。整体来看，美国 SPAC 市场基本回归到 2021 年井喷前的稳步增长阶段。

从上市数量看，据 SPAC Analytics 数据显示，2022 年美国 SPAC IPO 数量急剧下降，全年美国上市企业共计 118 家，其中 SPAC IPO 数量同比 2021 年下降 85.97%，同比 2019 年增长 45.76%。

从 SPAC IPO 占比看，由于 2022 年美国市场整体 IPO 数量下跌严重，SPAC IPO 比率维持了上升趋势，同比增长 9.55%。

从募集资金规模看，2022 年美国 SPAC 公司募集资金总额约 134.27 亿美元，同比 2021 年大幅下降 91.74%，同比 2019 年下降 1.27%；2022 年单笔 SPAC 募资规模为 1.56 亿元，同比 2021 年 2.56 亿元下降 41.10%。

3. De-SPAC 概况

2019—2022 年，美国 De-SPAC 数量为 428 个，2021 年达到最高的 196 个（见表 9-9 所示），2022 年有所下降。据 SPAC Research 统计，2022 年全年共有 109 家 SPAC 公司完成 De-SPAC 交易，同比 2021 年 196 家下降 44.39%，其中有 57 家 SPAC 公司虽然已经公布了 De-SPAC 交易公告，但受限于市场低迷和投资者情绪不佳等多方因素影响，不得不放弃合并宣告终止。从行业上看，2019—2023 年第一季度，医疗、工业、能源与电力、高科技是 De-SPAC 标的最集中的前四个行业，贡献了近 70%的并购总值。

表 9-9 2019—2023 年第一季度美股 De-SPAC 交易统计

年份	交易数量（个）	市占率（%）
2019	30	6 %
2020	93	20 %
2021	196	42 %
2022	109	23 %
2023 第一季度	40	9 %
共计	468	100 %

资料来源：White&Case。

4. De-SPAC 后股价表现

自 2021 年 6 月以来，De-SPAC 股价表现比较差。Bloomberg 从 2021 年 6 月开始统计通过 De-SPAC Index 统计合并后标的的股价表现，其指数自 2021 年初以来下跌了 62 个百分点，约是标准普尔 500 指数跌幅的 3 倍。

（三）新加坡资本市场 SPAC

2021 年，新加坡资本市场没有 SPAC 成功发行，但新加坡交易所（SGX）已在

2021 年发布了有关 SPAC IPO 的规则，希望吸引更多快速增长的新经济公司加入该交易所。2022 年，祥峰科技收购企业（VTAC）于 1 月 20 日在新交所上市。自此，新交所成为亚洲首家供 SPAC 上市的主流交易所。VTAC 的发起人是祥峰投资控股有限公司 。这是一家总部位于新加坡的全球风险投资平台，资产管理规模超过 51 亿美元，投资组合涵盖超过 200 家公司。祥峰投资拥有超过 30 年创新科技 投资经验并通过广泛渠道积累多个成功交易案例。VTAC 的目标是收购一家或多家处于 技术转型前沿的公司，其拥有高度差异化的产品和可扩展的商业模式，目标投资主题 包括网络安全和企业解决方案、人工智能、消费互联网及科技、金融科技、自动驾驶和新能源汽车，以及生物技术和数字医疗。

（四）欧洲资本市场 SPAC

1. 概况

2022 年上半年，欧洲有 8 起 SPAC IPO，融资 17. 8 亿美元，融资金额比 2021 年同期下降了 51. 1 亿美元，占欧洲 IPO 总数的 26. 7%和总融资金额的 58. 9%。同时，英国金融行为监管局（FCA）于 2021 年 8 月对 SPAC 的上市规则进行了修改。其目标是吸引更多的 SPAC IPO 进入伦敦证券交易所，并为更大的 SPAC 提供更大的灵活性。

2. 趋势

White&Case 的统计数据显示，2019 年，欧洲出现第一个融资规模超过 1 亿美元的 SPAC IPO，2020 年有 2 个，2021 年有 32 个，2022 年上半年有 8 个。同时，德勤的数据显示，2020 年，SPAC 的平均规模约为 1. 24 亿美元，到 2021 年 7 月，平均规模已增长至约 3. 20 亿美元（见表 9-10 所示）。

表 9-10 2019—2022 年上半年欧洲市场 SPAC IPO 交易统计

年份	交易数量（个）	市占率（%）
2019	1	2
2020	2	5
2021	32	74
2022 H1	8	19
总计	43	100

资料来源：White&Case。

3. De-SPAC 概况

根据 Whites&Case 的统计数据，De-SPAC 标的选择欧洲标的数量从 2021 年上半年的 25 个，共 425. 3 亿美元（交易总价值）下滑至 2022 年下半年的 22 个，共 208. 6 亿美元。自 2019 年起，共有 90 起 De-SPAC，金额达 1148. 3 亿美元。

根据 Whites&Case 的统计数据，2020 年到 2022 年上半年，以欧洲标的进行 De-SPAC的行业分布比较平均，不少于 10 起 De-SPAC 的行业有高科技、金融、工业、媒体及娱乐、医疗健康。

五、中国香港 SPAC VS 美国 SPAC

中国香港最终 SPAC 特点总结

- 规模与投资者基础：SPAC 的最低 IPO 规模为 10 亿港元（约合 1.28 亿美元），仅面向专业投资者。需要分配给至少 75 名专业投资者，其中 20 名必须是机构投资者。
- 权证结构：股票和公众认股权证将与 IPO 分开交易。认股权证总额（公众+发起人）不能超过流通股的 50%。
- 赎回权：与美国和全球其他交易所一致，投资者不需要为赎回其 SPAC 股份而向 De-SPAC 交易投反对票。
- 发起人股份：SPAC 发起人股份的上限为流通股的 20%，并且在 De-SPAC 交易结束后至少 12 个月内不能转让（甚至不能转让给 INEDs）。
- De-SPAC 获批标准：如果超过 50%的 SPAC 股东投票支持该交易，De-SPAC 就可以进行（发起人和其他在交易中拥有重大利益的投资者必须放弃投票）。
- De-SPAC 标的：必须符合港交所对传统 IPO 的上市要求，而第 21 章规定的投资公司并不符合条件。
- PIPE 交易：De-SPAC 时，必须进行 PIPE 交易以验证估值。对于不同规模的公司，需应用不同的 PIPE 最低交易规模门槛。
- 远期预测：De-SPAC 中的远期预测应该由标的公司的审计师进行审查，包括来自 IPO 发起人的确认，以确定这些预测是由董事基于适当和谨慎的努力做出的（与传统 IPO 的要求相同）。
- 到期与清算：De-SPAC 必须在 24 个月内公布，并在 IPO 后 36 个月内完成；若经港交所和股东以普通决议批准，可延长至 6 个月。

港交所 SPAC 与美国 SPAC 对比见表 9-10。

表 9-10　港交所 SPAC 与美国 SPAC 对比

	港交所 SPAC	美国 SPAC
投资者基础	仅限专业投资者，认购金额至少为 10 亿港元的 SPAC 股份	所有投资者，包括散户投资者
稳定机制	由于仅限专业投资者，故不允许稳定	与一般美国 IPO 稳定机制相同
最小规模	10 亿元港元（约合 1.28 亿美元）	纳斯达克：5000 万~7500 万美元 纽交所：5000 万~1 亿美元

续表

	港交所 SPAC	美国 SPAC
分摊要求	≥75 个专业投资者，其中 20 个必须是专业机构投资者，且占募资规模≥75%； SPAC 的前 3 大股东持有≤50%的股份； SPAC 已发行股份总数的≥25%必须由公众持有； De-SPAC 时，至少需 100 名股东（包括 PIPE 投资者）	纽交所：≥300 个整股股东； 美国证券交易所：≥400 个整股股东； 纳斯达克资本市场：≥300 个整股股东； 纳斯达克全球市场：≥400 个整股股东，包括散户参与； 无流通量要求
发行价格	10 亿港元及以上	最低发行价为 4 美元，但市场惯例为 10 美元
SPAC 公开认股权证	SPAC 股票和公开认股权证将与 IPO 分开交易； 每份发行的认股权证行使价必须比 SPAC 股份在 IPO 时的发行价至少溢价 15%； 认股证总额（公众＋发起人）不能超过流通股份的 50%； 到期日必须是在 De-SPAC 完成后的 1—5 年，并且必须在 De-SPAC 之后才可以行使	持有人可以选择将每单位分离成 A 类股和认股权证，在发行 52 天后开始单独交易； 每个 SPAC 单位的认股权证没有上限； 通常期限为 5 年，行使价为 11.5 美元； 可在 De-SPAC 交易完成后 30 天内行使，或自 IPO 起 12 个月后行使
发起人权证	SPAC 只能向 SPAC 发起人分配、发行，或授予发起人股份/认股权证，不能转让给 INEDs； 发起人认股权证只能在 De-SPAC 交易完成后的 12 个月内行使（禁售期后）； 发起人认股权证的发行价格不能低于首次公开发行股票发行价格的 10%；并且包含比 SPAC 公开认股权证更有利的条款（即无现金执行，不可赎回等）	无特别限制，除要求披露保荐人认股权证的条款外； 允许发起人股份的转让，甚至允许转让给 INEDs，作为美国 SPAC 的标准补偿
SPAC 发起人资格	至少有一名 SPAC 发起人必须持有：①由证监会颁发的第 6 类和/或第 9 类许可证；②至少 10%的发起人股份； 弃权需基于具体案例考虑（例如，如果 SPAC 发起人拥有相当于证监会第 6 类和/或第 9 类执照的海外认证，则接受）； 对任何重大变化进行持续监督	没有许可或资格要求；尽管投资者在考虑投资 SPAC IPO 时，肯定会评估保荐人的经验
董事	SPAC 的董事会至少要有 2 名第 6 类或第 9 类证券和期货委员会的持证人（包括 1 名拥有执照的 SPAC 发起人董事）； 需要至少 3 名独立的董事会成员，他们至少占董事会总数的 1/3	适用现行公司治理独立性要求：董事会的大多数董事必须是独立的；SPAC 审计委员会的所有董事必须是独立的
信托基金	SPAC 的 IPO 收益总额的 100%将以现金或等价物的形式持有在信托基金中，如银行存款或政府发行的短期证券，其信用等级至少为：①标普的 A-1；②穆迪的 P-1；③惠誉国际的 F1；④由港交所认可的信用评级机构进行评估的相当等级	至少 90%的 IPO 收益由独立托管人托管，尽管市场惯例是至少 100%
发起人贷款	发起人不能向 SPAC 提供贷款，并转换为 SPAC 证券进行结算； 若要免除关联交易要求，不能用 SPAC 的证券结算，也不能用其资产担保	保荐人通常提供高达 1.5 亿美元的贷款，以支付必要的持续费用，该贷款可转换为认股权证

续表

	港交所 SPAC	美国 SPAC
发起人推进	SPAC 发起人股份的上限为流通股的 20%，港交所会考虑额外最多 10%的股份，该份额取决于收益情况； 与收益挂钩的业绩目标必须是：①比 SPAC 上市时股票发行价至少高出 20%；②超过预先确定的价格，该价格为继任公司股票在连续 30 个交易日内、不少于 20 个交易日内的交易量加权平均价格，且该期限在被继承公司上市后至少 6 个月内开始计算	无上限限制，但市场标准是 SPAC 上市时流通股的 20%； 允许没有规定上限的收益结构
De-SPAC 时的赎回权	与美国公众股东一样，De-SPAC 时股东有机会赎回他们的全部或部分股份，无论他们如何投票	有机会赎回全部或部分股份，无论如何投票
De-SPAC 投票	De-SPAC 需在股东大会上获得超过 50%的 SPAC 股东的批准； 发起人及其亲密伙伴持有的股份必须放弃投票给 De-SPAC	De-SPAC 将需要>50%的批准； 由 SPAC 保荐人持有的发起人股份可以用于投票赞成 De-SPAC，但不能被赎回
赎回限制	禁止对 SPAC 股东（单独或与他们的合伙人一起）可赎回的股份数量设置限制； 由于港交所收购守则将限制只向部分股东支付溢价的能力（绿票讹诈），因此不需要“斗牛犬条款”	发行人可以对每个独立股东可赎回的最大股份数设定限制。市场标准是，持有人不能赎回超过流通股的 15%。这个“斗牛犬条款”保护目标企业不受 SPAC 股东囤积股份和在无补偿的情况下赎回的影响
锁定期	SPAC 发起人锁定：自 De-SPAC 交易完成之日起 12 个月； 控股股东锁定：6+6 个月（标准中国香港 IPOs）	市场惯例是保荐人的股份在完成 De-SPAC 后被锁定 1 年； 若股票在任何 30 天交易时间内、业务合并后 150 天开始，有 20 天的交易量≥12 美元，则可提前释放
到期和清算	如果一个 SPAC 无法做到：在 24 个月内宣布 De-SPAC 交易；在 36 个月内完成 De-SPAC 交易，则必须进行清算，并将其筹集的资金（加上应计利息）100%返还给其股东。然后交易所将把该公司除名 SPAC； 最多可延长 6 个月，但须经港交所和股东以普通决议批准； 发起人股份在清算时将不会收到任何价值	最长 36 个月的期限，但在实践中，大多数 SPAC 有 18~24 个月的期限； 发起人股份在清算时将不会收到任何现金
任命 IPO 保荐人	至少在上市申请日期前 2 个月，指定至少 1 名 IPO 保荐人，协助进行上市申请； IPO 保荐人可以通过传统的 IPO 或 De-SPAC 帮助“双轨”方式上市； 上市申请应在 IPO 保荐人正式任命为 De-SPAC 的日期后的 2 个月内提交； 对于 SPAC IPO，上市申请可以在 IPO 保荐人正式任命之日起 1 个月后提交	不需要（美国没有类似“IPO 保荐人制度”的规定）
De-SPAC 标的的资质	必须符合港交所现有的传统 IPO 的上市规则； 投资公司不是符合条件的 De-SPAC 标的； 生物技术公司和矿产公司都符合要求	对标的类型没有限制，只要继承公司满足适用的要求

续表

	港交所 SPAC	美国 SPAC
独立第三方投资/PIPE交易	De-SPAC 时，必须进行 PIPE 交易以验证估值。对于不同规模的公司，需应用不同的 PIPE 最低交易规模门槛。De-SPAC 标的协商价值小于 2 亿港元，协商价值最小 PIPE 规模为 25%；De-SPAC 标的协商价值为 2 亿~5 亿港元，协商价值最小 PIPE 规模为 15%；De-SPAC 标的协商价值为 5 亿~7 亿港元，协商价值最小 PIPE 规模为 10%；De-SPAC 标的协商价值为 7 亿~10 亿港元，协商价值最小 PIPE 规模为 7.5%；De-SPAC 标的协商价值大于 10 亿港元，弃权将被考虑，取决于具体案例； 至少 50%的独立 PIPE 投资必须来自至少 3 个机构投资者，其资产管理规模至少为 80 亿港元； 不能通过可转债等 PIPE 结构来满足	De-SPAC 时 PIPE 不是强制性要求
涉及关联 De-SPAC 标的的 De-SPAC 交易	港交所应将其关联交易规则应用于与 SPAC 有关联的标的的 De-SPAC 交易； 必须证明最小冲突，确保是在公平的基础上进行谈判，并在上市文件中包括独立财务顾问的独立估值； 港交所将重点关注以下因素：①SPAC 的关联人士不是 De-SPAC 标的公司的控股股东；②没有向关联人士支付现金对价，任何收到的股份都将被锁定 12 个月	如果 SPAC 收购了与发起人有关联的企业，通常需要提供公平意见
前瞻性信息	为 De-SPAC 交易而制作的上市文件不得（一般或特别）提及未来利润或包含基于对未来利润水平假设的股息预测，除非这种提及得到正式的利润预测支持； 列入 De-SPAC 上市文件的前瞻性预测需要明确说明各种假设，由目标公司的审计师进行审查，并包括一份来自 IPO 保荐人的报告，以确认这些预测是由董事经过适当和谨慎的努力而作出的； De-SPAC 的标准将与港交所的传统 IPO 相同，在实践中，由于涉及责任问题，并没有提供这种前瞻性预测	市场惯例是：提供远期预测是 De-SPAC 交易的一部分。然而，根据美国证券交易委员会最新的评论，“安全港”存在不确定性

资料来源：根据易界 DealGlobe 调研所得。

六、和睦家医疗借壳 SPAC 赴美上市案例介绍

（一）SPAC 介绍

本次交易的收购方为 NF Unicorn Acquisition L. P.（简称 NF）和 New Frontier Corporation（简称 NFC）。NF 成立于 2019 年 6 月，是专门为本次交易于开曼群岛设立的 SPAC 主体，由 NFC 间接持有其 100%的股权。NFC 是新风天域集团旗下设立的投资子公司。新风天域集团成立于 2016 年，是中国香港前财政司司长、黑石集团大中华区前主席梁锦松联合黑石集团前任高管吴启楠等多位投资者联合创立的一家关注中国市场的特殊目的收购公司，其业务战略是在中国的新经济领域，如医疗、科技和教育领域中，寻找一家具有高成长性和较大发展前景的非上市企业进行初步的业务合并，达成非上市企业上市的目的，并通过合并实现自身的发展。

（二）De-SPAC 标的介绍

本次交易标的为和睦家医疗。和睦家医疗于 1997 年创立，在成立初期主要服务于在中国的外籍人士，采用美式医院的管理模式。经过 20 余年在高端私立医疗领域的发展，和睦家医疗现在已经逐渐成为中国高端私立医疗服务行业的知名品牌，服务国内外高端人士，为其提供预防保健、疾病诊断、治疗直至康复的一站式、连续性、符合国际标准的医疗服务，是中国为数不多的能够在全国范围内覆盖全生命周期医疗服务的私立医疗服务提供商。

（三）交易详情

2018 年 6 月 28 日，NFC 成功登陆美国纽约证券交易所，进行首次公开募股。NFC 的招股书披露，NFC 在美国纽约证券交易所首次公开募股拟发行 2500 万个 SPAC 投资单位，如果承销商的超额配售权获得行使，则公司增发拟发行股数的 15%给承销商，总计发行 2875 万个 SPAC 投资单位。每个 SPAC 投资单位的发行价为 10 美元，由一股 A 类普通股和 1/2 份可赎回认股权证组成，每一份可赎回认股权证赋予持有人以每股 11. 5 美元的价格购买一股 A 类普通股的权利，普通股和认股权证均在纽约证券交易所挂牌交易。在 NFC 首次公开发行中，承销商的超额配售权获得全部行使，实际发行 2875 万个投资单位，共募资 2. 875 亿美元，首次公开发行后总股本为 3577. 5 万股，由 2875 万股 A 类普通股和 1171. 25 万股 B 类普通股构成。NFC 首次公开发行募集的资金 100%存放在花旗银行英国伦敦分行中的独立信托账户中，由美国大陆证券转让与信托公司担任受托人。

2019 年 7 月 30 日，在纽约证券交易所上市的 SPAC 新风天域公司与和睦家医疗集团宣布达成并购协议，新风天域公司以“现金+股票”的形式向原股东包括 TPG、复星医药、Plenteous Flair Limited 及和睦家医疗管理层收购和睦家的股权。根据协议约定，新风天域公司以合计约 122683 万美元受让和睦家医疗原股东持有的共计 24297021 份 HHH 份额及 Healthy Harmony GP 10 股股份。收购交易完成后，新风天域公司将间接控股和睦家医疗。2019 年 12 月 18 日，并购交易完成交割，新风天域公司更名为新风医疗，新风医疗主要运营和睦家医院和诊所，合并后的新上市公司继续在纽约证券交易所挂牌交易。

和睦家此次 De-SPAC 上市的交易流程总体可分为三个阶段：

第一阶段，2018 年 3 月 SPAC 主体发起设立，新风天域公司在英属开曼群岛注册。

第二阶段，2018 年 6 月 SPAC 主体 IPO 募资，新风天域 SPAC 在纳斯达克 IPO 上市。

第三阶段，2019 年 7—12 月 De-SPAC 交易并购，新风天域公司成功收购和睦家医疗。

七、Tims 中国借壳 SPAC 赴美上市案例介绍

（一）SPAC 介绍

本次交易的收购方为 Silver Crest Acquisition Corp.（以下简称“Silver Crest”），由专注于中国市场的私募股权公司 Ascendent Capital Partners 发起。Silver Crest 于 2020 年 12 月 23 日首次向美国证券交易委员会（SEC）公开递交招股说明书，并于 2021 年 1 月 15 日完成首次公开募股。发行了 3000 万个 SPAC 单位，每个单位包括一股 A 类普通股和二分之一的可赎回认股权证，募集资金 3.45 亿美元。该 SPAC 寻求的并购标的主要为全球范围内的高增长消费或消费技术领域。

（二）De-SPAC 标的介绍

本次交易标的为 Tims 中国。Tims 中国是 Restaurant Brands International Inc.（交易所代码：QSR）在中国的 Tim Hortons 咖啡店独家特许经营权的母公司。Tims 咖啡于 1964 年成立于加拿大多伦多。2018 年，Tims 母公司 RBI 与笛卡尔资本集团（Cartesian Capital Group）合资成立 Tims 中国。2019 年，Tims 中国在上海建立首家门店，正式进入中国市场，这也是其全球第 4850 家门店。Tims 中国主要布局在国内一、二线城市，定价介于星巴克与平价咖啡之间（产品定价在 19 元~35 元）。上市前，Tims 中国已经进入了近 30 个城市，2019-2021 年，分别实现营收 5725.7 万元、2.12 亿元、6.43 亿元，同比增长率分别为 271.9%、203.4%。然而，Tims 中国的亏损逐年增加，2019-2021 年，净亏损分别达 8783 万元、1.43 亿元、3.83 亿元。

（三）交易详情

从 Tims 中国申请合并到挂牌上市，De-SPAC 阶段仅用了短短的 13 个月。

2021 年 1 月 15 日：Silver Crest 完成首次公开募股。

2021 年 3 月 3 日：美银证券作为交易中介向 Silver Crest 发出电子邮件，介绍 Tims 中国为潜在的业务合并目标。

2021 年 3 月 10 日：笛卡尔资本代表 Tims 中国与 Silver Crest 签订保密协议。双方讨论焦点是对 Tims 中国估值。在 2021 年 6 月 15 日，合并双方同意 Tims 中国估值为 16.88 亿美元。后来，由于全球股票市场下滑，2022 年 3 月 9 日，双方对合并协议的条款进行了修改，最重要的变化就是 Tims 中国的估值从 16.88 亿美元降至 14 亿美元。

2021 年底：Tims 中国净资产为人民币 3.39 亿元，约为 5300 万美元，估值的市净率为 26 倍多。由于从事连锁经营仅仅两年多，一直处于亏损状态，2021 年亏损人民币 3.83 亿元（6000 万美元）。考虑到估值主要基于对未来发展的预期，但高估值和未来的不确定性让 Silver Crest 股东望而却步。尽管接下来 Silver Crest 的股东投票通过了合并提案，但 99%的股东选择赎回股份，导致 Silver Crest 的募集金额从原本的 3.45 亿美元骤降至仅剩 3450 万美元。

2022 年 4 月：尽管 SPAC 募集资金远低于预期，但 Tims 中国决定继续推进上市计划。为了弥补资金缺口，Tims 中国与 PIPE 投资者签署协议，募集了约 3.15 亿美元。同时，笛卡尔资本集团同意将原计划的 1.5 亿美元降至 1 亿美元，以支持 Tims 中国的上市。此外，Tims 中国还通过债务融资筹集了 3.25 亿美元。

2022 年 5 月：Silver Crest 与 Tims 中国完成合并，Tims 中国成功通过借壳 Silver Crest 在美国纳斯达克上市，股票代码为“THCH”。上市首日，Tims 中国的市值约为 18 亿美元。

（四）上市后表现

尽管 Tims 中国在中国市场的发展迅速，但其在美国股票市场的表现并不理想。上市后，股价一度短暂上涨，但随后迅速回落，截至 2023 年 6 月，股价较上市时下跌约 30%。Tims 中国面临的主要挑战包括：

1. 市场竞争：在中国市场，Tims 中国需要与星巴克、瑞幸咖啡等国际品牌以及庞大的本土品牌竞争，如喜茶、奈雪的茶等。竞争对手的优势使 Tims 中国面临巨大的市场压力。

2. 亏损加大：Tims 中国的亏损逐年扩大，其主要原因是扩张速度过快导致的成本上升。此外，新冠疫情影响也加剧了公司的负担。

3. 投资者对中国概念股的担忧：近年来，一系列中国公司在美国上市后出现财务问题，导致投资者对中国概念股的信心受挫。

尽管面临诸多挑战，Tims 中国仍在积极调整策略，寻求在竞争激烈的市场中脱颖而出。公司计划继续扩大门店规模，提升品牌知名度，并通过数字化渠道和供应链优化等举措提高运营效率。

八、亿咖通借壳 SPAC 赴美上市案例介绍

（一）SPAC 介绍

本次交易的收购方为 COVA Acquisition Corporation（以下简称“COVA”），由以美国东南亚 TMT 投资并购为聚焦的 Crescent Cove Advisors LP（以下简称“Crescent Cove”）成立。Crescent Cove 于 2021 年 2 月 9 日完成了首次公开募股，发行了共 3000 万个 SPAC 单位，每股价格为 10 美元，其中包括承销商认购 390 万超额配售选择权，该发行总募资额达 3 亿美元。每个 SPAC 单位由一股 COVA A 类普通股和一份可赎回认股权证的二分之一组成。每份完整认股权证赋予其持有人以每股 11.50 美元的价格购买一股 COVA A 类普通股的权利。预计 COVA A 类普通股和认股权证将以代码“COVA”和“COVAW”在纳斯达克上市。COVA 的业务目标主要集中在东南亚消费互联网、电子商务和软件行业的高增长技术和技术支持业务。

（二）De-SPAC 标的介绍

本次交易标的为亿咖通科技（ECARX Holdings，以下简称“亿咖通”）。亿咖通科

技由李书福和沈子瑜于 2017 年共同创立，作为一家汽车智能化科技领先企业，亿咖通致力于将汽车打造成为信息、通信和交通无缝融合的智能终端。目前，其核心产品包括信息娱乐系统（IHU）、智能座舱、车载芯片模组解决方案、核心操作系统和软件栈，如全栈式汽车计算平台，为内燃机汽车以及自动化和电动汽车提供服务。其客户包括 12 个汽车品牌，如吉利、莲花、梅赛德斯-奔驰集团和 smart 等。截至 2022 年 6 月 30 日，亿咖通已成功与亚太和欧洲地区的 12 个品牌进行深度合作，目前，全球已有超过 370 万辆汽车搭载了亿咖通的产品和解决方案。

（三）交易详情

本次交易是 2022 年亚洲交易规模最大的 De-SPAC 交易，同时也是 2022 年交易规模最大的中国跨境并购交易，以及 2022 年中国汽车行业公告并完成的交易规模最大的并购交易。

2022 年 6 月初，亿咖通和 COVA 签署合并协议，预计将在 2022 年第四季度完成交易。

2022 年 12 月 14 日，COVA 举行股东特别大会，合并交易获得批准。

2022 年 12 月 20 日，亿咖通科技与 COVA 宣布此前公布的合并交易顺利完成，合并后的公司保留原有名称——亿咖通科技。合并后，亿咖通科技的估值为 38.2 亿美元，其中标的估值为 34 亿美元。标的估值包括 1.39 亿美元的负债估值、3 亿美元 SPAC 壳公司信托账户资金、1.1 亿美元 PIPE，以及 1000 万美元的可转债融资。此次合并完成后，亿咖通科技现有股东最终持有完成合并后企业的 89%股权。该估值背后标的公司投前估值为 2023 年收入的 4.3 倍（PS），2024 年收入的 2.6 倍（PS）。

2022 年 12 月 21 日，亿咖通科技成功借壳 COVA，在美国纳斯达克上市，其股票及认股权证代码分别为“ECX”及“ECXWW”。

第十章　企业的估值方法

第一节　价值测算方法介绍

企业价值测算（估值）方法主要有 3 种：资产基础法、收益法和市场法。不同具体情况的企业适用不同方法，其适用前提如下。

一、资产基础法

被估值对象处于可用状态或假设处于可用状态；

能够确认被估值对象具有预期收益；

具备有利用价值的历史资产或资料。

二、收益法

估值对象的未来预期收益可预测且其价值可由货币衡量；

产生预期收益所承担的风险也可预测且可由货币衡量；

被估值对象能获得预期收益的时间可预测。

三、市场法

被估值对象存在于活跃的公开市场中且市场数据足够充分；

公开市场上有充足的可以用作类比交易的案例。

第二节　企业估值——市场法

一、市场法的定义

市场法是根据与价值测算对象相同或相似的可比公司在二级市场或者一级市场的近期交易的成交价格，分析这些可比公司与估值对象各自的特点，从而确定估值对象的估值价值。市场法的理论基础是同类、同经营规模并具有相同获利能力的价值测算对象的市场价值是相同的。

二、市场法的运用前提

存在一个活跃的公开市场且市场数据比较充分；

公开市场中有可比的交易案例。

三、市场法在企业估值中的常见应用场景

（一）基本方法介绍

市场法的主要应用为两种具体方法：可比上市公司法、历史可比交易法。

可比上市公司法：

通过可比上市公司的市值、业务及财务数据计算出合理的比率乘数，在与估值对象能够进行比较的基础上，将比率乘数与估值对象自身的业务及财务数据相乘，可再结合影响估值的因素进行必要调整，以确定最终的估值。

可比上市公司应当是公开市场上正常交易的上市公司，估值结果需要考虑当前市场的流动性对估值的影响。

历史可比交易法：

通过分析历史可比交易中交易对象的价值、业务及财务数据，计算出合理的比率乘数，在与估值对象能够进行比较的基础上，将比率乘数与估值对象的自身的业务及财务数据相乘，可再结合影响估值的因素进行必要调整，以确定最终的估值。

历史可比交易法中的被收购公司可以是非上市公司，估值结果应当结合被收购公司的实际状态考虑流动性对估值的影响。

（二）使用条件

第一，对估值对象与可比对象应采用共同的标准化比率乘数，如盈利、账面价值、现金流量或收益。

第二，以可比倍数为基准的估值方法可能受下列因素所影响：

①参考对象受不同会计政策和税率的影响，导致倍数可能无法直接作比较。

②难以找到非常合适的可比公司。

③非经常性科目、资本事件及投资类事件对可比公司的倍数会产生影响，可能需要进一步调整。

第三，市场法通常用作交叉比对折现现金流量法得出的估值结论；同时，市场法的应用前提是市场上存在较符合的可比交易。

对于长期资产和负债，应依照其独特属性及经济影响采取合适的估值方法测算。

（三）常见标准化比率乘数

常用的比率乘数如下。

1. 企业价值比主营业务收入（EV/Sales）

一般用法：适用于盈利能力有限或为负的早期高成长公司。

注意事项：①需可比对象具有相似的成本结构。②这是万不得已时才用到的比率乘数——适用于主要根据未来前景估值且当前运营无法提供太多盈利的企业。

2. 企业价值比息税前利润（EV/EBIT）

一般用法：适用于营业利润（EBIT）为正的公司，一般用于服务业或其他资本密集程度较低的行业。

注意事项：未经调整的 EBIT 是衡量盈利能力的会计指标，包括非现金费用（D&A）、非经常性项目，以及公司与公司之间降低比较质量的不同假设，这些通常需要根据可比性进行再次调整。

3. 企业价值比息税折旧摊销前收益（EV/EBITDA）

一般用法：特别适用于资本密集程度较高的行业，EV/EBITDA 是最受欢迎的电动汽车倍数。

注意事项：不太适合资本密集程度不同的公司做比较，比如两家资本密集程度都较高的公司产生相同的 EBITDA，需要更多资本的 EV/EBITDA 倍数更低，这个时候比较 EV/EBITDA 的倍数不如比较 EV/EBIT 有意义。

4. 市盈率（P/E）

一般用法：适用于处于成熟的生命周期、盈利为正、资本结构相似的公司。

注意事项：①每股收益是仅在特定时期内衡量会计利润的指标，会计利润可能会产生误导，因为它们包括非现金和非经常性项目以及会计假设（例如历史成本与市场成本），并且可以被操纵。②当高 P/E 公司具有更好的增长前景时，相对于同行的高 P/E 估值可能是合理的。③不太适用于高速发展的企业。

5. 市净率（P/B）

一般用法：适用于银行、制造业等重资产/资产驱动型行业。

注意事项：①对于非金融资产，由于资产负债表的历史性质，账面价值通常不能准确衡量真实股权价值。②账面价值可能为负（大量历史亏损），使得该比率没有意义。

6. 常用比率乘数参考的数据范围

历史财年倍数：选取企业的历史财年全年的业务及财务数据。

过去 12 月倍数：选取企业过去 12 个月的业务及财务数据。

前向倍数：选取预测期全年（或年化）的业务及财务数据。

第三节　企业估值——收益法

收益法，是指将预期收益资本化或者折现，确定价值测算对象价值的评估方法。价值是面向未来的，因此，理论上讲，评估价值的正确方法是考虑企业未来的盈利潜力。

收益法将预测的自由现金流折现至当前日期，从而为企业的现金流产生净现值，然后确定预测期末的最终价值，并且将该价值折现回“估计日期”以测算业务的总体价值。收益法中股东价值的计算公式为

$$EV=E+non\text{-}core\ assets-net\ D-NCI-Others$$

其中各项参数的含义如下。

E：价值测算对象的股东全部权益价值。

EV：Enterprise value，价值测算对象的企业价值；企业价值是整个业务的价值，包括所有形式的资金-权益加债务。

non-core assets：非核心资产。

net D：净债务，即总债务减去超额现金。

NCI：Non-controlling interests，可表现为少数股东权益。

Others：可能的准债务，如股票期权、养老金负债等。

企业价值（EV）的计算公式为（在持续增长假设下）

$$EV=\sum_{i=1}^{T}\frac{FCF_i}{(1+r)^i}+TV=\sum_{i=1}^{T}\frac{FCF_i}{(1+r)^i}+\frac{FCF_{r+1}}{(r-g)(1+r)^T}$$

其中各项参数的含义如下。

FCF（自由现金流）：收益法下的自由现金流定义为利息和摊销前的收益减去所需的营运资金变化，再减去所需的资本支出与折旧和摊销的差额，即

自由现金流=税后净利润+利息费用＊(1-税率 t)-净营运资本变动-资本性支出+折旧摊销

预测期 T：在收益法分析中，预测期应具有一定的长度，以使业务能够实现稳定的收益水平，或反映出更具周期性的行业的整个运营周期，通常至少需要长达 5 年的预测期，不过这可能会因行业而异。

折现率 r：不仅应反映货币的时间价值，还应反映与企业未来运营相关的风险。被普遍采用的折现率是 *WACC*，它反映了与实际融资结构相对的最优值，该折现率适用于非杠杆现金流，体现企业的企业价值（EV）。*WACC* 公式为

$$r=WACC=K_e\frac{E}{D+E}+K_d\frac{D}{D+E}(1-T)$$

其中各项参数的含义如下。

E：权益的市场价值。

K_d：债务资本成本。

D：债务的市场价值。

T：企业所得税率。

K_e 为权益资本成本，采用资本定价模型（*CAPM*）确定，其公式通常为

$$K_e = R_f + \beta_e * (R_M - R_f)$$

其中各项参数的含义如下。

R_f：现行无风险资产投资回报率。

β_e：系统性风险参数（衡量某种特定资产相对于全部风险资产组合的系统性风险）。

R_m：市场组合收益率。

终值 TV：在计算最终价值时，必须考虑到企业在明确的预测期以外进一步增长的潜力。有两种常用的方法来确定最终值。

（1）持续增长模型：此方法基于使用收益法中应用的资本成本的预期业务到永久性的长期增长。公式为

$$TV = \frac{FCF_{T+1}}{(r-g)(1+r)^T}$$

（2）退出倍数法：此方法依赖选择一个适当的终端年度收益或销售额倍数，这代表该业务在预测期末的适当估值，反映该日期的发展阶段和成熟度。显然，这种方法具有主观性。

第四节　企业估值——资产基础法

资产基础法（也称净资产调整法）以在评估基准日重建与评估对象相同的业务或独立营利性实体所需的投资金额作为判断资产全值的依据，是一种通过将构成企业的各种要素资产的价值相加并减去负债评估值来计算企业价值的方法。

根据资产基础法，资产总值=净资产值总额+未记入资产负债表的无形资产溢价。按现有市值，计算涵盖企业资产负债表内外的各项资产和负债在内的净资产值，叠加溢价得出资产总值。这一价值能够反映企业的盈利能力、市场地位，以及资产整体的吸引力。净资产值（含溢价）可与账面净资产值进行参照，得出市值对账面值倍数，与类似交易或上市公司的相关倍数作比较。

净资产调整法适合价值在于相关资产而非持续经营业务的企业采用，例如持有房地产资产的公司。对于金融服务行业，先评估企业现有资产的价值，再扣除债务及其他未清偿债权的价值，两者之差即公司股权的价值。再如，在对一家银行估值时，先对银行的主要资产——贷款组合进行估值，再扣除未偿还债务，得到的余额即股权价值。对于保险行业，公司已生效保单的价值，减去由这些保单带来的预期索赔及其他未清偿债务，可得到公司股权的价值。

我们在以市值对资产和负债计价时，主要采用的方法见表 10-1：

表 10-1　以市值对资产和负债计价时主要采用的方法

计价项目	估值方法
除库存外流动资本	通常以账面价值在短期内结清，往往与公允价值接近
库存、重置成本及时间成本	通常考虑溢价
固定资产-私人资产	通常考虑市场比较及成本法
固定资产-房地产（包括建筑物、建筑结构和设施等）	根据资产使用情况及状态，选择市场法、收益法或成本法
土地使用权	对于这一无形资产的特殊性，通常使用市场法或收益法中的余值法进行估值
其他	依照其特性及经济影响，采取合适的方法进行估值

资料来源：根据调研所得。

第五节　企业估值——行业案例

一、半导体行业案例——闻泰科技收购安世半导体（2017 年）

（一）交易总结

2020 年，闻泰科技股份有限公司通过发行股份及支付现金的方式实现对目标公司安世集团（Nexperia Holding B. V.）的间接控制。根据安世集团的上层股权结构，闻泰科技收购的 9 支境内基金（合肥广芯、合肥广讯、合肥广合、宁波广轩、宁波广优、北京中广恒、合肥广坤、合肥广腾、北京广汇）持有合肥裕芯部分股权，合肥裕芯以及境外基金持有裕成控股 100%的股份，裕成控股持有安世集团 100%的股份，安世集团持有安世半导体（Nexperia B. V.）100%的股份。

2019 年以来，闻泰科技陆续通过定增及支付现金对价的方式收购安世集团股权，2019 年和 2020 年，公司分别完成 2 次非公开股票发行。截至 2020 年底，公司间接持有安世集团 100%的股份。

（二）评估方法的选择——资产基础法和市场法

根据资产评估标准的规定，企业价值评估可以采用三种方法，选择情况见表 10-2：

表 10-2　企业价值评估方法与选择情况

价值评估方法	确定评估对象价值方式	选择
收益法	将预期租金资本化或折现	否
市场法	将评估对象与可比上市公司或者可比交易案例进行比较	是
资产基础法	以评估基准日被评估主体的资产负债表为基础，对公司各项表内外资产、负债的价值进行合理评估	是

资料来源：根据调研所得。

1. 选择资产基础法的原因

本次评估旨在反映评估基准日安世集团大股东全部股权的市值，为客户股权转让的经济行为提供价值参考，资产基础法从企业购建角度反映了收购所涉及的安世控股的价值。因此，本次评估可以选择基于资产的方法。

2. 选择市场法的原因

安世集团是全球大型半导体标准件产品全流程制造企业。一方面，安世集团在国内外资本市场中拥有较为成熟的价值评估体系；另一方面，国内外市场中，有部分上市公司的业务结构、业务模式、业务规模等经营要素与安世集团相近。因此，市场法可用于评估安世集团100%的股权价值。

3. 评估思路

估值是通过确定选择可比公司的原则，分析计算各可比对象的价值比率，对可比公司进行修正，选择流动性折现和估计经营资产价值来完成的。

4. 评估结论

基于产权人及公司管理层对未来发展趋势和经营计划的判断，按照相关法律法规和资产评估标准，采用资产基础法和市场法，在按照必要的评估程序，对安世集团被纳入评估范围的资产实施库存核查、实地调查、市场调查核实、评估估算等评估程序后，我们得出以下结论。

采用资产基础法，得出被评估单位母公司在评估基准日 2018 年 12 月 31 日的评估数据（见表 10-3）：

表 10-3 评估单位母公司在评估基准日 2018 年 12 月 31 日的评估数据

单位：万元人民币

项目	账面值	评估值	评估增值	增值率（%）
总资产	1834249.56	877834.60	-956414.96	-52.14
负债	407118.49	407118.49	0	0
净资产	1427131.07	470716.11	-956414.96	-67.02

资料来源：根据调研所得。

在资产基础法估值中，安世集团母公司净资产评估值与账面值相差较大的原因主要是长期股权投资评估价值与账面值存在差异。其中，安世集团母公司的长期资本投资为其持有的安世半导体全部股份。账面值按照成本法计算，主要反映了安世集团收购安世半导体时的收购成本等，收购成本不仅包括安世集团各项可辨认资产的价值，还包括部分不可辨认资产的价值。在资产基础法中，仅评估安世集团可识别资产，所以评估结果小于账面价值。

（1）增值原因分析

被评估单位的市场法评估结果低于其净资产的账面值，其主要原因是公司的主要价值不仅包括固定资产、存货、营运资金等有形资产的价值，还包括企业管理、人才队伍、品牌优势、优惠政策等重要无形资产的价值，两类资产在实现被评估单位价值方面均发挥作用，有效使被评估单位价值在半导体产业整体发展过程中得到突出。具体体现在如下方面：一是行业的增长——全球半导体集成电路市场和分立器件市场稳健增长；二是被评估单位的核心竞争力——安世半导体是最大的专注于标准器件生产的半导体公司，拥有全球领先的半导体生产工艺和可靠性，可实现持续稳定的量产和大批量交付，提供半导体领域的一站式服务。

（2）评估结果的差异分析

本次评估中被评估单位所有者权益价值以市场法计算为 338 亿元人民币，高于资产基础法计算的全体股东权益价值 470716. 11 万元人民币。两种评价方式存在差异的主要原因是：

资产基础法是以被评估单位重置成本作为价值标准的，反映资产投入所花费的社会必要劳动（购建成本），这一成本通常随着国民经济的变化而变化。被评估单位的实物资产主要包括房屋、光刻机、雕刻机、抛光机、检测设备、办公管理设备、不可辨认资产。资产基础法估值结果与资产的重置价值，与基准日账面结存的资产和负债的价值具有较大的相关性。

市场法直接反映企业股权资本在半导体行业发展前景和产业内涵方面的交换价值，所选可比公司具有高度可比性。因此，在可比公司信息完备、市场交易公平有序的情况下，市场法的评价结果不仅能更直接地反映评价对象的价值，也能更好地契合估值收购股份的目的。

（3）评估结果的选取——市场法

与资产基础法相比，市场法通过评定企业经营情况及整体市场的表现，更能全面、完整地反映评估对象的整体价值。因此，我们选择市场法评估结果作为闻泰科技股份有限公司发行股份、支付现金以购买安世集团 100%股权经济行为所涉及的安世集团股东权益价值的参考依据，得到安世集团估值为 338 亿元人民币。

二、医疗行业案例——泽璟制药拟以现金收购控股子公司 Gensun Biopharama Inc.（2022 年）

（一）交易总结

2022 年，苏州泽璟生物制药股份有限公司为执行首次公开募股时承诺的消除股票交易和上市中的潜在利益冲突，拟以总价 361. 1 万美元收购 JACKIE ZEGI SHENG（盛泽奇）、MIKECSHENG 持有的 255554 股 Gensun Biopharama Inc. 股份。据评估，Gensun

Biopharama Inc. 的总估值约为 5.9 亿元人民币（约合 9027.9 万美元），本次交易对应 Gensun Biopharama Inc. 约 4%的股权，本次收购的资金来源为自有资金。上述交易完成后，公司将通过中国香港泽璟间接持有稀释后 Gensun Biopharama Inc. 55.74%的股权。

（二）评估方法的选择——资产基础法

1. 选择资产基础法的原因

资产基础法的基本思路是根据现状对被评估资产进行重建或更换，因为当潜在投资者决定投资一项资产时，他们愿意支付的价格不会超过该资产当前的重建成本。该评估项目能够满足资产基础法评估所要求的条件，即被评估资产处于持续使用状态或假定处于持续使用状态，并且有可用的历史经营数据，资产基础法能够满足本次评估价值类型的要求。

2. 不选择收益法辅助分析的原因

考虑到被评估单位主要从事新药研发的早期靶点发现和研究工作，且新药研发难度大、风险大、未来经营不确定，预测公司整体的收入或盈利进行估值难以将正在研究的项目和公司的已有技术储备对估值的贡献及未来预期的风险考虑进去。在资产基础法中，基于医药行业的特殊性，本次主要依靠决策树模型辅助分析，即通过公司已获得专利授权和已签订的外部授权协议，基于决策树模型的收益法评估，将未来新药临床研发以及上市过程中的不确定性和风险纳入考量。因此，对于公司整体，我们将不再采用收益法进行评估。

（三）评估思路

本次评估中各类主要资产及负债的评估方法如下。

1. 货币资金类

货币资金包括银行存款。对美元银行存款，以核实后的金额为评估值。

2. 应收款项类

应收款项类主要包括对关联方的应收账款，在对应收款项核实无误的基础上，对关联方往来等有充分理由相信能全部收回款项，因此本次不考虑、估计坏账损失。

3. 其他流动资产

评估人员在核对明细账、总账与评估申报表一致性的基础上，按核实后账面值确定评估值。

4. 设备类资产

通过分析，评估人员认为公司主要拥有办公和研发用电子设备两类固定资产，电子设备的账面净值与市场价值较为接近，其经济使用年限也和会计折旧年限接近。受制于新冠疫情防控等客观因素，本次没有开展现场清查程序，而采用价格指数调整方式进行评估，即根据资产的原始入账价值和入账时间，按照重置成本法的基本思路，考虑入账时点与基准日间的价格指数变化，确定重置成本和评估值。

重置成本法：假定以现行时点条件下重建或重置被评估对象设备，计算重建成本，再扣除相关贬值（实体性贬值、功能性贬值），来确定评估对象价值的估值。计算公式为：评估价值=重置成本-实体性贬值-功能性贬值=重置成本×综合成新率。

（1）重置成本的确定

本次重置成本的计算公式为：

重置成本=账面原值×(1+指数变化率)

指数变化率选用美国劳工局公布的美国近年 CPI 数据（不含食物、能源）的变化比例。

（2）成新率

一般简单设备综合成新率直接采用理论成新率确定。

综合成新率=尚可使用年限/(已使用年限+尚可使用年限)×100%

考虑到公司固定资产账面净值占公司账面净资产的比例很小，且作为新药研发企业，公司的核心资产为在研或已授权的专利技术及研发团队、研发平台等账面未反映的无形资产，因此上述计算方法不会对本次估值产生重要影响。

5. 无形资产

被评估单位账面已经体现的无形资产主要为公司在历次股权变动中由现有股东重庆聚心投资有限公司之关联方 GBI 处取得，原始价值由被评估单位与 GBI 协商确定，包含了目前已经形成专利或尚未取得专利的新药研发技术的管线。

本次评估将对被评估单位申报的产品管线及其所对应专利按照以下两种类型的技术进行估值。

（1）尚未签订许可授权协议的在研新药制备技术

鉴于该类型的资产目前尚未有明确的未来研发规划和产品上市预期，且其历史研发投入成本与已专利授权的技术拆开单列，很难判断其重置成本。同时，考虑到其技术特征、靶点选取和适应证等方面与已授权专利存在重叠，而本次对已被许可协议授权的专利采用收益法进行评估。因此，对于尚未签订许可授权协议的在研新药制备技术不具备单独估值的条件，不再单独计算其价值。

（2）已签订许可授权协议的在研新药制备技术

公司已签订许可授权协议的在研新药制备技术的清单见表 10-4，可进一步分成两类讨论。

表 10-4 公司已签订许可授权协议的在研新药制备技术清单

引进方	签订日期	项目/产品	所处阶段	基本信息
齐鲁制药有限公司	2018 年 2 月	GS02 项目	临床前	付款方式：首付款+里程碑+上市后分成（首付款 1700 万美元已支付） 授权区域：中国 许可类型：独占
KINTOR PHARMACEUTICAL (GUANGDONG) CO. LTD.（开拓药业 9939. HK）	2020 年 8 月	GS19 项目	国内临床获批	付款方式：首付款+里程碑+上市后分成（首付款 400 万美元已支付） 授权区域：中国 许可类型：独占
泽璟制药	2019 年 6 月	005 项目	国内临床获批	付款方式：首付款+里程碑+上市后分成（首付款 500 万美元已支付） 授权区域：中国 许可类型：独占
	2019 年 6 月	006 项目	临床前	付款方式：首付款+里程碑+上市后分成（首付款 500 万美元已支付） 授权区域：中国 许可类型：独占
	2020 年 8 月	GS01 项目	临床前	付款方式：首付款+里程碑+上市后分成（首付款 500 万美元已支付） 授权区域：中国 许可类型：独占

资料来源：根据调研所得。

第一类，已获得临床批件的新药制备技术。

对于该类型资产，鉴于其新药研发的过程中的数个关键节点和里程碑已实现，技术研发过程中的风险一定程度上可控，未来预期较为明确。同时，委托人及被评估单位也对未来通过临床研究的时间点和上市预期制定了明确的时间规划。因此，本次采用收益法并辅以决策树模型进行估值。

基于谨慎性原则，在收益法评估过程中仅考虑其以协议约定的方式在特定区域内未来所可能获得的收益，并未对未来该技术潜在的许可授权的价值（在中国以外的市场需求）进行进一步计算，采用上述方式评估：005 项目、GS19 项目。

第二类，尚未获得临床批件但已签订授权协议的在研技术。

对于该类资产，评估人员针对项目进展进行了专项分析，与齐鲁制药有限公司签订了许可授权协议的 GS02 项目，该项目虽然授权时间较早，但仍旧尚未进入临床研究阶段，基于协议约定和公司未来发展的预期，齐鲁制药有限公司仍将其视为公司重要的在研品种开展后续工作，目前研发进展正常，具备申报条件后将进行临床申报。

与泽璟制药签订了许可授权协议的 006 项目、GS01 项目，两项目在委托人处开展后续研发进展情况正常，但目前尚未有明确的临床申报时间表。

因此，考虑到 GS02 项目已达成许可授权协议，研发进展情况一切正常，本次同样采用收益法+决策树模型进行估值；对于 006 项目和 GS01 项目，出于谨慎性原则，同时为避免重复计算，本次评估不再对它们进行单独价值计算。

（3）决策树模型

在某些估值中，所涉风险不仅是离散的，也是系统的，即资产的价值必须经过系列的检测才能具有实际意义。任何节点上的失败都会导致整体价值归零。对于医药企业，特别是专注于新药研发的企业来说，项目本身在各临床阶段存在成功率问题，决策树法相对于静态的现金流折现法更为准确、更具有灵活性，且更贴近实际运营情况。同时，决策树法本质上是在现金流折现的基础之上额外考虑了现金流能够实现的概率问题。

决策树法对新药研发进行估值的最重要变量即各阶段的成功率。在一般操作中，通过对不同适应证类新药在各个阶段（IND 申报、临床Ⅰ期实验、临床Ⅱ期实验、临床Ⅲ期实验、NDA 审批）进行统计分析得到贴近现实的成功概率。同时，为简化计算，假定同一阶段内各年之间成功率为 100%。

因此，决策树法的主要步骤如下：①把研发分为不同的风险阶段进行。②在每个阶段评估结果的发生概率。③定义决策节点，决策节点根植于决策树之中。④在终端节点计算现金流和价值。⑤沿决策树的发展路径，评估预期价值。

除了各个阶段的风险计算，还有两个重要指标要纳入考量。

第一，本次分别根据已签订的授权协议确定的比例。

第二，预估上市后销售收入。本次对预估销售收入的预测结合用药病患数量、市场占有率、市场渗透率和年人均用药成本等数据进行预测。具体预测公式为：预估年销售收入=用药病患数量×年人均用药成本。其中：用药病患数量=适龄人口总数×发病率×适应证占比×市场渗透率×市场占有率。

相关参数来源如下：

适龄人口总数、发病率：参考数字来源于 IARC 世界卫生组织国际癌症研究机构发布的《2020 年全球最新癌症负担报告》。

适应证占比：依据技术靶向适应证范围确定。

市场渗透率：依据公开市场可查到的 2012—2020 年靶向药物渗透率以回归分析算法计算出未来预期上市时点的靶向药物渗透率。

市场占有率：依据已上市抗体药物总量、市场在研抗体药数量、新药研发成功率等因素综合确定。

年人均用药成本：鉴于目前国内已上市的双特异性抗体药物稀少，无法找到充足的直接对标产品，因此采用目前靶向药的年人均用药成本，即以 12.5 万元为基础进行计算。同时，假设国内医保控费和通货膨胀等因素影响相互抵消，本次综合考虑对未来产品上市时点的用药成本采用基准日时点的平均用药成本计算。

（4）折现率

①收益法-收入分成法阶段

采用国际常用的风险叠加法来估测折现率：折现率=无风险报酬率+特定风险报酬率。

无风险报酬率的确定：考虑到上文确定的单独计算评估值的附授权协议的相关技术的未来临床研究均在国内进行，本次选用 10 年期债券利率作为无风险利率，经过计算，基准日最新的 10 年期银行间固定利率的国债收益率均值约为 2.89%。

特定风险报酬率的确定：我们在综合考虑被评估资产的经营风险、市场风险、技术风险、财务风险等因素的基础上，主要依据评估人员的专业经验判断后确定。经过分析判断，标的资产的特定风险报酬率为 12%，最终确定折现率为 15%。

②决策树阶段

本次评估对决策树模型阶段（即后续临床研发过程中的）折现率采用中国的客观融资成本。考虑到上文确定的单独计算评估值的附授权协议的相关技术的未来临床研究均在国内进行，因此本次选取基准日的中国 5 年期贷款市场报价利率（Loan Prime Rate，LPR）4.65%为折现率。

6. 负债

负债主要包括流动负债和非流动负债。清查核实后，以各项负债在评估目的经济行为实施后被评估单位实际需要承担的债务人和负债金额确定评估值。

（四）评估结论

采用资产基础法对企业股东全部权益价值进行评估，得出被评估单位在评估基准日的评估结果如下：

评估基准日，被评估单位股东权益账面值为 1184.07 万美元，评估值为 9027.93 万美元，评估增值 7843.86 万美元，增值率为 662.45%。其中，总资产账面值为 1881.35 万美元，评估值为 9725.21 万美元，评估增值 7843.86 万美元，增值率为 416.93%。负债账面值为 697.28 万美元，评估值为 697.28 万美元，无增减变动。

经评估，被评估单位股东全部权益价值为 90279296.12 美元。按基准日美元兑人民币中间价 6.4854 计算，折合人民币 585497347.06 元。

三、TMT 行业案例——巨人网络发行股份 Alpha Frontier Limited 股权项目

（一）交易总结

Alpha Frontier Limited（简称 AFL）最初是为收购 Playtika 而成立的持股平台，用于承接 Playtika 的股权。2016 年 7 月 30 日，巨人网络的全资子公司 Giant Investment

(HK) Limited（简称巨人香港）与弘毅创领、上海并购股权投资基金合伙企业，以及其他 11 位投资人组成的财团共同对 AFL 公司进行增资，并以其为主体收购 Caesars Interactive Entertainment, Inc.（简称 CIE）旗下一项休闲游戏业务 100%的权益。

本次巨人网络集团股份有限公司拟进行重大资产重组，因此重组方案涉及的标的公司 Alpha Frontier Limited 的股东全部权益价值需要评估。本资产评估结论采用收益法得出，评估价值为 336.5 亿元人民币。

（二）评估方法的选择——收益法、市场法

根据资产评估标准的规定，企业价值评估可以采用以下三种方法，选择情况见表 10-5：

表 10-5 企业价值评估方法及选择

价值评估方法	确定评估对象价值方式	选择
收益法	将预期租金资本化或折现	是
市场法	将评估对象与可比上市公司或者可比交易案例进行比较	是
资产基础法	以评估基准日被评估主体的资产负债表为基础，对公司各项表内外资产、负债的价值进行合理评估	否

1. 选择收益法的原因

Alpha Frontier Limited 为控股公司，其全资子公司为全球领先的游戏开发及运营公司，经过多年的经营，公司研发及运营的游戏长期位于休闲社交棋牌类网络游戏排行榜前列。企业近年来保持良好的收益情况，拥有稳定的现金流。由于其盈利模式成熟、稳定，且公司资产配置合理、经营水平良好、盈利能力较强，预计该公司能持续获得稳定现金流，且收益和风险可以合理量化。

2. 选择市场法的原因

企业处于一个活跃的公开市场中，经过甄别、筛选，我们发现在美国证券交易市场上有与其相同或者相似的参考企业，并且能够收集到与评估相关的信息、资料，同时，这些信息、资料具有代表性、合理性和有效性。

3. 不选择资产基础法的原因

资产基础法是从资产的再取得途径考虑的，反映的是企业现有资产的重置价值。评估对象是一家主营游戏的轻资产公司，人力资源、销售渠道、核心技术及竞争优势等商誉类无形资产对企业价值影响较大，采用资产基础法评估时难以逐一准确量化。故本次评估选择收益法、市场法进行评估。

（三）评估思路

1. 收益法

预测期：将企业的收益期划分为预测期和预测期后两个阶段，考虑到远期收益的

可预测性相对偏弱，本次评估以2019年上线的新游戏的完整生命周期为预测期（预测期为8年），预计被评估单位于2026年达到稳定经营状态，故预测期截止到2026年底。经过对企业未来经营规划、行业发展特点的分析，我们认为棋牌类游戏本身就拥有极长的生命周期；线上棋牌类游戏玩家具备了线下棋牌类游戏玩家的特点：用户稳定、忠诚度高、ARPPU值高。

终值：收益期为永续，终值公式为：Pn=(Rn+1)×终值折现系数；Rn+1按预测期末年现金流调整确定。具体调整事项主要包括折旧、资本性支出等。其中资本性支出的调整原则是以永续年不在预测期末的规模上再扩大的条件下能够持续经营所必需的费用作为资本性支出。

折现率：按照收益额与折现率口径一致的原则，本次评估收益额口径为企业净现金流量，则折现率选取加权平均资本成本。

付息债务：付息债务是指评估基准日被评估单位需要支付利息的负债。评估基准日被评估单位无付息负债。

2. 市场法

资本市场选择：在明确被评估企业的基本情况后（包括评估对象及其相关权益状况，如企业性质、资本规模、业务范围、营业规模、市场份额、成长潜力等），我们选择美国证券交易市场作为选择可比上市公司的资本市场。

选择准可比上市公司：在明确资本市场后，选择与被评估单位属于同一行业、从事相同或相似的业务、主营业务所在地区相同或接近的可比上市公司作为准可比上市公司。

选择可比上市公司：我们对可比上市公司的具体情况进行详细的研究分析，包括主要经营业务范围、主要目标市场、业务结构、经营模式、公司规模、盈利能力、所处经营阶段等方面。通过对这些可比上市公司的业务情况和财务情况的分析比较，选取具有可比性的上市公司。

选择价值比率：采取企业价值倍数（EV/EBITDA）价值比率。这是因为：①根据被评估单位所处行业特点，被评估单位属于网络游戏行业，为典型的轻资产型企业，其企业价值与其账面净资产或总资产等资产类指标的倍数关系参考意义不大，故本次市场法评估不适合选用资产价值比率。②由于净利率/毛利率、资本结构、税收政策等因素对于收入价值比率影响较大，收入价值比率更适用于评估净利率/毛利率、资本结构、税收政策相当的企业。而处于网络游戏行业的公司在资本结构、税收政策等方面表现出较大不同，因此不适合采用收入价值比率。

（四）评估结论

1. 收益法

Alpha Frontier Limited评估基准日总资产账面价值为301.9亿元人民币；负债包括流动负债和非流动负债，总负债账面价值为4155万元人民币；净资产账面价值为

301.5 亿元人民币。合并口径下，评估基准日总资产账面价值为 72.8 亿元人民币；负债包括流动负债和非流动负债，总负债账面价值为 13.6 亿元人民币；净资产账面价值为 59.2 亿元人民币。

收益法评估后的股东全部权益价值为 336.5 亿元人民币（约合 50.9 亿美元），相对于 Alpha Frontier Limited 合并口径下的归属于母公司所有者的权益，增值额为 277.3 亿元人民币，增值率为 468.24%。

2. 市场法

市场法评估后的股东全部权益价值为人民币 561.7 亿元人民币（约合 84.9 亿美元），相对于 Alpha Frontier Limited 合并口径下的归属于母公司所有者的权益，增值额为 502.5 亿元人民币（约合 75.9 亿美元），增值率为 848.46%。

3. 综合评估结论

收益法评估后的股东全部权益价值为 336.5 亿元人民币，市场法评估后的股东全部权益价值为 561.7 亿元人民币，两者相差 225.2 亿元人民币，差异率为 40.09%。

收益法中预测的主要参数与基于评估假设推断出的情形一致，评估程序实施充分，对未来收益的预测有比较充分、合理的依据，对细分行业、细分市场的历史、现状及未来进行了严谨分析，预测符合市场规律。因此，收益法评估结果能够很好地反映企业的预期盈利能力，体现出企业的股东权益价值。而市场法则需要在选择可比上市公司的基础上，对比分析被评估单位与可比上市公司的财务数据，并进行必要的调整，与收益法所采用的被评估单位自身信息相比，市场法采用的上市公司比较法，受市场公开信息限制，对价值比率的调整和修正难以涵盖所有影响交易价格的因素。鉴于本次评估的目的，考虑到在理性投资者眼中的股权价值是基于未来给投资者的预期现金流回报来估算的，投资者更看重的是被评估企业未来的经营状况和获利能力，故选用收益法评估结果更为合理。

根据上述分析，本资产评估报告的评估结论采用收益法的评估结果，即 Alpha Frontier Limited 的股东全部权益价值评估结果为 336.5 亿元人民币。

四、制造行业案例——青岛双星拟对 Kumho Tire（Vietnam）Co.，Ltd. 增资所涉及的 Kumho Tire（Vietnam）Co.，Ltd. 股东全部权益价值项目

（一）交易总结

2018 年 7 月，青岛双星（000599.SZ）公布，公司控股子公司星微韩国株式会社完成对锦湖轮胎株式会社（以下简称“锦湖轮胎”）的收购并持有其 45%的股份，成为锦湖轮胎的控股股东。青岛双星同时承诺将在项目交割完成后的 5 年时间，通过包括但不限于资产注入等合法合规的方式消除与公司的同业竞争。

为进一步发挥锦湖轮胎的优势，增强双星与锦湖之间的协同效应，2021 年 3 月 10 日，青岛双星全资子公司香港双星国际产业有限公司（以下简称“香港双星”）与

Kumho Tire（Vietnam）Co.，Ltd（以下简称“锦湖越南”）及其控股股东锦湖香港签署了《资本认购协议》，香港双星拟出资 9230 万美元（折合人民币约 6 亿元）增资锦湖越南，增资款全部用于扩大锦湖越南轮胎产能，以便更好应对贸易壁垒，投资开拓海外市场，提升国际竞争力。增资完成后香港双星将持有锦湖越南 42.409%的股权。项目全部建成后，锦湖越南将达到 PCR 850 万条、TBR 80 万条的年产能。

（二）评估方法的选择

依据资产评估基本准则，确定资产价值的评估方法包括市场法、收益法和成本法三种基本方法及其衍生方法。资产评估专业人员应当根据评估目的、评估对象、价值类型、资料收集等情况，分析上述三种基本方法的适用性，依法选择评估方法。本次评估选用的评估方法为：收益法和市场法。评估方法的选择理由如下：

选用收益法评估的理由：被评估单位未来收益期和收益额可以预测并可以用货币衡量；获得预期收益所承担的风险也可以量化，因而本次评估选用了收益法。

选用市场法评估的理由：锦湖越南从事橡胶制品业，在产权交易市场，考虑到交易案例比较法受数据信息收集的限制而无法充分考虑评估对象与交易案例的差异因素对股权价值的影响，交易案例比较法不适用。故本次市场法评估采用上市公司比较法。

鉴于本次评估具备收益法和市场法评估的条件，同时由于新冠疫情的影响导致现场评估程序受限，本次评估未采用资产基础法。综上，本次评估选用了收益法和市场法两种评估方法。

（三）评估思路

本次评估分别采用收益法和市场法两种方法对锦湖越南股东全部权益价值进行评估。锦湖越南截至评估基准日 2020 年 12 月 31 日，依据越南会计准则审计后资产账面价值为 240268.68 千美元，负债为 91996.87 千美元，净资产为 148271.81 千美元。

1. 收益法评估结果

在本报告所列假设和限定条件下，采用收益法评估的股东全部权益价值为 157600 千美元，增值率为 6.29%。

2. 市场法评估结果

在本报告所列假设和限定条件下，采用市场法评估的股东全部权益价值为 156700 千美元，增值率为 5.68%。

3. 评估结论的选取

收益法的评估值为 157600 千美元；市场法的评估值 156700 千美元，两种方法的评估结果差异 900 千美元，差异率为 0.57%。基于以下因素，本次选用收益法结果作为最终评估结论，即：锦湖越南的股东全部权益价值评估结果为 157600 千美元，折合人民币 102800 万元。评估师经过对锦湖越南财务状况的调查及历史经营业绩分析，依据资产评估准则的规定，结合本次资产评估对象、评估目的，适用的价值类型，经过比较分析，认为收益法的评估结果能更全面、合理地反映锦湖越南的所有者权益价值。被评估单位近几年及可预计的未来年度均能盈利，从收益途径能反映出企业的价值，并且收益法在评估过程中不仅考虑了被评估单位申报的账内账外资产，同时也考虑了如企业积累的客户资源、科学的经营管理水平等各项对获利能力产生重大影响因素，即评估结论充分涵盖了被评估单位股东全部权益价值。在进行市场法评估时，虽然评估人员对被评估单位参考公司进行充分必要的调整，但是仍然存在评估人员未能掌握参考公司独有的无形资产、有负债等不确定因素，以及难以调整的因素，从而导致评估结果与实际企业价值离散程度较大的风险。

（四）评估结论

1. 评估方法选择合理：根据资产评估基本准则，选择收益法和市场法作为评估方法是合理的决策。这两种方法能够综合考虑到锦湖越南的未来收益和市场交易情况，从不同角度对股东全部权益价值进行评估。

2. 市场法评估的局限性：市场法评估依赖于类似上市公司的交易数据和财务信息。尽管评估人员对参考公司进行了充分调整，但仍存在无法掌握的无形资产和或有负债等因素。这一点需要引起注意，因为这可能导致评估结果与公司的实际价值之间出现较大偏差。

3. 收益法评估的优势：收益法评估考虑了锦湖越南未来的收益能力和风险承担情况，可以更全面地反映企业的价值。评估人员对锦湖越南财务状况的调查和历史经营业绩的分析有助于确保评估结果的准确性和合理性。

4. 评估结果接近：收益法评估结果为 157600 千美元，市场法评估结果为 156700 千美元。两种方法的评估结果差异较小，仅为 900 千美元，差异率为 0.57%。这表明两种方法在评估锦湖越南的股东全部权益价值时，得出的结论相对接近。

5. 选择收益法作为最终评估结论：基于评估师对锦湖越南财务状况的调查和历史经营业绩分析，以及综合考虑资产评估准则的规定，选择收益法的评估结果作为最终结论。这意味着锦湖越南的股东全部权益价值评估为 157600 千美元。

五、制造行业案例——沈阳蓝英工业自动化装备股份有限公司收购 SBS Ecoclean GmbH 的股权

（一）交易总结

蓝英装备（300293. SZ）披露 2021 年以简易程序向特定对象发行股票预案，拟发行股票数量不超过 8100 万股（含本数），不超过本次发行前公司总股本的 30%，最终发行股份数量由股东大会授权董事会根据具体情况与本次发行的主承销商协商确定。募集资金总额为 1.2 亿元，涉及股东全部权益的价值，扣除相关发行费用后，用于收

购工业清洗系统及表面处理业务子公司 SBS Ecoclean GmbH 少数股权。该公司在 2017 年收购了 SBS Ecoclean GmbH 的 85%股权后，运营状况良好，对公司的发展起到了积极的影响。根据公司未来的战略发展目标和目前的运营情况，公司计划收购 SBS Ecoclean GmbH 的少数股东股权（15%）。

（二）评估方法的选择

企业价值评估有三种主要方法，即收益法、市场法和成本法。收益法是通过将预期收益资本化或折现来确定评估对象价值的方法。市场法是将评估对象与可比的上市公司或交易案例进行比较，确定评估对象价值的方法。成本法（资产基础法）是以评估基准日的资产负债表为基础，合理评估企业内外可识别的各项资产和负债的价值，确定评估对象价值的方法。由于被评估单位属于轻资产类型的企业，成本法无法全面反映其真实价值，因此本次评估不适用成本法。被评估单位属于工业机械行业，德国相关行业上市公司较多，具备一定的可比性，适合采用市场法进行评估。被评估单位的收益和风险可以合理量化，适合采用收益法进行评估。综上所述，根据评估目的和评估对象的特点，本次评估选择了收益法和市场法对被评估单位的股东全部权益进行评估。

1. 收益法的具体评估方法

本次评估采用收益法中的现金流量折现法来间接获取企业整体价值，企业整体价值是通过正常经营活动产生的经营性资产的现金流量进行折现计算得出的。

2. 收益法评估结果

收益法初步评估结论根据收益法中的现金流折现方法，对被评估单位的股东全部权益进行评估，在评估基准日（2020 年 12 月 31 日），被评估单位的股东全部权益评估价值为 108750. 80 万元，较其账面价值 98532. 16 万元增值 10218. 64 万元，增值率为 10. 37%。通过市场法中的上市公司比较法，对被评估单位的股东全部权益进行评估，在评估基准日，被评估单位的股东全部权益评估价值为 122388. 13 万元，较其账面价值 98532. 16 万元增值 23855. 97 万元，增值率为 24. 21%。

（三）评估思路

本次评估采用了收益法和市场法两种方法，通过不同途径对被评估单位的股东全部权益进行评估。收益法初步评估结论为 108750. 80 万元，市场法初步评估结论为 122388. 13 万元，两者相差 13637. 33 万元，差异率为 12. 54%。收益法评估主要从被评估对象未来经营活动所产生的净现金流角度反映企业价值，考虑了被评估对象未来现金流、经营状况、资产质量风险、应对能力等因素。由于收益法能更好地反映评估对象的预期盈利能力，考虑到被评估对象的品牌效应、客户资源、内控管理、核心技术、研发团队以及管理经验，能够通过公司的盈利能力得到较好体现，且企业所面临的经营环境相对稳定，预计在未来年度经营过程中能够获得较为稳定的收益，因此收益法评估结果能更全面地反映评估对象的预期盈利能力。市场比较法直接来源于市场和公开信息，评估结果与基准日资本市场价格相关性较高，但股票的二级市场价格受宏观经济政策、有关题材信息等因素的影响较大，市场本身具有不确定性，可比公司的市场价值与企业的内在价值可能存在一定差异，评估结果易受资本市场价格的变化而波动。综上所述，根据以上比较分析，最终评估结论采用了收益法的评估结果较为合理，即蓝英装备拟收购的 SBS Ecoclean GmbH 股东全部权益的评估结论为 108750.80 万元，与账面价值相比的绝对变动额为 10218.64 万元，差异率为 10.37%。

（四）评估结论

1. 评估方法的选择：通过收益法和市场法对被评估单位的股东全部权益进行评估是合理的决策。收益法考虑到被评估对象未来的现金流量和经营状况，能够全面反映企业的价值。市场法利用可比公司的数据进行比较，提供了一个与市场相关的评估结果。综合使用这两种方法可以获得更全面的评估结论。

2. 收益法的评估方法：本次评估采用了收益法中的现金流量折现法来间接获取被评估单位的整体价值。这种方法通过对正常经营活动产生的经营性资产的现金流量进行折现计算，确定企业的价值。

3. 初步评估结论：根据收益法和市场法的评估结果，被评估单位的股东全部权益的价值分别为 108750.80 万元和 122388.13 万元。两种方法得出的评估结果相差 13637.33 万元，差异率为 12.54%。

六、制造业案例——中国一重收购新加坡中品圣德国际发展有限公司股东全部权益

（一）交易总结

中国一重（601106）6 月 28 日晚间公告称，公司拟以现金 23.92 亿元收购控股股东一重集团持有的中品圣德国际发展有限公司（以下简称：中品圣德）38.74%股权。交易完成后，中国一重将持有中品圣德 38.74%股权，并间接享有印尼德龙镍业有限公司 23%的权益。中国一重主要业务包括重型机械及成套设备、金属制品的设计、制造、安装、修理；金属冶炼及加工；金属材料的销售；矿产品销售；工业气体制造及销售；冶金工程设计；技术咨询服务；承包境外成套工程及境内国际招标工程；进出口业务。中国一重 2020 年实现营业收入 199.03 亿元，同比增长 51.18%；实现利润总额 2.23 亿元，同比增长 24.11%。截至目前，一重集团持有中国一重 63.88%股份，为公司控股股东及关联法人，一重集团实际控制人为国务院国有资产监督管理委员会。

（二）评估方法的选择

依据资产评估基本准则，确定资产价值的评估方法包括收益法、市场法和资产基

础法三种基本方法及其衍生方法。资产评估专业人员应当根据评估目的、评估对象、价值类型、资料收集等情况，分析上述三种基本方法的适用性，依法选择评估方法。评估方法的选择理由如下：

收益法适用的前提条件是：①被评估对象的未来预期收益可以预测并可以用货币衡量；②资产拥有者获得预期收益所承担的风险也可以预测并可以用货币衡量；③被评估对象预期获利年限可以预测。由于中品圣德成立时间较短且主要作为投资平台，无实际经营业务，公司的主要资产为其下属的子公司的股权投资，因此不适宜采用收益法对中品圣德的企业价值单独进行评估。中品圣德控股子公司 VDNI 是主营业务为镍铁生产，大规模建设已经完成，自 2018 年陆续投产运营，产能、产品价格较稳定，资产收益情况较好。本次对中品圣德及其子公司 VDNI 采用合并口径收益法进行评估。

市场法适用的前提条件是：①存在一个活跃的公开市场且市场数据比较充分；②公开市场上有可比性的交易案例。由于中品圣德作为投资平台的特殊性，资本上市场上并购案例较少且信息不透明，故本次评估不适宜采用上市公司比较法进行评估。

资产基础法适用的前提条件是：①被评估对象处于继续使用状态或被假定处于继续使用状态；②能够确定被评估对象具有预期获利潜力；③具备可利用的历史资料。中品圣德评估基准日资产负债表内及表外各项资产、负债可以被识别，并可以用适当的方法单独进行评估，故本次评估选用了资产基础法。

（三）评估思路

本次评估采用资产基础法、收益法对中品圣德股东全部权益价值进行评估。中品圣德截至评估基准日 2021 年 1 月 31 日，经审计的资产账面价值为人民币 381332.16 万元，负债为人民币 31420.41 万元，净资产为人民币 349911.75 万元。

1. 资产基础法评估结果

在本报告所列假设和限定条件下，采用资产基础法评估的中品圣德股东全部权益价值为 617336.89 万元，增值额 267425.14 万元，增值率 76.43%（详见表 10-6 所示）。

表 10-6　中品圣德母公司净资产（所有者权益）

单位：万元

项目		账面净值	评估价值	增减值	增值率（%）
		A	B	C=B-A	D=C/A×100
流动资产	1	31314.50	31314.50	0.00	
非流动资产	2	350017.66	617442.80	267425.14	76.40
其中：长期股权投资	3	350017.66	617442.80	267425.14	76.40
投资性房地产	4				
固定资产	5				

续表

项目		账面净值	评估价值	增减值	增值率（%）
		A	B	C=B-A	D=C/A×100
在建工程	6				
无形资产	7				
其中：土地使用权	8				
其他非流动资产	9				
资产总计	10	381332.16	648757.30	267425.14	70.13
流动负债	11	31420.41	31420.41	0	
非流动负债	12				
负债总计	13	31420.41	31420.41	0	
净资产（所有者权益）	14	349911.75	617336.89	267425.14	76.43

注：于评估基准日2021年1月31日，中品圣德合并口径归属于母公司的净资产账面价值为482959.64万元，采用资产基础法评估的中品圣德股东全部权益价值为617336.89万元人民币，较合并口径归属于母公司净资产增值额为134377.25万元，增值率27.82%。

采用资产基础法评估增值原因为：本次评估对中品圣德长期股权投资单位采用收益法进行评估，中品圣德的长期股权投资单位VDNI产能稳定，行业前景好，收益稳定，经营良好，因此长期股权投资评估增资。

2. 收益法评估结果

在本报告所列假设和限定条件下，采用收益法评估的股东全部权益价值为617330.00万元，增值率76.42%。较合并口径归属于母公司净资产为482959.64万元，增值额为134370.36万元，增值率27.82%。

资产基础法的评估值为617336.89万元；收益法的评估值为617330.00万元，两种方法的评估结果相差6.89万元。基于以下因素，本次选用资产基础法结果作为最终评估结论，即中品圣德的股东全部权益价值评估结果为617336.89万元。考虑到中品圣德与其控股子公司的注册经营地址在不同国家，不同国家的经济政策、经营风险有所差异。中品圣德的资产负债结构清晰，主要资产是对VDNI的长期股权投资，评估师经过对中品圣德财务状况的调查及历史经营业绩分析，依据资产评估准则的规定，结合本次资产评估对象、评估目的，适用的价值类型，经过比较分析，认为资产基础法评估结果能更全面、合理地反映中品圣德的股东全部权益价值

（四）评估结论

1. 评估方法选择：根据资产评估基本准则，选择评估方法是评估过程中的关键决策。在这种情况下，资产基础法和收益法被选为评估方法。这表明评估师考虑到中品圣德的特殊情况和资产特征，认为收益法不适用于对中品圣德进行独立评估，因而采用了资产基础法。

2. 资产基础法评估增值原因：资产基础法评估结果显示，中品圣德股东全部权益价值增值额为 267425.14 万元，增值率为 76.43%。评估师认为增值的主要原因是中品圣德对 VDNI 的长期股权投资。VDNI 是主营镍铁生产的子公司，具有稳定的产能和良好的经营状况，这可能是增值的重要因素。

3. 不同评估方法的结果差异：资产基础法和收益法的评估结果存在 6.89 万元的差异。这种差异可能是由于评估方法在处理不同方面的效果和假设上的差异导致的。在本例中，评估师选择了资产基础法作为最终评估结果，认为其能更全面、合理地反映中品圣德的股东全部权益价值。

4. 考虑跨国经营风险：评估师在决定最终评估结论时考虑到中品圣德与其控股子公司注册经营地址在不同国家，存在不同国家的经济政策和经营风险的差异。这表明评估师对国际经营环境的影响进行了综合考虑，以确保评估结果的准确性和合理性。

第十一章　跨境并购交易流程

收购兼并，即使买方通过一系列行为最终从卖方那里获得所有权。这一系列行为就是基本的并购流程。

一般而言，中国企业跨境并购可分为两类：一对一交易和公开竞标交易。前者是指标的卖方仅与单个潜在买方进行接触、谈判以及交易对价的确定；后者是指卖方与数个，甚至数十个潜在买方同时进行接触、谈判，通过多轮投标逐次筛选最优买方，其流程更为复杂。事实上，多数交易都可能在流程上有所差别，下文主要阐述普遍适用的一个流程。公司并购基本流程如图 11-1 所示。

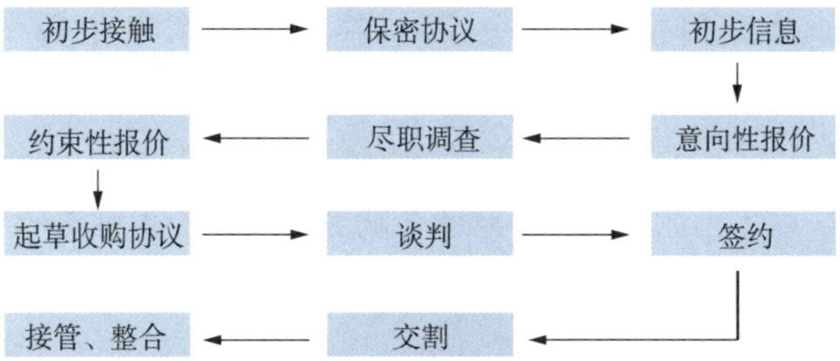

图 11-1　公司并购基本流程

第一节　买方角度的并购流程

并购交易从买方的角度来看，总体可以分为五个阶段：前期意向阶段，即从初步接触到提出意向性报价；尽职调查阶段，开展各项尽职调查，提出约束性报价；谈判与签约阶段，涉及交易文件的起草、谈判、定稿和签署；交割阶段，进行各项交割准备工作，履行交割手续；接管、整合阶段，即接管被收购企业，进行收购后整合和经营。

一、前期意向阶段

前期意向阶段涉及收购战略的制定、目标企业的定位、初步接触、签署保密协议以及提出意向性报价。

企业首先应该，根据企业行业状况、自身资产、经营状况和发展战略确定自身的定位，形成并购战略，即进行企业并购需求分析，确定并购目标的特征模式，以及并购方向的选择与安排。一旦形成了清晰的战略，便可开始物色相关目标企业。这个过程既可以由内部人员完成，也可在日常中关注卖方发布的信息来操作，也可聘请专业投行来寻找项目。项目确定后，双方开始初步接触，了解项目和交易方的情况。

投资目标的选择是相当重要的。沃伦·巴菲特写给股东的信中，多次提到“购买好的业务”的重要性：“首先，最初的便宜价也许并不便宜。如果业务处于困境，问题总会接连出现——厨房里永远不会只有一只蟑螂。其次，你最初的获益将很快被此业务的低回报所侵蚀。比如，如果你以 800 万美元收购一家公司，但能够通过转卖或清算获得 1000 万美元，而且你马上这样做了，你自然能够获利。但如果你在 10 年后才以 1000 万美元出售这家公司，而在此期间，公司的业务回报很低，那么该项投资则是令人失望的。时间是优秀业务的朋友、平庸业务的敌人。”

【案例】

战略目标匹配——海尔并购通用家电业务

2016 年 6 月 7 日，海尔集团控股的青岛海尔股份有限公司（SH600690，“青岛海尔”）和通用电气（GE）联合宣布，双方已就并购交易签署所需的交割文件，这标志着通用电气正式成为海尔大家庭中的一员。这场并购的完成，不但意味着海尔将成为家电行业全球布局最完整的公司之一，也意味着海尔全球的资管工作将提升至历史新高度。

海尔集团 2016 年收入达 1190.66 亿元人民币，增长 32.59%；2016 年，通用电气贡献的公司收入为 258.34 亿元人民币，贡献归属于上市公司股东净利润约为 4.35 亿元人民币；贡献扣除非经常性损益的归属于上市公司股东净利润约为 8.86 亿元人民币。根据欧瑞国际全球大型家用电器调查数据，2016 年，海尔大型家用电器品牌份额为 10.3%，实现八连冠。

海尔和通用电气在用户、技术、产品方面极强的互补性是此次合作的基础。

首先，海尔收购通用电气可助力海尔走向国际化。海尔从 1998 年开始进入国际化经营阶段，1999 年就在美国设立工厂，是最早进入美国市场的中国家电企业之一，但相比惠而浦、伊莱克斯、三星等主流品牌还有不小的差距。越是发达国家的消费者，其产品品质意识越强。因为无法和国际巨头在专利技术上形成抗衡，海尔被外国消费者认为是来自中国的中低端品牌，这显然与海尔的世界品牌目标不符，要改变这一状态，海尔必须加大出口力度，并且在国际市场上有所作为。通用电气在美国拥有 9 家工厂和成熟的物流渠道，海尔与通用电气合作，能够在全球资源配置下实现协同效应。

其次，海尔最看重的是通用电气的用户资源。中国厂商生产的家电对美国出口以小家电为主，大白电在美国市场相对处于弱势。而在欧美市场，通用电气、惠而浦、博士等家电品牌长期霸占中高端市场，这恰恰是中国企业最难攻克的领地。如果成功收购通用电气家电业务，海尔有望进入美国家电销售的主战场。

最后，与通用电气合作，可实现二者技术与产品层面的优势互补，对海尔品牌在美国市场的渗透形成巨大推动力，从而大大提升海尔在美国市场中的竞争力，这无异于将美国乃至世界家电的“权杖”握在手中。

交易双方签署保密协议（NDA），得到对方披露的进一步信息，如信息备忘录。卖方一般会整理好自己的资料，制作相关的信息备忘录。当然，这一阶段的信息披露十分有限，卖方一般不会对所披露信息提供保证。

在进行初步估值的同时，买方投行、律师和税务顾问会协助买方确定交易结构、融资方案和审批程序。当然，这些随着后续尽职调查的进行和信息的完善，会进行一些调整。

买方根据获取的信息作出意向性报价或递交意向函（LOI）。通常买方会列出其出价范围，以及估值方法和假设条件等，而卖方将根据买方的出价来决定是否继续与买方就推进项目进行更深入的沟通。除报价外，意向书中还包含双方在交易初期通常关注的其他主要内容，例如：交易融资安排、交易结构、完成交易所需的政府审批、尽职调查安排和交易时间表等。有的并购项目中双方还会在这一阶段就交易文件的某些关键性条款（如价格调整机制、交易的先决条件、卖方的声明与保证、不竞争等）进行试探性讨论并纳入意向书。除个别条款外（例如保密和排他条款），意向书通常不具有约束力，但它起到投石问路的作用，也为双方未来准备最终收购协议奠定了基础。

二、尽职调查阶段

并购是一项大额的“买卖”，买家自然需要更深入地探查底细，避免大费周章之后发现巨大的风险。这个探查底细的过程，就是我们说的尽职调查。组织充分详尽的尽职调查除了对保证项目的顺利推进具有重要意义，还对后期的风险规避和整合至关重要。

卖方一般会建立虚拟网上资料室或者开放实体资料室给潜在的买方，尽职调查范围应不限于卖方提供的资料。买方也可以主动拟定信息需求清单，明确列出所需要的信息。如有必要，买方还可以进行现场尽职调查，包括高管访谈和项目现场调查。

（一）尽职调查团队

开展尽职调查前，买方首先要组建自己的尽职调查团队。买方同其聘请的各中介机构人员确定尽职调查的范围，并准备尽职调查清单。随后，中介机构分别开展法律、财务、税务、业务等方面的尽职调查，审核卖方提供的资料。买方应认真审阅尽职调查成果，针对发现的风险，作出终止交易或继续交易的决定。买方通过调整交易价格、设定先决条件、设置托管账户，以及在交易文件中设置合理风险分配或损害赔偿机制、强化陈述和保证条款等方法来消除或控制风险。

一般来说，尽职调查团队成员包括内部人员和外部人员，需要金融、法律、财务、税务等多方面的人才。并购流程中的各参与方在尽职调查环节的主要职责见表 11-1。

表 11-1 并购流程中的各参与方在尽职调查环节的主要职责

参与方	主要职责
公司的项目小组，包括研发、生产、营销、财务、法律、人事、技术等多方人员	审阅各项尽职调查审查资料； 审阅各中介机构尽职调查报告； 展开与对方管理层的对话； 研究并购过程中的问题和解决方案
投资银行	买方投行根据尽职调查报告修改其财务假设和预测，并调整收购价格和交易文件
法律顾问	审阅尽职调查中的各项法律文件； 就潜在的和可能发生的法律问题进行法律尽职调查
会计师	审阅尽职调查中的财务和税务记录； 就公司的历史财务报表和税务合规情况提供建议； 为交易设计最合理的税务结构
其他顾问	根据所处行业的特殊性，聘请专业领域内的顾问

资料来源：根据调研所得。

（二）尽职调查内容

尽职调查的内容包括四个方面：一是目标企业的基本情况，如主体资格、治理结构、主要产品技术及服务等；二是目标企业的经营成果，包括公司的资产、产权和贷款、担保情况；三是目标企业的发展前景，包括对其所处市场进行分析，并结合其商业模式做出一定的预测；四是目标企业的潜在亏损情况，包括调查目标企业在环境保护、人力资源以及诉讼等方面是否存在潜在风险或者可能有损失。

尽职调查范围和内容见表 11-2。

表 11-2 尽职调查范围和内容

	分类	具体内容
尽职调查范围和内容	行业	宏观经济环境； 市场架构和特色； 竞争态势； 公司定位； 机遇和挑战

续表

	分类	具体内容
尽职调查范围和内容	业务	主营业务范围； 公司收入构成； 优势和不足； 发展战略； 产品和品牌； 目标客户定价政策； 销售和分销渠道； 促销和广告； 制造、生产过程； 原材料和供应商； 研发、信息技术平台； 竞争对手、市场份额； 已经生效但未履行或未履行完毕的合同
	财务	预算和预测； 收入、成本的影响因素和假设； 资本支出； 流动资本需求； 资本结构
	会计	审计师报告和意见； 会计政策； 会计估计； 历史趋势分析； 负债情况； 一次性项目； 税收优惠； 税务合规性
	法律	公司架构； 股权结构； 牌照和许可证； 公司章程、股东协议、入股协议； 知识产权； 诉讼及争议情况； 产权关系
	监管	监管部门； 政策法规； 企业的社会义务； 审批程序； 法律制度演变趋势； 地域政策和政府支持情况
	人事	组织结构图； 人事制度； 管理层——职衔、经验、履历、工资和激励机制； 雇员——按部门分的人数、福利

续表

	分类	具体内容
尽职调查范围和内容	环境	环境监测管理部门； 相关政策、法规、规章； 环境顾问的合规性检测； 审核程序； 目前的操作方法； 潜在的隐性成本
	土地、物业和其他资产	租赁和拥有的土地、房产； 物业业权； 在建工程； 生产经营设备； 存货； 债权； 财产保险情况

资料来源：中信证券、中伦律师事务所。

双方根据获取的更多信息调整估值、交易方案等。买方完成估值和交易文件的修改后，提交具有法律约束力的标书，这里的价格一般视为最终报价。卖方评估标书，看价格的同时也看买方有没有提出自己不可能接受的协议修改意见。若是公开竞标的交易，卖方将会比较多方的价格和条件，选择最适合自己的。

需要注意的是，对标的的尽职调查应贯穿收购的整个过程。收购标的的运营是一个持续的过程，因此从买方初步接洽收购标的到签署最终交易文件，甚至到交割，买方都应对收购标的持续进行尽职调查，以便能够及时发现收购标的的问题与风险。

三、谈判与签约阶段

如果交易双方均有兴趣继续推进收购项目，通常在尽职调查大部分实质性工作完成时（一般以尽职调查报告初稿完成为标志），双方就开始准备和谈判收购协议。收购协议是一份综合性法律文件，其内容包括购买价格、价格调整机制、交割、双方交割前后的义务、卖方和收购标的的承诺与保证、赔偿等条款。这一环节中，虽然价格基本已定，但双方都要最大化自身的其他利益，因而仍然是一场紧张的博弈。

随着双方谈判的进行，董事会、投委会等的内部批准程序也履行完毕，双方进入交易文件签署环节。在双方律师的见证下，买方与卖方负责人签署交易文件，标志着收购正式由法律文件所约束，双方均有义务促成最终的交割。

在并购中，需要重点关注的一个问题是如何减少交易一方在签约后拒绝完成交易的风险。最初关注此风险的是买方。买方担心在与卖方签约后，由于出现出价更高的竞标者或其他原因，卖方拒绝依约完成交易。随着买方交易保护机制的普及，卖方也开始要求对等的保护。

（一）买方的交易保护机制

对于买方的最常见的交易保护机制首先是禁止卖方在签约后再主动接触其他的潜在买方、寻求更有力的交易。其次，如果有第三方主动向卖方提出更有利的交易方案，而且卖方董事会根据其对于股东的责任必须选择此方案，则卖方必须对原先的买方做出补偿，支付相应的终止费。

另一种常见的买方交易保护机制是由卖方给予买方立即生效的选择权，让买方可以以规定的价格向卖方购买一定数量的股份。如果卖方选择以更高的价格向第三方出售，这种选择权可以使原先的买方获益。

此外，还有一种交易保护机制是买方可以以规定的价格向目标公司购买特定的资产或其中的权益。在这种情况下，即使交易未能完成，买方也可以部分地实现其战略目标。

（二）卖方的交易保护机制

卖方交易保护机制中最自然的要求是，如果买方拒绝依约完成交易，就必须向卖方支付终止费，被称为“反向终止费”，以此与卖方单方终止交易时必须向买方支付的终止费相区别。反向终止费和终止费通常都设定为交易对价的一个比例；如果一个交易中兼有终止费和反向终止费，交易双方出于简单的对等概念，往往会把这两个费设为相同金额，尽管在交易中往往有一方选择终止的风险更大。

另一种简单的卖方交易保护机制是由买方向卖方支付定金，以表示确有诚意。如果卖方对买方的支付能力了解不够，也可能要求买方将一部分的收购对价支付到特定的托管账户中，以证明其确有能力和意愿进行收购。

2011 年，A 股上市公司庞大汽贸集团股份有限公司联合浙江青年莲花汽车有限公司，试图收购瑞典萨博汽车的控股权，并为此支付了 4500 万美元的购车预付款；对卖方来说，这可以看作向买方所要求的变相定金。后来收购未成，同年 12 月萨博汽车进入破产程序。由于萨博汽车严重资不抵债，庞大汽贸集团股份有限公司不得不对其支付的购车预付款做出 100%的坏账准备。

在谈判中，一方面，交易各方都希望给自己保留尽可能大的灵活性，如果情况有变，自己可以选择不完成交易；另一方面，各方又希望尽可能地限制对方的灵活性。实践中，最后的结果取决于交易各方的谈判地位和对此风险的重视程度。

四、交割阶段

签署交易文件并不是收购的终点，从签署到交割短则数月，长则一两年，因为交割需要满足签订的交易协议里所要求的交割条件。交割条件包括但不限于以下几点：

各方股东大会的批准。如果交易涉及上市公司的话，并购交易往往会引起股价波动，所以一般需要在签署协议且对外公布后再去征得股东大会批准，以免消息过早通过不正常的渠道泄露，影响股价，再反过来影响协议的谈判。通常情况下，交易金额达到一定门槛后，交易须经股东大会批准才能继续进行。

政府的核准或备案。涉及上市公司的，可能需要获得当地的证券监督机构的核准；涉及国有企业的，需要国资委或者财政部的认可；涉及境外收购的，需要发展改革委、商务部、外管局的核准或者备案，以及标的所在国的外国投资审查委员会和反垄断机构的许可。

其他常见的交割条件还有：①交易各方在签署协议时各自所做的陈述和保证仍然正确有效，且没有发生违反协议的情况；②该项交易得到债权人和其他相关方（如关键客户）的同意；③没有未决的诉讼试图阻止该项交易；等等。

在交割期间，买方的义务相对简单，就是推动交割条件的满足，包括向相关政府机构提出申请、安排所需融资等。卖方除推动满足交割条件外，还需要维持公司的正常运营，避免员工、客户和供应商的流失，以及向投资方/买方及时通报公司状况。投资方/买方尤其要防范卖方及其现有股东在此期间通过派发股息、关联交易、对外担保等方法转移资产，损害投资方/买方的利益。投资方/买方有时还希望能够约束卖方在此期间的经营，希望卖方的任何重大行动必须获得投资方/买方的同意。

当收购协议中的各项交割条件均得以满足后，双方进入正式的交割程序。在交割日，卖方将根据收购协议向买方转让收购标的，并向买方提交证明股权或资产转让至买方的证明文件；买方则应向卖方支付交易对价，至此收购基本完成。

【案例】

东道国政府对外国投资的审批——中国有色集团赴澳投资未见曙光

2009 年 5 月 1 日，澳大利亚稀土矿业莱纳股份有限公司（简称莱纳股份）发布公告称，中国有色矿业集团有限公司（简称中国有色集团）将以每股 0.36 澳元的价格买入其 7 亿股新发行的股份，从而获得其 51.66%的股份，总投资额为 2.52 亿澳元。中国有色集团同时将向莱纳股份提供银行担保，由中方银行向莱纳股份提供 1.04 亿美元贷款，支持后者完成稀土项目的第一阶段融资。

2009 年 9 月 24 日，莱纳股份发布公告称，澳大利亚外国投资审查委员会（FIRB）要求中国有色集团在交易中将持股比例降至 50%以下，并减少其莱纳股份董事会成员数至半数以下。中国有色集团未能接受上述要求，选择终止交易。

中国有色集团之所以要求 50%以上的持股比例，是因为这样一来，在控股子公司的情况下，为莱纳股份提供担保获取贷款更为容易；并且，更改收购的股份比例，意味着中国有色集团要重新向中国的审批机构解释。

因此，对于FIRB的要求，中国有色集团表示不理解，并拒绝接受。“我们已经做出让步，继续让步会导致我们权利义务不对等，所以就放弃交易了。”中国有色集团投资部总经理郭然言语中流露出失望。

五、接管、整合阶段

对于企业而言，仅仅实现并购是远远不够的，买家在对标的企业进行并购后，只有积极开展投后管理，对目标企业的资源进行成功整合和充分调动，才有可能产生预期的效益。

对于大多数买方而言，投后管理最重要的一环就是构建一支拥有跨境运营和整合后管理经验的团队。这支团队需要具备丰富的职能经验，要有工程师和技术人才来支持技术转移或技术购买，要有市场营销人才支持交叉销售、IT人才支持平台合并。团队成员还得掌握标的企业所在国的语言沟通能力。

并购后整合是指收购企业获得目标企业的资产所有权、股权或经营控制权之后进行的资产、人员等企业要素的整体系统性安排，从而使并购后的企业按照一定的并购目标、方针和战略有效运营。

并购后整合一般包括战略整合、组织与制度整合、财务整合、人力资源整合、企业文化整合、管理活动整合、业务活动整合、信息系统整合等内容。

（一）战略整合

并购后的企业都存在一个企业内部的发展战略同创过程。或者是将并购企业的发展战略自然延伸到被并购企业，使被并购企业执行并购企业的发展战略；或者是保留被并购企业的发展战略，使并购企业的发展战略得以拓展，被并购企业的发展战略成为并购后企业发展战略的重要组成部分；或者根据并购后企业的状况重新制定企业发展战略。以上三种方法确立的企业发展战略，对并购双方都有约束力。它有利于实现企业内部各职能机构的分工和协作，便于企业优化经济结构，实现资源配置的优化和效益的最大化。

企业并购后，战略整合是其他整合的根本前提，衡量并购成败的关键因素之一就是看并购是否使企业的战略意图得以实现，换言之，并购是否服务于企业的长期发展战略。只有符合企业的长期发展战略，旨在提升核心竞争力、强化竞争优势的企业并购行为，才能为企业创造持续效益，才能为股东和利益相关者创造更大价值。同时，并购是一项涉及企业所有权和控制权转移的系统工程，也是决定控制权增效的关键，因此，并购活动一般都与并购双方的战略安排或战略调整密切相关。

战略整合不仅要获得新的核心能力，还要解决新能力与原核心能力兼容的问题；既要保持并进一步强化核心能力，又要通过并购在新的经营领域获取新的竞争优势，赋予核心能力以新要素和新活力。这是企业在并购过程中需考虑的战略性问题。

（二）组织与制度整合

组织是战略得以实施的基础，组织整合可以从两个方面着手：一是在战略牵引下重塑组织愿景和使命。组织整合是一项牵一发而动全身的工作，涉及组织内外各种利益相关者的诸多利益。明确发展愿景和使命，可以使企业内外股东、管理者和员工增强大局意识，增强使命感和责任感。二是重构组织结构。重构组织结构的主要任务除改组董事会和调整管理层外，还包括职位分析、职能调整、部门设置、流程再造和人员调配，其目标是在企业并购后形成一个融规范性和效率性于一体、传承与变革有机统一的组织体系，形成一个开放性与自律性有机结合的权力系统，使整合后的管理层次、管理幅度更加科学合理，各事业部、战略业务单元和职能部门的责、权、利更加清晰。

制度整合体现为并购双方人事、财务、营销和开发等职能制度的优势互补过程。通常，并购方会将本公司优秀的管理制度移植到目标公司，以改善其内部管理效率。同时并购方还会充分利用目标公司优良的制度弥补自身不足。对于那些组织健全、制度完善、管理规范、财务状况良好的企业，并购方可继续沿用其管理制度，以便保持制度的稳定性和连续性。但大多数情况下，被并购企业中制度落后、机制陈旧、思想保守、组织涣散、管理无序的居多。

（三）财务整合

财务整合是指并购方对被并购方的财务制度体系、会计核算体系统一管理和监控，使被并购企业按并购方的财务制度运营，最终达到对并购企业经营、投资、融资等财务活动实施有效管理的目的，实现收益最大化。财务整合是企业扩张的需要，是发挥企业并购后财务协同效应的基础，是并购方对被并购方实施有效控制的根本途径，更是实现并购战略目的的重要保障。通过财务整合，企业得以建立健全高效的财务制度体系，实现一体化管理，从而使各种信息与数据得到最大限度的共享和高效利用。

财务整合，主要包括财务目标导向整合、财务结果与管理制度整合、会计核算体系整合和业绩评估体系整合。整合后的财务控制是保证财务整合有效实施的基础，没有财务控制的整合是难以成功的。

（四）人力资源整合

人力资源整合的目的，是通过各种手段做到让双方员工接受这次并购，并能相互了解、相互理解，接受各自的差异，达成对未来共同的期望，以实现并购最终的共同目标。通常并购发生后被并购企业员工会忐忑不安，会产生压力感、紧迫感和焦虑感，进而出现人员流失。如果关键人员大量流失，并购成效就会大打折扣。1987 年，中国台湾宏基电脑公司收购了美国生产微型电脑的康点公司，但此后 3 年累计亏损 5 亿美元。到 1989 年，宏基公司只好以撤资告终。其失败的真正原因是“人力资源整合策略”出现了问题。无论收购前后，康点公司均发生了人才断层危机，而宏基公司又缺乏国际企业管理人才，无法派员填补此缺口，加之康点公司研究人员流失严重，宏基公司无奈宣告并购失败。

留住关键人员是并购后人力资源整合的重中之重。“千军易得，一将难求”，关键人员是企业的战略性资产，是企业未来成功的关键。企业应采取切实可行的措施，留住或稳固这些重要人才。现代企业竞争的实质是人才的竞争，人才是企业的重要资源，尤其是管理人员、技术人员和熟练工人。企业并购中，如何整合并购双方的人才，是并购企业所要关注的首要问题。

（五）企业文化整合

并购后最难的莫过于企业文化整合。据统计，过去二十几年中，全球有65%的并购以失败告终，其中，85%的CEO承认管理风格和公司文化差异是造成并购失败的主要原因。并购实践中，如果是一个很强的企业收购一个很弱的企业，整合起来还相对容易一些；如果两个都很强，或是以小博大，企业文化的整合难度则相对较大。文化整合之所以成为并购整合中最困难的任务，一是企业文化深深根植于组织的历史之中，旷日持久、根深蒂固，深刻地影响员工的价值取向和行为方式，企业文化整合本质上是对企业中人的思想和行为的改变，这绝非规章制度和操作规程所能解决的，需要潜移默化、耳濡目染、熏陶渗透，很难“毕其功于一役”；二是企业文化整合不是简单地用一种文化替代另一种文化，或者使几种文化孤立并存，冲突和碰撞不可避免。对冲突和碰撞的化解与融合实属不易，在两种企业文化集权程度、开放性、正规性等方面差异较大的情况下，难度则更大。1995年的Abbey健康保健公司与Homedco集团的合并案就属于这种情况：Abbey公司以充分授权的管理风格和积极进取的企业文化为特征，而Homedco公司则显得十分保守和官僚作风浓厚，结果两家公司严重的文化冲突使一宗本来平等的合并演变成一家对另一家的收购，最后导致Abbey公司很多优秀的管理人员离职。真正有效的企业文化整合应该吸取两家公司各自的优秀部分，建立复合的新型企业文化。达到这一目的的方法包括三个方面：首先，并购双方的高层领导必须求同存异、团结一致，通过榜样的示范作用影响整个组织的行为方式；其次，企业必须建立两种文化的沟通和理解机制；最后，员工在认同企业价值观这一主文化的同时，也认同不同组织、个人中还存在次文化。

总之，企业整合的方式很多，企业并购后，以何种方式实施企业的整合，取决于两个重要的因素：一是并购双方企业制度、组织、机制和文化上的差异性；二是并购后企业的发展战略的特点和要求。实际上，一个企业的整合，往往不是单纯地选择某一种模式，通常是对不同内容采用不同模式进行整合。

（六）并购整合的实施过程

企业并购后整合的实施过程大致包括四个阶段：整合规划与评估阶段、整合计划制订阶段、整合计划实施阶段、整合评价与改进阶段。

第一阶段，整合规划与评估阶段。积极的整合策略始于并购前期，在选择并购目标、进行尽职调查时，就要分析组织的匹配性、业务的关联性以及企业文化的相容性等，以便确定核心能力的转移能否实现、并购整合后能否产生足够的协同效益。

第二阶段，整合计划制订阶段。在分析评估的基础上正式组建整合团队，安排整合项目经理，制订全面的整合计划，并设定整合里程碑。整合计划是用来确切地规划何时和怎样合并双方公司的主要资源、资产、业务流程和义务，以达到新合并公司战略目标的一系列纲领性文件。整合计划中应包括三类基本内容：新公司的战略目标；对资源、系统和职责的整合将如何支持这些目标；整合的优先顺序和时间表。

第三阶段，整合计划实施阶段。这一阶段具体实施整合计划，涉及公司治理结构、公司战略、人力资源、有形资产和无形资产等财务资产、业务及管理流程等的整合，是整合成功的关键阶段。在此阶段，无论是何种类型的并购方案，目标公司都会产生消极情绪，从而导致管理失意和生产力的破坏。在计划实施过程中，需要注意策略和方法，随着整合过程的深入，要及时对整合计划进行反馈和调整。

第四阶段，整合评价与改进阶段。随着整合计划的完成，合并后的新公司董事会需要及时对整合计划的实施效果、整合团队的工作绩效进行评价和审计，发现存在的问题，并根据评价结果和存在的问题，明确未来还需进行哪些方面的整合工作以及如何进行，制订改进的长期计划。

企业并购后的整合是一个有起点、无终点的系统工程，整合的效果在很大程度上决定了并购企业的命运。选择恰当的整合策略对企业进行整合，使并购双方在制度、机制、组织和文化上协同运作，才能增强企业的核心能力。

第二节　卖方角度的并购流程

并购交易从卖方的角度来看，可以分为五个阶段：评估和准备阶段、初步接洽和挑选买方阶段、配合尽职调查阶段、谈判和签约阶段，交割阶段。

一、评估和准备阶段

卖方公司要确定出售战略，认清市场现状，确定并购时间表，并且聘请顾问，组建团队。初步推介材料一般由卖方财务顾问基于标的业务情况、财务信息进行起草。这个阶段的资料相对信息量较小，主要为了达到告知出售意愿、吸引有意向的投资者跟进的目的。

二、初步接洽和挑选买方阶段

卖方投行试探、评估各买方对项目的兴趣，逐渐缩小潜在买方名单范围。对于对项目感兴趣和履历优秀的买方，卖方会与其签署保密协议，而后向买方发放首轮招标文件，包括流程文件及信息备忘录等。备忘录提供的相关信息包括企业和行业的内部信息、财务表现回顾、管理层介绍、出售流程考虑、投资要点考虑等。

同时，卖方一般会建立虚拟网上资料室或者开放实体资料室给潜在的买方，期望通过对企业本质的展示得到潜在买家的提示性报价和交易文件。

若是一对一交易，此时就看提示性报价是否符合卖方的要求。若卖方能够接受，则进入下一步骤。若是公开竞标交易，卖方企业要根据报价综合考量挑选部分买家进入第二轮邀约。从卖方企业第一轮邀约买方到第二轮邀约的过程时间比较短，能够进入第二轮邀约的竞标者已经不多。

三、配合尽职调查阶段

进入第二轮邀约的竞标者继续进行尽职调查，在这个过程中，买方或竞标方对企业信息做进一步了解，或是提出要求，卖方的专业人员一般需要进行解答。等买方提交了具法律约束力的标书后，卖方评估标书，看价格的同时也看买方有没有提出自己不可能接受的协议修改意见。

四、谈判和签约阶段

当卖方选定并接受买方的约束性报价后，双方随即进入最终谈判环节，磋商最终交易条款。这一环节中，虽然价格基本已定，但双方都要最大化自身的其他利益，因而仍然是一场紧张的博弈。最终双方进入交易文件签署环节，促成最终的交割。

五、交割阶段

在双方签字之后、正式交割之前，还有一段过渡期。从签署到交割短则数月，长则一两年。这一阶段依旧是充满风险的，在过渡期，标的资产是否出现重大不利的变化、政府审批、股东审批、融资情况、反垄断审查等都会影响交割的顺利进行。此时，卖方也需要密切关注，注重双方的沟通，同时保护自身利益。当收购协议下的各项交割条件均得以满足后，双方进入正式的交割程序。在交割日，卖方将根据收购协议向买方转让收购标的，并向买方提交证明股权或资产转让至买方的证明文件；买方则应向卖方支付交易对价，至此，收购基本完成。

第三节　海外并购新发展

近年来，随着全球化的不断深入和经济全球化的加速推进，海外跨境并购活动也在不断发展和变化。

一、技术驱动的跨境并购

随着科技的快速发展，新技术已经成为海外跨境并购的重要驱动力之一。以下是几项新技术对海外跨境并购的影响：

人工智能（AI）：人工智能可以用于分析大量的数据和信息，以帮助企业评估目标公司的价值和风险。例如，企业可以使用人工智能来分析目标公司的财务数据、市场趋势和竞争环境等信息，以更好地了解目标公司的实际情况和价值。

区块链技术：区块链技术可以用于管理跨境并购中的数据和信息安全。例如，企业可以使用区块链技术来记录并管理跨境并购中的所有交易和信息，以确保数据的安全性和完整性。

大数据分析：大数据分析可以用于帮助企业评估目标公司的市场前景和风险。例如，企业可以使用大数据分析了解目标公司所在行业的市场规模、增长趋势和竞争环境等信息，以更好地了解目标公司的商业前景和潜力。

云计算：云计算可以用于协调跨境并购中的多个部门和团队。例如，企业可以使用云计算来共享跨境并购中的信息和资源，以便各个部门和团队更好地协作和沟通。

虚拟和增强现实技术：虚拟和增强现实技术可以用于帮助企业了解目标公司的实际情况和价值。例如，企业可以使用虚拟现实技术来模拟目标公司的生产线和工艺流程，以更好地了解其生产能力和质量标准。这些新技术的使用可以帮助企业更好地评估目标公司的价值和风险，提高并购的成功率和效益。同时，新技术的使用也会影响并购过程中的数据和信息管理、沟通和协作等方面。在使用这些新技术的过程中，企业需要充分考虑技术的可靠性、安全性和成本等因素，并确保技术的使用符合当地法规和标准。此外，新技术的使用也会对跨境并购的人力资源需求和人才素质提出更高要求。企业需要拥有一支具备专业技能和跨文化沟通能力的团队，以确保跨境并购的顺利进行。因此，企业需要充分考虑人力资源的配备和培训，以满足跨境并购的需求。新技术的使用为海外跨境并购带来了更多的机遇和挑战。企业需要充分利用新技术的优势，同时也需要克服新技术带来的风险和挑战，以实现跨境并购的成功。

二、环保主义与 ESG 治理影响下的跨境并购

近年来，环保主义和 ESG 标准对海外跨境并购的影响越来越大。ESG 标准要求企业在进行并购时需要考虑环境、社会和治理等方面的因素，以确保企业在并购过程中遵守合规性、道德准则和社会责任等方面的要求。

（一）环保主义对跨境并购的影响

近年来，全球环保意识不断提高，一些国家和地区出台了更加严格的环保法规和标准。这些环保法规和标准可能会对跨境并购产生影响，例如，一些环保标准较高的国家可能会对低环保标准的目标公司产生负面影响，从而影响跨境并购的进展。

（二）ESG 标准对跨境并购的影响

ESG 标准要求企业在进行并购时需要考虑环境、社会和治理等方面的因素，以确

保企业在并购过程中遵守合规性、道德准则和社会责任等方面的要求。ESG 标准对跨境并购的影响主要体现在以下几个方面。

环境：在进行跨境并购时，企业需要考虑目标公司的环境影响，包括目标公司的环境记录、环境风险和环境管理。如果目标公司的环境记录不好或环境风险较高，企业可能会面临环境责任和法律诉讼等风险，从而影响跨境并购的进展。因此，企业需要在并购前对目标公司的环境记录和风险进行充分的尽职调查，以确保并购的合规性和环保性。

社会：在进行跨境并购时，企业也需要考虑目标公司的社会责任和社会影响，包括目标公司的劳动力和供应链管理、社区和利益相关者关系等。如果目标公司的社会责任记录不好或社会影响较差，企业可能会面临声誉损失和法律诉讼等风险，从而影响跨境并购的进展。因此，企业需要在并购前对目标公司的社会责任和社会影响进行充分的尽职调查，以确保并购的合规性和社会责任性。

治理：在进行跨境并购时，企业需要考虑目标公司的治理结构和管理体系。如果目标公司的治理结构不健全或管理体系不规范，企业可能会面临管理风险和法律诉讼等风险，从而影响跨境并购的进展。因此，企业需要在并购前对目标公司的治理结构和管理体系进行充分的尽职调查，以确保并购的合规性和治理性。

ESG 标准对跨境并购的影响也表现在资本市场上。越来越多的投资者和机构开始将 ESG 标准作为投资决策的重要考虑因素，这也促使企业在进行跨境并购时更加注重 ESG 标准的遵守和实践。如果企业在跨境并购中能够遵守 ESG 标准，将有助于提高企业的声誉和信誉，拓展企业的市场和业务领域，从而增加企业的竞争优势和长期价值。

环保主义和 ESG 标准对海外跨境并购的影响越来越大，企业需要在进行跨境并购时充分考虑环境、社会和治理等方面的因素，以确保并购的合规性、可持续性和长期价值。企业还需要关注当地法规和标准，以确保并购的合法性和符合当地的法律要求。同时，企业需要在并购前进行充分的尽职调查和风险评估，以评估并购对企业的影响和风险，并制定相应的应对策略。

三、国际政治和地缘政治的不确定性对海外并购的影响

国际政治和地缘政治的不确定性对于海外并购的影响是多方面的，可能会影响企业的决策、战略和风险管理等方面。

政策和法规风险：国际政治和地缘政治的不确定性可能导致目标国家政策和法规的变化，从而对海外并购产生影响。例如，政策和法规的变化可能导致目标国家的市场准入条件发生变化，影响企业的海外并购计划。

市场和经济风险：国际政治和地缘政治的不确定性还可能导致目标国家市场和经济的变化，从而对海外并购产生影响。例如，战争、恐怖主义、政治不稳定等因素可能导致目标国家的经济下滑或市场萎缩，影响企业的海外并购计划。此外，贸易战、

关税政策等因素也可能导致贸易环境的不稳定，从而影响企业的海外并购计划。

财务和汇率风险：国际政治和地缘政治的不确定性还可能导致汇率波动和金融市场的不稳定，从而对企业的财务和海外并购产生影响。例如，汇率波动可能导致企业海外并购的成本增加或收益减少，影响企业的收益和回报率。

品牌和声誉风险：国际政治和地缘政治的不确定性可能对企业的品牌和声誉产生负面影响。例如，政治冲突、战争等事件可能导致企业的品牌形象受到损害，从而影响企业的市场地位和竞争力。

四、海外并购新兴市场战略

海外并购向新兴市场扩张是近年来的一个趋势，新兴市场的经济增长速度和潜在市场规模吸引了许多企业的关注。

新兴市场的经济增长速度：新兴市场的经济增长速度通常比发达市场更快，这使得新兴市场成为吸引海外并购的重要目标。例如，中国、印度、巴西等新兴市场国家在过去几十年中经济增长迅速，吸引了大量的外资投资。

新兴市场的潜在市场规模：新兴市场国家通常具有庞大的人口和潜在市场规模，这使得新兴市场成为海外并购的重要目标。例如，中国和印度的人口已经均超过 14 亿，拥有巨大的潜在市场。

新兴市场的资源和技术：新兴市场国家通常拥有丰富的资源和技术，这使得新兴市场成为海外并购的重要目标。例如，巴西拥有丰富的天然资源，中国在人工智能和电子商务等技术领域处于领先地位。

政策和法规的变化：新兴市场国家政策和法规的变化可能会对海外并购产生影响。例如，新兴市场国家可能出台更加保护本土企业的政策和法规，对海外企业的并购产生限制。此外，新兴市场国家的政治和经济环境也可能不稳定，增加海外并购的风险。

文化和语言的差异：新兴市场国家的文化和语言与西方国家有所不同，企业需要适应当地的文化和语言环境，才能够顺利地进行海外并购。

第四节　中国企业并购新常态

中企跨境并购新常态是指近年来中国企业在国内外进行并购的新趋势和新特点。

一、国内外投资并行

近年来，中国企业的并购活动呈现出国内外投资并行的趋势。这种趋势主要是由以下几个方面的因素驱动：

国内市场饱和：随着中国经济的发展，国内市场已经趋于饱和。因此，为了维持企业的增长和盈利能力，许多企业开始在国际市场上寻找新的机遇。

全球化趋势：全球化是当前全球经济发展的趋势之一。中国企业正在积极响应全球化趋势，通过海外并购来扩大自己在全球市场中的份额，提升自身的竞争力。

政策支持：中国政府在 2012 年发布了“走出去”政策，鼓励企业在海外进行投资和并购。政策的支持为中国企业的海外并购提供了重要的支持和保障。

资源需求：随着中国经济的发展，企业对外部资源的需求也越来越大。在国际市场上进行并购，可以为企业获取先进技术、品牌、管理经验等资源。

中国企业的并购活动呈现出国内外投资并行的趋势。企业通过并购获取资源、提升竞争力的同时，也需要注意控制风险，保护自己的投资。

二、资本运作新发展

资本运作是指企业通过资本市场活动，对企业进行重组、收购、分立、兼并等操作，以实现企业价值的增长和提高资本回报率的一种经营模式。近年来，中国企业在进行跨境并购方面，越来越多地采用新老结合的资本运作方式作为其开展并购业务的方法。传统和新兴资本运作模式主要体现在以下几个方面：

传统股权投资：企业通过股权投资来实现对目标企业的控制。这种方式可以帮助企业提高效率、降低成本，并且可以通过资产重组来实现业务扩张。

传统资本增值：企业通过股权投资、资产重组等方式实现资本增值，从而提高企业的价值和资本回报率。这种方式可以帮助企业优化资产结构，提高业务效率和盈利能力。

传统产业资本：企业通过产业资本的方式来进行并购。这种方式可以帮助企业获取更多的产业资源，提升自身的核心竞争力，并且可以通过资本运作来实现资本增值和资产重组。

传统资本市场：企业通过资本市场的方式进行并购。这种方式可以帮助企业获得更多的资本支持，提高企业的资本回报率，并且可以通过资本市场的交易来实现资产重组和业务扩张。

新兴投资平台：企业通过建立投资平台来进行并购。这种方式可以帮助企业优化资源配置，提高资产效率，并且可以通过资本运作实现资产重组和资本增值。资本运作的新模式可以帮助企业在并购过程中降低成本、提高效率，同时也可以为企业带来更多的资本收益。此外，企业采用资本运作的新模式，还可以更加灵活地进行资产重组，以适应市场变化和企业发展需要。资本运作的新模式是中国企业在并购方面的一种新趋势，可以帮助企业实现资本增值、资产重组和业务扩张，从而提高企业的竞争力和市场份额。企业在采用资本运作的新模式时需要注意风险控制，包括评估目标企业的财务状况和管理能力、遵守当地法规和政策等，以保护自己的投资、降低风险。值得注意的是，资本运作的新模式需要企业具备一定的财务和投资能力，同时也需要在法律、税务等方面具备相关的知识和经验。因此，企业在采用资本运作的新模式时，需要谨慎考虑，并在专业人士的指导下进行决策和实施。

三、资源整合新常态

中国企业在进行并购后，资源整合是一个至关重要的环节。资源整合不仅可以帮助企业提高效率、降低成本，还可以提升企业的竞争力。近年来，中国企业在进行跨境并购后的资源整合方面，呈现出以下新常态：

供应链整合：企业通过并购来整合供应链资源。例如，企业可以整合生产线、物流网络、销售渠道等资源，从而提高产能、降低成本，并且可以更好地适应市场需求。

人力资源整合：企业通过并购来整合人力资源。例如，企业可以整合人才队伍、培训体系、薪酬体系等资源，从而提高员工的工作效率和生产力，并且可以更好地吸引和留住人才。

管理经验整合：企业通过并购来整合管理经验。例如，企业可以整合管理团队、管理体系、管理流程等资源，从而提高企业的管理水平和管理效率，并且可以更好地应对市场变化和企业发展需求。

技术创新整合：企业通过并购来整合技术创新资源。例如，企业可以整合研发团队、技术专利、技术平台等资源，从而提高企业的技术创新能力和技术水平，并且可以更好地满足市场需求。

品牌整合：企业通过并购来整合品牌资源。例如，企业可以整合知名品牌、营销渠道、消费者口碑等资源，从而提高企业的品牌知名度和市场份额，并且可以更好地开拓市场、提高销售额。

资本运作整合：企业通过并购来整合资本运作资源。例如，企业可以整合投资平台、资本市场、金融机构等资源，从而提高企业的资本运作能力和资本回报率，并且可以更好地实现资产重组和资本增值。

中国企业在进行并购后，资源整合已经成为一个新常态。中国企业在进行跨境并购前，就应该考虑到资源整合的问题，并制定相应的整合计划。在整合过程中，企业需要注意以下几点：

第一，尊重并保留目标企业的核心资源和人才，充分发挥其优势；

第二，建立有效的沟通机制，协调各方资源，避免资源浪费和冲突；

第三，制定清晰的整合计划和目标，明确整合过程中各方的职责和权利；

第四，针对不同资源的整合，采取相应的措施和手段，例如，通过人才培训和激励措施留住人才，通过技术创新和研发投入提高技术水平等。

第十二章　中国企业跨境并购的投后管理

第一节　中国企业跨境并购投后管理详解

近年来，越来越多的中国企业在全球不同区域、不同行业进行并购和投资，尽管其中的交易动因各不相同——有的是战略布局，有的是希望寻找业务协同，或者仅仅是为了“市值管理”，但是所有的企业都希望并购交易之后出现买方和卖方双赢的局面，乃至一加一大于二的情形。当然，并不是所有的中国买家都有这样的好运气，我们已经看到很多企业在并购之后整合不力，或者与被并购方在管理等方面出现了重重冲突甚至陷入不可收拾的局面，也因此，中国买家对于跨境并购的核心关注点也逐渐从“如何促成交易”转向了“如何管理并购后的企业”，从而实现利益最大化。

一、如何定义并购交易的成功

提到并购交易，很多人都说大部分的并购交易是失败的，不但中国如此，全球范围内也是如此。但是在讨论并购交易为何失败之前，我们需要讨论的是怎样才算并购成功、并购成功的定义是什么？评估一项收购案是否“成功”肯定是一种主观的判断，因为没有人知道如果买家当初没有进行此项收购，买卖双方的情况会变成什么样。

即便是上市公司在交易之后的股价变化，通常也只能反映市场在短期内是否看好这笔交易，而无法反映交易整合长期的执行情况和效果。所以，要评估一笔交易是否成功，就必须追根溯源，看看当初交易发生时双方，尤其是买方定下的目标是否得以实现，这才是评估一项并购交易的比较全面的标准。麦肯锡公司发布的一项报告指出，根据这个标准，中国企业过去 10 年的跨境并购成绩并不如意。有占比约 60%、将近 300 笔的交易，并没有为中国买家创造实际价值。反过来讲，收购失败的范畴可能有很多种，如交易谈判的失败（即买方没有与卖方达成收购）、交易审批的失败，以及交易设定的战略目的或协同效应没有实现等。

二、跨境并购交易失败的主要原因

麦肯锡在回顾中国企业过去 10 年的并购交易历史时发现，中国买家在跨境交易中的表现参差不齐，大部分交易并没有切实实现原定目标，其中最主要的一个原因是时机选择错误，时机是所有企业都很难把握的。另一个原因是中国企业欠缺并购后整合能力。

首先是时机选择错误。研究发现，过去 10 年间发生的自然资源相关交易中，80%的交易发生在大宗商品价格飙升期间，直到金融危机时达到峰值。其余 20%发生在之后 3 年价格回落之时，因为价格下跌被视为买进良机。然而，在大多数交易达成后，大宗商品价格都维持在低于收购价的水平，导致 84%的这类交易（交易额占总交易额的 89%）并没有为收购者创造收益，平均亏损为期初投资的 10%。

在收购上市公司类型的交易中，交易达成后被并购方仍为上市公司。此类交易的主要动机是多元化投资，或是与目标公司拓展关系，24%的交易属于这一类，被收购企业仍保持较大的独立性。平均而言，自购买日起到现在，买家年均亏损 7%。如果考虑机会成本，即向国内企业进行类似的少数股权投资，投资回报会更难看。因为自 2008 年起，国内股价年均涨幅达 15%。这类投资失败的主要原因也是时机不对，大部分交易集中在金融服务和电脑电子行业，平均亏损为期初投资的 30%。受创最重的当属零售业和专业服务业，平均亏损为期初投资的 70%。

相比少数股权投资，对上市公司进行多数股权投资的话，收益会稍好一些。平均而言，这类交易的股价自投资日起年均亏损 2%，但区间差异很大，仍有过半数交易是盈利的。同时，更多证据显示，多数股权投资者能从收购中获得核心业务的协同效应：将技术或产品带入中国市场，为买家带来实实在在的利润增长。

略超 1/4 的并购交易不属于资源类与上市公司类交易。对于这类交易，我们通过分析并购案的既定目标（产品、技术或成本），以及比较其是否达成目标，发现约 70%的交易成功达成了目标。控股交易与非控股交易的成功率分别为 75%和 60%。回顾所有跨境并购，研究发现，控股比例对投资的成功与否的确很重要。在 505 宗交易中，34%为非控股类投资，其成功率仅为约 30%。而控股类投资成功率高达 45%。

其次，抛开并购时机这一客观且较难掌控的要素，剩余的首要可控败因则是没有做好并购后整合。麦肯锡的研究发现，很多并购案例中，中国买家都迟迟不愿在交割后主持大局。买家在对企业进行并购后，只有积极开展投后管理，才可能实现协同效应，这一点是中国企业的挑战。从现实来看，2010 年至今，尽管多数中国企业管理跨境资产的能力已经进步不少，但总体仍然非常有限。一些具备跨境经验的中方高管能力又往往局限于销售和采购领域。拥有丰富跨境业务运营经验的人才极少，在薪资标准偏低的国企中就更少了。除了需要跨境运营经验，管理者还必须熟悉收购标的所在国的语言和商业文化。这都是对中国买家极大的挑战。

在国际市场上，很多西方企业认为，并购后整合好像并不受中国买家重视，他们大多会选择保留原高管层，并且赋予他们较大的自主权。这恰恰说明了过去中国企业的整合能力不足，往往缺乏具备国际经验的储备人才，对整合也没有信心，并不是不想管，而是实在没办法管。也正因如此，在过去10年，中国企业的跨境并购成绩喜忧参半。

好在现在越来越多的中国企业意识到了这点，在交易前期就着手制定具体的整合计划。对于大多数中国买方来说，瓶颈是构建一支拥有跨境运营和整合后管理经验的团队。这支团队需要有工程师和技术人才支持技术转移或技术购买，还要有市场营销人才支持交叉销售、IT人才支持平台合并。团队成员还得掌握标的企业所在国的语言和沟通能力。尽管困难重重，但随着精通国际运营的本土管理人才越来越多，情况将逐渐好转。未来，更多的中国企业将会选择参与深度整合。

三、并购后整合的几种方式

根据买方和标的公司的实际情况，每个企业在并购后进行整合与管理的方式和方法不同，按照整合的程度，大致可以分为以下几类。

放手式整合：收购企业保持目标企业运营的独立性，主要通过董事会对其进行管理；

全面式整合：尽可能将目标企业纳入买方管理体系，需要重组目标企业；

修正重振式整合：收购企业利用任命管理层、薪酬、激励和财报向独立资产施压，推动其提升绩效；

选择式整合：目标企业在很大程度上保持独立，但是会在某些方面产生显著变化；

渐进式整合：目标企业从一个职能领域开始整合，逐步拓展至其他领域。

（一）放手式整合

整合的标准思路是快而全面，在不影响业务稳定性的情况下，尽可能多地让双方组织参与其中。中国企业早年的大部分海外收购，在很大程度上都是反其道行之。通常，中外企业双方都缺少能真正磨合的经理人，而且很快意识到两家企业的管理模式和企业流程都大相径庭，因此，许多中国企业把重点放在治理机制上，以此作为主要的交汇点，在被收购方的董事会进行有关战略、投资、预算的讨论。

三一重工收购Putzmeister后就采用了类似的做法。三一重工极少直接参与日常业务运营，并基本保留了Putzmeister原先的管理团队，同时加入Putzmeister的监事会，确保其年度规划和长期战略符合母公司的要求。在2016年发生的包括携程收购天巡、中国化工收购先正达、中粮收购Nidera和美的收购库卡在内的多项中国企业对外并购交易中，买方在交易前都明确宣布了目标公司将会在交易后数年内保持独立的管理运营，一方面让利益相关者安心，另一方面也显示了收购企业敏锐审慎的态度。

（二）全面式整合

大部分尝试全面式整合的中国收购企业都功败垂成，有的甚至成为行业经典失败案例。这些交易本身可以创造很强的成本协同效应，但只有通过真正的整合才能实现这一目标。

上汽集团收购韩国双龙汽车公司就是一个典型的例子。当年，上汽集团斥资 5 亿美元将完整的知识产权和研发平台收入囊中，用以开发中国本土产品。然而问题出在了扭转公司在韩的业务上。承担这项任务的中国管理人员没有能力在运营和文化方面有效经营业务。他们试图重组管理层、采用新的工作实践，但很快失去了高管、工会和员工的支持。工会借着工人的不满向上汽发难，韩国媒体也纷纷声援。2009 年，该公司进入了破产程序，2010 年，印度公司 Mahindra & Mahindra 入资取得了对该公司的控股权。

在中国企业早期对外的投资中，联想的案例值得借鉴。联想志在成为全球第一，但在海外市场的内生增长极其缓慢，而收购 IBM 的个人电脑业务可助其从国内领头羊一举晋升为全球领导者。然而，交易的经济效益很大程度上取决于产生的运营协同效应。整合后能够在采购环节产生与收购价格近乎相当的协同价值，但前提条件是两家公司必须实现全面式整合。

为此，联想愿意解构和重组公司，没有这样的承诺，交易可能行不通。联想意识到，现任中方管理层中的大多数人，至少要学会暂时退居幕后，重新学习如何在新环境下运营公司。公司还改组了董事会，引入更多拥有国际化经验的人才为管理层提供指导。同时，联想还设计了中外领导层都能参与、适应的全新管理流程。这也带来了一些阵痛，曾经业绩优秀却无法适应新环境的高层员工不得不离开。

在收购 IBM 的 PC 部门后，联想物色了 200 名倡导“全球采购”、最有潜质成为未来全球商业领袖的人员，根据他们希望的工作城市选址建立职能中心，将决策权从北京下放。在当时，很少有中国的买家愿意这样做。哪怕时至今日，大部分公司可能也都做不到这一点。

交易结束后，联想将这次整合方法进行制度化，在随后的 5 宗收购案中均采用了类似的做法。这需要投入大量的时间精力，但如果收购后能够实现更有力的企业成长，这种付出也是值得的。目前，联想 20 人的高管团队中有 60% 为非中国籍人士，均拥有广泛涉猎国际业务的经验。无论是中国还是外国企业，有不少都认为“整合”就是把被收购公司揉进自身的管理模式。这往往不是最佳选择。事实上，用收购公司来促成企业自身的变革才能将收购的效益最大化。在联想的案例中，收购让联想华丽变身为一家拥有中国底蕴的国际企业。但对于大部分中国收购企业而言，这不是一个诱人的选择。许多外国收购企业在海外扩张的过程中也承认这种转变并非易事。

（三）修正重振式整合

对外并购中较少见的一种交易类型是收购经营不善的生产企业。2008 年后，出现了大量财务困顿企业的收购案，比如收购现金流有问题的房地产资产，或大宗商品价格下跌引发的资源收购。但是，中国收购者抱着“修正”问题企业的目的而收购已破产或濒临破产的制造型企业的案例相对来说不太常见。有能力这样做的中国企业可谓凤毛麟角。“修正”困顿企业是一种稀有而特殊的能力。在 20 世纪 90 年代到 21 世纪初，追求经济增长的中国市场中，中方管理人员并不需要培养这种特定技能。不过，确实有几个相关的早期案例，如上海电气曾在 2007 年收购印刷设备生产企业高斯国际，后于 2015 年将其出售给了私募公司美国工业合作伙伴。近年来，虽然只有少数中国企业会主动重振收购企业的海外业务，但数量越来越多。最有名的案例莫过于双汇对 Smithfield 的收购案。

双汇看中了美国知名肉类品牌所带来的协同效应。然而，双汇并不满足于此，它还希望提升企业在美国的运营绩效。首先，双汇将运营中心整合为两个，最终目标是仅保留一个。其次，双汇对所有运营实体的共享服务进行了精简，将公司重组为自负盈亏的业务单元，颠覆了收购前分散的运营公司占主导的局面。

对于双汇，Smithfield 的品牌与其国内运营之间的巨大协同效应可以保障财务绩效。即使业务重振不理想，这种协同效应创造的价值或许也有益于公司财务。更加幸运的是，Smithfield 的第二梯队管理人员志存高远，公司改革获得了他们的支持。该案例清晰地表明，扭转颓势是完全可能的。如果企业高估值能够逐步降低，那么未来 10 年，这种重振的整合模式将成为中国买家的必备良方。

（四）选择式整合

近年来，越来越多的收购企业尝试选择性地整合一两项业务领域，而借由董事会来管理与目标企业的整体关系。这种做法在合适的环境中是有效的。

2010 年，中国石油旗下子公司收购地球物理调查科技公司 Ion。当时，中国石油已是全球最大的烃类合同勘探企业之一，Ion 据称拥有业内最先进的 3D 地震成像设备。两家公司的“联姻”完全符合行业逻辑。然而，Ion 是休斯敦的一家相对扁平管理、气氛轻松、充满创业精神的公司，而中国石油则是一家庞大的国有企业。

不过，中国石油有一小批管理人员在多年的工作中，积累了丰富的海外勘探运营经验。这批人与 Ion 的管理层拥有共同的技术语言和参照体系，顺理成章变成了两家公司之间的“桥梁团队”。大部分对 Ion 的管理工作还是通过董事会完成的，但双方在探索如何将 Ion 的技术和专长快速部署到中国石油的勘探运营中且整合其研发路线图方面展开了广泛而密切的合作，其他业务领域基本毫发未动。

（五）渐进式整合

吉利汽车在 2010 年收购沃尔沃，堪称全球汽车业的里程碑。诸多跨国汽车公司如梦初醒，意识到中国汽车品牌走向国际市场的雄心并不只是说说而已。相对于中外合资品牌，国产品牌尚未获得显著的成功。没有哪个国产品牌在中国以外的市场进行实质性布局，或者成功把海外业务整合到麾下。实际上，已有的合资企业，基本都是将国内运营并入了外资品牌的全球产品平台。

车企整合有其独特的挑战，主要通过整合产品平台和采购实现规模效应来产生价值。除非对两家公司进行全面整合，不然基本无望。所以大部分车企对并购整合都亲力亲为，重组的范围广，需要一方或双方共同实施。

吉利汽车的管理层十分清楚其中的风险。2010 年，沃尔沃处于财政困顿中，售价较低，吉利汽车也因此获得了比大多数收购者更充裕的时间。吉利汽车迈出了正确的一步，决定要在跑之前先学会走。整合中最容易也是价值最大的部分，是双方共享的沃尔沃的研发和制造技术知识，这也是吉利汽车首要关注的领域。接下来吉利汽车发力的领域向前跨越了一大步：从采购和产品路线图角度发现生产平台的运营协同效应，需花费好几年的时间。下一步是分析双方的市场销售布局，找到可以整合的领域。

整合速度比一开始预想得更加缓慢。然而，对于那些预测文化冲突和财务绩效滑坡的质疑者，吉利汽车给予了有力的回击。吉利汽车以这种方法牺牲了收益，但也降低了风险，有充足的时间去实现企业的战略目标。

四、私募股权基金在并购整合中的作用

基金能对交易执行和管理利益相关者提供巨大价值。2008 年，中联重科对 Cifa 的投资可算作交易前后动态变化的一个经典案例。由弘毅、高盛以及与意大利渊源深厚的中欧基金曼达林三方组成的共同投资方协助寻找标的并完成了交易。三方在尽职调查、谈判融资、交割后企业管理设置方面提供了强大支持，没有这些支持，中联重科执行交易的难度会大大增加，甚至交易可能告吹。

共同投资方还物色了一位新的首席执行官。然而交易后，这家公司在运营和研发方面举步维艰。在这两个领域，私募投资者都束手无策，企业收入出现下滑。不久以后，由私募方委派的首席执行官“下课”，中联重科提名的人选取而代之。虽然公司的财务业绩欠佳——最初投资 3 年后的 2011 年，公司收入已不到交易前预测的 40%——但财务投资者依然设法退出并赚取了不菲的回报。私募投资者设计了保护自己利益的交易结构，风险实际上都由战略投资者承担。因为战略投资者占多数股权，与作为少数股东的财务投资者相比，在交易后有更强的资产管理能力，但是如果战略投资者的运营投入多却得到较少的回报，便很难向股东作出解释。

近年来，一种新的合作伙伴形式出现：中国本土基金开始为中国企业执行收购交易，这些中国本土基金部分为私营背景，许多享有某种形式的政府拨款。这些基金的员工，尤其是初级员工，通常是在海外有过投资行业求学和工作经验的中国人，拥有国际经验，能为合作企业弥补其欠缺的国际视野。有限合伙人主要都是中方机构，不同于海外基金，它们相对而言没有融资周期方面的压力，因此在投资退出时机方面也更加灵活。

要判断这些基金的表现是否会有别于外国基金，尚且为时过早。不过，它们提供了一个中间地带，而且近年来，获得它们共同参投的交易数量快速增长。中国零售运营商三胞集团对美国零售网络 Brookstone 控股公司的收购案就是这样一个例子。在这项交易中，三胞集团得到了赛领资本的支持。赛领资本是一家总部位于上海的基金公司，主营业务为协助中国企业进行海外收购，募集资金以人民币为主，但投资团队拥有太盟（PAG）等外国投资公司工作背景。收购后成果初显：Brookstone 已在中国开设了包括上海旗舰店在内的 3 家门店，加快了业态创新速度，加大了面向年轻消费者的营销力度。

基金在支持海外并购方面的作用不言而喻。但在收购后整合方面，基金扮演的角色则相对次要，其更多依赖企业和基金公司的合作。

五、基金的投后管理

快速增长的 AUM 使投资机构无法及时调整自己的投后管理模式，多数新晋明星基金都不同程度地遭遇了投后管理跟不上 AUM 发展速度的窘境。许多基金公司在参与海外并购后，发现价值的能力欠缺。它们在机构逐渐聚焦海外资本市场时，发觉海外市场发展成熟且增速缓慢，需深入帮助有潜质的企业挖掘自身潜力，才能为项目实现价值增值。

基金公司在投后管理方面面临诸多挑战，但也正因为此，有效的投后管理对于基金本身将会有很大的增值作用：

通过有效的投后管理机制，保障投资增值行动能按照投资方案中的计划有序执行，提升受资企业和相关资产的价值；

投资机构提供公司治理、资本运作等专业化增值服务，贯穿投资的整个进程，使其价值最大化；

投后管理的水平是衡量机构实力的重要标志，良好的管理服务能够增加投资机构品牌的内涵和价值；

服务能力较强的投资机构在交易谈判时能获得较强的议价能力，获取项目能力更强；

参与相应的投后运营工作，可以帮助投资团队了解项目的实际运营情况，作为日后选择投资项目的判断依据之一。

基金公司通过一系列投后监控手段，密切跟踪受资企业的经营状况，以便及时发现潜在问题并采取应对措施，从而提高机构投资退出时的实现收益水平，加强基金盈利的确定性。

基金的投后管理模式通常有以下几种：

（一）投前投后一体化模式

这种模式被很多投资机构称为“投资经理负责制”。其特点在于投资项目负责人既负责投前尽职调查和投中交易，也负责在交易完成后对其进行持续跟踪和价值提升，通常广泛被中小型股权投资机构，尤其是风险投资基金公司所采用。

该模式的优势在于投资经理对项目充分了解，对其问题有针对性地持续跟踪和改进，同时由于项目的经营与投资经理的绩效直接挂钩，对投资经理的投后工作有一定激励性。但其缺点也显而易见，随着管理项目数量增长，投后工作只能停留在基础的回访和财报收集上，投资经理难以提供更深入的建议和对于管理提升的支持。

（二）专业化投后管理模式

这种模式也被称为“投后负责制”。为了应对第一种模式带来的投后工作的缺失，投资机构开始成立独立的投后管理团队，负责投后事务。这些事务不仅包括资源对接、定期回访，还包括深入洞察企业内部管理问题、制定详细计划及参与企业运营。

专业化投后管理的优势在于投后团队能独立并持续地专注于帮助企业在运营过程中解决各类管理问题，提升企业价值，然而其绩效评估方式却面临挑战，通常会被提到的问题是：企业价值的提升，是投得好的结果，还是投后持续提升其管理质量的结果？

上述两种模式的优劣势十分明显。但随着一家基金公司从垂直领域走向多元化领域，不同行业的受资企业面临不同类型的战略、业务和管理问题，因此内部投后管理团队的专业化程度面临巨大挑战。

（三）外部专业化模式

部分投资机构逐渐探索出一种新的外部专业化模式，即将投后管理的部分工作，尤其是管理提升任务交给外部咨询公司，或者将投后团队分离，独立成立管理咨询公司，使其绩效考核、费用核算与投资组合脱钩，转而向受资企业收费，从而形成新的合作模式。此模式一定程度上解决了第一种模式中人手和专业度的问题，也解决了第二种模式中投后团队与投资团队绩效考核冲突的问题，可视作相对成熟的解决方案。

在这个方面，KKR Capstone 是一个有参考意义的例子。KKR Capstone 是独立于 KKR 投资团队的投后管理团队，旨在帮助 KKR 的受资企业进行管理提升和改进，是一支由世界一流的经营管理咨询人才组成的优秀内部管理咨询团队。在完成资金注入后，KKR Capstone 为受资企业制定包括战略转型、绩效改善、效率提升和成本削减在内的管理计划，最终帮助受资企业提升内外部价值。

总体来说，三种模式各有利弊，其适应的机构类型和发展阶段各不相同，而选择采取哪种模式的核心是平衡投后管理过程中的责、权、利。优秀的投资机构应根据自身业务特点和管理重心，慎重选择合适的投后管理模式。

第二节　投后管理经典案例

一、IVD 巨头丹纳赫“投转”实业

美国的丹纳赫公司，从地产基金，演变为现在的全球体外诊断（IVD）巨头，其思路清晰、目标明确，且用非常坚决的态度推动着 IVD 业务发展，未来或许能与该领域 TOP 1 对抗。

我们先来看一下丹纳赫的成长史。

（一）从地产信托基金起家，到全球体外诊断巨头

从丹纳赫公司的成长史中可以得知，如今的美国工业及医疗设备制造商的前身只是一家上市的地产信托投资基金（REITs）公司而已，这家基金公司自 1975 年以来就没有公告其利润，但是有超过 1.3 亿美元的税损结转。

1980 年，Rales 兄弟成立了以并购为目的证券集团控股（Equity Group Holdings），随后收购了硕士盾公司和莫霍克橡胶公司。

1983 年，Rales 兄弟获得 REITs 的控股权之后，出售了 REITs，改名为丹纳赫（Danaher），并将证券集团控股已经收购的两个子公司装入上市公司，通过税收抵免保护制造业的收入。

在 2016 年未拆分之前，丹纳赫旗下拥有五大业务板块：测试与计量、环境、牙科、生命科学与诊断、工业科技。

为了获得更高的资本市场估值，公司将其仪表和工业业务剥离分拆成新公司 Fortive，而将其于 2015 年收购的世界上最大的生物分离产品研发公司 Pall，以及生命科学与诊断、口腔科、水质及产品标识平台业务整合组建成新的丹纳赫，且现在保持独立上市。

2016 年 7 月完成拆分之后，新的丹纳赫只覆盖四个业务领域：生命科学、诊断、牙科、环境与应用解决方案。

几十年来，丹纳赫进行了 400 多起并购，这本质上就是一家“赋能式”投资公司。通过不断并购以及运用精益管理 DBS（Danaher Business System，由一系列精益制造方法以及质量提升流程所构成），丹纳赫的营业额从 1988 年的 7 亿美元增加到 2017 年的 183 亿美元。目前丹纳赫位列世界 500 强企业中的第 144 位，总市值已高达 682 亿美元。

根据 2017 年年报数据，2015—2017 年丹纳赫主营业务销售额占比如图 12-1 所示：

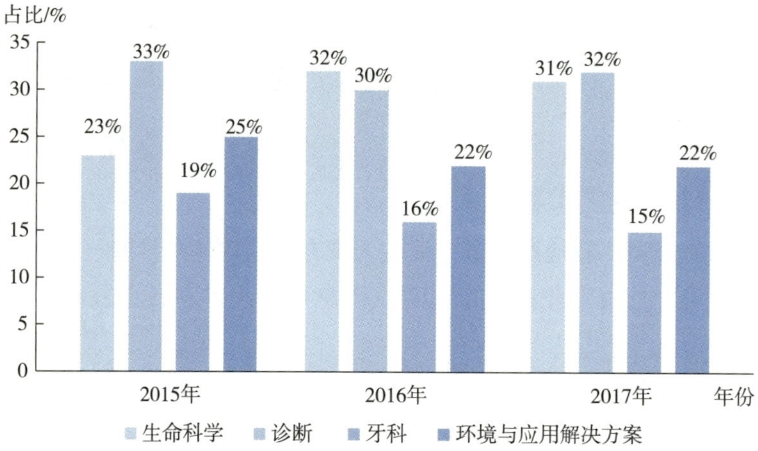

图 12-1 2015—2017 年丹纳赫主营业务销售额占比情况

数据来源：丹纳赫 2017 年年报。

显而易见，牙科和环境与应用解决方案的销售额占比在逐年下滑。然而，生命科学业务销售额从 2016 年开始突然上升，增幅达 62%，且在 2016 年的年销售额占比最大，这主要是因为丹纳赫于 2015 年 8 月收购了世界上最大的专注于过滤、分离、纯化技术的跨国公司 Pall。IVD 业务 2016 年略微有所下滑，但是 2017 年开始回稳，且年销售额占比最大，这得益于 2016 年 11 月丹纳赫收购了美国知名分子诊断公司 Cepheid。

在全球 IVD 领域，丹纳赫主要的竞争对手有瑞士罗氏、美国雅培、德国西门子、日本希森美康、美国碧迪医疗等，主要竞争对手最新的市占率如图 12-2 所示：

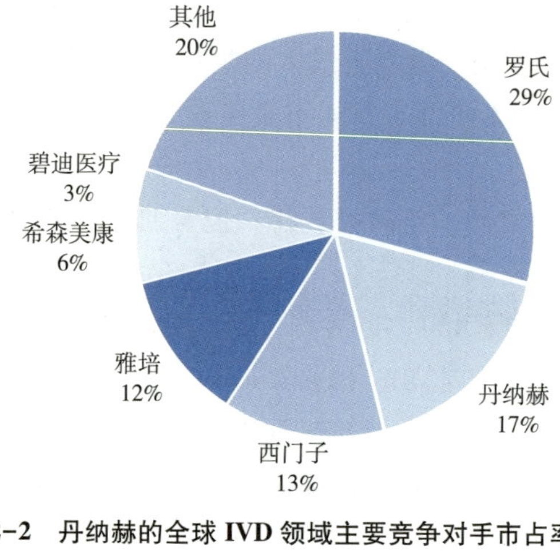

图 12-2 丹纳赫的全球 IVD 领域主要竞争对手市占率情况

数据来源：根据公开信息整理。

2017 年，IVD 领域全球 TOP4 财务数据对比见表 12-1。

表 12-1　2017 年 IVD 领域全球 TOP4 财务数据对比

	罗氏（百万瑞郎）	丹纳赫（百万美元）	雅培（百万美元）	西门子（百万欧元）
总营业收入	53299	18329.7	27390	84311
总营业收入增长率	5%	8.6%	4.9%	4%
诊断业务排名变动	—	↑	↓（含 Alere）	—
诊断业务收入	12079	5839.9	5616	4200
诊断业务增长率	5%	15.90%	5.5%	—
诊断业务占比	23%	32%	20.5%	5%

来源：罗氏、丹纳赫、雅培财报，以及西门子 IPO 路演资料。

从以上数据可以看出，按公司总营收来看，从高到低排名为：西门子、罗氏、雅培（已计入新并购企业 Alere Q4 数据）、丹纳赫。但是按 IVD 业务来看，罗氏排名第一；丹纳赫增长迅猛，排名第二；雅培虽整合了 Alere，但仅纳入 Q4 数据，仍排名第三；西门子排名第四。

（二）IVD 全球市场规模逐年递增，丹纳赫早布局 IVD 领域

那么 IVD 到底是什么呢？按定义来说，IVD（体外诊断）是指从人身上采集人体样本（比如血液、体液、组织等），进行检测从而获取临床诊断信息，进而判断疾病或机体功能。IVD 种类繁多，目前主流的 IVD 方式有 4 种：生化诊断（Clinical Chem）、免疫诊断（Immunoassay）、分子诊断（Moleculardiagnosis）以及即时诊断 POCT（Pointof Care Testing，又称床旁检测）。除此之外，还有尿液诊断、凝血类诊断、组织诊断、血液学和流式细胞诊断等。

那么，体外诊断对于我们来说很陌生吗？不是的。我们去医院体检，做血常规、尿常规、肝功能、肾功能等检查项目时，用的就是利用各种生物化学反应测定酶类、糖类等生化指标的生化诊断。当我们去做肝炎、性病、肿瘤、代谢、怀孕情况等的检查时，是利用抗原-抗体特异性免疫反应来检测，此时应用的是免疫诊断。当我们去做传染病、性病、肿瘤等的筛检，以及遗传的基因检测、药物治疗监测等时，是利用分子生物学技术检测特定生物标志物，如特定核酸序列或蛋白质分子，这就是应用了分子诊断。

全球医疗决策中约有 2/3 是依据诊断做出的，且 80%以上的诊断属于体外诊断范畴。

北美地区是 IVD 的全球最大市场，而亚太市场增速最快。特别是在中国的带动下，亚太地区（日本除外）增长最多，达 14%，印度也实现了两位数增长，仅次于中国。中国市场增速超过 15%，本土生产商也在持续发力。2016—2022 年 IVD 全球市场规模情况如图 12-3。

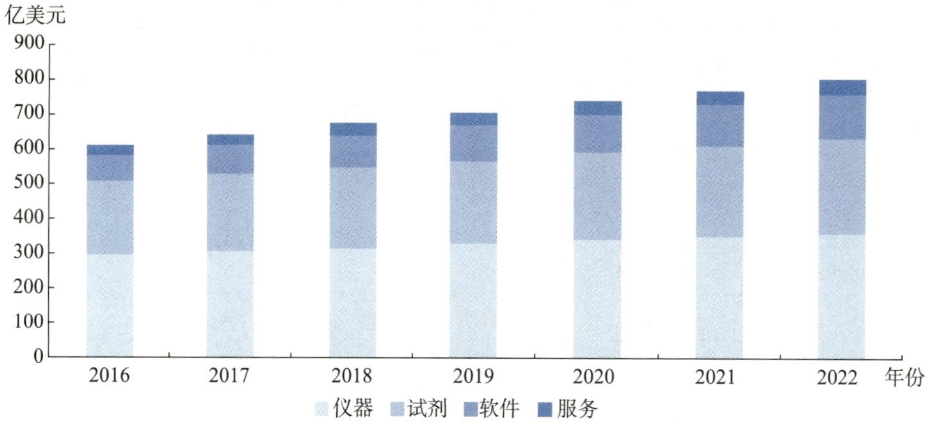

图 12-3　2016—2022 年 IVD 全球市场规模情况

数据来源：AmeriResearch。

可以看出，全球 IVD 市场规模正在逐步增大，而丹纳赫其实早在 2014 年就已经开始通过并购布局 IVD 业务了。

（三）丹纳赫 IVD 布局之路

丹纳赫作为实业界的并购整合之王，自身不做任何产品，几乎所有的业务都是通过并购获得的。

丹纳赫最早于 2004 年收购丹麦免疫诊断公司 Radiometer 的血气业务，建立了 IVD 业务。

2011 年，丹纳赫以 69 亿美元收购了国际诊断巨头 Beckman Coulter，较当时收盘价溢价约 45%。而在公司收购 Beckman Coulter 之前，Beckman Coulter 于 2009 年收购了 Olympus 的 IVD 业务，获得了全球顶尖的生化分析仪及内窥镜等产品线。有意思的是，医疗器械商 Perkin Elmer 也参与了 Beckman Coulter 的竞购，但以 25 美分的劣势错失良机。

值得一提的是，丹纳赫通过收购 Beckman Coulter 进入了中国体外诊断市场，Beckman Coulter 是第一个进入中国的外资 IVD 公司，也是第一个在中国建设工厂的 IVD 公司，虽然当时工厂规模并不大。

2015 年，丹纳赫以 138 亿美元收购世界上最大的生物过滤、分离、纯化技术及产品研制公司 Pall，这是丹纳赫有史以来交易金额最高的一笔并购交易。

2016 年，丹纳赫以 40 亿美元的现金收购分子诊断公司 Cepheid，这是一家开发、生产和销售分子系统及提供检测服务的平台，它实现了院内感染、传染病以及肿瘤学方面的基因检测。

丹纳赫在短短十余年里成长为业务覆盖生化诊断、免疫诊断、血液诊断、分子诊断、实验室自动化等多个领域的巨头，自从 2011 年发起 109 亿美元的两桩并购后，IVD 业务营收规模持续增长。2017 年丹纳赫的整体营收为 183 亿美元，同比增长 8.6%，特别是 IVD 业务在 2017 年异军突起，在丹纳赫的所有业务中表现最为显眼。

丹纳赫在 IVD 领域的并购事件见表 12-2。

表 12-2 丹纳赫在 IVD 领域的并购事件盘点

日期	标的公司	细分领域	交易金额	标的公司所在国
2004 年	Radiometer（血气业务）	免疫诊断	—	丹麦
2005 年 4 月 1 日	Leica Microsystems AG	POCT	5.5 亿美元	德国
2009 年	通用电气 netix	分子诊断	—	英国
2009 年	Molecular Devices	—	—	美国
2011 年 2 月 7 日	Beckman Coulter	体外诊断	68 亿美元	美国
2012 年 9 月 17 日	Iris International	分子诊断	3.38 亿美元	美国
2012 年	Aperio Technologies	分子诊断	—	美国
2013 年 2 月 16 日	Quest HomeCue	血液诊断	3 亿美元	美国
2013 年 10 月 2 日	Normand Info SAS	分子诊断	—	法国
2014 年	Devicor Medical Products	—	—	美国
2014 年 7 月 17 日	Microbiology of siemens	分子诊断	—	德国
2015 年 5 月 15 日	Pall	—	138 亿美元	美国
2016 年 9 月 4 日	Cepheid	分子诊断	40 亿美元	美国
2016 年 10 月 13 日	Phenmenex Inc	—	—	美国
2018 年 3 月 11 日	Integrated DNA Technologies	—	—	美国

资料来源：根据公开信息整理所得。

丹纳赫最新的两笔并购的标的均属于高价值耗材公司。

IVD 行业包括仪器设备和耗材（包含试剂）领域。根据丹纳赫 2017 年年报，生命科学和诊断业务的收入大部分来自耗材而非仪器设备，这和其他 3 个巨头（罗氏、雅培和西门子）的情况一样。2017 年丹纳赫生命科学业务收入中耗材占 60%，诊断业务中耗材占比高达 85%（如图 12-4）。由此可以看出耗材在诊断业务中的重要性。

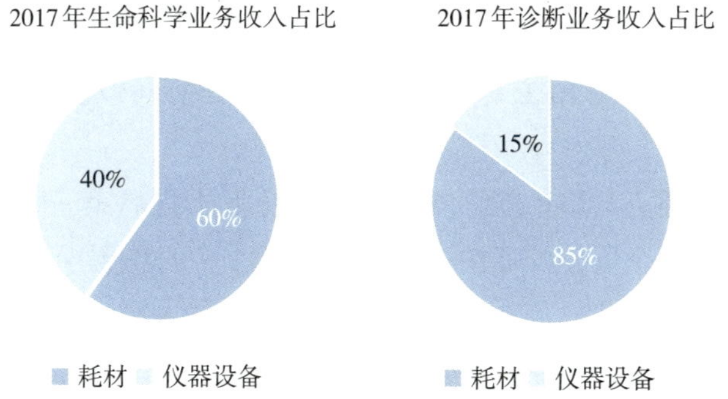

图 12-4 2017 年丹纳赫生命科学和诊断业务收入占比情况

资料来源：丹纳赫 2017 年年报。

相较于 2016 年，丹纳赫 2017 年诊断业务增长迅速，这主要是由中国和其他高速增长市场对尿液分析和免疫耗材产品的强劲需求导致的。

从丹纳赫的并购动作来看，丹纳赫对于 IVD 领域的仪器设备和耗材是同样看重的，和其他 3 家外资巨头罗氏、雅培和西门子采取了一样的策略，但是其体外诊断公司还是缺少了在体外诊断仪器方面的研发能力。

丹纳赫的并购关键“工具”是通过 DBS 进行投后管理。

自 20 世纪 80 年代开始，丹纳赫以每年 10 家到 15 家的速度进行并购，基本上每个月收购一家公司。丹纳赫至今已经收购 400 多家公司，营收仍能逐年稳定上升，它绝对不是人们眼中单纯靠并购成长的公司，丹纳赫并购后的整合逻辑是非常系统和清晰的。

丹纳赫会以精益管理（DBS）匹配度作为标准，来确定合适的行业以及收购标的。在完成一项并购交易前，丹纳赫会经常参观标的企业的工厂，以确定其流程优化以及利润提升的潜力。丹纳赫会通过制作流程图以及运用持续改善技术（kaizen）来提升生产的各个方面：不同环节的产品流动方式、部件管理，甚至包括工人的工具使用方法。

2005 年 1 月，丹纳赫公司收购 Radiometer。对方公司的 CEO 提到，丹纳赫公司与其他买家最大的区别是丹纳赫公司不仅看那些报表的数字，还有 2 位高管在工厂里考察了 3 个小时，以此来了解 Radiometer 在“精益生产”方面到底有多大的潜力。

丹纳赫集团在 1995 年到 2011 年间完成了 31 项交易（市占率为 72%），几乎全是和能力运用型公司的交易，该公司将自身的能力体系应用到新的或类似的产品及服务领域。丹纳赫借助并购将股价提升了 15 倍，业绩表现远远超出了标普 500 强企业和许多竞争对手。

丹纳赫并购的企业必是利基市场的“隐形冠军”，同时，其所投企业管理上存在改善空间或者发展遇到瓶颈，未来可以通过精益管理（DBS）加以改善，以及借助丹纳赫平台的渠道和资金实力，获得更大的发展空间。

除此之外，被收购企业要有丰富的运营经验和企业家精神，收购后尽可能保留原来的管理层和团队，只在财务、管理、技术系统等层面上进行融合。选择企业的时候，还要考虑和现有平台内主要公司业务互补、有协同效应，以及有一定的行业周期互补。

丹纳赫的精益管理（DBS）能力在西方国家企业中排名第一，全球排名第二，仅次于日本的丰田汽车。一位分析师在 1997 年评论说，“丹纳赫公司内部和并购共同成长，实现了非常好的平衡。”

通过精益管理（DBS）系统，丹纳赫的每一次收购都给其带来超过 40% 的增长率，特别是 2016 年将诊断业务从原本的生命科学和诊断业务中独立出来后，2017 年丹纳赫诊断业务增幅甚至达 15%，更加显示了丹纳赫对 IVD 领域的野心。

（四）研发占比已和罗氏持平，亚洲 IVD 市场需求强劲

IVD 是典型的技术驱动型行业，虽然行业天花板高，但技术迭代快。因此，判断哪家公司未来发展潜力大，必须要看其技术方向是否先进，以及研发投入是否足够。2016—2017 年罗氏和丹纳赫在 IVD 领域的研发费用占比和毛利率数据见表 12-3。

表 12-3　2016—2017 年罗氏和丹纳赫在 IVD 领域的研发费用占比和毛利率数据

	罗氏	丹纳赫
	研发费用占集团总营收的比例	
2016 年	2.6%	2.2%
2017 年	2.5%	2.6%
	毛利率	
2016 年	16.7%	15.6%
2017 年	15.8%	14.9%

资料来源：罗氏、丹纳赫 2017 年年报。

可以看出，丹纳赫在 IVD 领域的研发费用占比相当可观，在逐年增加，基本上和罗氏持平。罗氏在 IVD 行业中取得 TOP1 地位是以自主创新为驱动力的，而丹纳赫是通过并购 IVD 技术随后投入研发为主。这就可以理解为什么在 IVD 行业中，目前罗氏的毛利率是最高的，丹纳赫次之。

有意思的是，罗氏和丹纳赫的财报中均提到中国及亚洲地区对 IVD 业务的强劲需求。丹纳赫表示其 IVD 业务在高速发展市场（包括中国和亚洲地区）的收入占 36%，北美占 39%，西欧占 19%（如图 12-5）。罗氏也表示了亚洲地区对 IVD 业务的需求强劲，跟 2016 年相比，亚洲地区的诊断业务增长量超过了 15%，特别是中国，增长了 21%，欧洲增长了 2%，拉美增长了 10%，北美地区保持不变。

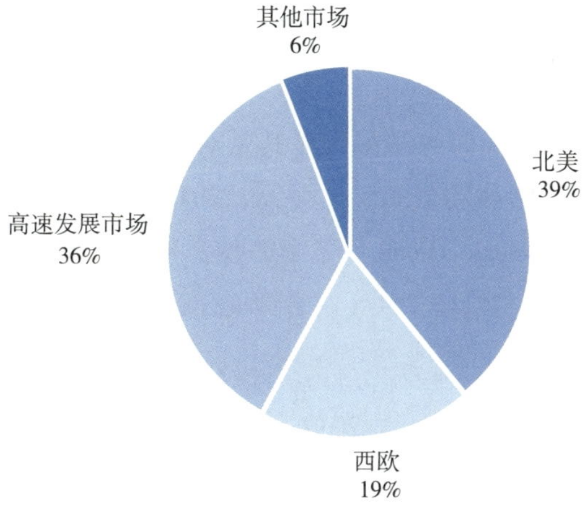

图 12-5　2017 年丹纳赫各区域 IVD 业务收入占比

资料来源：丹纳赫 2017 年年报。

由巨头们的业绩表现可以得知，中国国内的IVD市场规模是相当可观的。2017年，我国IVD的市场规模已经有约516亿元人民币，到2019年，这一市场规模达到723亿元人民币，3年复合增长率高达18.7%。这样的行业增长率，在国内各行业中其实是屈指可数的。

（五）结语

在品牌运作上，丹纳赫对被收购的公司态度比较温和，维持品牌的独立性，这点和其余的三巨头不一样。但在内部运营上的整合和管控方面，丹纳赫绝对是超一流的。当年收购Beckman Coulter时，丹纳赫就撤出了Beckman Coulter的所有高管层，由丹纳赫的高管全面接管，随后立即启用其精益管理“DBS流程”，重新改造以往的业务流程，节省了大笔费用，大幅提升了利润水平。

目标明确、思路清晰的丹纳赫，用坚决果断的态度推动着IVD业务的发展，未来在IVD领域或将和现在IVD领域排名第一的罗氏进行对抗。2015年丹纳赫以138亿美元收购医疗设备公司Pall，在2016年公司拆分之后，Pall继续在新的丹纳赫旗下发展。这告诉我们，丹纳赫将更加重视医疗板块业务，尤其是有耗材的业务，如IVD。

二、科技巨头谷歌的投后管理

我们一般认为谷歌是最有收购能力的科技公司之一，但近年来谷歌的收购速度放缓，同时，Alphabet新组织架构使得谷歌收购的资产在进入其庞大的科技帝国后能够发挥作用。纵观谷歌多年来的收购，有因投后管理的不到位导致的失败，也有完美融合后为谷歌带来千万利润的成功案例。

2006年，科技巨头谷歌宣布收购YouTube，这是一家在当时只有不到100名员工的视频平台。自那时起，谷歌的收购支票簿便不断变厚，其中包括6项10亿美元以上的收购，如收购营销解决方案供应商DoubleClick（31亿美元，2007年）和导航应用程序Waze（11.5亿美元，2013年），以及为了大力推进人工智能而收购英国的DeepMind（6.5亿美元，2014年）。

谷歌的一些交易得到了不同的结果，尤其是对硬件的投注，包括该公司迄今为止最大的两笔收购：摩托罗拉移动（125亿美元，2012年）和Nest Labs（3.2亿美元，2014年）。后者可能因与Google Home更紧密的整合和投后管理而获得成功，而前者在2014年10月被以低于其收购价格1/4（约合29亿美元）的价格出售给联想。

（一）谷歌的巨额并购交易

收购摩托罗拉移动（125亿美元，2012年）是谷歌迄今为止最大的收购案例。除了获得数以千计的专利，此次交易的主要优势还包括利用摩托罗拉的智能手机生产能力确保Android生态系统的未来。

收购Nest Labs（3.2亿美元，2014年）标志着Google进入物联网（IoT）领域。收购恒温器和烟雾探测器的生产商后，谷歌可以增加其智能家电应用场景，同时为其 Android 生态系统提供扩展机会。

DoubleClick 是一家广告服务公司，谷歌收购 DoubleClick（3.1 亿美元，2007 年），旨在补充谷歌现有的广告业务。这笔交易有助于谷歌在利润丰厚的展示广告行业立足，让公司通过自己的广告交易促进程序化广告购买。

收购领先的视频共享平台 YouTube（17 亿美元，2006 年）是谷歌首个收购价格在 10 亿美元以上的收购案例。通过此次收购，谷歌预计将从传统媒体如电视转向在线媒体，同时增加流量和广告业务。

收购位于以色列的地图服务初创公司 Waze（11.5 亿美元，2013 年）带来了社交流量数据，帮助谷歌改进谷歌地图功能，比如准确预测出行时间和建议导航路线。

HTC-Pixel 智能手机部门是谷歌最新收购的硬件产品部门（11 亿美元，2017 年）。尽管此次收购不包括任何生产设施，但它确实让谷歌与 HTC 的智能手机团队中的一个重要部分结合，使 Android 制造商能够进一步与 iPhone 制造商 Apple 竞争。

AdMob 是一家成立于 2006 年的移动广告公司，由于预计未来移动广告大量增加而被谷歌收购（7.5 亿美元，2009 年）以增强其业务。

ITA Software 是美国的航空公司 IT 服务提供商，它被谷歌收购（7 亿美元，2011 年）以增强这家科技巨头的搜索能力，并为 Google Flight Search 提供动力。

收购 DeepMind（6.5 亿美元，2014 年）是谷歌在深度学习领域最重要的收购案例。这家总部位于伦敦的初创公司成立于 2010 年，被收购时雇员不足 100 人。

Postini 是一家通信安全创业公司，被谷歌收购（6.25 亿美元，2007 年）以提高其应用程序的安全性。在此交易之前，谷歌已经将 Gmail 的垃圾邮件过滤产品用于 Postini 解决方案。

（二）谷歌也因收购吃过亏

在过去的十几年里，谷歌一直是技术并购的主导力量；收购活动在 2014 年达到顶峰，因为谷歌在第二季度收购了十几家公司，远远领先于其他科技巨头的收购规模。然而，近年来，该公司的收购速度大幅放缓，Alphabet 重组，并在 2016 年上半年收购速度大幅下降。2016 年第四季度，Alphabet 只收购了 Famebit——一个可以帮助商业品牌与 YouTube 上的视频创作者建立联系的平台。

除了最新的财务紧张问题，近年来大规模收购带来的低迷结果可能也促使了公司暂停收购活动。公司快速地收购了至少 7 家机器人公司——Schaft、Industrial Perception、Meka Robotics、Redwood Robotics、Bot & Dolly、Holomni，以及著名的波士顿动力公司（Boston Dynamics），但这些公司从来没有合并成为一个高效的机器人公司。前安卓负责人 Andy Rubin 引领了机器人浪潮，但 Rubin 于 2014 年 10 月离开公司创办全球硬件创业孵化器 Playground Global。失去了有远见的人物可能会阻碍机器人部门的发展，不管是在谷歌还是在 Alphabet，这个名为 Replicant 的机器人部门从未真正成为一个完整的公司。

在 Alphabet 创立后，新公司对其各公司的创收潜力进行了严格的审查。虽然像波士顿动力公司这样的子公司在 YouTube 上备受推崇，但是漫长的商业化道路导致该公司在 2016 年初被出售。2014 年，谷歌在智能家居重要战略环节进行布局——收购 Dropcam 和 Nest（2016 年收购的最大的初创公司），但被投后管理不善和员工流失的指控所困扰。

Nest 的问题可以看作收购后旧的管理结构与新的管理层融合的失败，即在公司扩展到新的市场和产品线时，没有正确地管理其子公司，没有在 Googleplex 背景下达成一致的目标和企业文化。作为 Alphabet 的智能家居公司，Nest 或许是最有可能成为亚马逊 Echo 设备的竞争者的公司。亚马逊 Echo 设备对谷歌公司的主要搜索业务存在明显威胁。与亚马逊竞争的日益激烈，也逐渐导致谷歌得出结论：必须将开发智能家居作为公司核心业务，并由谷歌的执行官直接监督。2018 年 2 月 7 日，Nest 重新被纳入谷歌旗下。Nest 现任首席执行官马尔万·法瓦兹（Marwan Fawaz）将向谷歌硬件部门负责人里克·奥斯特洛（Rick Osterloh）汇报工作，意味着谷歌的人工智能会像智能助手一样，以后更倾向于 Nest 的产品。Nest 因与 Google Home 更紧密的结合而获得经营水平的提升。

三、PE 顶流黑石集团最大收购案

Blackstone Group（简称 Blackstone）成立于 1985 年，是全世界最大的独立另类资产管理机构之一，也是美国规模最大的上市投资管理公司，拥有广泛的投资组合和经验，涵盖多个行业和地理区域。

2020 年，Blackstone 宣布以 47 亿美元的价格收购 Ancestry 75%的股权，成为其控股股东，Ancestry 成立于 1996 年，是全球最大的遗传基因服务提供商，在大约 30 个国家和地区拥有 300 万订阅付费用户，年销售额超过 10 亿美元。公司通过收集族谱和历史记录中的信息，配合 Ancestry DNA 基因数据库网络，帮助用户更好地了解自己家族的历史，以及遗传方面的潜在健康风险等问题。

（一）Ancestry 发展历程

Ancestry 是一家总部位于美国的族谱和遗传基因服务提供商，成立于 1996 年，通过其在线平台帮助用户发现自己的家族历史、了解个人遗传特征，并连接用户与他们的家族和亲属。

Ancestry 在大约 30 个国家和地区拥有 300 万订阅付费用户（价格为每月 25~50 美元），拥有数十亿条家族历史记录和 1800 万人的基因数据，用户可以上传自己的基因信息，并通过与其他用户的数据匹配，找到可能的亲属关系和共同的祖先。除了提供家族历史和族谱研究工具，Ancestry 还提供 DNA 测试服务，这是一种基于基因组学的遗传测试。用户可以通过简单的唾液样本测试，了解自己的遗传特征、族群起源和潜在的遗传疾病风险。Ancestry 的 DNA 数据库也为科学研究和遗传学领域的进展提供了支持。

1996 年，Paul Brent Allen 和 Dan Taggart 创建了 Ancestry。最初，Ancestry 是一个提供家族历史记录搜索和订阅的网站，通过收集大量的家族历史记录和文档逐渐建立了一个强大的在线家族历史数据库。Ancestry 通过数字化和索引化重要的历史文献和记录，使用户能够轻松搜索和访问这些宝贵的家族历史资源。

随着数据库不断完善，Ancestry 吸引了越来越多的用户。2002 年，Ancestry 上市以扩大其在线家族历史资源的范围和深度，Ancestry 与各地的图书馆、档案馆和历史协会合作，获取并数字化了大量的历史记录和文献，包括人口普查数据、出生、结婚和死亡记录、移民记录等。

2007 年，Ancestry 推出了 Ancestry DNA 服务，Ancestry DNA 是一种基于基因组学的遗传测试，通过分析用户的 DNA 样本，提供关于个人遗传特征、族群起源和潜在遗传疾病风险的信息。Ancestry DNA 通过与其庞大的家族历史数据库进行匹配，帮助用户发现潜在的亲属关系和共同的祖先。这项创新的遗传测试服务极大地丰富了 Ancestry 的产品线，并为用户提供了更全面的家族研究工具。

Ancestry 继续通过不断优化及产品创新扩大其用户群和市场份额。公司推出了更多的产品和服务，包括家族历史书籍出版、家族树构建工具、文档扫描和存储服务等。此外，Ancestry 还与科研机构合作，为基因研究和医学领域提供数据支持，促进了遗传学和人类起源的研究。

2019 年，Ancestry 推出了健康相关的基因检测产品 Ancestry Healthy。这款产品能够支持用户在族谱添加健康信息，以跟踪影响亲属的慢性病和生活方式。此外，Ancestry 还推出了 Ancestry Healthy 的升级版——Ancestry Healthy Plus，基于全外显子测序技术，用户还能获得某些常见遗传健康状况的基因信息。

Ancestry 的影响力和重要性在家族研究领域持续增长，数据库拥有数十亿条家族历史记录和 1800 万人的基因数据，为用户提供了丰富和全面的家族历史研究资源。Ancestry 的平台和工具使用户能够发现自己的家族历史、了解个人遗传特征，并与远亲和未知亲属建立联系。同时，Ancestry 的数据也为学术研究和遗传学领域的进展提供了重要的支持。

Ancestry 作为全球领先的族谱和遗传基因服务提供商，通过其在线平台为用户提供了深入研究家族历史和遗传特征的机会。

（二）Ancestry 资本运作历程

创立初期，Ancestry 面临着资金需求以支持公司的发展。为了获得初期资金，Ancestry 寻求外部融资，初期的融资帮助 Ancestry 建立了其家族历史记录数据库和在线平台，为用户提供了研究家族历史的工具和资源。

随着 Ancestry 的不断发展壮大，公司面临着进一步扩张和增长的资金需求。为了满足这些需求，Ancestry 在 2002 年于纳斯达克证券交易所进行了首次公开募股（IPO），本次 IPO 为 Ancestry 提供了更多的资金和公众认可，推动了公司的发展和扩张。

IPO 之后的几年里，Ancestry 持续快速增长，并扩展了其产品和服务的范围，进一步提升了 Ancestry 在家族研究领域的地位和影响力。随着 Ancestry 的市场份额不断增长，吸引了更多投资者的兴趣。2012 年，私募股权公司 Permira 以 16 亿美元的估值价格收购了 Ancestry，对其进行私有化。

私有化后，Ancestry 继续实现了快速增长和扩张。为了支持其业务发展和市场拓展，Ancestry 进行了一系列的收购和战略合作。其中最著名的是 2012 年收购 Family Tree DNA，一家主要从事家族遗传测试的公司，本次收购进一步丰富了 Ancestry 的产品线和服务范围。

2016 年，Ancestry 经历了一次重要的资本运作。美国私募股权公司 Silver Lake 和新加坡主权财富基金 GIC 以约 26 亿美元的价格收购了 Ancestry，本次交易进一步巩固了 Ancestry 的市场地位，并为公司提供了更多的资金和资源来支持其发展战略，Ancestry 继续在遗传基因测试领域拓展业务。

2020 年，全球私募巨头黑石集团以 47 亿美元（约合人民币 326 亿元）收购 Ancestry，这是黑石史上金额最高的单笔收购案。交易完成后，黑石将持有 Ancestry75% 的股权。而其原有的股东新加坡政府投资公司（GIC）持股比例为 25%。

（三）Blackstone 收购 Ancestry 交易

2020 年，Blackstone 宣布以 47 亿美元的价格收购 Ancestry 75% 的股权，成为其控股股东，Ancestry 的剩余股权将继续由其他投资者持有，其中包括 Silver Lake 和新加坡主权财富基金 GIC。

Blackstone 收购 Ancestry 有以下几大原因：

第一，市场地位和增长潜力。随着人们对家族历史和遗传背景的兴趣不断增加，以及基因科学的进展，Ancestry 在遗传基因测试领域具有广阔的市场前景，且 Ancestry 在家族历史和遗传基因测试市场上具有领先地位，Blackstone 认可 Ancestry 在这一领域的市场地位和其未来的增长潜力。

第二，业务多样性和增值机会。Ancestry 的业务模式和产品线多样，包括家族历史记录、遗传基因测试和与科研机构的合作等。Blackstone 意识到这种多样性将为 Ancestry 带来更多的增值机会，并有助于公司进一步扩大市场份额。

第三，COVID-19 疫情影响。疫情限制了人们的社交活动和出行，使得更多人关注自身家族历史和遗传背景。这增加了对 Ancestry 产品的需求。Blackstone 看到了这一机会，并相信 Ancestry 能够在疫情期间取得成功。

第四，资本支持和资源整合。作为私募股权公司，Blackstone 拥有丰富的资本实力和专业团队，可以为 Ancestry 提供资金支持和资源整合。这将帮助 Ancestry 进一步扩大业务规模、加速产品创新和技术研发，并推动公司的国际扩张。

第五，战略指导和管理经验。Blackstone 的专业团队将与 Ancestry 的管理层密切合作，共同制定战略发展计划和执行策略。Blackstone 在战略规划、运营管理和市场推广等方面具有丰富的经验，可以为 Ancestry 提供指导和支持，帮助其在竞争激烈的市场中保持竞争优势。

第六，共享行业联系和合作机会。Blackstone 在全球范围内建立了广泛的行业联系和合作机会，这将为 Ancestry 提供更多的合作伙伴和商业机会，包括与其他科技公司、研究机构和医疗机构的合作，进一步拓展业务领域。

第七，预期效果和发展前景。Blackstone 收购 Ancestry 为后者带来了巨大的机会和资源，有助于公司加速发展和扩大市场份额。通过与 Blackstone 的紧密合作，Ancestry 能够更好地利用资本和管理经验，进一步加强自身的核心竞争力，并推动遗传基因服务行业的发展。

Blackstone 收购 Ancestry 标志着两家公司之间的重要合作。这次交易将为 Ancestry 提供资金和资源支持，加速其发展和扩张，在技术创新、产品推广和国际扩张方面取得突破。通过与 Blackstone 的协同效应，Ancestry 还将从 Blackstone 的全球行业网络和资源中受益，探索更多的合作机会和商业模式创新，有望进一步巩固其在遗传基因测试市场的领先地位，并推动整个行业的发展。

（四）Blackstone 收购 Ancestry 的投后管理

Blackstone 在收购 Ancestry 之后，进行投后管理以实现战略目标并增加投资回报。投后管理涉及各个方面，包括战略规划、业务增长、运营效率提升以及市场扩张等。

战略规划和业务增长：Blackstone 与 Ancestry 的管理团队合作，制定并执行战略规划，以推动业务增长和市场扩张。Blackstone 通过市场调研和分析来确定潜在增长机会，并制定相应的战略计划，包括拓展新的产品线或服务，进一步扩大国际市场份额，以及加强与科研机构和医疗机构的合作，探索新的商业机会。通过 Blackstone 的投资和资源，Ancestry 加速技术创新和产品开发，以满足用户需求并保持竞争优势。如 Ancestry 增加研发投入，推动新技术的应用，提升遗传基因测试的准确性和可靠性，通过增加市场推广活动和提升用户体验来增加用户数量和提高用户忠诚度。

运营效率提升：Blackstone 会与 Ancestry 的管理团队合作，优化公司的运营效率，降低成本并提高盈利能力。Blackstone 进行组织结构调整，优化业务流程，并提升公司的运营效率，如通过共享最佳实践和运营经验，Blackstone 帮助 Ancestry 改进供应链管理、人力资源和财务管理等关键领域，实现成本控制和利润增长。此外，Blackstone 还提供财务管理方面的支持，包括资本结构优化、风险管理和资本投资决策，如与 Ancestry 合作，制定财务战略和预算计划，以确保资金的有效使用和收益最大化。

市场扩张和国际化：Blackstone 作为全球领先的私募股权公司，具有广泛的行业联系和全球资源。Blackstone 为 Ancestry 提供市场扩张和国际化方面的支持，如通过利用 Blackstone 的全球网络和行业联系，Ancestry 可以寻找更多的国际市场机会，并扩大全球业务覆盖范围。Blackstone 还帮助 Ancestry 加强市场推广和品牌建设，提高市场知名度和用户认知度，通过市场营销策略、广告宣传和品牌合作等手段，加强 Ancestry 的品牌形象，并吸引更多的用户和合作伙伴。

科技创新和合作：Blackstone 与科技公司、研究机构和医疗机构合作，借此帮助 Ancestry 寻找科技合作伙伴，共同开展技术创新和产品研发。通过合作，Ancestry 进一步提高遗传基因服务的准确性和可靠性，为用户提供更全面的遗传信息和健康风险评估。此外，Blackstone 还促进 Ancestry 与医疗机构和保险公司的合作，探索基因信息在医疗保健领域的应用，有助于为用户提供个性化的医疗建议和预防措施，提高医疗服务的质量和效果。

因此，Blackstone 收购 Ancestry 后进行了全面的投后管理以实现投资回报和公司增长，Blackstone 与 Ancestry 的管理团队紧密合作，制定战略规划、推动业务增长、优化运营效率，并拓展市场和国际业务。通过投后管理的措施和协同效应，Blackstone 为 Ancestry 带来更多的机会和资源，加速公司的发展，并在遗传基因服务行业取得更大的成功。

附　录

附录 1

中国企业跨境并购月度重要事件回顾

2022 年中国企业跨境并购月度重要事件回顾

2022 年中国企业“走出去”月度重要事件回顾

2022 年 1 月

Exotel 获得 4000 万美元的 D 轮融资

据 *TechCrunch* 1 月 4 日报道，印度用户参与度增长平台 Exotel 近日宣布获得 4000 万美元（约合人民币 2.55 亿元）的 D 轮融资，本轮融资由 Steadview Capital 领投，Blume Ventures 与 IIFL Asset Management 参投。Exotel 是一家云电话服务提供商，致力于帮助大型企业简化语音通讯并提高效率。消除了 EPABX 和 PBX 等传统系统的一些痛点，并允许企业使用世界一流的 API 构建可靠的通讯系统。

昂立教育拟收购赛领旗育，获得英国两所私立学校

2022 年 1 月 8 日，昂立教育（600661. SH）近日发布公告称，公司拟竞拍收购及受让赛领旗育 100%的财产份额，以取得其核心资产 Star Education Investment Limited 100%的股权。据悉，STAR 公司为 SPV（特殊目的实体），持有 Astrum Education Group Limited 的 100%的股权。ASTRUM 集团有超过 45 所合作幼儿园、小学生源校，下属两所私立学校肯辛顿公学以及切尔西独立学校分别位于海德公园及富勒姆等伦敦市核心区域，教学内容主要针对欧美大学的入学考试和申请。

印度食品科技初创公司 ID Fresh Food 获 6820 万美元的 D 轮融资

ID Fresh Food 在 D 轮融资中筹得 6820 万美元。此次融资由私募股权公司 NewQuest Capital Partner 和现有投资者 Premji Invest 牵头。ID Fresh Food 成立于 2005 年，服务于印度、阿联酋和美国 45 个城市的 30000 家零售店，其产品系列包括：果酱和 Dosa 面糊、Malabar Parota、Wheat Parota、Paneer、厚凝乳、速溶过滤咖啡液体、三明治白面包和小麦切片面包。目前，该公司在班加罗尔、海得拉巴、孟买和阿联酋都有制造厂，在美国的制造工厂也正在筹备之中。

加密货币银行 Sygnum 融资 9000 万美元，现估值 8 亿美元

Sygnum 是一家受监管的加密货币银行和资产管理公司，2022 年 1 月 6 日，在 B 轮融资中筹集了 9000 万美元。该公司现在的价值为 8 亿美元。香港上市的金融服务公司新鸿基有限公司领投了 Sygnum 的 B 轮融资。该轮融资的其他投资者包括 Animoca Brands、SBI Holdings、暹罗商业银行的数字投资部门 SCB 10X 和加拿大投资公司 Meta Investments。Sygnum 的员工也参与了 B 轮融资，与之前的所有筹款轮次一样。Sygnum 说，这些员工、联合创始人、董事会成员和管理团队继续持有公司的多数股权。

群联完成收购日本索尼集团 Nextorage，深耕客制化高端储存市场

2022 年 1 月 5 日，闪存控制芯片暨储存解决方案厂商群联宣布，向合资伙伴日本 Sony Storage Media Solutions Corporation 收购其持有的合资公司 Nextorage Corporation 股份，以继续深耕特殊客制化高端储存应用市场。Nextorage 专注于 NAND 储存产品，非 Sony 的本业，因此 Sony 主动切割。而群联是 Sony 的长期 NAND 储存伙伴，所以 Sony 希望群联接手 Nextorage。

康龙化成收购 Recipharm 旗下位于英国的原料药商业化生产基地

2022 年 1 月 10 日，康龙化成（北京）新药技术股份有限公司宣布成功收购 Recipharm 旗下位于英国 Cramlington 的 Aesica 药业。Cramlington 生产基地位于英国纽卡斯尔，拥有超过 100 立方米反应釜的生产能力，可提供从中试至吨级商业化规模的 cGMP 原料药生产服务。该生产设施通过包括美国食品及药物管理局（FDA）、英国药品和健康产品管理局（MHRA）在内的多家监管机构核查，并获认证，拥有丰富的行业经验。此次收购将进一步增强康龙化成小分子 CDMO 服务平台的整体实力。

MeMed 获得 9300 万美元 E 轮融资

2022 年 1 月 10 日，MeMed 宣布获得了 9300 万美元的融资。MeMed 是一家以色列体外诊断仪器研发商，致力于研发病原体快速鉴别设备，产品涉及体外快速鉴别传染病原系统 Immuno Xpert，通过血液提取，可以快速检测患者支原体、衣原体、病毒、细菌等病原体，平台还提供数字化处方服务。本次融资汇集了新的和现有的投资者，包括 Horizons Ventures、Shavit Capital、Social Capital、La Maison Partners、Touchwood Capital、Caesea Medical Holdings、Union Tech Ventures、Clal Insurance、Phoenix Insurance、Poalim Equity 和 Western Technology Investment。

升捷控股完成出售 True Hope Group Limited 全部股权

2022 年 1 月 10 日，升捷控股（02340. HK）发布公告称，公司全资附属公司 Synergis Holdings（BVI）Limited 拟向华润物业管理有限公司的全资附属公司 Central Luck Developments Limited 出售 True Hope Group Limited 的全部股权，现金代价为 5. 39 亿港元。公告称，该出售事项已于 2022 年 1 月 10 日根据买卖协议的条款落实。完成

后，出售集团将不再为公司的附属公司，出售集团的财务业绩及资产与负债将不再合并至集团的综合财务报表中。

Fan Controlled Football 完成4000万美元的A轮融资

2022年1月13日，由球迷控制的另类职业体育联盟Fan Controlled Football（FCF）完成4000万美元的A轮融资，本轮融资由Animoca Brands和Delphi Digital领投，这两家公司都是专门从事加密货币投资的风险投资公司。融资资金将用于将联盟的规模从4支球队扩大到8支球队，其中两支将由NFT代币项目Bored Ape Yacht Club和Gutter Cat Gang所有，球迷将有机会购买FCF的NFT代币，这将允许他们选拔球队、召集比赛以及作其他决定，球迷还可以通过Republic投资平台以低至150美元的价格持有球队的股份。

红杉中国宣布将收购首尔潮牌WE11DONE

2022年1月13日，红杉中国宣布将收购源自首尔的全球时尚潮流品牌WE11DONE的多数股权。2021年，红杉中国就先后成为法国设计师品牌AMI的控股股东，以及国际潮流电商SSENSE的首个投资者。对于此次WE11DONE的投资，红杉中国表示，将利用全球资源和技术创新、零售创新的经验，加速WE11DONE进入中国。

在海外再造一家“美团外卖”！腾讯领投的独角兽Flipdish估值超过10亿美元

2022年1月13日，在最新一轮融资中，Flipdish共筹得了9600万美元的资金，其中腾讯领投。腾讯支付了约8000万美元收购该公司不到8%的股份，而Flipdish的首席执行官Conor McCarthy和他的兄弟、联合创始人Conor James保留了对董事会的控制权。这使得Flipdish市值增至12.5亿美元，规模是其2021年上一轮融资的10倍以上。腾讯一直是外卖送餐服务领域的“投资先锋”，腾讯还投资了德国送餐公司Gorilla，并且是中国送餐应用美团外卖的主要股东。这反映出投资者对快速发展的外卖配送行业的兴趣。在疫情不断蔓延的过去两年，消费者在连续几次疫情封锁期间选择了外卖配送服务。

环球晶圆拟以53亿美元收购德国Siltronic

2022年1月13日，据知情人士称，对于半导体硅片大厂环球晶圆斥资53亿美元收购德国半导体硅片制造商世创（Siltronic AG）的收购案，中国政府反垄断审查机构将放行。知情人士透露，中国国家市场监督管理总局对环球晶圆并购世创的反垄断补救措施基本满意，会在短期内作出正式决定。不过，该并购案仍需德国经济部批准，目前讨论仍在进行。

环球晶圆53亿美元收购德国Siltronic交易陷入僵局

2022年1月17日，世创（Siltronic AG）表示，半导体硅片大厂环球晶圆斥资53亿美元收购德国半导体硅片制造商世创（Siltronic AG）的收购案尚未获得德国批准。

世创电子材料和环球晶圆表示，他们“没有收到任何关于是否以及在何种条件下可能颁发世创公开收购世创电子材料公司的许可”的信息。

致茂并购 ESS 扩大半导体测试应用市场

2022 年 1 月 17 日，致茂电子并购 ESS Inc. 100%的股份。ESS 主要提供热力强迫系统，其核心技术的温控范围在-104℃～+175℃，可扩大致茂在半导体测试设备温度控制的能量，以符合晶片市场对于极低温与高温的测试需求。致茂并购 ESS 可扩大半导体测试应用市场，如航太、电动/自驾车、5G、AIoT 以及生医检测设备等新市场部署与商机，有助于未来业绩成长新动能。

维世完成对杜邦清洁技术业务的收购

2022 年 1 月 18 日，国际财团对清洁技术供应商美国杜邦集团旗下清洁技术业务的全资收购交易顺利完成。维世作为财团中唯一的资产配置人，通过绿色影响力投资基金绿动资本所管理的基金，参与了该项目投资。国际收购财团中的牵头方除绿动资本外，亦包括美国私募股权基金 Broad Peak Global、沙特阿拉伯工业投资公司。

朗诗地产附属拟收购 Hanover Family Builders 100%的股权

2022 年 1 月 19 日，朗诗绿色地产有限公司（00106. HK）发布公告称，于美国太平洋标准时间 2022 年 1 月 18 日，买方 Landsea Homes of Florida LLC 及 Landsea Homes（均为公司的非全资附属公司）、该等卖方、卖方 A 股东及 Orosz 主事人订立该协议，买方有条件同意收购而该等卖方有条件同意出售目标公司 Hanover Family Builders，LLC 全部已发行股本，基础购买价为 1. 79 亿美元。

典晶生物宣布从 Retinagenix Holdings 公司收购 zuretinol 资产

2022 年 1 月 19 日，“金鸡湖合伙人计划”企业典晶生物宣布从 Retinagenix Holdings 公司（一家位于美国华盛顿州西雅图的眼科公司）收购 Zuretinol 资产，包括其全球独占研发和商业化权益。Zuretinol 是一款潜在“first-in-class”口服小分子药物、正在开发用于治疗由 RPE65 或 LRAT 基因突变导致的儿童罕见失明症莱伯氏先天性黑朦（LCA）或视网膜色素变性（RP），预计将于 2022 年下半年进入全球 2b/3 期临床研究。EraCal Therapeutics 公司宣布与诺和诺德（Novo Nordisk）达成研发合作，双方将共同发现与调节食物摄入和其他代谢表型相关的创新药物靶点，从而开发抗肥胖疗法。这一研究将在斑马鱼幼鱼这一新兴的脊椎动物药物发现平台中进行。

中国企业成都华川电装收购日本电装部分车用发电机业务

2022 年 1 月 20 日，日本电装发布消息称，将把利用发动机的动力发电的“交流发电机”的一部分业务出售给中国企业华川电装。具体出售金额并未公布。为了专注于混合动力车（HV）、纯电动汽车（EV）的逆变器及先进驾驶辅助系统（ADAS）等需求增加的领域，电装将推进业务重组。

ESR 完成收购亚腾资产管理，收购总价为 51.92 亿美元

2022 年 1 月 20 日，泓富产业信托发布公告称，ESR 完成收购 ARA 集团（亚腾资产管理公司）。2021 年 8 月 5 日，ESR 发布公告，公司、ARA 及卖方已于 2021 年 8 月 4 日就集团与 ARA 集团的建议业务合并订立收购协议。收购总价为 51.92 亿美元（约合人民币 336 亿元）。泓富产业信托表示，目前的投资重点与 ESR 及其附属公司管理的其他房地产投资信托基金并无重叠。泓富产业信托主要投资于香港的写字楼及商用物业。未来涉及泓富产业信托及任何 ESR 信托基金的利益冲突，都将会通过合规框架进行管理。

尚乘国际收购时尚媒体公司 L'Officiel 100%的股权，将推出元宇宙虚拟服装

2022 年 1 月 20 日，尚乘国际（HKIB. US）签署最终协议，收购全球时尚媒体控股集团 L'Officiel 100%的股权。交易条款未披露。通过此次收购，尚乘国际计划在未来几个月内在中国香港、中国澳门、捷克、匈牙利、瑞士和荷兰建立业务。

贸联完成对莱尼工业解决方案战略事业部的收购

2022 年 1 月 21 日，贸联控股（TWSE 代码 3665），以企业价值约 4.51 亿欧元完成德商莱尼集团 LEONI AG 旗下工业解决方案战略事业部 100%的股权收购。自 2022 年 1 月 21 日起，原莱尼工业解决方案战略事业部成为贸联集团的一员，莱尼特种电缆（中国）有限公司正式更名为贸联特种电缆（常州）有限公司。

中信资本投资韩国植物基公司 Organica

中信资本投资韩国植物基食品公司 Organica。作为战略投资者，中信资本将积极与 Organica 和 BriteBelly 合作，促进其全球扩张。BriteBelly 是 Organica 的衍生产品，目标是替代肉类市场。该公司将通过利用从中信资本筹集的资金来进行全球扩张。Organica 成立于 2013 年，其产品包括替代肉、植物蛋白和功能食品以及素食小吃和饮料，目前已经在星巴克、咖啡豆等主要渠道推出产品。

艾威药业 A+轮融资约 2500 万美元，同创伟业加码

2022 年 1 月 20 日，眼科治疗领域的创新型生物技术公司艾威药业（IVIEW Therapeutics Inc.）完成约 2500 万美元的 A+轮融资，本轮融资由同创伟业参与投资。艾威药业联合创始人、董事长兼首席执行官梁波博士表示："我很高兴新老投资者对艾威团队、艾威的眼科给药平台技术和产品管线充满信心。我们计划将投资款项用于完成病毒性结膜炎的一线治疗药物 IVIEW-1201 的全球二期试验，并将公司的临床前项目包括治疗干眼症和白内障治疗的一类和二类新药推进到临床开发。同时，艾威药业还在全球积极寻求创新业务的发展机会，引进创新临床开发阶段药物。"

Lifeshield Medical 宣布完成数亿元人民币的融资，人保资本领投

2022 年 1 月 21 日，据投资界报道，Lifeshield Medical 公司近日宣布完成数亿元人

民币的融资，本轮融资由人保资本领投，现有投资人比邻星创投继续追投，拔萃资本、君安控股和纳新资本跟投。据公开资料显示，Lifeshield Medical 拥有德国 enmodes GmbH 和苏州肺盾医疗两家全资子公司。本轮融资资金将用于公司新一代体内介入心脏支持系统、治疗严重慢阻肺的体外二氧化碳去除系统（ECCO2R）及 ECMO 体外膜肺氧合系统等多个产品的研发、生产和人体临床试验。

Avenir 对上港集团出售世界上最大的液化天然气加注船

2022 年 1 月 21 日，Avenir LNG 已将世界上最大的液化天然气燃料船 Avenir Allegiance 出售给上海上港集团（SIPG）与申能集团的中国合资企业上海上港能源服务公司（SSES），负责以最大的集装箱向达飞轮船的船舶提供液化天然气燃料世界港口。Vessels Value 估计最近交付的新船价格或为 5860 万美元，尚未透露具体价格。Avenir LNG 表示，此次出售将为公司释放大量现金，所得款项将用于提高公司的营运资金状况，并为未来的增长机会提供资金。此次出售伴随着一项长期联合合作协议，根据该协议，由 Stolt-Nielsen、Golar LNG 和 Hegh LNG 支持的伦敦小型 LNG 航运企业将负责上海港 LNG 加油服务的全球营销以及支持具有运营和技术服务的 SSES。该交易将 Avenir 的加油网络扩展到中国市场，为其在地中海、西北欧和马来西亚的现有加油网络增加了另一个枢纽。

波兰开发商 Exit Plan 获腾讯投资

2022 年 1 月 25 日，波兰游戏工作室 Exit Plan Games 宣布获得了新一轮投资，腾讯已经确定参与其中，以支持该工作室新游戏 *Bang On Balls*：*Chronicles* 的研发。获得腾讯投资后，团队创始人兼设计总监 Damien Monnier 表示："腾讯不仅仅是投资者，它在游戏方面有着广泛的专业知识，可以帮助我们这类小型独立开发团队解决从测试到本地化，甚至出版环节的困难。这显然是一个不能错过的机会。"除腾讯外，此次第三轮融资对象还包括 SISU Game Ventures、Smok VC、One-Two Play 和 Venture Inc. 。这一轮成功的融资，将在未来几年为 Exit Plan 提供财务的稳定性。另一位联合创始人兼艺术总监 Jose Teixeira 也认为："随着团队的不断壮大，我们有足够的资金来完成 *Bang On Balls*：*Chronicles* 的研发，并规划团队的下一款产品。而腾讯的加入，很可能会帮助团队融入亚洲这一关键市场——这也是团队的目标之一。"

中国杭州启明医疗完成收购 Cardiovalve 公司 100%的股权

2022 年 1 月 26 日，中国杭州启明医疗器械股份有限公司宣布，已完成对经导管二尖瓣三尖瓣创新疗法公司 Cardiovalve Ltd. 的 100%股权的收购。这意味着，Cardiovalve 即日起将正式成为启明医疗全球化运营团队的一员，加速推动创新产品国际化。Cardiovalve 成立于 2010 年，总部设于以色列。公司自主研发的 Cardiovalve 是一款同时可治疗二尖瓣反流和三尖瓣反流的经导管介入瓣膜置换创新系统。

美锦能源收购小柿子汽车 100%的股权

2022 年 1 月 26 日，山西美锦能源股份有限公司（简称“美锦能源”）新增对外投资，新增投资企业为小柿子（北京）汽车供应链管理有限公司，投资比例为 100%。小柿子（北京）汽车供应链管理有限公司成立于 2018 年 6 月 6 日，法定代表人为米胜荣，注册资本为 1000 万元。公司经营范围包括销售汽车、汽车配件、电子产品；汽车租赁等。该公司此前由大米融合（北京）科技有限公司持股 100%，由美锦能源 100%控股。美锦能源成立于 1997 年 1 月 8 日，注册资本为 42.7 亿元，法定代表人为姚锦龙，经营范围包括焦化厂、煤矿、煤层气的开发、投资，批发零售焦炭等。

紫金矿业完成对加拿大新锂公司 100%的股权并购

2022 年 1 月 26 日，紫金矿业发布公告称，公司已完成对加拿大新锂公司 100%股权并购的交割，正式开辟新能源赛道。公司将尽快启动阿根廷 3Q 盐湖锂项目建设，实现 2023 年底一期工程投产的目标。

渤海汽车子拟以 2631 万欧元收购 BTAH 25%的股权

2022 年 1 月 26 日，渤海汽车（600960.SH）发布公告称，公司同意子公司渤海国际以现金方式购买 TASE 持有的 BTAH 25%的股权，并设立履约保证。此次股权收购价格为 2631 万欧元，本次交易完成后，BTAH 将成为渤海国际的全资子公司。BTAH 在轻量化铝合金汽车零部件方面具有较强的技术实力以及成熟稳定的中高端客户关系，将为公司产品线及市场拓展提供坚实的基础。

InnovHeart 完成 5500 万美元的 C 轮融资，与远大医药达成合作

InnovHeart s.r.l（简称“InnovHeart”）是一家致力于开发二尖瓣疾病的新型经导管二尖瓣置换（TMVR）系统的公司，该公司宣布完成 C 轮融资，并与远大医药达成独家许可协议在大中华区开发和商业化专有 Saturn 设备。该交易获得了超过 5500 万美元的股权、前期许可费、里程碑付款和结构性特许权使用费。本轮融资由远大医药牵头，现有投资者 Genextra、Panakes Partners 和 Indaco Venture Partners 通过加入本轮投资确认了他们的持续支持。根据许可协议，远大医药有权在中国开发、制造和商业化 Saturn 设备。

2022 年 2 月

Wayflyer 的估值远超 10 亿美元，成为爱尔兰最新的独角兽企业

2022 年 2 月 4 日，在由 DST Global 和 QED Investors 领头的新一轮融资中，这家爱尔兰电子商务融资初创企业的估值达到 16 亿美元。爱尔兰现在又有了一家科技独角兽。总部位于都柏林的 Wayflyer 在 B 轮融资中筹集了 1.5 亿美元，对这家初创企业的估值为 16 亿美元。本轮全股权融资由 DST Global 和 QED Investors 领投，其他新投资者

包括 Prosus、Madrone Capital Partners 和摩根大通。现有的支持者 Left Lane Capital 和 Checkout. com 创始人 Guillaume Pousaz 也参与了投资。

华东医药英国全资子公司 Sinclair 收购 Viora 公司 100%的股权

2022 年 2 月 6 日，华东医药发文称，其英国全资子公司 Sinclair Pharma Limited 宣布收购能量源型医美器械公司 Viora100%的股权。Viora 公司成立于 2005 年，总部位于美国纽约，是一家专注于医美无创及微创能量源设备的国际化医美公司，具备采用激光、强脉冲光和射频、高压喷射、微晶磨皮等技术的产品组合。

紫金矿业投资 3.8 亿美元为阿根廷 3Q 盐湖锂项目建造锂工厂

据阿根廷生产发展部网站 2022 年 2 月 4 日消息，阿根廷生产发展部部长马蒂亚斯·库尔法斯接见了中国紫金矿业集团的高管。紫金矿业将通过当地子公司 Liex S. A. 投资 3.8 亿美元，在阿根廷建造一家碳酸锂工厂。阿根廷政府称，这家工厂位于北部卡塔马卡省的 3Q 盐湖锂项目，目标是每年生产 2 万吨碳酸锂。工厂计划将于 2023 年底前开始生产。

收购德国世创失败，环球晶圆：有合适标的仍会积极并购

2022 年 2 月 7 日，中国台湾地区晶圆厂商环球晶圆（Global Wafers）收购德国晶圆制造商世创（Siltronic）的交易，因未能在 1 月 31 日截止期限前获得德国监管机构批准而告终。环球晶圆表示，收购德国世创失败主要是因为时间不足，且不会因未能成功收购世创，而不再进行并购，未来仍会持续积极去做。不过环球晶圆董事长徐秀兰也指出，随着环球晶规模越来越大，国际并购的难度可能会越来越高。

Endeavor BioMedicines 完成 1.01 亿美元的 B 轮融资

Endeavor BioMedicines 是一家临床阶段的生物技术公司，针对包括肿瘤学和纤维化在内的终末疾病的核心驱动因素，2022 年 2 月 7 日，公司宣布完成由 Ally Bridge Group 和 Avidity 牵头的 1.01 亿美元的 B 轮融资。参与本轮融资的新投资者包括 Perceptive Advisors、Piper Heartland Healthcare Capital、Revelation Partners、Tekla Capital Management LLC 及 T. Rowe Price Associates, Inc. 现有投资者 Omega Funds 和 Longitude Capital 也参与其中。

开山股份拟以 3.8 亿收购 7 个印尼地热项目

2022 年 2 月 6 日，开山股份（300257. SZ）发布公告称，拟支付 6000 万美元（约合人民币 3.82 亿元）收购 Inter7 家印尼地热项目公司，发电潜力共为 990 兆瓦。在股权交割后，开山股份会编制优先开发的地热项目勘探开发计划，并规划于 2022 年开始重点项目的勘探钻井、资源鉴定工作，包括修建平台、平整场地、勘探钻井及测井等。

威孚高科拟以 6000 万欧元收购 VHIT 及其子公司意沃汽车系统

2022 年 2 月 8 日，威孚高科（000581. SZ）发布公告称，公司拟采用现金方式以约

6000万欧元（约合4.36亿元人民币）的交易对价向德国罗伯特·博世有限公司的子公司RBIT购买其所持有的意大利公司VHIT及其全资子公司VHCN（意沃汽车系统）的100%的股权。本次交易完成后，VHIT与VHCN将纳入公司合并报表范围。威孚高科表示，公司将以本次交易为契机，以电子油泵这一战略新产品业务切入"新能源汽车热管理系统及核心零部件"领域，依托公司集团化技术、市场和制造平台，全力推进电池冷却板、换热器等关键部件以及热管理系统战略产品的研发和应用。

中矿资源拟以1.8亿美元收购津巴布韦Bikita锂矿股权

2022年2月8日，中矿资源发布公告称，全资子公司香港中矿稀有拟以基准对价1.8亿美元（约合11.4亿元人民币）现金收购Afmin 100%的股权和Amzim100%的股权。

中矿资源集团收购津巴布韦Bikita锂矿权

2022年2月8日，中矿资源发布公告称，交易标的Afmin和Amzim合计持有Bikita公司74%的权益，Bikita公司主要资产是位于津巴布韦的Bikita锂矿项目。Bikita正在实施内部重组和股份回购注销，若Bikita最终内部重组获得政府审批，则中矿资源公司将持有Bikita公司99.05%的股权及相应关联债权；若Bikita最终内部重组获得政府审批且股份回购注销实施完毕，则中矿资源公司将持有Bikita公司100%的股权及相应关联债权。对于本次交易的影响，中矿资源表示，此次交易符合公司积极储备稀有轻金属矿产资源，着力布局锂电新能源材料和稀有轻金属（铯、铷）等新兴材料产业，完善上下游产业链的发展战略。交易完成后，可增加公司的锂矿产资源储备，提高公司锂盐业务原料自给率，保障公司锂盐业务中长期原料稳定供应，提升公司主营业务盈利能力和可持续发展能力。

长盈集团附属拟斥资2250万加元收购加拿大油田

2022年2月9日，长盈集团（00689.HK）发布公告称，公司间接全资附属公司将收购一处位于加拿大艾伯塔省正在营运的油田，包括石油及天然气权利、设施及管道连同所有其他物业及资产，初步代价为2250万加元。

传伊利收购法国百吉福奶酪

2022年2月9日，伊利收购法国奶酪品牌百吉福，并称上述收购已走完合同，但具体金额尚未披露。对此，伊利官方答复称，尚未收到相关信息，如有信息会反馈。

领展33亿港元收购IGO49.9%的权益

2022年2月10日，领展房地产投资信托基金的管理人领展资产管理有限公司（领展）宣布，领展将与Oxford Properties携手组成合资公司，以共同持有Investa Gateway Office（IGO）市值超过23亿澳元的澳洲优质办公室物业组合。领展将持有IGO的49.9%权益。IGO目前持有5个能即时带来收入、且着重可持续性发展的优质商厦项目，物业位于澳洲主要门户城市悉尼及墨尔本的核心商业区，包括位于悉尼的 126 Phillip Street、388 George Street、151 Clarence Street 及 347 Kent Street，以及墨尔本的 567 Collins Street。IGO 现在及日后将继续由 Investa 管理。Investa 是澳洲著名的一站式房地产投资管理公司，专长于管理办公室项目。

Alma 获得 1.3 亿美元 C 轮融资

Alma 是法国一家支付平台服务商，面向用户提供分期付款等多种支付方式，从而让付款拥有灵活性，增加购买力。2022 年 2 月 11 日，Alma 近日宣布已经完成 1.3 亿美元的 C 轮融资，腾讯、GR Capital 和 Roosh Ventures 首次投资这家初创公司，现有投资者如国泰创新、Eurazeo、Bpifrance 的大型风险基金、Seaya Ventures 和 Picus Capital 再次参投。

CBC 集团计划进一步推进和加强 Hugel 与四环医药（00460）在中国的战略合作

2022 年 2 月 11 日，四环医药（00460）发布公告称，CBC 集团宣布 Hugel 收购已经完成，CBC 集团成为 Hugel 的单一最大股东和实际控制人，控制 Hugel 约 42.90%的股权。四环医药、CBC 集团和 Hugel 的管理层认为，CBC 集团与 Hugel 之间保持密切的战略合作对三方都有利，并将使各方为各自的股东实现价值最大化。四环医药、CBC 集团和 Hugel 对三方未来的合作充满期待和信心，公司将与 Hugel 和 CBC 集团一起努力实现将乐提葆 Letybo®打造成为中国第一肉毒杆菌毒素品牌的目标。

安盛宣布其新加坡业务已出售给汇丰银行

2022 年 2 月 24 日，安盛宣布其新加坡业务已经以 5.29 亿美元出售给汇丰银行，该交易是由汇丰控股的间接全资子公司汇丰保险（亚太）控股有限公司通过收购安盛新加坡 100%已发行的股份完成，曾于 2021 年 8 月首次公布。汇丰银行在其一份声明中表示，按年化新保费计算，安盛新加坡公司是新加坡第 8 大人寿保险公司，按总保费计算是第 5 大财产/意外伤害（P/C）保险公司，同时也是领先的健康公司。

盛和资源拟以 1.79 亿元人民币收购 Peak 公司 19.9%的股权

2022 年 2 月 11 日，盛和资源发布公告称，控股公司盛和新加坡拟收购 Appian 公司持有的澳交所上市公司 Peak 公司 19.9%的股权，收购金额合计约为 3924.8 万澳元（约合人民币 17890.50 万元）。Peak 公司总部位于西澳大利亚珀斯，主要经营位于坦桑尼亚的 Ngualla 稀土矿项目和拟在英国投资建设的 Teesside 精炼厂项目。Ngualla 稀土矿项目预计投资约 2 亿美元，年处理原矿约 80 万吨，产稀土精矿（45%REO）约 37,200 吨。Peak 公司计划在英国建设一个稀土精炼厂，年产各类稀土产品 9900 吨至 11600 吨，该项目的建设和开发支出预计约 1.65 亿美元。

BUD 完成 1500 万美元 A+轮融资，启明创投领投

2022 年 2 月 14 日，新一代 UGC 社交平台 BUD Technologies，Inc 宣布完成 1500 万美元的 A+轮融资，由启明创投领投，老股东 GGV 纪源资本、云九资本、源码资本超额跟投，穆棉资本担任本轮独家财务顾问。本轮资金将主要用于海外业务研发和增长等方面。

鹏欣资源拟以 1.26 亿元人民币收购收购采矿权、探矿权

鹏欣资源（600490.SH）发布公告称，公司控股子公司 CAPM-TM 于 2022 年 2 月 14 日与 TLGM 等签署《收购协议》，公司控股子公司拟以 3 亿南非兰特（约合 1.26 亿元人民币）收购 Tau Lekoa Gold Mining 持有的南非 Tau 矿中采矿权 17 及探矿权 11862 与相应的资产等业务。Tau 矿 10 号井为在产矿山，具备 200 万吨/年矿石提升能力等完善的生产设备设施。完成收购后可通过 Tau 矿 10 号井开采 CAPM 公司奥尼金矿 6 号井西部连片矿体，优化 CAPM 规模开发利用方案，节省建设投资成本和周期，提升整体产能。

国艺集团控股完成收购马来西亚物业

2022 年 2 月 15 日，国艺集团控股（08228.HK）发布公告，内容有关收购 Wise Circuit Limited 全部已发行股份。根据买卖协议的条款及条件，收购事项已于 2022 年 2 月 15 日完成。交易完成后，公司直接拥有目标公司一股普通股，相当于目标公司全部已发行股本。

易界 DealGlobe 携手嘉御资本创始人卫哲发起香港 SPAC

2022 年 2 月 15 日，DealGlobe 易界携手嘉御资本创始人兼董事长卫哲和 Opus 创富共同发起的特殊目的收购公司 Vision Deal HK Acquisition Corp. 正式向港交所提交 A1 文件，成为首批向港交所提交 SPAC 上市申请的发起人，并由花旗集团和海通国际担任联席保荐人，Kirkland 凯易国际律师事务所担任法律顾问，华泰国际将担任财务顾问。

新世界集团旗下电商 SSG 获 2.51 亿美元融资

2022 年 2 月 15 日，根据 AVCJ 的一份报告，韩国新世界集团旗下电商平台 SSG.com 已从现有支持者 Affinity Equity Partners 和 BRV Capital Management 那里额外筹集了 3000 亿韩元（2.51 亿美元）的融资。据悉，这两位投资者以每股 5000 韩元的价格认购了 399 万股股票。2021 年 8 月，有报道称 SSG.com 正准备在当地股票市场上市，并寻求将 IPO 的收益投资于其物流基础设施和信息技术。据多个消息来源称，SSG.com 计划在 2022 年 4 月申请初步的 IPO 审查，IPO 的牵头管理团队包括 Mirae Asset Securities（未来资产证券）以及 Citigroup Global Markets Korea Securities（花旗集团全球市场韩国证券）。SSG.com 表示，此次并不是以整合 eBay 韩国后的身份进行 IPO。据悉，两者合并后，SSG.com 将占据韩国电商市场 15%的份额，仅次于拥有 17%份额的

Naver。

东南亚美妆品牌Y.O.U完成4000万美元C轮融资

2022年2月16日，东南亚美妆品牌Y.O.U宣布完成4000万美元的C轮融资，由隐山资本领投，SIG、高榕资本、ATM Capital、eWTP Arabia Capital和M31资本等机构跟投，其中高榕资本和ATM Capital连续参股融资。泰合资本担任独家财务顾问。截至目前，Y.O.U的融资额已累计达7000万美元。

嘉里物流拟收购美国加州国际物流公司Topocean

2022年2月18日，嘉里物流在港交所发布公告称，公司间接全资附属公司KLN Investment（US）LLC同意收购Topocean Consolidation Service（LosAngeles），Inc全部权益，共计20万股。所有目标股份的总代价不得超过2.4亿美元。Topocean为一家于美国加利福尼亚注册成立的国际物流公司，主要从事国际货运代理及物流服务。

远大医药认购德国ITM公司股份，加速放射性核素药品产业布局

2022年2月16日晚，远大医药发布公告称，集团将以2500万欧元认购德国ITM公司的新股份，相当于其扩大后股本的1.31%。此前，远大医药已获得ITM公司开发的3款全球创新型放射性核素偶联药物（RDC）在中国的独家开发、生产及商业化权益。此次股权收购，将加深远大医药与ITM公司的进一步合作。ITM公司于2004年在德国成立，是一家专注研发、生产和全球供应医用放射性同位素以及用于各种靶向诊疗肿瘤的放射性药物公司，同时也是全球最大的医用放射性同位素生产企业之一，是全球为数不多的研发、生产和供应一体化的放射性药物生物技术公司。

孚昇电子收购新加坡电子元件测试中心

2022年2月21日，孚昇电子（Fusion Worldwide）收购了位于新加坡的大型电子元件测试公司Prosemi Mfg Pte Ltd。由于供应链经历了历史性的限制，导致周转时间过长，此次收购将进一步巩固孚昇电子提供世界级采购和交付的使命，同时提高其维持最高质量标准的能力。

运动潮流品牌STARTER完成4000万美元C轮融资

2022年2月22日，国际潮流运动品牌STARTER近日已完成4000万美元的C轮融资，本轮融资由QY Capital领投，老股东红杉中国、地素时尚、M31资本跟投，高鹄资本担任独家财务顾问。

韩国初创公司Neosapience完成B轮融资2150万美元

2022年2月22日，韩国初创公司Neosapience宣布在B轮融资中筹集到2150万美元。本轮融资由BRV资本管理公司牵头，Stic Ventures、Quantum Ventures以及原投资者Company K Partners、Albatross Investment Capital、Daekyo Investment和TimeWorks investments跟投。本轮融资后，Neosapience 的累计资金已达 2670 万美元。

FlexEnable 融资 1100 万至 2500 万美元推动柔性显示器和有源光学器件量产

2022 年 2 月 22 日，柔性有机电子产品开发和工业化领导者 FlexEnable 已经完成筹集 1100 万美元的 B 轮融资。LCD 背光模块制造商中强光电（Coretronic）与多个欧洲重要家族企业达成战略性投资合作，最初投资额为 1100 万美元。这项融资预计为 FlexEnable 带来充裕的资金，用于联合多个亚洲显示器制造合作伙伴大规模量产柔性显示器和液晶光学模块。这笔资金还将用于扩大公司的有机材料产能，以满足进入量产阶段后，显示器制造合作伙伴日益增长的需求。

华鹏飞参设企业以 4.14 亿美元收购 FTDI 的 80.2%的股权

2022 年 2 月 22 日，华鹏飞股份有限公司发布公告称，公司获悉参设企业建广广鹏对外投资已取得实质进展，建广广鹏参设公司飞特控股通过成立的英国全资子公司以 4.14 亿美元收购 FTDI 的 80.2%的股权。FTDI 是全球 USB 桥接芯片领域的领军企业，公司具有超过 25 年的桥接芯片行业经验，并具有高度多样化的各行业一线头部客户。

Scalapay 获得 4.97 亿美元 B 轮融资

2022 年 2 月 24 日，据公开媒体报道，Scalapay 宣布获得 4.97 亿美元的 B 轮融资。本次融资由腾讯与 Willoughby Capital 领投，Tiger Global、Gangwal、Moore Capital、Deimos 和 Fasanara Capital 参投。Scalapay 是一家意大利第三方支付解决方案提供商，客户包括迪卡侬、喀尔多尼亚、巴塔、Aosom 和 Bricobravo 等。

巴西加密交易所 Foxbit 完成 2100 万美元 A 轮融资，OK Group 领投

2022 年 2 月 23 日，巴西加密交易平台 Foxbit 完成 2100 万美元 A 轮融资，本轮融资由 OK Group 领投。新的资金将用于招聘人员、技术和相关的收购工作。Foxbit 由 João Canhada 和 Luís Augusto Schiavon 于 2014 年创立。

腾讯将全资收购加拿大的 Inflexion Games 工作室

2022 年 2 月 23 日，腾讯宣布将以全资的方式收购位于加拿大的游戏工作室 Inflexion Games。官方表示，在腾讯收购后，该工作室的 CEO 将继续留任。据了解，Inflexion Games 作为一个初创团队，其首款游戏《夜莺》在 2021 年的 TGA 颁奖典礼上首次公布后便受到关注，预计在 2022 年进入抢先体验阶段。

招商资本参与收购沙特阿美 155 亿美元天然气管道网络

2022 年 2 月 25 日，招商资本旗下基金 China Merchants Union（CMU）参与收购世界最大油气生产公司沙特阿美价值 155 亿美元的天然气管道项目相关交易完成交割。此笔交易是全球最大的能源基础设施交易之一。招商资本与以贝莱德基金管理有限公司和哈桑纳投资公司牵头的国际投资者财团，获得了沙特阿美新成立子公司——沙特阿美天然气管道公司 49%的股权，该公司拥有沙特阿美天然气管道网络 20 年的租赁权，并向沙特阿美收取带有最低管输量保证的管输费收入。

字节跳动以 2.5 亿元人民币投资韩漫公司

2022 年 2 月 23 日，字节跳动宣布，投资韩国在线内容公司 Kidari480 亿韩元（约合人民币 2.55 亿元）。其中，字节跳动向 Kidari 及其旗下 Lezhin 各投资 240 亿韩元，投资款将被用于在中国和日本开设内容生产工作室，以及发行基于网漫的 NFT。除了投资，Kidari 还与字节跳动达成内容合作，将向字节跳动旗下平台授权大约 1300 部漫画。

腾讯收购波兰游戏开发商 1C Entertainment

2022 年 2 月 25 日，腾讯收购来自波兰的游戏开发商 1C Entertainment。据 Wccftech 报道，相关条款是在 2021 年 11 月的时候敲定的，腾讯将收购 1C Entertainment 大多数股权，同时交易完成后，1C Entertainment 将在 6 个月内改名。1C Entertainment 已经营多年，出品过一些颇具口碑的游戏，比如《国王的恩赐（King's Bounty：The Legend）》系列。此外，1C Entertainment 还拥有 QLOC，这是一家集游戏联合开发、测试和复刻的工作室，参与过《赛博朋克 2077》《黑暗之魂》复刻版、《薄暮传说》决定版和《真人快打 11》PC 移植版等项目。

雅化集团拟收购澳洲电池金属公司 ABY 股份，锁定非洲锂矿资源

2022 年 2 月 27 日晚，雅化集团发布公告称，全资子公司雅化国际拟以每股 0.75 澳元的价格认购澳大利亚 ABY 公司（Abyssinian Metals Limited，简称“ABY 公司”）370 万股股份，占 ABY 公司 IPO 前总股本的 3.4%。ABY 公司是一家注册在澳大利亚的电池金属公司，在苏丹和埃塞俄比亚等非洲国家拥有矿产资源，核心资产主要为埃塞俄比亚的 Kenticha 锂矿（持有 51%的股权）。Kenticha 锂矿于 1990 年开始采矿，该区域具有高度矿化锂铯钽（LCT）伟晶岩，拥有已探明 6740 万吨锂资源量，Li2O 平均品位 1.03%。

2022 年 3 月中国平安领投，Visby 完成超 1 亿美元融资，瞄准家用市场的 PCR 产品

2022 年 3 月 6 日，Visby Medical 宣布已筹集了超过 1 亿美元的 E 融资轮，资金将用于增加产能，从每月几万提升到几十万，进一步扩大其产品菜单包括 COVID 与 FLu A/B 的联检和抗菌素耐药性 Panel. 中国平安数字医疗基金 Voyager Partners 首席投资官 Donald Lacey 表示：“我们很高兴能在他们旅程的这个阶段加入 Visby Medical。在中国平安，我们强烈认为远程医疗将继续存在，但在远程诊断能力没有显著提升的情况下，范围仍将有限。Visby 的‘随时随地医疗保健’的愿景——将远程医疗与易于使用、无需仪器的高质量诊断工具相结合——非常引人注目。”Visby 表示，他们的目标是加快

将手掌大小的 PCR 诊断测试推广到医疗现场，并最终用于家庭。

东亚银行将以 2.78 亿美元向友邦保险出售非寿险业务

2022 年 3 月 4 日，东亚银行（BEA）表示，它已同意将其非寿险和医疗保健服务业务出售给友邦保险集团有限公司的一个部门，总价为 21.68 亿港元（2.78 亿美元）。东亚银行将向友邦保险出售其医疗、旅游和一般保险服务部门 Blue Cross（Asia-Pacific）Insurance 以及医疗服务部门 Blue Care JV（BVI）Holdings 的 80%的权益，为股东创造价值。

中企终止收购土耳其跨海大桥及高速公路

2022 年 3 月 11 日，招商公路、宁沪高速、四川成渝、皖通高速等上市公司相继发布公告称，交易各方已于 3 月 9 日共同签署协议，终止收购土耳 ICA 公司 51%的股权。ICA 公司拥有位于土耳其伊斯坦布尔的北马尔马拉高速公路 Odayeri-Paaky 部分，这部分路段也包括博斯普鲁斯海峡第三大桥。该收购协议的签订由国内多家高速公路联手，在当时被视作国内高速公路企业抱团出海的重大突破之一。

中升集团以 13 亿美元完成收购仁孚中国 100%的股权

2022 年 3 月 15 日，中升集团宣布，以 13.1398 亿美元从怡和集团收购仁孚中国 100%的股权。仁孚中国于 1994 年在中国开始营业，是梅赛德斯-奔驰在中国华南及华西地区的首个也是最大的经销商集团，具有位于中心城市核心区域成熟的经销网络。此次收购符合中升集团深耕优势区域及优质品牌的发展策略，将扩大集团现有品牌的协同效应及发展潜力，进一步提升核心竞争力及市场影响力。

亚洲住宅租务品牌 WEAVE LIVING，以 5600 万美元收购新加坡酒店项目

2022 年 3 月 14 日，亚洲住宅租务品牌 WEAVE LIVING 宣布，进军新加坡住宅租务市场，以 5600 万美元收购位于甘榜格南（Kampong Glam）的酒店项目 Hotel Clover J. Sultan。

明珠货运与 Yinhua 达成股权收购协议

2022 年 3 月 15 日，明珠货运（YGMZ.US）宣布，公司已与 Yinhua Limited 达成股权收购协议。据了解，Yinhua Limited 是一家开发和运营综合性汽车相关服务平台的公司，服务于车险公司。根据股权收购协议条款，明珠货运将支付 1830.25 万美元，以换取 Yinhua100%的股权。

远东发展拟斥资 9570.26 万英镑收购伦敦一发展项目公司

2022 年 3 月 15 日，远东发展（00035.HK）发布公告称，2022 年 3 月 14 日，公司间接全资附属 Next Talent Developments Limited 将收购目标公司 R&F Properties VS（UK）Co.，Ltd 全部已发行股本及接受转让公司间贷款，代价为 9570.26 万英镑（可予调

整）。据悉，目标公司主要从事投资控股。目标集团拥有的发展项目为位于英国伦敦 Vauxhall 的 Vauxhall Square 的混合用途计划（Vauxhall Square），经规划许可 15/05619/VOC 及其后的非实质性修改批准，规划同意总建筑面积约 13.3 万平方米的混合用途发展，包括住宅、酒店及宿舍、办公室、零售及休闲。

腾讯投资西班牙马德里游戏工作室 Tequila Works

2022 年 3 月 16 日，马德里游戏工作室 Tequila Works 宣布获得了新一轮的投资，腾讯成为大股东，进而继续支持该游戏工作室旗下原创游戏 IP 的开发。获得投资之后，Tequila Works 的 CEO Raul Rubio 表示，很难找到像腾讯这样的合作伙伴。“他们是能够以独创性为原则赏识顶尖创意人才价值的伯乐，一个尊重我们的独立性和创作自由的人。这种伙伴关系将使我们能够专注于将我们旗下的原创 IP 并将其提升到新的高度，创造我们梦寐以求的最佳游戏体验。”

李泽楷旗下 SPAC 与 PropertyGuru 合并纽交所上市，作价超 10 亿美元

2022 年 3 月 19 日，新加坡房地产独角兽 PropertyGuru 日前与特殊目的收购公司（SPAC）Bridgetown 2 Holdings 完成合并，并在纽交所上市，股票代码为“PGRU”。通过这一交易，可获得 2.54 亿美元，用于寻求并购机会，以抓住东南亚房地产市场复苏的增长势头。这项交易对 PropertyGuru 企业价值约 13.6 亿美元，股权价值约 16.1 亿美元。PropertyGuru CEO 说，“我们很高兴能成功完成与 Bridgetown 2 业务合并，这为追求战略增长提供额外资金，并将加快我们进入资本市场的能力，为我们的客户提供世界一流的解决方案”。

肿瘤科远程监控平台 Canopy 完成 1300 万美元的融资

2022 年 3 月 22 日，Canopy 公司在一轮融资中筹集了 1300 万美元。本轮融资由金沙江创投领投，Samsung Next、UpWest 等参投。公司表示，这笔资金将用于为所有团队招聘更多员工。Canopy 是一家为肿瘤科提供软件的公司。GSR Ventures 的合伙人 Justin Norden 医学博士表示：“许多数字医疗公司将专注于简单的管理任务，但不会发布结果证明他们的技术确实正在改变对患者护理最重要的事情。”但他说，Canopy 两方面都做得很好。

全球科技鞋履品牌 Miracle Miles 获 1 亿美金 A 轮融资，红杉中国和 IDG 资本联合领投

2022 年 3 月 21 日，全球头部科技鞋履品牌集团 Miracle Miles 宣布完成 1 亿美金的 A 轮融资，由红杉中国和 IDG 资本联合领投，星涵资本担任长期独家财务顾问。本轮融资完成后，Miracle Miles 计划在未来 2-3 年内完成全球鞋履市场战略布局，覆盖更多品类，进军更多国家及地区，成为世界知名的科技鞋履集团。

Jeeves 以 21 亿美元估值完成 1.8 亿美元 C 轮融资，腾讯领投

2022 年 3 月 22 日，一站式费用支付平台 Jeeves 已在腾讯领投的 C 轮融资中筹集了 1.8 亿美元，本轮融资的其他投资者包括 GIC、斯坦福大学、a16z、CRV、硅谷银行、FT Partners、Clocktower Ventures、Urban Innovation Fund、Haven Ventures、Gaingels 和 Spike Ventures。该公司的估值从 5 亿美元翻了两番，达到 21 亿美元。据悉，Jeeves 是一个面向快速发展公司的一站式费用支付平台，为他们提供多地区企业信用卡、银行对银行支付和风险收入融资。

传美的、奥的斯考虑收购东芝电梯业务，估值或达 40 亿美元

2022 年 3 月 23 日，有知情人士透露，东芝可能出售电梯业务的交易吸引了包括中国美的集团和美国奥的斯等业内公司的初步兴趣。该电梯业务在交易中可能获得约 40 亿美元的估值，因考量仍处于早期阶段，东芝尚未启动任何正式的出售程序。（界面新闻）

嘉泓物流（02130）完成收购 Allport Cruise100%的股权

2022 年 3 月 23 日，嘉泓物流（02130）发布公告称，购股协议项下的所有条件均已达成，且收购事项已根据购股协议的条款及条件于 2022 年 3 月 23 日完成。交易完成后，Allport Cruise 成为公司的间接全资附属公司，且其财务业绩将于集团财务报表中综合入账。根据购股协议，公司应根据股东于 2022 年 3 月 11 日举行的股东特别大会上通过的一项决议案授予董事的特别授权，于结算日根据购股协议条款按发行价每股股份 9.2 港元向卖方（即 Cargo Services Sea freight Limited）发行及配发代价股份。

赣锋锂业 1.3 亿美元收购荷兰 SPV 公司 50%的股权交易所涉股权与矿权变更已完成

2022 年 3 月 29 日，赣锋锂业（002460.SZ）发布公告称，近日，公司收到赣锋国际的通知，荷兰 SPV 公司 Mali Lithium B. V.（简称“马里锂业”）已正式设立，赣锋国际现持有马里锂业 50%的股权。将 Goulamina 锂辉石矿开采许可证移交给马里锂业下属全资子公司的转移工作已于近日完成，至此，本次交易所涉及的股权与矿权变更已顺利完成。公司于 2021 年 6 月 11 日召开的第五届董事会第二十八次会议审议通过了《关于赣锋国际收购荷兰 SPV 公司 50%股权涉及矿业权投资并为其全资子公司 LMSA 提供财务资助的议案》，同意全资子公司赣锋国际以自有资金 1.3 亿美元的价格收购荷兰 SPV 公司 50%的股权。

江南化工子公司拟以 360 万欧元收购塞尔维亚民爆企业 60%的股权

2022 年 3 月 28 日，江南化工（002226.SZ）发布公告称，公司全资子公司北方爆破从国际化业务发展需要出发，拟以中宝资源为投资平台，以 360 万欧元收购塞尔维亚 EKSPLOZIVI RUDEXD. O. O. 公司 60%的股权，从而达到使江南化工国际民爆业务快

速进入并抢占巴尔干地区民爆市场的目的。

延江股份收购美国口罩生产商 SpinTech

2022年3月29日晚，延江股份（300658.SZ）发布公告称，子公司Yanjan USA LLC（简称“美国延江”）拟通过受让认缴出资权暨债转股的方式取得SpinTech LLC100%的股权。SpinTech LLC主营生产和销售符合美国当地标准的口罩。值得注意的是，标的公司还未实现盈利。SpinTech LLC成立于2020年2月，主要生产和销售符合美国当地标准的口罩，注册资本为10万美元，而实缴资本为0。从财务状况来看，SpinTech LLC还未实现盈利。

康桥资本宣布完成对武田制药5个心血管及代谢领域药品的收购

2022年3月31日，康桥资本与海森生物医药有限公司联合宣布，完成对武田制药5个心血管及代谢领域药品的收购，包括亚宁定、易达比、必洛斯、倍欣以及艾可拓。根据收购协议，海森将独家拥有这些药品在中国大陆的专有权，直接隶属武田制药中国大陆内科事业部负责这些产品的员工将会加入海森。在满足监管要求并完成交割后，武田将收到3.22亿美元的交易总额。

2022年4月

币安前CFO周玮斥资2亿美元收购菲律宾加密钱包服务商Coins.ph

2022年4月4日消息，印度尼西亚科技巨头Gojek宣布以近2亿美元的价格将菲律宾加密钱包服务商Coins.ph出售给币安前首席财务官周玮，后者已确认该笔收购。据了解，Coins.ph于2014年创立，最初是一个可用于买卖加密资产的数字钱包，此后扩展到其他金融服务，例如移动充值、账单支付和汇款。三年前，Gojek以9500万美元的价格收购了Coins.ph。

远东发展拟以9.77亿港元收购伦敦物业

远东发展（00035.HK）发布公告称，有关拟以9.77亿港元收购伦敦物业事项，收购事项已于2022年4月4日完成。

电动车公司Gogoro曲线上市

2022年4月6日消息，中国台湾地区的电动机车及电池更换装置品牌Gogoro日前与特殊目的公司（SPAC）Poema Global Holdings Corp合并，并在2022年4月5日在美国纳斯达克（Nasdaq）交易所开始交易。新公司股票代码为“GGR”、认股权证代码为“GGROW”。这也是中国台湾地区继2006年以后，首度有企业在美国资本市场上市。

鹰美拟斥资669.4万美元收购越南鞋履公司Beyond Top的全部股权

鹰美（02368.HK）发布公告称，2022年4月7日，该公司全资持有附属公司Jespar Age Limited将收购Beyond Top Co.，Ltd.（目标公司）的全部股本，初始代价为

669.4 万美元。鹰美表示，目标公司为一家投资控股公司。其唯一全资持有附属公司主要从事于越南生产鞋履，自 2009 年起停止营业。集团能通过利用目标集团的现有设施，目标集团能增加集团的生产力而不必产生额外的建筑成本。

维密 4500 万美元出售中国业务 49%的股份

2022 年 4 月 6 日，美国内衣品牌维多利亚的秘密（简称“维密”）发布声明称，集团以 4500 万美元出售中国业务 49%的股权给内衣制造商维珍妮的交易已经完成，剩余 51%的股份由维密继续持有。维密首席执行官 Martin Waters 表示，与维珍妮的合作是品牌国际化业务重组的关键一步，未来会继续以同样的方式对全球其他市场的业务作出调整，以帮助品牌更好地触达当地消费者。

达飞集团收购欧洲老牌物流公司 GEFCO 100%的股权

2022 年 4 月 8 日，达飞集团（CMA CGM GROUP）宣布收购欧洲汽车物流领导者 GEFCO 公司近 100%的股权。具体来说，此次收购将加强达飞集团旗下的物流公司基华物流（CEVA Logistics）为其客户提供的物流服务范围，尤其是在法国和欧洲其他地区。通过 GEFCO，CEVA 将成为汽车物流的全球领导者，此前，通过收购 Ingram Micro CLS，增强了其在电子商务物流方面的能力。

智美体育拟以 131.1 万英镑收购英国物业

智美体育（01661.HK）公布，2022 年 4 月 8 日，公司全资附属公司 Wisdom London 拟收购租赁物业，代价为 131.1 万英镑。租赁物业的位置于 Plot 22 Postmark Phase 3 Calthorpe Street, Rear of Mount Pleasant Sorting office Farringdon Road EC1, London, the United Kingdom. 租赁物业将发展为位于英国 Farringdon 的 Postmark 住房发展项目的其中一间公寓。卖方将安排进行租赁物业的发展及建造，预期将于 2023 年 12 月 31 日前完成。

文晔科技以 10.8 亿元人民币收购世健，元器件分销商又一轮整合开始

2022 年 4 月 13 日，半导体分销商文晔科技与世健科技共同宣布，文晔科技将通过 100%持有的子公司 WT Semiconductor Pte. Ltd.，以每股 1.93 元新加坡币现金与总金额约 2.322 亿元新加坡币（约合人民币 10.8 亿元），取得世健科技 100%的股权。文晔公司成立于 1993 年，为全球领导半导体零组件渠道商，专注于高品质与附加价值的业务。

鸿海宣布收购安科诺科技无线通信事业

2022 年 4 月 13 日，鸿海科技集团宣布完成收购安科诺科技（arQana Technologies）无线通信事业，收购范围包含 Taiwan arQana Technologies Limited（台湾）和 arQana Technologies BV（比利时）。鸿海收购的业务单位将与鸿海旗下 Achernar Tek Inc. 合并，成立新品牌 iCana，布局车辆应用领域及 5G 基础建设。iCana 将持续投入无线通信基础

建设的高性能应用研发，强化5GSub-6与毫米波的产品开发，并在互联网车和电动车市场中扩大业务规模。此次合作将借重鸿海在半导体领域的专业知识与开发能力，强化半导体供应链。

Stellantis集团宣布整合其在中国的金融业务

2022年4月13日，据Stellantis集团消息，继Stellantis集团在欧洲和美国对其金融业务进行重组之后，集团宣布，神龙汽车有限公司和Stellantis集团旗下Banque PSA Finance的全资子公司标致雪铁龙荷兰财务公司已与东风汽车集团达成一项股权转让协议，基于此协议，荷兰财务公司和神龙公司在“东风标致雪铁龙汽车金融有限公司”中各自持有的股份将被出售给东风集团，该交易的完成仍需得到监管部门的批准。

来也科技收购法国对话式AI公司Mindsay

2022年4月14日，智能自动化领军品牌来也科技正式完成对法国对话式AI公司Mindsay全资收购，以进一步增强智能自动化产品能力、拓展行业解决方案应用、扩大全球市场赋能范围，加速“后疫情时代”全球组织智能自动化转型。

雅化集团拟收购加拿大锂资源

2022年4月17日，雅化集团发布公告称，其全资子公司雅化国际拟出资500万加元认购加拿大超锂公司（简称“超锂公司”）2127.66万单位股份，约占超锂公司总股本的13.23%；同时，雅化国际拟收购超锂公司全资子公司60%的股权，并控股旗下福根湖硬岩石锂辉石型锂矿项目和佐治亚湖硬岩石锂辉石型锂矿项目，预计两个项目氧化锂当量合计超过20.5万吨。收购之后，超锂公司将为合资公司继续寻求优质硬岩锂资源的收购机会，并继续为合资公司勘探、发现和收购加拿大更多的锂资源。

紫金矿业将收购Xanadu 19.9%的股份，以获取蒙古国的铜金资源

2022年4月20日，紫金矿业发布公告称，2022年4月19日，紫金矿业集团已与Xanadu Mines Ltd（仙乐都矿业公司）签署股权认购协议，公司拟以每股0.04澳元收购Xanadu矿业公司的19.9%的股份，并以3500万美元收购Xanadu子公司Khuiten金属公司的50%的股份。此举旨在获得Xanadu在蒙古国的铜和金资源。Kharmagtai铜金矿估计拥有293万吨铜和243吨黄金。

ST大洲收购LorsinalS. A. 公司其余50%的股权

ST大洲于2022年4月21日发布公告称，全资子公司恒阳香港发展有限公司（简称“恒阳香港”）与长嘉恒泰签署了《有关买卖LORSINAL S. A. 的50%股权的协议》，恒阳香港同意基于该协议的条款及条件购买长嘉恒泰持有的LORSINAL S. A. 50%的股权，收购对价为1550万美元。本次收购后，上市公司将间接持有LORSINAL S. A. 100%的股权。LORSINAL S. A. 为新大洲控股股份有限公司三级子公司恒阳拉美投资控股有限公司与长嘉恒泰（香港）投资控股有限公司各持50%的股权的公司。

红杉中国与碧昂斯、蕾哈娜等多位女艺人，联手投资法国时尚品牌 DESTREE

2022 年 4 月 21 日，红杉中国宣布完成对巴黎时装和配饰品牌 DESTREE 的 A 轮投资。这是继 AMI、SSENSE、WE11DONE 之后，红杉中国在时尚领域的又一动作。融资完成后，DESTREE 两位女性创始人 Geraldine Guyot 与 Laetitia Lumbroso 仍将持有品牌的大部分股权。

ST 大洲拟以 1550 万美元收购乌拉圭 224 厂剩余 50%的股权

2022 年 4 月 21 日，ST 大洲发布公告称，公司的全资子公司恒阳香港与长嘉恒泰于 4 月 20 日签署《有关买卖 LORSINAL S. A. 的 50%股权的协议》，恒阳香港同意购买长嘉恒泰持有的 LORSINAL S. A.（简称“224 厂”）50%的股权，收购对价为 1550 万美元。本次收购后，公司将间接持有 224 厂 100%的股权。224 厂的主要业务是为乌拉圭当地市场或国外提供屠宰、加工牛肉、牛肉产品、牛肉内脏或牛肉的副产品。公司此次收购 224 厂 50%的股权，是基于对国内外牛肉行业现状及前景的判断。国内牛肉需求量大、养殖成本高且市场空间大，南美是中国牛肉的主要来源地之一，通过收购合作方股权，有利于该公司的经营管理。

沃比医疗 5 亿欧元完成收购德国神经介入行业领袖 phenox

沃比医疗控股有限公司是一家全球性创新型医疗技术公司，专注于开发和商业化用于治疗脑卒中的神经介入医疗器械产品。2022 年 4 月 21 日，公司宣布已成功完成收购位于德国的全球神经介入行业创新和技术领先企业 phenox GmbH 及其旗下 femtos GmbH。本次收购的总对价约为 5 亿欧元（含里程碑付款），为近年来全球医疗器械行业最大的跨境并购交易之一。

华友钴业收购津巴布韦前景锂矿公司股权，完成约定交割安排

2022 年 4 月 21 日晚，华友钴业公布关于收购津巴布韦前景锂矿公司股权的进展：经交易各方共同确认，本次收购前景锂矿公司 100%的股权的先决条件均已满足或获得豁免，交易各方已于 2022 年 4 月 20 日根据发出的交割通知，释放了交割交付文件，完成了约定的交割安排。

传万国数据等公司有意收购秦淮数据

2022 年 4 月 22 日，据报道称，由贝恩资本支持的中国数据中心公司秦淮数据（CD. US）有望被该行业其他公司收购。据彭博社报道，万国数据（GDS. US）据称正在评估对秦淮数据的收购报价。此外，EdgeConneX 等竞争对手也可能考虑竞购这家公司。目前谈判还处于初步阶段，相关股权还未正式出售。

影刀 RPA 完成高盛领投的 1 亿美元 C 轮融资

2022 年 4 月 26 日，中国杭州分叉智能科技有限公司（简称“影刀 RPA”）完成 1

亿美元的 C 轮融资，本轮融资由高盛、某产业 CVC 机构领投，老股东 GGV 纪源资本、高瓴创投等跟投。

日本区块链初创公司获得 2400 万美元 C 轮融资

2022 年 4 月 27 日，日本区块链游戏初创公司近日获得 30 亿日元（2400 万美元）的 C 轮融资，本轮融资由 Jump Crypto、Amber Group 和 Jafco 领投，日本广告巨头电通的风险投资部门、韩国游戏公司 Wemade 和中国风险投资公司分布式资本参投。double jump. tokyo 是一家日本加密游戏研发商，由游戏公司 Mobcast 的前高管 Ueno 于 2018 年创立，已经开发了几款加密游戏，包括 My Crypto Heroes，这是一款角色扮演游戏，用户可以在其中将物品和角色作为不可替代的代币进行交易以赚取加密货币。

极米科技拟收购日本 popIn 的智能软硬件业务

2022 年 4 月 29 日，极米科技（688696. SH）发布公告称，公司拟通过海南光擎在日本设立的全资日本孙公司 XGIMI 创新株式会社收购 popIn，Inc. 的 Aladdin 业务，具体为阿拉丁的品牌智能硬件、软件相关的设计研发、采购和销售业务。本次交易成功完成，公司在日本市场的本土化人才储备将得到显著改善，也为后续的产品研发、业务拓展打下基础。

2022 年 5 月

Ashvattha 完成 6900 万美元 B 轮融资，华东医药领投

Ashvattha Therapeutics（“Ashvattha”）是一家开发新型羟基树枝状大分子疗法（HDTs）的临床阶段公司，2022 年 5 月 1 日，公司宣布完成 6900 万美元的 B 轮融资，且与华东医药签订独家授权协议。本轮融资收益将支持 Ashvattha 的羟基树枝状大分子疗法（HDTs）管线的发展，包括多个临床阶段项目。Ashvattha2022 年早些时候启动了针对严重 COVID-19 的 2 期研究，并计划在 2022 年启动 wetAMD/DME 的 2 期研究和 ALS 的 1/2 期研究。B 轮融资由华东医药投资控股领投，现有投资者包括 Natural Capital、Plum Alley、Tribe Capital 以及几家著名的生物技术天使投资人参与，使 Ashvattha 的总资金达到 6900 万美元。

推进创新药研究和全球临床开发，瑞石生物完成近 1 亿美元 A 轮融资

2022 年 5 月 9 日，瑞石生物医药有限公司（“瑞石生物”）宣布完成近 1 亿美元 A 轮融资，由华盖资本旗下医疗基金及其管理的首都大健康基金共同领投，楹联健康基金、张江浩珩、清科产投、翰颐资本跟投。本轮融资资金将用于推进瑞石生物在自身免疫及炎症性疾病领域创新药物的研究和全球临床开发。这是瑞石生物首次外部融资，标志着公司与投资人一起带领公司独立市场化运作，开启了公司高速发展的新纪元。瑞石生物将借此契机，全速推进在研产品的全球临床试验，同时加大投入早期阶段的新药开发，助力高潜 Best-in-class 和 First-in-class 产品的研发与多方合作。

吉利汽车拟以13.76亿元收购雷诺韩国汽车公司34.02%的股权

2022年5月10日，吉利汽车（0175.HK）发布公告称，2022年5月9日，公司的全资附属公司CIL与Renault Korea Motors（雷诺韩国）订立认购协议，同意认购目标公司34.02%的股份，代价约为2640亿韩元（约合人民币13.76亿元）。通过认购协议，吉利汽车可与雷诺合作，运用其现有的汽车技术及研发水平在韩国市场占据一席之地，并实现公司在产品国际化方面的长期战略目标。

海程邦达子公司香港海程拟2775万加元收购HapTrans 75%的股权

海程邦达公告，下属全资子公司海程邦达（香港）国际物流有限公司拟以2775万加元收购HapTrans Holdings Ltd. 75%的股权。本次收购将使公司快速进入加拿大市场，并依靠HapTrans优质的航司资源及覆盖北美的卡车资源，实现与国内进出口业务的联动，从而扩大公司北美的市场份额。

亨通光电为欧洲孙公司收购德国特种光纤厂商提供担保

2022年5月11日消息，亨通光电5月10日发布公告称，公司全资子公司亨通光电国际有限公司拟为其全资子公司Aberdare Holding Europe B.V. 收购LEONI Industry Holding GmbH持有的j-fiber GmbH公司100%的股权事项提供担保。德国j-fiber GmbH公司拥有近40年的特种光纤研发和制造经验，是全球领先的特种光纤生产商。此次收购将有效提升公司在特种光纤领域的研发能力，利用双方各自的优势，进一步保持行业领先地位，并完善公司的全球化产业布局。

鸿海以15.56亿元人民币收购美国电动车公司工厂

2022年5月12日，鸿海科技集团与美国电动汽车初创公司Lordstown Motors正式签署了代工生产制造协议及合资开发协议。与此同时，鸿海科技集团也正式完成了对Lordstown Motors俄亥俄州工厂的收购。早前，鸿海科技集团宣布以2.3亿美元（约合人民币15.56亿元）收购该工厂，并以每股6.89美元认购约5000万美元的股权。鸿海科技母公司富士康计划利用这家工厂为合同中的客户制造电动汽车，包括Endurance和预计在2024年为加州初创公司Fisker推出的全新低成本车型。

极米科技收购阿拉丁

2022年5月12日，极米股东大会审议通过收购阿拉丁的议案，公司拟收购popIn株式会社旗下阿拉丁业务（具体为阿拉丁的品牌智能硬件、软件相关的设计研发、采购和销售业务）。本次交易完成后，极米将取得阿拉丁相关产品完整的品牌、知识产权及渠道资源，极米旗下阿拉丁业务将由ODM模式转为自主运营模式。

华测检测收购MGA南通实验室

2022年5月13日，华测检测认证集团股份有限公司与美国MGA Research Corporation，就收购其位于中国的全资子公司迈格安（南通）汽车安全检测服务有限公司（简称“MGA 南通实验室”）正式完成股权交割。至此，MGA 南通实验室正式成为 CTI 华测检测的全资子公司。

玉龙股份子公司拟以 9 亿元人民币收购 NQM Gold 100%的股权，以取得帕金戈金矿控制权

2022 年 5 月 20 日晚，玉龙股份发布公告称，公司全资子公司玉润黄金有限公司拟以现金方式收购山东天业黄金矿业有限公司全资子公司 CQT 控股有限公司持有的 NQM Gold 100%的股权，以取得其持有的帕金戈金矿控制权。本次交易的交易对价约为 9.03 亿元人民币。帕金戈金矿位于澳大利亚东部昆士兰州，经营黄金勘探、开采、选矿等业务。

妊娠并发症预测平台 Mirvie 获 6000 万美元 B 轮融资

2022 年 5 月 20 日，加州的妊娠意外并发症预测平台 Mirvie 宣布完成 6000 万美元的 B 轮融资，迄今为止公司总计融资额达 9000 万美元。本轮融资由德诚资本领投，参与投资者包括贝莱德基金、Foresite Capital、General Catalyst、GV、Khosla Ventures 和 Mayfield 管理的基金账户，另外，七届奥运会金牌得主 Allyson Felix 也参与了本轮投资，她的女儿因先兆子痫并发症而提前 8 周出生。

汉德资本收购 Grafotronic 多数股权

2022 年 5 月 23 日，汉德资本收购 Grafotronic 的多数股权。Grafotronic 是一家快速增长的领先制造商，为数字标签印刷和电动汽车（“EV”）电池市场提供卷对卷自动化制造解决方案。汉德资本投入资金，旨在与管理团队共同加速 Grafotronic 在新市场和现有市场中的全球增长，并进一步增强其商业和运营能力。

康龙化成收购位于美国的原料药商业化生产基地

2022 年 5 月 24 日，康龙化成（北京）新药技术股份有限公司（简称“康龙化成”）宣布与美国 Noramco 签订资产购买协议，收购其位于美国罗得岛州 Coventry 的原料药生产基地，本次交易预计在满足惯例成交条件后完成。Coventry 生产基地配备了先进的生产设施，可提供从中试至吨级商业化规模的 cGMP 原料药生产服务。康龙化成致力于全流程、一体化平台的建设，此次收购将助力其在美国建立化学与生产服务能力。

火币收购拉丁美洲加密交易所 Bitex

2022 年 5 月 27 日，火币全球站宣布收购拉丁美洲加密货币交易所 Bitex，收购条款暂未公布。Bitex 将加入火币全球站平台，但保留自己的品牌和管理。据悉，Bitex 交易所支持美元以及阿根廷、智利、乌拉圭、巴拉圭和秘鲁的法币入口。

芬兰移动游戏巨头斥资6000万美元收购Trailmix

2022年5月31日，拥有《部落冲突》《海岛奇兵》和《荒野乱斗》等爆款游戏的芬兰移动游戏巨头Supercell在向伦敦休闲开发商Trailmix投资6000万美元后，收购了该公司的多数股权。本次投资是在Trailmix的首款游戏取得显著成功之后进行的。尽管Supercell拥有多数股权，但Trailmix仍将继续独立运营。

朗诗地产4500万美元出售LSEA10.7%的股份

2022年5月31日，朗诗地产（00106.HK）发布公告称，将向Green Investment Alpha Limited出售Landsea Homes（NASDAQ：LSEA）10.7%的股份，售价为每股LSEA股份9.3美元，总代价为4500万美元。据了解，Landsea Homes是朗诗地产旗下的美股上市公司。2021年1月，朗诗分拆Landsea Homes于美国纳斯达克上市，正式登陆美国资本市场，成为在美上市的第18家建筑商，也是首家登陆纳斯达克的中国建筑商。截至公告日期，朗诗地产持有Landsea Homes72.62%的股权。而截至2021年12月31日，Landsea Homes的净资产为6.21亿美元。根据公告，买方Green Investment Alpha Limited是一家外资公司，主要从事投资事宜，由自然人Bao Xuefeng拥有。

BDx投资3亿美元打入印度尼西亚市场

2022年5月12日，亚太地区首屈一指的数据中心、主机托管和混合云解决方案提供商Big Data Exchange（BDx）宣布与PT Indosat Tbk（Indosat Ooredoo Hutchison或IOH），PT Aplikanusa Lintasarta和PTStarone Mitra Telekomunikasi（SMT）签署了附条件的股份买卖协议（CSPA）和合资协议。这将是印度尼西亚数据中心领域最大的外国投资之一，估值为3亿美元，在CSPA完成后生效，标志着BDx进入印度尼西亚数据中心市场。

弥明生活百货拟斥资2562万港元收购日本东京住宅物业

2022年5月31日，弥明生活百货（08473.HK）发布公告称，公司全资附属子公司Rosy Horizon Global Limited拟向インベストメントプロパティコンサルタンツ株式会社收购其物业，代价为4.2亿日元（约2562万港元）。该物业为住宅单位，位于日本东京都港区六本木1丁目9-18方舟山仙石山森大厦10阶1001号室。该物业的总销售面积约为102.18平方米。

消息称华润资本考虑收购新西兰蜂蜜品牌康维他

2022年5月31日，据知情人士称，华润集团旗下私募股权投资部门华润资本正在考虑将新西兰上市的蜂蜜生产商康维他（Comvita）私有化。消息人士称，华润资本已经与银行就为这起潜在收购提供融资进行了初步谈判。

2022 年 6 月

华峰集团收购美国杜邦旗下生物基业务

2022 年 6 月 1 日，华峰集团收购美国杜邦旗下剥离出的生物基产品相关业务及技术正式完成交割。这是目前为止华峰集团规模最大的一笔海外并购交易。本次华峰集团收购杜邦旗下业务的资产，主要包括其在美国的两个生产基地：一个是杜邦合资的生产基地，拥有 Susterra©和 Zemea©两个世界知名品牌，主要业务是研发、生产和销售生物基 PDO；另一个生产基地是杜邦的 Sorona©业务核心制造工厂，主要产品是一种环保型纤维材料生物基特种聚酯。

“运去哪”收购北美跨境电商物流服务商 COPE

2022 年 6 月 6 日，一站式国际物流在线服务平台“运去哪”已于近期完成对跨境电商物流服务商 COPE 的收购。本轮收购将为“运去哪”带来北美市场扩张和跨境物流供应链环节的扩充，收购完成后，“运去哪”的海外仓总数达到 14 个。

复星医药拟不超 2. 18 亿新币收购新加坡肿瘤医疗中心 60%的股权

2022 年 6 月 6 日，复星医药发布公告称，该公司的附属子公司 Fosun Pharma Industrial Pte. Ltd. 拟以分别不超过约 1. 85 亿新加坡元及 3265. 1 万新加坡元的现金对价向两卖方分别收购 ONCOCARE MEDICAL PTE. LTD. 51%及 9%的股权。目标公司是目前新加坡最大的私立肿瘤专科医疗中心之一以乳腺癌、肺癌、肠癌治疗见长，并以肿瘤免疫治疗和肿瘤靶向治疗为其特色及优势领域。

国家电投签署收购巴西 738MW 光伏项目股权协议

2022 年 6 月 2 日，国家电投巴西能源公司与阿特斯新能源控股有限公司签署协议，收购位于巴西东北地区 Marangatu 和 Panati 项目 70%的股份。通过此次合作，两家公司将投资超过 20 亿雷亚尔，用于建造总装机容量为 73. 8 万千瓦的光伏电站，计划于 2023 年底投入商运。此次项目是国家电投在巴西光伏市场的第一笔重要投资，将有效推动国家电投国际化发展目标实现。

飞霓控股拟收购 Energy Solution Global Limited 余下 62. 75%的权益

2022 年 6 月 8 日，飞霓控股（08480. HK）发布公告称，公司有条件同意收购 Energy Solution Global Limited 余下 62. 75%的权益，总代价为 5819. 18 万港元。目标公司为一家在英属处女群岛注册成立的有限公司，主要从事投资控股，其两家全资附属公司 M&V SG 及 M&V MY 分别在新加坡和马来西亚注册成立，长期致力于提供智慧能源解决方案。

远景智能获红杉中国领投 2. 1 亿美元 A 轮融资

2022 年 6 月 7 日，总部位于新加坡的绿色科技公司远景智能（Envision Digital）获得由红杉中国领投、新加坡政府投资公司（GIC）参投的2.1亿美元的A轮融资。本轮融资将用于远景智能的全球化扩张、研究和探索新的战略合作伙伴，以及加速实现远景智能的长期净零减排目标。

联想参投高产量低成本触控板技术初创公司 Sensel

2022年6月9日，Sensel宣布获得1880万美元的B轮融资，由Global Lighting Technologies Inc.领投，本轮融资是在2800万美元的A轮融资之后进行的，使这家位于湾区的公司自2013年成立以来的资金达到5700万美元。值得注意的是，联想也参与了本轮融资。联想一直是Sensel迄今为止最大的硬件合作伙伴之一。

欧派家居全资收购意大利品牌 FORMER

2022年6月6日，欧派家居官宣了全资收购意大利高端家居品牌FORMER的消息，向市场释放了公司进军高定市场的信号。FORMER成立于1967年，是一个拥有50多年历史的意大利顶级高端家具品牌，诞生于“意大利制造”的心脏地带布里安扎地区，此区域是80%的世界顶级家具商的聚集地。

腾讯收购印度电商 Flipkart 价值2.64亿美元的股份

2022年6月12日，据印度媒体消息，腾讯通过其欧洲子公司购买价值2.64亿美元的Flipkart股份。总部位于新加坡的电子商务公司Flipkart仅在印度开展业务。报道称，交易后，腾讯持有Flipkart 0.72%的股份。

金融科技公司 Flip 完成5500万美元融资，腾讯领投

2022年6月14日，印度尼西亚金融科技公司Flip完成5500万美元B+轮融资，本轮融资由腾讯领投，Block（前身为Square）和Insight Partners等参投，天使投资人包括Coinbase董事会成员Gokul Rajaram等。

联想41亿元收购电讯盈科部分股份

2022年6月14日，联想集团在港交所发布公告称，联想集团将以6.136亿美元（约合人民币41亿元）的现金和股票收购电讯盈科（PCCW）投资控股公司的两个部门。该公司将收购数字时代企业80%的股份和电讯盈科网络服务公司20%的股份。电讯盈科是香港最大的电讯公司，为香港特区政府机构提供通信服务、本地电话服务，以至宽频服务、电子商业方案等。联想表示，这笔交易能够扩大公司的IT服务能力、服务产品套件，并拓宽客户及合作伙伴的产业覆盖范围。

建滔集团拟以2.936亿英镑收购伦敦物业

2022年6月22日，建滔集团发布公告称，公司的全资附属公司High Clarity Group Limited订立协议收购Two London Wall Place Limited。目标公司为物业的拥有人，代价为2.936亿英镑（约28.096亿港元）。经考虑物业的位置、品质及出租率，董事会认

为收购事项符合集团的业务策略，并符合公司及其股东的整体利益。

民商创科完成收购 Context Image 全部已发行股本

2022 年 6 月 22 日，民商创科（01632. HK）宣布完成收购 Context Image Holdings Limited 的全部已发行股本。根据买卖协议的条款，公司已根据一般授权按每股代价股份 0. 665 港元的发行价配发及发行第 1 阶段代价股份，共计 3435. 67 万股代价股份。

中国生物制药拟收购 F-star

2022 年 6 月 23 日，中国生物制药发布公告称，公司及公司全资附属公司 invoX Pharma Limited 及 invoX 全资附属公司 Fennec Acquisition Incorporated 与 F-star Therapeutics，Inc.（简称“F-star”）订立合并协议，以收购 F-star 所有发行在外的普通股，总代价为现金约 1. 61 亿美元。F-star 的主要资产 FS118 是一种靶向 PD-L1 及 LAG-3 的双检查点抑制剂，目前正在进行对检查点抑制剂具有获得性耐药的头颈部癌症患者的 2 期临床试验以及检查点抑制剂初治的非小细胞肺癌（NSCLC）及弥漫性大 B 细胞淋巴瘤（DLBCL）患者的临床试验。

亨通光电拟购买华海通信部分股权

2022 年 6 月 24 日，亨通光电发布公告称，控股子公司江苏亨通海洋光网系统有限公司和公司控股的苏州亨通永元创业投资合伙企业（有限合伙）拟与苏州华智创业投资合伙企业（有限合伙）共同收购由 New Saxon 2019 Limited 持有的华海通信国际有限公司 19%的股权，收购比例分别为 5%、7%、7%，交易价格分别为 1425 万美元、1995 万美元和 1995 万美元。本次交易将提高公司对华海通信的控制权比例。

康隆达拟以 9500 万元人民币收购非洲锂辉石矿项目

2022 年 6 月 25 日，康隆达发布公告称，拟以自有或自筹资金 9500 万元人民币受让胡艳霞、海南恒琦合计持有的泰安欣昌 100%的财产份额，用于保障公司锂辉石材料供应，增强公司可持续发展能力。2022 年 6 月 23 日，康隆达及全资子公司浙江金昊新材料有限公司与胡艳霞、海南恒琦、泰安欣昌及 Suay Chin International Pte. Ltd.（Suay Chin）签订了份额转让协议，泰安欣昌通过持有 Suay Chin 51%的股权，Suay Chin 持有 KODAL14. 18%的股份，进而间接拥有非洲马里 Bougouni 的锂辉石矿项目的权益。

电连技术拟收购英国 FTDI

2022 年 6 月 27 日，电连技术披露重大资产重组预案，公司拟通过发行股份及支付现金的方式收购 FTDI 之上层出资人的有关权益份额以及 Stoneyford 持有 FTDI 19. 8%的股份。交易完成后，FTDI 将成为公司控股子公司。FTDI 具有超过 25 年的桥接芯片行业经验，并拥有高度多样化的各行业头部客户，分布在消费电子、通信、汽车电子、工业控制等多个领域，产品销往全球 50 余个国家和地区。目前，FTDI 在桥接芯片这一细分行业领域市场占有率排名全球前列。

腾讯全资子公司 Miniclip 收购《地铁跑酷》开发商 Sybo

2022 年 6 月 27 日，近日，丹麦手游研发商 Sybo 正式宣布，腾讯全资子公司 Miniclip 已同意完成对 Sybo 的收购，由于双方都是私人游戏公司，因此这笔交易的具体条款没有被披露，外界也因而无法得知收购价格。但 Sybo 的首席执行官 Mathias Gredal Nørvig 对媒体表示，这是 2022 年欧洲手游行业最大的一笔并购交易。按照计划，Miniclip 2022 年将推出 14 款游戏。Choudri 表示："我们这次收购不是在这里制造某种金融套利。我们希望继续制作和推出出色的游戏。这就是为什么我们在今年推出的产品比以往任何时候都多。而 Sybo 也有一个路线图，他们很快就会推出一些新游戏。"

Deliveree 完成 7000 万美元融资

2022 年 6 月 28 日，东南亚货运物流服务平台 Deliveree 近日宣布，获得了一笔 7000 万美元的 C 轮融资。据透露，本次投资活动由 Gobi Partners 和 SPIL Ventures 联合领投，并由现有投资者 Inspire Ventures 参投。截至目前，Deliveree 在过去 5 年获得的融资总额已达 1.09 亿元。

多弗集团收购 FAMA'HELICOPTERS

2022 年 6 月 28 日，多弗集团收购 FAMA'HELICOPTERS。FAMA'HELICOPTERS 是意大利一家轻型直升机厂商，核心产品为自行研发的 Kiss 系列多用途轻型单、双发直升机和涡轴发动机，客户遍及全球十多个国家。

2022 年 7 月

领智金融完成收购 NOIZ Chain 全部已发行股本

2022 年 7 月 4 日，领智金融收购 NOIZ Chain。目标公司将成为公司的间接全资附属公司，而目标公司的财务业绩将综合计入集团的财务报表。NOIZ 是一个灵活、安全、可持续和企业友好的生态友好型区块链和智能交易平台。

长城收购通用汽车印度工厂告吹

2022 年 7 月 4 日，长城汽车与通用汽车双方签订收购通用汽车印度塔里岗工厂协议的交易期限到期，虽就此项目与印度政府保持沟通协商，但仍未获得当地政府和相关监管部门的批准审批。长城汽车与通用汽车经协商后，双方决定终止此次交易。2020 年印度政府颁布了一系列政策，意图遏制中国在当地的经济影响力。其间，印度政府修改外商投资规定称，来自与印度陆地边境线接壤国家的实体投资，需要获得政府批准。针对长城汽车收购通用汽车塔里岗工厂告吹，外交部回应，希望有关国家切实兑现开放合作的承诺，为外国投资者提供公平、公正、非歧视的营商环境。

鹰普精密拟以 6500 万欧元收购丹佛斯江苏的液压摆线马达业务

2022 年 7 月 6 日，鹰普精密间接全资附属公司鹰普流体科技订立资产购买协议，据此，鹰普流体科技同意向丹佛斯江苏收购目标业务，总代价为 6500 万欧元。于收购事项完成后，目标业务将由公司全资拥有，集团及目标业务将于销售网络、客户资源、供应链管理及全球化布局方面产生全面协同效应。

仙乐健康拟收购美国营养补充产品 CDMO 企业 Best Formulations 80%的股权

2022 年 7 月 7 日，仙乐健康科技股份有限公司及其间接全资子公司收购 Best Formulations Inc. 80%股权。公司得以利用标的公司已建立的生产能力和行业资源，同时在产品研发、工艺技术和新产线建设方面予以赋能，将其打造成为全球供应链体系的关键一环，完善中美欧三大生产基地的布局，增强为国际品牌提供本土供应和区域化服务的能力。

中伟股份拟收购 DHPL100%股权

2022 年 7 月 8 日，中伟股份为进一步落实公司发展战略，深入布局海外镍资源，公司全资子公司香港中拓与香港德邦控股有限公司签署《股权收购协议》。公司通过本次股权收购，积极布局印度尼西亚镍资源的矿产冶炼，推动产业一体化、国际化，有效提升产业协同，在保障公司主要原材料的供应安全的同时，通过产业一体化，有效降低综合生产成本，提高产品盈利能力，增强公司竞争优势。

赣锋锂业拟收购 Lithea 公司 100%股份

2022 年 7 月 11 日，赣锋锂业发布公告称，同意全资子公司赣锋国际有限公司或其全资子公司收购 Lithea 公司不超过 100%股份，本次收购总对价不超过 9.62 亿美元，该收购总对价包含 Lithea 公司全部股权价值及公司将承担的 Lithea 公司相关债务的价值。

中环环保 1200 万美元收购美 Proof 公司 22.16%的股权

2022 年 7 月 14 日，中环环保发布公告，将出资 1200 万美元认购美国 Proof Energy, Inc 发行的 B 轮优先股，交易后公司将持有 Proof 公司 22.16%的股权。Proof 是一家专注氢能应用的金属支撑固态氧化物电池（M-SOFC）高科技研发公司。Proof 公司的 M-SOFC 系统研发成功后，预计可以实现 50kW 或更高的功率输出，为中/重型车辆提供较目前锂电池技术更高效、经济性更佳的动力单元。

百利达集团控股拟收购西澳葡萄园

2022 年 7 月 14 日，百利达集团控股发布公告，公司与卖方订立无法律约束力的谅解备忘录，公司将收购而卖方将出售一间于英属处女群岛注册成立的公司（目标公司）的已发行股本。目标公司拥有西澳玛格丽特河葡萄酒产区的一个葡萄园。

润邦股份拟 200 万欧元收购卡尔玛港口集装箱起重机业务

2022 年 7 月 15 日，润邦股份公告，公司全资子公司江苏润邦工业装备有限公司拟以现金200万欧元收购芬兰CARGOTEC CORPORATION旗下卡尔玛（Kalmar）港口集装箱起重机业务。公告称，通过本次交易，公司将整体获得包括具备多年港口集装箱起重机销售、设计、调试经验的核心团队等在内的卡尔玛品牌港口集装箱起重机业务，将在公司原有各类港口机械业务发展基础上进一步丰富公司高端装备业务的产品线。

传伊利将收购菲仕兰国内奶粉工厂

2022年7月20日，伊利将收购菲仕兰位于沈阳的婴幼儿奶粉工厂。菲仕兰计划出售的沈阳工厂为菲仕兰乳业有限公司，该公司经营菲仕兰奶粉品牌子母奶粉，子母奶粉于2014年进入中国市场。菲仕兰中国相关工作人员向记者确认该交易属实，但未向记者透露交易原因。伊利相关工作人员表示交易属实，交易只涉及工厂，不涉及菲仕兰的子母品牌。

基华物流宣布完成对Spedag Interfreight收购

2022年7月22日，达飞集团旗下物流子公司基华物流（CEVA Logistics）宣布，已完成对东非国际货运代理公司Spedag Interfreight的收购，为其东非业务发展提供新机遇。基华物流的发展目标是，到2025年，非洲市场占其收入的重要份额。作为东非重要的海上门户，肯尼亚的蒙巴萨港通过近期的扩建和现代化项目，预计将在2023年，吞吐能力达到170万标准箱。肯尼亚港务局预计到2032年，该港将处理4700万吨货物，比目前提高57%。

瑞萨电子完成对Reality AI的收购

2022年7月22日，全球半导体解决方案供应商瑞萨电子近日宣布，在获得Reality AI股东及监管机构批准后，于2022年7月19日完成对嵌入式AI解决方案优秀供应商——Reality Analytics, Inc.（Reality AI）的收购。收购完成后，Reality AI成为瑞萨电子的间接全资子公司。瑞萨电子目前在美国马里兰州拥有Reality AI的人工智能专家团队和AIoT卓越研发中心。作为优秀的AIoT解决方案供应商，瑞萨电子将继续通过不断壮大的全球软件工程师团队满足客户寻求人工智能解决方案的需求。

锡产微芯完成对全球第二大移动基站射频半导体企业荷兰Ampleon公司的收购

2022年7月26日，无锡锡产微芯半导体有限公司完成对全球第二大移动基站射频半导体企业荷兰Ampleon公司的收购，本次交易金额超过百亿元，一跃成为2022年以来中国最大的半导体并购交易事件。据参与投资锡产微芯的河南资产表示，锡产微芯作为全球领先的射频芯片供应商，完成对Ampleon的收购后，锡产微芯直接跃升为全球第二大移动基站射频器件供应商，充分受益于全球5G建设浪潮和国产替代趋势。

金圆股份有意向收购 HANCHA 100%的股份

2022 年 7 月 26 日，金圆股份公布，公司子公司金恒旺有意向收购 HANCHA S. A. 公司 100%的股份，包括但不限于在萨尔塔省矿业法院登记的矿权“Mina：Payo Salvación-矿权编号 N°22. 230”，该矿权位于阿根廷共和国萨尔塔省 Cauchari-Olaroz 盐湖。此次排他性尽职调查协议的签署有利于推进公司在海外探寻锂资源的进程，加快国外锂资源的储备。

远大控股拟收购马来西亚棕榈油精炼厂

2022 年 7 月 27 日，远大控股宣布全资子公司远大油脂（新加坡）中标马来西亚棕榈油精炼厂 FGV IFFCO Oil Products Sdn Bhd 的 100%股权项目，中标价格为 7001 万马币（约合人民币 10645 万元）。FIOP 位于马来西亚柔佛州巴西古当港口工业区内，地理位置优越，距离港口约 2 公里，有管道直接连接至港口油罐。棕榈油精炼资产在该地具有稀缺性，该地区近年来没有同类资产批准。

信宸资本完成收购日本美容个护公司 Sedona 的全部股权

2022 年 7 月 27 日，信宸资本（中信资本控股有限公司私募股权投资部门推出的新品牌）宣布，其第三支专注于日本市场的日元并购基金已完成对 Sedona Enterprise Co.，Ltd.（以下简称“Sedona”）全部股权的收购。Sedona 隶属于知名医学美容品牌城野医生 Dr. Ci：Labo 的母公司 Ci：Z Holdings，这是信宸资本完成的又一宗收购企业非核心业务的交易。

方达控股拟斥资 1321. 5 万美元收购 Frontage Clinical Services 余下 88. 1%股权

2022 年 7 月 28 日，方达控股发布公告，买方 Frontage Labs 与卖方、代表及目标公司 Frontage Clinical Services，Inc. 订立购股协议，根据该协议的条款及条件，卖方同意出售且买方同意购买目标公司的 88. 1%股权，现金代价约为 1321. 5 万美元。收购后，目标公司将成为该公司的间接全资附属公司。目标公司于美国德拉瓦州注册成立，主要从事提供临床调查研究方面的合同研究机构服务。

雅化集团子公司以 6. 26 亿收购普得科技 70. 59%的股权并涉及津巴布韦锂矿矿权投资

2022 年 7 月 29 日，雅化集团公告，全资子公司兴晟锂业以不超过 9290. 47 万美元（约合人民币 6. 26 亿元）收购普得科技 70. 59%的股权，从而间接持有普得科技控股子公司 KMC 公司 60%的股权，KMC 拥有位于津巴布韦西部北马塔贝莱兰省境内的 Kamativi矿区锂锡钽铌铍等伟晶岩多金属矿的 100%矿权。上述收购将进一步提升雅化集团的锂资源自给率。

2022 年 8 月

天祥集团收购 CEA

2022 年 8 月 1 日，天祥集团计划收购 CEA。收购 CEA 不仅将补充 Intertek 的全球行业专家网络，还将补充公司现有的全面质量保证服务，如产品测试和认证、现场检查、资产管理和状态监测，使 Intertek 能够进一步加强和扩大对太阳能利益相关者的支持，并帮助他们降低光伏和储能生命周期中的风险。

先科电子拟以 12 亿美元收购 Sierra Wireless

2022 年 8 月 3 日，先科电子将以每股 31 美元的价格以全现金交易的方式收购 Sierra Wireless 的所有流通股。Sierra Wireless 的企业总价值约为 12 亿美元。Sierra Wireless 于 1993 年成立于加拿大，在无线市场提供硬件、软件和服务，为客户提供创新、可靠、高性能的解决方案。

高瓴与曲美家居签署投资协议书，2 亿元投资曲美旗下挪威家具制造商 Ekornes

2022 年 8 月 5 日，中国家居上市企业曲美家居（SH：603818）发布公告称，其全资子公司 Qumei Runto 就股权融资事项与珠海高瓴德祐投资管理有限公司（简称“高瓴投资”）签署了《曲美家居战略合作之投资协议书》，约定高瓴投资以向 Qumei Runto 增资的方式投资 2 亿元人民币。增资完成后，投资人持有 Qumei Runto 4.76%的股份。

赣锋锂业收购 Bacanora 锂矿

2022 年 8 月 8 日，赣锋锂业发布公告称，其全资子公司上海赣锋已完成对 Bacanora 公司的要约收购，目前上海赣锋持有 Bacanora 公司 100%的股权。据报道，Bacanora 公司旗下位于墨西哥的 Sonora 项目，其锂资源储量约合 882 万吨，是目前全球较大的锂资源项目之一。

宁德时代拟不超 73.4 亿欧元投建匈牙利时代新能源电池产业基地项目

2022 年 8 月 12 日，宁德时代拟在匈牙利德布勒森市投资建设匈牙利时代新能源电池产业基地项目，项目总投资不超过 73.4 亿欧元。公告称，本次投资建设生产基地事项符合公司全球战略发展规划，将进一步完善公司海外产能布局，满足公司未来业务发展和海外市场拓展的需要，对促进公司长期稳定发展具有重要意义。

全球最大体育授权用品零售商 Fanatics 与高瓴资本成立中国合资公司

2022 年 8 月 19 日，全球最大体育授权用品零售商 Fanatics Inc 宣布，将和中国私募基金高瓴资本集团合作成立一家合资公司，拓展在中国市场的业务。双方将各持有该合资公司 50%的股权，其总部将位于上海。该合资公司将负责本土化运营过程，包括产品设计、外包、寻找授权对象等。销售渠道将包括阿里巴巴和腾讯的线上电商平台，以及线下实体店。虽然并未公布相关的条款，但是据匿名消息人士透露，Fanatics 期望该合资企业的销售能够达到 10 亿美元以上。

宝武拟收购青山印尼不锈钢资产

2022 年 8 月 19 日，据知情人士透露，亿万富翁项光达旗下的镍业巨头青山控股集团正在就将其在印度尼西亚的部分不锈钢资产出售给中国宝武钢铁集团进行深入谈判，作为战略评估的一部分谈判。据称谈判于 4 月开始，待售资产包括不锈钢和镍生铁生产厂。一位知情人士表示，交易可能价值 30 亿~40 亿美元（约 200 亿~270 亿元人民币），并补充说条款可能会改变。知情人士说，双方已经就几个关键条款达成一致，目前正在讨论收购后的运营和销售等细节。

中密控股收购德国 KS GmbH

2022 年 8 月 22 日，中密控股股份有限公司（300470. SZ）通过全资子公司 Sinoseal GmbH 签订《关于 Krüger & Sohn GmbH 的股权与 Alfred Krüger e. K. 的资产之股权收购协议》，收购德国 Krüger & Sohn GmbH（简称 KS GmbH）100%股权与 Alfred Krüger e. K. 的资产。本次境外投资是中密控股迈出的国际并购第一步，将为其未来在国际市场进行产业并购整合积累宝贵经验。同时，KS GmbH 的产品性能处于全球领先水平，并购 KS GmbH 有利于拓展上游产业链，进一步增强中密控股供应链的稳定性，促进其国际业务的布局，提升综合竞争力。

2022 年 9 月

网易宣布收购法国游戏开发商 Quantic Dream

2022 年 9 月 1 日，网易公告称，网易游戏已收购法国游戏开发和发行商 Quantic Dream，这将成为网易游戏在欧洲的第一个工作室。

腾讯 3 亿欧元增持法国游戏公司育碧 5. 5%股份

2022 年 9 月 6 日，拥有《刺客信条》《雷曼》等知名 IP 的法国游戏公司育碧（Ubisoft Entertainment）发布消息称，腾讯以 3 亿欧元收购其最大股东 Guillemot Brothers Limited 49. 9%的股份，同时获得 5%的投票权。

华东医药以 1. 05 亿欧元收购 Heidelberg Pharma 股权事宜顺利完成

2022 年 9 月 7 日，华东医药发布公告称，公司全资子公司华东医药投资控股（香港）有限公司已于 2022 年 9 月 6 日在德国完成了对 Heidelberg Pharma 公司公开增发股票及协议转让股份的交割。

吉利控股收购阿斯顿 · 马丁 7. 6%股份

2022 年 9 月 30 日，浙江吉利控股集团有限公司宣布，其已完成对英国超豪华性能品牌阿斯顿 · 马丁国际控股 7. 60%股份的收购。阿斯顿 · 马丁总部位于英国，旗下车型包括 Vantage、DB11、DBX 等，销往全球 55 个国家和地区，已在伦敦证券交易所上市。

2022 年 10 月

国巨将斥资 7726 万美元收购贺利氏高端温度传感器事业部

2022 年 10 月 11 日，中国台湾被动元件厂商国巨和德国贺利氏已达成最终协议，国巨将以现金收购贺利氏高端温度传感器事业部，预计总交易金额约为 7940 万欧元（约合 7726 万美元），将于 2023 年上半年完成交易。贺利氏温度传感器事业部总部位于德国哈瑙，在德国和马来西亚共拥有 2 座生产制造基地。能够提供多种格式的白金薄膜温度传感元件，包括导线传感器、SMD（表面贴焊器件）传感器及 PCB（印刷电路板）传感器等。截至 2021 年，贺利氏温度传感器事业部有 60%的营收来自北美洲及欧洲等高端市场，100%的营收来自于工业和汽车客户，其 2021 年营收为 7846 万欧元（约合 7633 万美元）。

威讯控股拟以 8790 万港元收购 Sino Profit Trading 全部股权

2022 年 10 月 18 日，威讯控股直接全资附属公司 Cloud Advantage Limited 同意收购目标公司 Sino Profit Trading Limited 的全部股权，连同销售贷款，总代价为 8790 万港元。目标公司为一家于英属维尔京群岛注册成立的有限公司，主要从事投资控股。目标公司唯一的重大资产为具备商业用途的该物业，总占地面积约为 278 平方米，由两个独立单位组成。收购完成后，目标公司物业将成为公司的资产，出租该物业或目前未被公司占用的任何部分亦将为集团贡献稳定的收入来源，这将有助于提升公司的财务稳定性。

紫金矿业拟出资 3.6 亿美元收购苏里南 Rosebel 金矿项目

2022 年 10 月 18 日，紫金矿业与加拿大多伦多上市公司 IAMGOLD Corporation 签署《股份收购协议》，公司将通过境外全资子公司 Silver Source Group Limited 出资 3.6 亿美元（约合人民币 25.59 亿元），收购 IMG 持有的 Rosebel Gold Mines N. V. 95%的 A 类股份股权和 100%的 B 类股份股权。RGM 拥有苏里南 Rosebel 金矿项目（包含 Rosebel 矿区和 Saramacca 矿区）。Rosebel 金矿项目资源储量大，保有金金属量 217 吨，区域成矿潜力大；项目为露天开采、使用传统氰化工艺的矿山，规划未来 12 年，年均产金 8.6 吨；项目基础设施完备，后续无大规模的资本性支出。作为南美最大的在产金矿之一，公司收购该项目，不仅可以增加黄金资源储量，迅速提高黄金产量。

2022 年 11 月

国瓷材料拟收购 Spident 20.03%的股权

2022 年 11 月 17 日，国瓷材料拟收购 Spident 20.03%的股权，Spident 是一家专门

从事口腔临床类化学品材料及其他临床修复材料研发、生产和销售的韩国医疗器械企业。

威唐工业拟以 850 万欧元收购三家境外公司

2022 年 11 月 20 日，威唐工业拟向境外子公司 VT Automotive GmbH 增资 850 万欧元并通过全资子公司德国 VT Holding Gütersloh GmbH 以自有资金收购 Ebmeyer Werkzeugbau GmbH，Ebmeyer Verwaltungs GmbH 及 Ebmeyer Vermietungs- und Besitzunternehmen GmbH & Co. KG 的所有有限合伙权益。本次交易总金额，即标的公司企业价值为 850 万欧元。标的公司在大型 ClassA 汽车覆盖件冲压模具产品领域具备拥有先进的生产设施和经验丰富的管理团队，多年来以高质量的产品赢得了良好口碑和声誉。通过本次交易，公司可利用标的公司已建立的生产能力和行业资源，将其打造成为全球供应链体系的关键一环。

中国建材拟收购中建材新西兰、中建材新加坡及中建材海外 100%股权

2022 年 11 月 21 日，中国建材全资附属公司中建材投资与中建材进出口订立两份个别股权转让协议，中建材投资已同意收购，而中建材进出口已同意出售中建材新西兰的 100%股权；及中建材新加坡的 100%股权。同日，中建材投资与智慧物联订立一份股权转让协议，中建材投资已同意收购，而智慧物联已同意出售中建材海外的 100%股权。

润丰股份收购 Sarabia 100%的股权，加速拓展欧盟市场业务

2022 年 11 月 25 日，山东潍坊润丰化工股份有限公司（以下简称“润丰股份”）发布公告，拟通过全资子公司 Shandong Rainbow Agrosciences Co. , Limited（以下简称“润丰香港”）以现金方式收购 Exclusivas Sarabia, S. A.（以下简称“Sarabia”）100%股权，交易完成后，Sarabia 成为公司的全资子公司，将纳入公司合并报表范围。公司全资子公司润丰香港与 Sarabia 签订了《股份购买协议》，由全资子公司润丰香港以不超过 200 万欧元（收购价格以最终签署的《股份购买协议》为准）通过股权转让方式取得 Sarabia 100%的股权。

复星医药建议收购 PHIXEN S. A. S. 全部股权

2022 年 11 月 30 日，复星医药 11 月 30 日在港交所公告，建议收购 PHIXEN S. A. S. 全部股权。2022 年 11 月 29 日，买方和买方控股公司（皆为公司的附属公司）与卖方行使该出售选择权后，买方将签订股权购买协议，购买卖方持有的目标公司的直接/间接股权，并向目标集团提供股东借款。买方根据出售选择权协议承诺的转让对价及股东借款总额不超过约 2. 1 亿欧元。建议收购交割后，买方将直接及间接持有目标公司全部股权，目标集团以及 Manxen 公司将成为公司的附属公司。

2022年12月

盛新锂能孙公司拟收购HANTARA剩余49%股权

2022年12月1日，盛新锂能发布公告称，其全资孙公司盛泽锂业国际有限公司拟继续收购阿根廷公司HANTARA剩余49%股权，转让价款1000万美元。交易完成后，其将拥有HANTARA100%股权。

新翔集团确定拟收购环美航务的18亿新元融资计划

2022年12月1日，新翔集团（SATS）12月1日宣布，提议收购全球最大航空货运处理公司环美航务（Worldwide Flight Services）的总成本为18亿新加坡元，所需资金将由约7亿新加坡元定期贷款、总额可高达约8亿新加坡元的可弃权包销附加股以及3.2亿新加坡元内部现金资助。

仙乐健康拟以8.71亿元收购美国CDMO企业

2022年12月9日，仙乐健康（300791.SZ）发布关于收购BestFormulations股权方案调整的公告。方案调整后，仙乐健康拟通过向卖方收购老股及向标的公司增资的方式，合计取得Best Formulations约71.41%的股权，交易额为1.9亿美元，折合人民币约8.71亿元。公司同时考虑到外部市场环境变化、收购方案优化等原因，终止2022年度向特定对象发行A股股票事项。

东诚药业下属公司收购XINGIMAGING LLC 100%股权

2022年12月11日，东诚药业发布公告称，其下属公司米度生物以3020万美元的交易金额收购XINGIMAGING LLC 100%股权。

东方集团拟以现金7.23亿美元收购联合能源25%的股份

2022年12月14日，东方集团全资子公司北京青龙湖嘉禾企业管理有限公司拟通过其在境外设立的SPV公司以支付现金方式收购He Fu International Limited持有的联合能源集团有限公司约25%的股份。联合能源主要从事油气产品的勘探和生产，同时业务扩展至可再生绿色能源开发，公司收购境外油气资源企业符合国家能源安全战略，也符合国家关于民营企业高质量走出去、参与全球产业链、供应链、服务链、价值链的发展战略。

北京能源国际拟以7697亿越南盾收购越南风力发电项目公司

2022年12月15日，北京能源国际间接全资附属JN Viet Nam Renewable Energy Company Limited拟向SD Viet Nam Investment Construction Joint Stock Company收购Cuu An Wind Power Joint Stock Company的全部股权，代价为7697亿越南盾，约合人民币2.28亿元。完成后，买方将向卖方支付额外获利付款，最高约为1782亿越南盾。目标公司为一间根据越南法律成立的股份公司，其主要从事电力生产业务。目标公司目前于越南嘉莱省拥有并营运一个并网容量约为46.2兆瓦的风力发电站。

北京能源国际拟收购澳洲 Moorabool 风电项目股权

2022年12月20日，北京能源国际公布，买方（公司的间接全资附属公司）拟向卖方金风科技就各目标公司的收购事项订立买卖协议，据此，买方同意按代价购买及卖方同意按代价出售各目标公司已发行股本之25%。于交割后，各目标公司将由公司间接拥有25%。收购事项总代价为1.875亿澳元。据悉，目标公司（北）及目标公司（南）各自为澳洲注册成立的公司，主要从事风电场开发、建设及运维。

星光文化进一步延迟收购 SERENSIGHT INVESTMENT 股份

2022年12月20日，星光文化发布公告称，就收购 SERENSIGHT INVESTMENT COMPANY LTD. 股份事项，由于需要更多时间达成先决条件，公司与卖方于2022年12月20日订立第三份补充协议，将最后截止日期进一步延迟至2023年6月12日。

北亚策略附属拟240万美元收购支付业务

2022年12月21日，北亚策略发布公告称，买方（公司全资附属新造创投有限公司）订立买卖协议：①股份卖方（盈利达控股有限公司）同意出售目标公司全部已发行股本；②ATL同意出售技术及知识资产权利及ATL应收款项，初步代价为240万美元，并可按买卖协议条款予以调整。

协鑫能科子公司收购津巴布韦锂矿资源

2022年12月26日，协鑫能科全资子公司协鑫能科锂电新能源有限公司与 Zim-Thai Tantalum（Private）Limited 公司于当日签署了《锂矿资源开发合作协议》。根据公告，Zim-Thai Tantalum 津巴布韦拥有位于津巴布韦 EPO1780 及 EPO1781 探矿权证，矿块面积合计为820平方公里。双方约定拟将 EPO1780 具有锂矿潜力的区域划分为三个区块，分别成立项目公司，协鑫锂电优先选择其中一个项目公司进行合作，最终所持锂矿的氧化锂储量不低于50万吨，并最终持有51%的合作项目公司股份。

上海电力完成并购匈牙利 Tokaj 光伏项目

2022年12月27日，上海电力全资子公司羲和新能源发展有限公司已完成匈牙利 Tokaj 光伏项目100%股权的交割手续，最终交易对价合计3305万欧元（约人民币2.45亿元）。据悉，匈牙利 Tokaj 项目位于匈牙利东北部，资产包含5家项目公司，总装机容量约20万千瓦。项目预计于2023年开工，计划于2024年并网，投产后预计年发电量约2.88亿千瓦时。匈牙利 Tokaj 项目是公司在中东欧地区落地的首个新能源项目。

海南矿业拟以1.63亿美元收购洛克石油49%股权

2022年12月28日，南矿业发布公告，公司及其全资子公司拟与复星国际及其全资子公司 Transcendent Resources 签署《股份购买协议》。公司拟通过以1.63亿美元购买复星国际有限公司的全资子公司 Transcendent Resources Limited 持有的 Roc Oil Company Pty Limited 49%的股权，交易完成后，公司将持有洛克石油 100%股权。

2022 年中国企业“引进来”月度重要事件回顾

2022 年 7 月

好市多拟以 10.5 亿美元收购好市多台湾 45%的股份

2022 年 7 月 1 日，美国连锁商超好市多宣布，拟以 10.5 亿美元收购其尚未持有的合资企业 Costco 台湾（好市多台湾）的 45%股份，将全资持有好市多台湾公司。好市多于 1997 年进入中国台湾，在台湾有 13 家商场。

雅诗阁计划收购高档服务公寓业者奥克伍德

2022 年 7 月 4 日，凯德投资旗下雅诗阁有限公司计划向丰树产业收购高档服务公寓业者奥克伍德，这项交易预计今年第三季完成，具体收购金额并未透露。雅诗阁的全球投资组合将增加 81 个房地产和约 1.5 万个单位。奥克伍德约 8500 个运营单位，将立即为雅诗阁的经常性收入来源带来贡献。

KKR 牵头财团收购李嘉诚旗下英国配电公司交易宣告失败

2022 年 7 月 5 日，KKR 和澳大利亚麦格理所牵头的财团以 150 亿英镑（约合人民币 1216 亿元）竞购李嘉诚旗下英国配电公司 UK Power Networks Holdings Limited（以下简称 UKPN）计划以失败告终。收购 UKPN 失败的原因，是英国通胀急剧上升，英国 5 月通胀率升至 9.1%，超过 4 月 9%的数值，再次创下 40 年来的新高。而 UKPN 的收入及资产价格与通胀数据挂钩，因此管理层或对交易的估值有更高期望，并不急于出售有关资产。

华润麒麟饮料股权收购案公示

2022 年 7 月 13 日，市场监管总局官网显示，一家名为 Plateau Consumer Limited 的公司拟收购华润麒麟饮料（大中华）有限公司 40%的股权，市场监管总局对该案进行了公示。2022 年 1 月，日本麒麟控股公司计划解散与华润集团在中国的饮料合资企业华润麒麟饮料公司，并出售其持有的 40%股份。

英国高端护肤品牌 Eve Lom 被完美日记母公司收购

2022 年 7 月 26 日，中国美妆品牌完美日记母公司逸仙电商宣布，将收购英国高端护肤品牌 Eve Lom。此次交易的卖方为私募股权投资公司 Manzanita Capital，后者将继续在该业务中保留少数股权，并与逸仙电商达成战略合作关系。

达能收购多美滋中国获反垄断审查批准

2022 年 7 月 27 日，市场监管总局官网消息，达能亚太控股有限公司收购多美滋婴幼儿食品有限公司股权案，近期通过经营者集中无条件批准。

荷兰 IGM 收购利田科技

2022 年 7 月 29 日，IGM 宣布收购中国龙头紫外光光固化原材料制造商利田科技。IGM 方面称，这次收购不仅是其战略的重要一步，也预示着 IGM 将在全球范围内扩大影响，增强其全球产能供应链，并通过多元的产品组合模式进一步巩固辐射固化解决方案领域的领先地位。IGM 表示，该公司在部署可持续发展全球路线的同时，也希望进一步扩大全球业务蓝图及提升产能供应链。同时，利田科技的后向整合确保了紫外光固化生产原料的稳定供应，为未来的专业发展奠定了基础。

2022 年 8 月

法国奶酪生产商 BEL 收购山东君君乳酪 70%股份

2022 年 8 月 4 日，法国奶酪生产商 BEL 集团完成收购中国奶酪制造商山东君君乳酪有限公司 70%的股份，天眼查 APP 显示，山东君君乳酪有限公司在 7 月 21 日出现注册资本、股东信息等方面的变更。

迪桑特要收购中国运动品牌商

2022 年 8 月 11 日，迪桑特拟收购中国运动服饰零售商。日本高端运动服饰品牌迪桑特发布声明宣布，计划收购国内运动服饰零售商 Le Coq Sportif（Ning Bo），由于该公司近年来的营业收入增长乏力，迪桑特打算将其变为子公司，借此掌握主导权，进一步扩大业务。截至 6 月底，迪桑特营收大涨 18%，达 264 亿日元（约合人民币 13 亿元），净利润达 23 亿日元（约合人民币 1.16 亿元）。

2022 年 9 月

马士基以 36 亿美元完成对利丰物流的收购

2022 年 9 月 2 日，马士基已完成对总部位于中国香港的合同物流公司利丰物流的收购。该公司专注于亚太地区的全渠道履行服务、电子商务和内陆配送。

加拿大资管 13 亿收购合景、富力上海项目

2022 年 9 月 14 日，仲量联行官方微信公众号发文称，富力地产和合景泰富在上海杨浦区新江湾城板块联手打造的嘉誉云景项目被外资机构收购，收购标的面积约 4.2 万平方米，包含 3 座新建楼栋，计划提供约 560 间客房。

2022 年 11 月

依波路拟 1.4 亿港元收购金熹实业

2022 年 11 月 21 日，依波路间直接全资附属 Swissmount Holdings Limited 拟向俊光

实业有限公司收购金熹实业有限公司全部已发行股本，代价 1.4 亿港元。

2022 年 12 月

ITP HOLDINGS 拟通过注资或转让股权方式收购深圳中产投的股权

2022 年 12 月 2 日，ITP HOLDINGS 与中产投（深圳）资产处置有限公司（深圳中产投）订立谅解备忘录，买方拟通过注资或转让股权方式收购深圳中产投的股权。深圳中产投为一间于中国成立的公司，总部位于深圳，主要于中国境内从事不良资产管理业务，主要包括管理及处置自金融机构收购的不良债权资产，以及对问题机构、问题资产及特殊机遇投资进行重组。

2023 年第一季度中国企业跨境并购月度重要事件回顾

2023 年第一季度中国企业“走出去”月度重要事件回顾

2023 年 1 月

四川路桥子公司拟 63.65 亿元收购 CMSC 50%的股权并投建钾盐矿项目

2023 年 1 月 4 日，四川路桥（600039.SH）发布公告称，子公司四川蜀道新材料科技集团股份有限公司（新材料集团）拟收购澳大利亚 STB Eritrea Pty Ltd（STB）所持 Colluli Mining Share Company50%的股权并投资建设厄立特里亚库鲁里钾盐矿项目。项目总资金需约 9.5 亿美元。

纵横游控股已收购 Guyguide 65%的股权

2023 年 1 月 4 日，纵横游控股宣布，集团最近已收购 Guyguide Limited 的 65%股权，该公司主要作为香港旅行代理商提供旅游相关产品及服务。预期 Guyguide Limited 将主以“Guyguide”品牌向香港零售客户销售机票及/或酒店住宿。

网易游戏宣布收购了加拿大工作室 SkyBox Labs

2023 年 1 月 7 日，网易游戏现宣布收购加拿大工作室 SkyBox Labs，交易数额未公布。

雅化集团加码锂电赛道拟以 1.45 亿美元收购海外锂矿权

2023 年 1 月 7 日，四川雅化实业集团股份有限公司（002497.SZ）发布公告称，公司全资子公司拟以 1.45 亿美元收购中非实业（香港）有限公司旗下两个全资子公司 70%的股权，从而获得非洲纳米比亚 4 个锂矿 70%的控制权。

天齐锂业控股公司 TLEA 拟以 1.36 亿澳元收购 ESS 所有股份，扩充锂矿资源储备

2023 年 1 月 8 日，天齐锂业（002466.SZ）公告，公司控股子公司 TLEA 与澳大利亚上市公司 ESS 签订《计划实施协议》，以每股 0.50 澳元，合计约 1.36 亿澳元的价格购买 ESS 的所有股份（合计 2.67 亿股）。交易完成后，TLEA 将持有 ESS 发行在外的 100%股权。

北方国际将收购克罗地亚公司 76%股权布局海外风电项目

2023 年 1 月 10 日，北极星风力发电网获悉，北方国际（000065）于 2017 年 11 月 27 日与克罗地亚投资者亚历山大佐姆比克先生在匈牙利签订《股权收购协议》，根据协议安排，公司将以现金方式（自有资金）收购佐姆比克先生持有的克罗地亚能源工程股份公司 76%的股权。本次交易金额为 3201.12 万欧元。

彭顺国际拟以 122.3 万美元收购马来西亚物业

2023 年 1 月 10 日，彭顺国际宣布，买方（Gemilang Coachwork Sdn. Bhd.，为公司的间接全资附属公司）与卖方订立买卖协议，据此，卖方已有条件同意出售而买方已有条件同意购买该物业，总购买价为 535 万令吉（相当于 122.3 万美元）。

英国一半导体厂商 Flusso 被中企收购

2023 年 1 月 11 日，半导体公司 Flusso 已被一家中国实体以 2800 万英镑（约合人民币 2.3 亿元）全资收购。针对此次收购，Flusso 首席执行官兼联合创始人 Andrea De Luca 博士表示：“这笔交易将有助于加速我们流量传感产品线的商业化，改善进入市场和获得客户的渠道，特别是在亚洲。”Flusso 成立于 2016 年，是一家无晶圆厂半导体设计公司，总部位于英国剑桥。

星竞威武与 NIP 完成合并

2023 年 1 月 11 日，中国领先的数字体育集团星竞威武宣布，公司以股权置换的方式完成了对瑞典知名电子竞技俱乐部 Ninjas in Pyjamas 的并购。双方将共同组建星竞威武集团（NIP Group），何猷君出任星竞威武集团董事长兼联席 CEO，NIP 电子竞技俱乐部原 CEO Hicham Chahine 出任星竞威武集团联席 CEO 并继续管理 NIP。通过与 NIP 的合并，星竞威武集团将全面拓展海外业务，成为覆盖中国、欧洲、南美市场的全球性综合数字体育集团。本次合并也是迄今为止全球电子竞技行业规模最大的跨国并购之一。基于合并后的商业计划，NIP 将正式进军 LPL 英雄联盟职业联赛，原“V5 电子竞技俱乐部”将以 NIP 的全新身份征战 2023 英雄联盟职业联赛春季赛，eStar 电子竞技俱乐部将继续独立运营。

中誉集团附属斥资 197.7 万美元收购 Rivian 12 万股份

2023 年 1 月 12 日，中誉集团间接全资附属立天科技有限公司通过收购事项，于公

开市场收购 Rivian 12 万股份，总代价约为 197.7 万美元（不包括交易成本），每股 Rivian 股份的平均价格约为 16.48 美元。

泰格医药宣布完成收购欧洲 CRO 公司 Marti Farm

2023 年 1 月 19 日，行业领先的一体化生物医药和医疗器械研发服务平台—杭州泰格医药科技股份有限公司宣布完成对欧洲 CRO 公司 Marti Farm 的收购。Marti Farm 是一家为欧洲及全球客户提供药物警戒、临床运营、注册和医学事务等专业服务的临床合同研究组织（CRO），总部位于克罗地亚萨格勒布。此次战略收购将进一步强化泰格医药在欧洲地区的服务能力与规模，扩大全球范围内安全监测能力，并更好地为客户提供定制化的临床研究方案。

并购韩国珠光龙头 CQV 环球新材（06616）强化产业协作

2023 年 1 月 27 日，环球新材国际（06616）发布公告，公司将与韩国 KOSDAQ 上市公司 CQV（101240.KS）达成并购协议，以约 4.7 亿元人民币收购 CQV 部分股份。成交后，公司将直接及间接持有 CQV 已发行股份的 42.45%，并将成为 CQV 的单一最大股东。

四川路桥收购非洲厄立特里亚钾盐矿 50%股权

2023 年 1 月 30 日，四川路桥建设集团股份有限公司及其控股公司四川蜀道新材料科技集团股份有限公司（简称“新材料集团”）与厄立特里亚库鲁里钾盐矿项目公司（CMSC）股东之一澳大利亚 DNK 公司签署股权收购协议：四川路桥将以 1.35 亿美元收购澳公司持有的 CMSC 公司全部股权（50%），并承接其对 CMSC 公司约 3100 万美元的债权，总额约 1.66 亿美元。其余 50%股权由厄国家矿业公司持有。

华懋集团 3.495 亿英镑再收购伦敦商厦

2023 年 1 月 30 日，华懋集团宣布，与英国房地产投资信托基金 Landsec 落实合约交换协议，完成收购位于伦敦中心地带的办公大楼 One New Street Square，作价 3.495 亿元（英镑，下同），是继华懋去年 9 月以 1.585 亿元购入位于法灵顿（Farrington）的 Kaleidoscope办公大楼，再度收购伦敦商厦。

浙江拱东医疗器械股份有限公司通过境外全资子公司收购资产

2023 年 1 月 30 日，浙江拱东医疗器械股份有限公司以自有资金 4500 万美元对全资子公司 GD Medical, Inc. 进行增资，主要用于收购 Trademark Plastics Inc. 的核心资产。

非凡中国完成收购 LionRock Capital Partners QiLe 余下 49%的股权

2023 年 1 月 30 日，非凡中国有关收购 LionRock Capital Partners QiLe Limited 余下 49%的权益所有条件均已获达成。收购完成后，目标公司将成为公司的间接全资附属公司，且目标集团的业绩将继续综合入账至集团的财务报表。目标公司自其注册成立以来的主要业务活动是作为投资控股公司投资于 Clark。Clark，为总部设于英国的国际鞋履批发商及零售商。

东山精密拟收购三家境外子公司更好地服务北美新能源客户

2023 年 1 月 31 日，东山精密（002384）公告称，公司拟通过全资子公司美国东山、DSG、东山香港控股在境外收购 Aranda Tooling, Inc. , AutoTech Production Services, Inc. , Autotech Production de Mexico S. de R. L. de C. V. ，收购标的公司投资金额预计不超过 5300 万美元。公司本次投资收购境外子公司，是为了进一步推动公司新能源战略布局，更好地服务北美新能源客户。同时设立海外生产基地，降低物流成本，持续满足客户需求。

2023 年 2 月

宝尊完成收购 Gap 上海并宣布 Gap 大中华区高层任命

2023 年 2 月 1 日，宝尊电商有限公司，中国领先的品牌电商解决方案服务商和数字商业赋能者，今日宣布完成对盖璞（上海）商业有限公司的收购。本次收购已获得国家市场监督管理总局经营者集中反垄断审查批准。

盛美上海拟以 1674 万美元收购关键供应商 20%股权增强零部件供应稳定性

2023 年 2 月 6 日，盛美上海公告称，公司拟以自有资金 1674 万美元（约合人民币 1. 14 亿元）受让 Choi Moon-soo、Kang Young-sook 和 Choi Ho-yeon 分别持有的 NinebellCo. , Ltd. 13%、5%及 2%股权。本次受让完成后，公司将持有 Ninebell20%股权。

SIS INT'L 拟以 4800 万港元收购日本酒店物业

2023 年 2 月 6 日，SIS INT'L 已就建议收购位于日本目标物业成为优先购买方，代价为 8 亿日元（约 4800 万港元）。公告显示，目标物业为淡岛酒店（包括物业、家俬设备及土地使用权）60 间客房、餐厅及功能房间。

天虹纺织延长有关收购越南资产最后截止日期及完成日期

2023 年 2 月 6 日，天虹纺织由于需要额外时间达成资产购买协议先决条件，天虹工业园与公司全资附属公司（作为资产购买协议订约方）书面同意将资产购买协议各自最后截止日期及完成日期延长至 2023 年 3 月 31 日。

中国卫生集团拟以 1. 53 亿港元收购 Golden Alliance Limited 51%的股权

2023 年 2 月 7 日，中国卫生集团全资附属隆恒投资有限公司作为买方与卖方订立协议，将通过以下方式支付：发行总金额 4712. 5 万港元的承兑票据；公司按发行价每股代价股份 1.21 港元向该等卖方配发及发行最多 8750 万股代价股份。由第一卖方实际拥有 45%；由第二卖方拥有 35%，以及由第三卖方拥有 20%。

黄河实业完成收购 Greenie EdTech Corporation 51%的股权

2023 年 2 月 9 日，黄河实业公告涉及收购 Greenie EdTech Corporation 的 51%的股权的相关事宜。董事会欣然宣布，交易项下的先决条件均已达成，收购已于 2023 年 2 月 8 日完成。收购后，该公司间接持有 Greenie EdTech Corporation 的 51%的股权，且其财务业绩将并入集团的财务报表内。

豫园股份拟收购两家日本项目公司

2023 年 2 月 10 日，豫园股份拟以 110 亿日元收购日本项目公司 Napier100%股权，复星国际有限公司为 NapierTMK 最终控股股东。日本项目公司 NapierTMK 为重资产型项目公司，主要资产为日本北海道 Kiroro 的滑雪场、度假村及所有土地。该度假村内有 2 家酒店，共 392 间房、23 条雪道的滑雪场（最长雪道 4050 米）、温泉、高尔夫球场等设施。酒店及相关设施建筑面积约 10 万平方米；豫园股份拟以 4.601 亿日元收购日本项目公司 GK Kiroro Management100%股权，复星国际为 GK KM 最终控股股东。日本项目公司 GK KM 为轻资产型项目公司，主要负责日本北海道 Kiroro 滑雪场、度假村的日常运营。

中矿资源拟以 2000 万美元收购蒙古国一锂矿 51%的权益

2023 年 2 月 13 日，国内锂矿巨头中矿资源集团股份有限公司发布公告，公司拟出资合计 2000 万美元通过收购和增资取得位于蒙古国的 URT 锂矿项目 51%的权益。

永利股份拟收购墨西哥百汇 99.99%股权，进一步开拓国际市场

2023 年 2 月 16 日，永利股份（300230.SZ）发布公告，公司拟通过下属全资子公司 BROADWAY INDUSTRIES PTE. LTD.（注册于新加坡，以下简称“新加坡百汇”）购买 Miguel Ángel Valdés Faz 持有的 Broadway Precision Tech, S. A. de C. V.（注册于墨西哥，以下简称“墨西哥百汇”）99.99%股权。

富卫集团将进入马来西亚寿险市场拟收购 Gibraltar BSN 的 70%股权

2023 年 2 月 20 日，香港亿万富豪李泽楷旗下保险公司富卫集团（FWD Group）宣布，拟与其他投资者一同从保德信金融集团旗下子公司处收购马来西亚寿险公司 Gibraltar BSN 的 70%股权。这笔交易预计将于今年第二季度完成，将使富卫集团正式进入马来西亚寿险市场。马来西亚国民储蓄银行（Bank Simpanan Nasional Bhd.）将继续持有剩余的 30%股份。

京基金融国际就收购 FGA Holdings Limited70%股权发行约 4.53 亿股代价股份

2023 年 2 月 21 日，京基金融国际发布该公司收购 FGA Holdings Limited 70%股权的

相关公告。据悉，首个相关期间已于2022年12月31日结束，而首个相关期间的EBITDA证书已由EBITDA核数师根据上述机制发出。根据首个相关期间的EBITDA证书，首个相关期间的实际EBITDA约为478.18万美元，即高于该等协议所规定的目标EBITDA 460万美元。

金诚信拟以不超1亿美元收购CMH50%股权

2023年2月23日，金诚信拟收购Cordoba Minerals Corp. 位于哥伦比亚的全资子公司CMH Colombia S. A. S 50%的权益，交易金额不超过1亿美元。公告显示，CMH公司现阶段通过其全资子公司拥有哥伦比亚San Matias项目下Alacran铜金银矿的矿权。若本次交易顺利完成，CMH公司将拥有San Matias项目下Alacran铜金银矿、Alacran North矿床、Montiel East矿床、Montiel West矿床、Costa Azull矿床的相关权益。

天山铝业拟以约3025万美元收购ITM公司100%股份

2023年2月24日，天山铝业拟通过注册于新加坡的全资孙公司MIGHTY SKY INTERNATIONAL PTE. LTD.、TRILLION SKY INTERNATIONAL PTE. LTD. 以自有资金购买IPT Inti TambangMakmur100%股份，从而间接取得PT Persada Pratama Cemerlang、PTPersada Buana Gemilang及PT Paloan MajuAbadi三家矿业子公司的全部已发行B类股份，并取得该等矿业子公司的控制权，该等矿业子公司在印度尼西亚各拥有一个铝土矿的采矿权。此次交易对价合计约3025万美元。

2023年3月

浩德控股拟1.9亿日元收购日本鹿儿岛物业

2023年3月3日，浩德控股透过买方Godo Kaisha Choun与卖方Godo Kaisha Lifebase订立买卖协议，据此，买方同意向卖方购入该物业，现金代价为1.9亿日元。该物业为一幢五层高楼宇，总建筑面积约442.4平方米，包括19个住宅单位。另有两个停车位。该物业建于2020年，坐落于日本鹿儿岛县鹿儿岛市下荒田1丁目10-21号。该物业位于鹿儿岛市中心，距离二中通有轨电车站步行约3分钟。该物业被指定作住宅用途，目前所有单位已全部出租，租户均为独立第三方。

海思科控股集团拟以7422.43万美元收购美国海思科和新加坡创新药公司

2023年3月6日，海思科全资孙公司Haisco Holdings PTE. LTD. 持有Haisco Pharmaceutical Holdings Group Limited 80%股权。海思科药业控股集团持有Haisco-USA Pharmaceuticals, Inc. 100%股权、持有Haisco Innovative Pharmaceutical PTE. LTD. 100%股权。美国海思科目前主要负责开展HSK3486乳状注射液镇静/麻醉药物Ⅲ期临床试验，目前未有营业收入，但为保证其正常运转需支付相关费用，故净利润为负。此次收购该公司100%股权是为进一步整合资源，提高管理决策效率，推进创新药在海外的临床研究，加快产品的国际化进程。

阿里巴巴以 48 亿美元收购英国支付巨头 WorldFirst

2023 年 3 月 7 日，阿里巴巴集团以 48 亿美元（约合 340 亿人民币）收购全球领先的支付服务提供商 WorldFirst。WorldFirst 是一家专门提供移动支付和跨境汇款服务的公司。它的服务涵盖全球 200 多个国家和地区，客户包括个人和企业用户。

安迪苏完成收购 Nor-Feed 集团

2023 年 3 月 7 日，安迪苏宣布完成对法国 Nor-Feed 集团的收购，此次收购再次体现了安迪苏致力于发展成为特种动物饲料成分领域全球领导者的战略目标。Nor-Feed 集团总部位于法国昂热科技园，旨在利用农业副产品中的植物提取物，在动物营养和卫生方面发挥预防作用，从而减少抗生素、抗球虫药和杀虫剂的使用。动物饲料市场对植物添加剂的需求每年在持续增加，过去 11 年，Nor-Feed 集团年均增速超过 20%。

中国生物制药收购一家英国生物科技公司，进军双抗市场

2023 年 3 月 9 日，中国生物制药宣布，以约 1.61 亿美元现金（或每股 7.12 美元），成功完成对在美国纳斯达克上市的英国生物科技公司 F-star Therapeutics 的收购。交易完成后，中国生物制药将获得 F-star 现有的两款具有 First-in-Class（同类首创）潜力和一款具有同类最优（Best-in-Class）潜力的产品，以及未来肿瘤创新药物的核心研发平台，正式进军市场规模预期 800 亿美元的全球双抗市场。

正道集团延长收购 Best Knob International

2023 年 3 月 9 日，正道集团公告，由于需要更多时间达成买卖协议项下先决条件，公司与卖方订立补充协议。据此，公司与卖方同意将最后截止日期由 2022 年 11 月 30 日延长至 2023 年 8 月 31 日。

光弘科技拟通过下属子公司收购背板供应商快板电子 100%股权

2023 年 3 月 10 日，光弘科技公告，公司根据战略规划及经营发展的需要，通过下属全资子公司光弘集团有限公司购买 TTM TECHNOLOGIES, INC. 的附属公司 TTM IOTA LIMITED 持有的为快板电子科技（上海）有限公司 100%的股权。

加幂科技拟收购 Your Choice Ever Best 55.45%的股权

2023 年 3 月 20 日，加幂科技（08198）发布公告，买方（公司全资附属互动实验室有限公司）与该等卖方（Ever Marvel Group Limited、乐赢科技香港有限公司）订立协议，买方有条件同意购买销售股份及销售贷款，总代价为 431.19 万美元，将透过公司向该等卖方发行及配发代价股份偿付。

丰树物流信托拟以逾 9 亿新加坡元收购多项物流资产

2023 年 3 月 30 日，据新加坡《联合早报》报道，丰树物流信托（Mapletree Logistics Trust）拟议收购位于日本的六个物流资产和分别位于澳大利亚和韩国的两个物流资产。公告显示，它准备收购的日本的物流资产的收购价为 6.7290 亿元（新加坡元，下同），澳大利亚和韩国物流资产的收购价分别为 1.1220 亿元和 1.4870 亿元，收购总额共计 9.1360 亿元。另外，该信托还在考虑两项中国大陆地区物流资产的潜在收购，建议收购价为 2.0960 万元，以及香港地区的一项潜在资产脱售，脱售价约 1.030 万元。

比亚迪将收购福特海外工厂，进军南美洲市场，年产能约 30 万

2023 年 3 月 31 日，从海外媒体处获悉，比亚迪有意向收购福特位于巴西东北部汽车制造工厂，该工厂已在 2021 年停止整车生产工作，年产能约为 30 万辆，截至目前该工厂仍为福特汽车所持有的。而巴西总统卢拉也计划在本周访华期间，就此工厂事宜发表重要声明，并进一步推进相关收购事宜。

2023 年第一季度中国企业“引进来”月度重要事件回顾

2023 年 1 月

华夏基金转让 13.9%股权给股东迈凯希金融公司

2023 年 1 月 6 日，华夏基金公告称，原股东加拿大鲍尔集团（POWER CORPORATION OF CANADA）将其持有的华夏基金 13.9% 股权转让给股东迈凯希金融公司（MACKENZIE FINANCIAL CORPORATION）一事项完成工商变更登记，迈凯希金融公司最新持股比例提升至 27.8%，中信证券持有 62.2%，天津海鹏科技咨询有限公司持有 10%。

E-bike 赛道火热，TENWAYS 获 3 亿人民币 A 轮融资

2023 年 1 月 9 日，电助力自行车（E-bike）品牌 TENWAYS 已于近日完成 3 亿人民币 A 轮融资，其中 A2 轮由全球知名的消费投资公司 L Catterton（路威凯腾）领投，高鹊资本担任本轮融资的独家财务顾问。官方表示，本轮所融资金将主要用于产品研发、市场推广、供应链拓展及团队建设等。此前的 A1 轮，由华映资本等机构投资。2021 年底，TENWAYS 获得由高瓴创投（GL Ventures）独家投资的 Pre-A 轮融资。

塔塔集团将收购纬创印度工厂

2023 年 1 月 10 日，印度塔塔集团即将接管纬创位于印度南部的一家工厂，这笔交

易将使其成为印度第一家本土 iPhone 制造商。据知情人士透露，塔塔集团已与纬创进行了数月的谈判，谈判集中在塔塔集团获得合资企业的大部分股权上，塔塔集团希望在 3 月底前完成收购。据悉，纬创占地约 20 万平方米的工厂位于班加罗尔以东 50 公里处，如果收购成功，塔塔集团将接管其所有 8 条 iPhone 生产线，以及该工厂的 10000 名工人，其中包括几千名工程师。纬创将继续作为印度 iPhone 的服务合作伙伴。

EcoCeres 获贝恩资本重大股权投资

2023 年 1 月 11 日，创新型生物质精炼公司 EcoCeres, Inc.（怡斯莱公司）宣布，获得贝恩资本私募股权的股权投资，此次交易是继 2022 年 2 月 Kerogen Capital 参与怡斯莱 A 轮融资后的又一轮融资。怡斯莱是一家总部位于亚洲的生物精炼平台，将生物质废料作为原料转化为广泛的生物燃料、生物化学品和生物材料。该公司拥有氢化植物油（HVO）、可持续航空燃料（SAF）和纤维素乙醇商业化生产能力的提供商。怡斯莱的研发团队，打造了每年商业化生产 30 万吨 HVO 和 SAF 的实力。通过应用核心专利技术，怡斯莱正在加速提升其独有的生物质精炼能力，以提供多元的减碳解决方案。

纳微半导体宣布收购希荻微

2023 年 1 月 19 日，纳微半导体宣布收购 Halo Microelectronics（广东希荻微电子股份有限公司，简称“希荻微”）持有的硅控制 IC 合资公司的少数股权，交易价格 2000 万美元，双方已就此签订协议。纳微半导体表示，鉴于公司将关键的硅控制器能力集成到 GaN、SiC 技术中，本次交易标志着纳微半导体的另一项战略性收购，将对公司的发展产生积极的影响。

摩根资管宣布完成收购上投摩根

2023 年 1 月 20 日，摩根资产管理宣布，摩根资产管理已经获得中国证监会的批准，完成收购上投摩根基金管理有限公司（简称“上投摩根”）。上投摩根将会以摩根资产管理的品牌（摩根资产管理中国）运营。摩根资产管理旗下的外商独资企业（Wholly Foreign-Owned Enterprise，WFOE）将整合融入摩根资产管理中国。上投摩根全体员工最终将搬入摩根大通位于陆家嘴地标式建筑上海中心的办公室。

2023 年 2 月

半导体测试设备大厂爱德万宣布收购 PCB 厂商兴普科技

2023 年 2 月 1 日，日本半导体测试设备大厂爱德万（Advantest）昨日宣布将收购中国台湾印刷电路板（PCB）厂商兴普科技，不过具体的收购金额、日程并未透露。

香港旅行社品牌全旅达被 FreeD Group 收购

2023 年 2 月 1 日，香港旅行社品牌全旅达在社交媒体上宣布，公司已被旅游智能软件服务商 TravelFlan 的母公司 FreeD Group 收购。全旅达是一家旅行社运营商，主要搭建一个一站式商旅管理服务平台，公司前身为“太古旅游”，曾于 2022 年 6 月传出停运。

EdgeNext 宣布完成对 ChinaCache 的收购

2023 年 2 月 14 日，EdgeNext 是国际规模的边缘云服务提供商，提供可靠和快速的内容交付，安全加速和边缘计算解决方案，最近宣布成功完成对 ChinaCache 海外业务的收购。ChinaCache 是中国 CDN 服务提供商走向全球市场的先行者。通过合并，EdgeNext 将拥有更广泛的客户基础，以展示其在全球市场的远见和积极存在，并通过跨产品、客户、地域和渠道的多元化收入，显著提高自身规模。

CAPAJET 和北京捷翔合作收购鼎龙商务航空

2023 年 2 月 16 日，新加坡商务包机供应商 CapaJet 与北京捷翔企业管理有限公司宣布合作收购完成鼎龙商务航空。据悉，鼎龙商务航空成立于 2019 年，基地位于广州，提供商务包机和公务机托管服务，已取得民航局颁发的经营许可证、运行合格证（CCAR-135）和维修许可证（CCAR-145），具备湾流 G650ER 和庞巴迪挑战者 650 的运行经验。

凯德收购北京苏宁生活广场

2023 年 2 月 23 日，凯德集团宣布，凯德投资设立凯德中国特殊机会伙伴计划（CapitaLand China Opportunistic Partners Programme），总承诺股本 11 亿新加坡元，投资中国的特殊机会项目，在北京和佛山首批收购了两项资产。单一资产基金以 5.53 亿新加坡元（约 28.1 亿元人民币）收购了北京苏宁生活广场，项目位于北京核心商务区，是一个包含办公及零售业态的综合体。该基金将对项目进行重新定位，将零售部分改造升级为甲级办公楼。

东芝集团投资苏州牧星加强物流业务

2023 年 2 月 28 日，日本东芝基础设施系统公司与苏州牧星智能科技有限公司结成了资本和商业联盟，并将对该公司进行投资。其目的是加强物流解决方案业务的价值链。投资金额未予披露。

2023 年 3 月

香港元宇宙公司 Mapxus 完成 500 万美元 B 轮融资

2023 年 3 月 2 日，基于室内定位 GameFi 的香港元宇宙公司 Mapxus 宣布完成 500 万美元 B 轮融资，川崎重工领投。该轮资金将继续用于创新和开发技术解决方案，主要集中室内映射和定位服务，该项技术潜在应用范围广，既可用于政府层面，也可用于工厂。

Metaverse 通过持有阿那亚文化艺术有限公司 51%的股份收购盈利的 NFT 业务

2023 年 3 月 14 日，领先的产品开发和数字营销服务提供商 Metaverse 宣布收购创新艺术资产管理公司 Maharlika（Hainan）Culture & Art Domain Co.，LTD51%的股权。Maharlika 总部位于中国海南，提供绘画，古董和数字艺术资产的第三方评估。此外，公司还为客户提供包括文物艺术品的收藏、融资、展示、交换、修复和咨询。Maharlika 的主要专长是利用 NFT 来促进艺术品交易。收购 Maharlika 的多数股权符合 Metaverse 的使命，即促进区块链技术在包括资产管理在内的各个行业的发展和创新。

G42 收购字节跳动 1 亿美元以上的股份

2023 年 3 月 15 日，据知情人士透露，总部位于阿布扎比的人工智能公司 G42，收购了字节跳动 1 亿美元以上的股份。字节跳动目前还未上市，估值约 2200 亿美元。

宝瀛气体获数亿元 B 轮融资，由凯辉基金独家投资

2023 年 3 月 22 日，宝瀛（南京）气体有限责任公司（简称宝瀛气体）宣布完成 B 轮融资，凯辉基金独家投资数亿元。宝瀛气体是一家气体与液体分离及纯净设备制造商，主要经营一般项目为气体、液体分离及纯净设备制造、气体压缩机械销售；气体、液体分离及纯净设备销售、基础化学原料制造、合成材料制造、专用化学产品制造等。

DEKRA 德凯集团并购安华联网

2023 年 3 月 28 日，DEKRA 德凯，宣布并购台湾知名物联网资安合规解决方案供应商安华联网科技。此次并购代表 DEKRA 德凯在快速成长的资安领域中迈出关键步伐，并扩大服务范围。安华联网在物联网（IoT）与工业物联网（IIoT）及行动应用程序安全评估上经验丰富，对进一步加速 DEKRA 德凯在全球及亚太地区的发展极具关键意义。

信息安全技术初创「LeapXpert」A 轮融资 2200 万美元，监控员工的聊天记录以确保合规性

2023 年 3 月 29 日，香港通信平台供应商 LeapXpert 近期宣布完成 2200 万美元的 A 轮融资，由 Rockefeller Asset Management 领投，Uncorrelated Ventures、纽约市伙伴关系基金和几家未披露的现有支持者跟投。截至目前，该公司累计融资总额已达到 3600 万美元。Gutzeit 表示，新资金将主要用于扩大 150 人的员工队伍，拓展新市场并投资于产品开发。

附录 2

中国企业跨境并购重要政策精选

中国企业跨境并购需要经过中国相关政府监管机构的审批/备案。一般而言，民营企业的跨境并购必须经中央或地方一级（取决于交易和目标国家或地区的性质）的国家发展和改革委员会（“发改委”）和中华人民共和国商务部（“商务部”）审批/备案（也取决于交易和目标国家或地区的性质）。对于中央企业而言，除经发改委和商务部的审批/备案，还需经国有资产监督管理委员会（“国资委”）的审批/备案。此外，鉴于近期境外交易监管制度进一步收紧，中国企业向境外汇出一定数量以上资金需先与国家外汇管理局（“外管局”）当地分局进行“沟通/协商”，方可将资金汇离境外。该“沟通/协商”通常被认为是外管局事实上的预先审批/备案程序。

本书收录了以下文件：

国家发展和改革委员会 《境外投资项目核准和备案管理办法》2014

国家发展和改革委员会 《企业境外投资管理办法》2017

国家发展和改革委员会 《境外投资敏感行业目录（2018 年版）》2018

国家发展和改革委员会 《外商投资安全审查办法》2020

商务部 《境外投资管理办法》2014

商务部 《对外投资备案（核准）报告实施规程》2019

证监会 《上市公司收购管理办法》2020

外管局 《境内机构境外直接投资外汇管理规定》2009

外管局 《国家外汇管理局关于境内居民通过特殊目的公司境外投融资及返程投资外汇管理有关问题的通知》2014

外管局 《国家外汇管理局关于进一步简化和改进直接投资外汇管理政策的通知》2015

外管局 《国家外汇管理局关于进一步推进外汇管理改革完善真实合规性审核的通知》2017

外管局 《国家外汇管理局关于进一步促进跨境贸易投资便利化的通知》2019

外管局 《国家外汇管理局关于优化外汇管理支持涉外业务发展的通知》2020

国资委 《中央企业境外投资监督管理办法》2021

国资委 《中央企业投资监督管理办法》2017

国资委 《中央企业违规经营投资责任追究实施办法（试行）》2018

全国人民代表大会 | 《中华人民共和国外商投资法》2019

国家发展和改革委员会 | 《境外投资项目核准和备案管理办法》

（2014 年 4 月 8 日）

第一章 总 则

第一条 为促进和规范境外投资，加快境外投资管理职能转变，根据《中华人民共和国行政许可法》《国务院关于投资体制改革的决定》和《国务院对确需保留的行政审批项目设定行政许可的决定》，特制定本办法。

第二条 本办法适用于中华人民共和国境内各类法人（以下简称“投资主体”）以新建、并购、参股、增资和注资等方式进行的境外投资项目，以及投资主体以提供融资或担保等方式通过其境外企业或机构实施的境外投资项目。

第三条 本办法所称境外投资项目是指投资主体通过投入货币、有价证券、实物、知识产权或技术、股权、债权等资产和权益或提供担保，获得境外所有权、经营管理权及其他相关权益的活动。

第四条 本办法所称中方投资额是指投资主体为境外投资项目投入的货币、有价证券、实物、知识产权或技术、股权、债权等资产和权益或提供担保的总额。

第五条 国家根据不同情况对境外投资项目分别实行核准和备案管理。

第六条 国家发展和改革委员会（以下简称“国家发展改革委”）会同有关部门加强对企业境外投资的宏观指导、投向引导和综合服务，并通过多双边投资合作和对话机制，为投资主体实施境外投资项目积极创造有利的外部环境。

第二章 核准和备案机关及权限

第七条 中方投资额 10 亿美元及以上的境外投资项目，由国家发展改革委核准。涉及敏感国家和地区、敏感行业的境外投资项目不分限额，由国家发展改革委核准。其中，中方投资额 20 亿美元及以上，并涉及敏感国家和地区、敏感行业的境外投资项目，由国家发展改革委提出审核意见报国务院核准。

本办法所称敏感国家和地区包括：未建交和受国际制裁的国家，发生战争、内乱等国家和地区。

本办法所称敏感行业包括：基础电信运营，跨境水资源开发利用，大规模土地开发，输电干线、电网，新闻传媒等行业。

第八条 本办法第七条规定之外的境外投资项目实行备案管理。其中，中央管理企业实施的境外投资项目、地方企业实施的中方投资额 3 亿美元及以上境外投资项目，由国家发展改革委备案；地方企业实施的中方投资额 3 亿美元以下境外投资项目，由各省、自治区、直辖市及计划单列市和新疆生产建设兵团等省级政府投资主管部门备案。

第九条 对于境外投资项目前期工作周期长、所需前期费用（包括履约保证金、保函手续费、中介服务费、资源勘探费等）规模较大的，根据现行外汇管理规定的需要，投资主体可参照本办法第七、八条规定对项目前期费用申请核准或备案。经核准或备案的项目前期费用计入项目中方投资额。

第十条 中方投资额 3 亿美元及以上的境外收购或竞标项目，投资主体在对外开展实质性工作之前，应向国家发展改革委报送项目信息报告。国家发展改革委收到项目信息报告后，对符合国家境外投资政策的项目，在 7 个工作日内出具确认函。项目信息报告格式文本由国家发展改革委发布。

本办法所称境外收购项目，是指投资主体以协议、要约等方式收购境外企业全部或者部分股权、资产或其他权益的项目。境外竞标项目，是指投资主体参与境外公开或不公开的竞争性投标等方式获得境外企业全部或者部分股权、资产或其他权益的项目。

本办法所称对外开展实质性工作，境外收购项目是指对外签署约束性协议、提出约束性报价及向对方国家或地区政府审查部门提出申请，境外竞标项目是指对外正式投标。

第三章　核准和备案程序及条件

第十一条 由国家发展改革委核准或由国家发展改革委提出审核意见报国务院核准的境外投资项目，地方企业直接向所在地的省级政府发展改革部门提交项目申请报告，由省级政府发展改革部门提出审核意见后报送国家发展改革委；中央管理企业由集团公司或总公司向国家发展改革委报送项目申请报告。

第十二条 向国家发展改革委报送的项目申请报告主要包括项目名称、投资主体情况、项目必要性分析、背景及投资环境情况、项目实施内容、投融资方案、风险分析等内容。项目申请报告示范大纲由国家发展改革委发布。

项目申请报告应附以下附件：

（一）公司董事会决议或相关的出资决议；

（二）投资主体及外方资产、经营和资信情况的文件；

（三）银行出具的融资意向书；

（四）以有价证券、实物、知识产权或技术、股权、债权等资产权益出资的，按资产权益的评估价值或公允价值核定出资额，并应提交具备相应资质的会计师事务所、资产评估机构等中介机构出具的审计报告、资产评估报告及有权机构的确认函，或其他可证明有关资产权益价值的第三方文件；

（五）投标、并购或合资合作项目，应提交中外方签署的意向书或框架协议等文件。

第十三条 对于项目申请报告及附件不齐全或内容不符合规定要求的，国家发展改革委在 5 个工作日内一次性告知申报单位予以补正。

第十四条 涉及敏感国家和地区、敏感行业的境外投资项目，国家发展改革委在受理项目申请报告之日起 3 个工作日内征求有关部门意见，有关部门应当自收到征求意见函之日起 7 个工作日内出具书面意见。

第十五条 国家发展改革委在受理项目申请报告后，若确有必要，应在 5 个工作日内委托有资质的咨询机构进行评估。接受委托的咨询机构在规定时限内提出评估报告，并对评估结论承担责任。评估时限原则上不超过 40 个工作日。

评估费用由国家发展改革委承担，咨询机构及其工作人员不得收取申报单位或投资主体的任何费用。

第十六条 国家发展改革委自受理项目申请报告之日起，对于符合核准条件的境外投资项目在 20 个工作日内完成核准，或提出审核意见报国务院核准。如 20 个工作日不能做出核准决定或提出审核意见的，由国家发展改革委负责人批准延长 10 个工作日，并将延长期限的理由告知申报单位。

前款规定的核准期限，不包括委托咨询机构评估的时间。

第十七条 国家发展改革委对核准的项目将向申报单位出具书面核准文件；对不予核准的项目，将以书面决定的方式通知申报单位并说明理由，投资主体享有依法申请行政复议或者提起行政诉讼的权利。

第十八条 国家发展改革委核准项目的条件为：

（一）符合国家法律法规和产业政策、境外投资政策；

（二）符合互利共赢、共同发展的原则，不危害国家主权、安全和公共利益，不违反我国缔结或参加的国际条约；

（三）符合国家资本项目管理相关规定；

（四）投资主体具备相应的投资实力。

第十九条 属于国家发展改革委备案的项目，地方企业应填报境外投资项目备案申请表并附有关附件，直接提交所在地的省级政府发展改革部门，由省级政府发展改革部门报送国家发展改革委；中央管理企业由集团公司或总公司向国家发展改革委报送备案申请表及有关附件。

境外投资项目备案申请表格式文本及附件要求由国家发展改革委发布。

第二十条 对于备案申请表及附件不齐全或内容不符合规定要求的，国家发展改革委在 5 个工作日内一次性告知申报单位予以补正。

第二十一条 国家发展改革委在受理备案申请表之日起 7 个工作日内，对符合备案条件的境外投资项目出具备案通知书。对不予备案的境外投资项目，国家发展改革委将以书面决定的方式通知申报单位并说明理由，投资主体享有依法申请行政复议或者提起行政诉讼的权利。

第二十二条 国家发展改革委对申请备案的境外投资项目，主要从是否属于备案管理范围，是否符合相关法律法规、产业政策和境外投资政策，是否符合国家资本项目管理相关规定，是否危害国家主权、安全、公共利益，以及投资主体是否具备相应投资实力等进行审核。

第二十三条 对于已经核准或备案的境外投资项目，如出现下列情况之一的，应按照本办法第七、八条规定向国家发展改革委申请变更：

（一）项目规模和主要内容发生变化；

（二）投资主体或股权结构发生变化；

（三）中方投资额超过原核准或备案的 20%。

第四章 核准和备案文件效力

第二十四条 投资主体凭核准文件或备案通知书，依法办理外汇、海关、出入境管理和税收等相关手续。对于未按规定权限和程序核准或者备案的项目，有关部门不得办理相关手续，金融机构不得发放贷款。

第二十五条 投资主体实施需国家发展改革委核准或备案的境外投资项目，在对外签署具有最终法律约束效力的文件前，应当取得国家发展改革委出具的核准文件或备案通知书；或可在签署的文件中明确生效条件为依法取得国家发展改革委出具的核准文件或备案通知书。

第二十六条 核准文件和备案通知书应规定有效期，其中建设类项目核准文件和备案通知书有效期二年，其他项目核准文件和备案通知书有效期一年。

在有效期内投资主体未能完成办理本办法第二十四条所述相关手续的，应在有效期届满前 30 个工作日内申请延长有效期。

第五章 法律责任

第二十七条 国家发展改革委工作人员有下列行为之一的，责令其限期整改，并依据《行政机关公务员处分条例》等有关规定追究有关责任人的行政责任；构成犯罪的，由司法机关依法追究刑事责任。

（一）滥用职权、玩忽职守、徇私舞弊、索贿受贿的；

（二）违反本办法规定的程序和条件办理项目核准、备案的；

（三）其他违反本办法规定的行为。

第二十八条 投资主体应当对境外投资项目申请报告或项目备案申请表及附件的真实性、合法性负责。投资主体在境外投资项目申报过程中违反法律法规，隐瞒有关情况或提供虚假材料的，国家发展改革委将不予受理或不予核准、备案；已经取得核准文件或备案通知书的，国家发展改革委将撤销核准文件或备案通知书，并给予警告。

第二十九条 对于按照本办法规定投资主体应申请办理核准或备案但未依法取得核准文件或备案通知书而擅自实施的项目，以及未按照核准文件或备案通知书内容实施的项目，一经发现，国家发展改革委将会同有关部门责令其停止项目实施，并提请或者移交有关机关依法追究有关责任人的法律和行政责任。

对于按照本办法第十条规定投资主体应报送项目信息报告但未获得信息报告确认函而对外开展实质性工作的，国家发展改革委将予以通报批评，责令其纠正。对于性质严重、给国家利益造成严重损害的，国家发展改革委将会同有关部门依法进行处罚，并提请或者移交有关机关依法追究有关责任人的法律和行政责任。

第六章　附　则

第三十条 各省级政府投资主管部门要加强对本地企业境外投资的引导和服务，并参照本办法规定制定相应的备案管理办法。国家发展改革委对省级政府投资主管部门境外投资项目备案工作进行指导和监督，并对发现的问题及时予以纠正。

第三十一条 投资主体在境外投资参股或设立股权投资基金，适用本办法。

自然人和其他组织在境外实施的投资项目，参照本办法规定另行制定具体管理办法。

第三十二条 投资主体在香港特别行政区、澳门特别行政区实施的投资项目，参照本办法执行。投资主体在台湾地区实施的投资项目，参照本办法规定另行制定具体管理办法。

第三十三条 本办法由国家发展改革委负责解释。

第三十四条 本办法自 2014 年 5 月 8 日起施行。国家发展改革委于 2004 年 10 月颁布的《境外投资项目暂行管理办法》（第 21 号令）同时废止。

国家发展和改革委员会《企业境外投资管理办法》

（2017 年 12 月 26 日）

第一章　总　则

第一条　为加强境外投资宏观指导，优化境外投资综合服务，完善境外投资全程监管，促进境外投资持续健康发展，维护我国国家利益和国家安全，根据《中华人民共和国行政许可法》《国务院关于投资体制改革的决定》《国务院对确需保留的行政审批项目设定行政许可的决定》等法律法规，制定本办法。

第二条　本办法所称境外投资，是指中华人民共和国境内企业（以下称“投资主体”）直接或通过其控制的境外企业，以投入资产、权益或提供融资、担保等方式，获得境外所有权、控制权、经营管理权及其他相关权益的投资活动。

前款所称投资活动，主要包括但不限于下列情形：

（一）获得境外土地所有权、使用权等权益；

（二）获得境外自然资源勘探、开发特许权等权益；

（三）获得境外基础设施所有权、经营管理权等权益；

（四）获得境外企业或资产所有权、经营管理权等权益；

（五）新建或改扩建境外固定资产；

（六）新建境外企业或向既有境外企业增加投资；

（七）新设或参股境外股权投资基金；

（八）通过协议、信托等方式控制境外企业或资产。

本办法所称企业，包括各种类型的非金融企业和金融企业。

本办法所称控制，是指直接或间接拥有企业半数以上表决权，或虽不拥有半数以上表决权，但能够支配企业的经营、财务、人事、技术等重要事项。

第三条　投资主体依法享有境外投资自主权，自主决策、自担风险。

第四条　投资主体开展境外投资，应当履行境外投资项目（以下称“项目”）核准、备案等手续，报告有关信息，配合监督检查。

第五条　投资主体开展境外投资，不得违反我国法律法规，不得威胁或损害我国国家利益和国家安全。

第六条　国家发展和改革委员会（以下称“国家发展改革委”）在国务院规定的职责范围内，履行境外投资主管部门职责，根据维护我国国家利益和国家安全的需要，对境外投资进行宏观指导、综合服务和全程监管。

第七条　国家发展改革委建立境外投资管理和服务网络系统（以下称“网络系统”）。投资主体可以通过网络系统履行核准和备案手续、报告有关信息；涉及国家秘密或不适宜使用网络系统的事项，投资主体可以另行使用纸质材料提交。网络系统操作指南由国家发展改革委发布。

第二章　境外投资指导和服务

第八条　投资主体可以就境外投资向国家发展改革委咨询政策和信息、反映情况和问题、提出意见和建议。

第九条　国家发展改革委在国务院规定的职责范围内，会同有关部门根据国民经济和社会发展需要制定完善相关领域专项规划及产业政策，为投资主体开展境外投资提供宏观指导。

第十条　国家发展改革委在国务院规定的职责范围内，会同有关部门加强国际投资形势分析，发布境外投资有关数据、情况等信息，为投资主体提供信息服务。

第十一条　国家发展改革委在国务院规定的职责范围内，会同有关部门参与国际投资规则制定，建立健全投资合作机制，加强政策交流和协调，推动有关国家和地区为我国企业开展投资提供公平环境。

第十二条　国家发展改革委在国务院规定的职责范围内，推动海外利益安全保护体系和能力建设，指导投资主体防范和应对重大风险，维护我国企业合法权益。

第三章　境外投资项目核准和备案

第一节　核准、备案的范围

第十三条　实行核准管理的范围是投资主体直接或通过其控制的境外企业开展的敏感类项目。核准机关是国家发展改革委。

本办法所称敏感类项目包括：

（一）涉及敏感国家和地区的项目；

（二）涉及敏感行业的项目。

本办法所称敏感国家和地区包括：

（一）与我国未建交的国家和地区；

（二）发生战争、内乱的国家和地区；

（三）根据我国缔结或参加的国际条约、协定等，需要限制企业对其投资的国家和地区；

（四）其他敏感国家和地区。

本办法所称敏感行业包括：

（一）武器装备的研制生产维修；

（二）跨境水资源开发利用；

（三）新闻传媒；

（四）根据我国法律法规和有关调控政策，需要限制企业境外投资的行业。

敏感行业目录由国家发展改革委发布。

第十四条 实行备案管理的范围是投资主体直接开展的非敏感类项目，也即涉及投资主体直接投入资产、权益或提供融资、担保的非敏感类项目。

实行备案管理的项目中，投资主体是中央管理企业（含中央管理金融企业、国务院或国务院所属机构直接管理的企业，下同）的，备案机关是国家发展改革委；投资主体是地方企业，且中方投资额 3 亿美元及以上的，备案机关是国家发展改革委；投资主体是地方企业，且中方投资额 3 亿美元以下的，备案机关是投资主体注册地的省级政府发展改革部门。

本办法所称非敏感类项目，是指不涉及敏感国家和地区且不涉及敏感行业的项目。

本办法所称中方投资额，是指投资主体直接以及通过其控制的境外企业为项目投入的货币、证券、实物、技术、知识产权、股权、债权等资产、权益以及提供融资、担保的总额。

本办法所称省级政府发展改革部门，包括各省、自治区、直辖市及计划单列市人民政府发展改革部门和新疆生产建设兵团发展改革部门。

第十五条 投资主体可以向核准、备案机关咨询拟开展的项目是否属于核准、备案范围，核准、备案机关应当及时予以告知。

第十六条 两个以上投资主体共同开展的项目，应当由投资额较大一方在征求其他投资方书面同意后提出核准、备案申请。如各方投资额相等，应当协商一致后由其中一方提出核准、备案申请。

第十七条 对项目所需前期费用（包括履约保证金、保函手续费、中介服务费、资源勘探费等）规模较大的，投资主体可以参照本办法第十三条、第十四条规定对项目前期费用提出核准、备案申请。经核准或备案的项目前期费用计入项目中方投资额。

第二节 核准的程序和时限

第十八条 实行核准管理的项目，投资主体应当通过网络系统向核准机关提交项目申请报告并附具有关文件。其中，投资主体是中央管理企业的，由其集团公司或总公司向核准机关提交；投资主体是地方企业的，由其直接向核准机关提交。

第十九条 项目申请报告应当包括以下内容：

（一）投资主体情况；

（二）项目情况，包括项目名称、投资目的地、主要内容和规模、中方投资额等；

（三）项目对我国国家利益和国家安全的影响分析；

（四）投资主体关于项目真实性的声明。项目申请报告的通用文本以及应当附具的文件（以下称“附件”）清单由国家发展改革委发布。

第二十条　项目申请报告可以由投资主体自行编写，也可以由投资主体自主委托具有相关经验和能力的中介服务机构编写。

第二十一条　项目申请报告和附件齐全、符合法定形式的，核准机关应当予以受理。

项目申请报告或附件不齐全、不符合法定形式的，核准机关应当在收到项目申请报告之日起 5 个工作日内一次性告知投资主体需要补正的内容。逾期不告知的，自收到项目申请报告之日起即为受理。

核准机关受理或不予受理项目申请报告，都应当通过网络系统告知投资主体。投资主体需要受理或不予受理凭证的，可以通过网络系统自行打印或要求核准机关出具。

第二十二条　项目涉及有关部门职责的，核准机关应当商请有关部门在 7 个工作日内出具书面审查意见。有关部门逾期没有反馈书面审查意见的，视为同意。

第二十三条　核准机关在受理项目申请报告后，如确有必要，应当在 4 个工作日内委托咨询机构进行评估。除项目情况复杂的，评估时限不得超过 30 个工作日。项目情况复杂的，经核准机关同意，可以延长评估时限，但延长的时限不得超过 60 个工作日。

核准机关应当将咨询机构进行评估所需的时间告知投资主体。

接受委托的咨询机构应当在规定时限内提出评估报告，并对评估结论承担责任。

评估费用由核准机关承担，咨询机构及其工作人员不得收取投资主体任何费用。

第二十四条　核准机关可以结合有关单位意见、评估意见等，建议投资主体对项目申请报告有关内容进行调整，或要求投资主体对有关情况或材料作进一步澄清、补充。

第二十五条　核准机关应当在受理项目申请报告后 20 个工作日内作出是否予以核准的决定。项目情况复杂或需要征求有关单位意见的，经核准机关负责人批准，可以延长核准时限，但延长的核准时限不得超过 10 个工作日，并应当将延长时限的理由告知投资主体。

前款规定的核准时限，包括征求有关单位意见的时间，不包括咨询机构评估的时间。

第二十六条　核准机关对项目予以核准的条件为：

（一）不违反我国法律法规；

（二）不违反我国有关发展规划、宏观调控政策、产业政策和对外开放政策；

（三）不违反我国缔结或参加的国际条约、协定；

（四）不威胁、不损害我国国家利益和国家安全。

第二十七条 对符合核准条件的项目，核准机关应当予以核准，并向投资主体出具书面核准文件。

对不符合核准条件的项目，核准机关应当出具不予核准书面通知，并说明不予核准的理由。

第二十八条 项目违反有关法律法规、违反有关规划或政策、违反有关国际条约或协定、威胁或损害我国国家利益和国家安全的，核准机关可以不经过征求意见、委托评估等程序，直接作出不予核准的决定。

第三节 备案的程序和时限

第二十九条 实行备案管理的项目，投资主体应当通过网络系统向备案机关提交项目备案表并附具有关文件。其中，投资主体是中央管理企业的，由其集团公司或总公司向备案机关提交；投资主体是地方企业的，由其直接向备案机关提交。

项目备案表格式文本及附件清单由国家发展改革委发布。

第三十条 项目备案表和附件齐全、符合法定形式的，备案机关应当予以受理。

项目备案表或附件不齐全、项目备案表或附件不符合法定形式、项目不属于备案管理范围、项目不属于备案机关管理权限的，备案机关应当在收到项目备案表之日起5个工作日内一次性告知投资主体。逾期不告知的，自收到项目备案表之日起即为受理。

备案机关受理或不予受理项目备案表，都应当通过网络系统告知投资主体。投资主体需要受理或不予受理凭证的，可以通过网络系统自行打印或要求备案机关出具。

第三十一条 备案机关在受理项目备案表之日起7个工作日内向投资主体出具备案通知书。

备案机关发现项目违反有关法律法规、违反有关规划或政策、违反有关国际条约或协定、威胁或损害我国国家利益和国家安全的，应当在受理项目备案表之日起7个工作日内向投资主体出具不予备案书面通知，并说明不予备案的理由。

第四节 核准、备案的效力、变更和延期

第三十二条 属于核准、备案管理范围的项目，投资主体应当在项目实施前取得项目核准文件或备案通知书。

本办法所称项目实施前，是指投资主体或其控制的境外企业为项目投入资产、权益（已按照本办法第十七条办理核准、备案的项目前期费用除外）或提供融资、担保之前。

第三十三条 属于核准、备案管理范围的项目，投资主体未取得有效核准文件或备案通知书的，外汇管理、海关等有关部门依法不予办理相关手续，金融企业依法不予办理相关资金结算和融资业务。

第三十四条 已核准、备案的项目，发生下列情形之一的，投资主体应当在有关

情形发生前向出具该项目核准文件或备案通知书的机关提出变更申请：

（一）投资主体增加或减少；

（二）投资地点发生重大变化；

（三）主要内容和规模发生重大变化；

（四）中方投资额变化幅度达到或超过原核准、备案金额的 20%，或中方投资额变化 1 亿美元及以上；

（五）需要对项目核准文件或备案通知书有关内容进行重大调整的其他情形。

核准机关应当在受理变更申请之日起 20 个工作日内作出是否同意变更核准的书面决定。备案机关应当在受理变更申请之日起 7 个工作日内作出是否同意变更备案的书面决定。

第三十五条　核准文件、备案通知书有效期 2 年。确需延长有效期的，投资主体应当在有效期届满的 30 个工作日前向出具该项目核准文件或备案通知书的机关提出延长有效期的申请。

核准机关应当在受理延期申请之日起 20 个工作日内作出是否同意延长核准文件有效期的书面决定。备案机关应当在受理延期申请之日起 7 个工作日内作出是否同意延长备案通知书有效期的书面决定。

第三十六条　核准、备案机关应当依法履行职责，严格按照规定权限、程序、时限等要求实施核准、备案行为，提高行政效能，提供优质服务。

第三十七条　对核准、备案机关实施的核准、备案行为，相关利害关系人有权依法申请行政复议或提起行政诉讼。

第三十八条　对不符合本办法规定条件的项目予以核准、备案，或违反本办法规定权限和程序予以核准、备案的，应当依法予以撤销。

第三十九条　核准、备案机关应当按照《政府信息公开条例》规定将核准、备案有关信息予以公开。

第四章　境外投资监管

第四十条　国家发展改革委和省级政府发展改革部门根据境外投资有关法律法规和政策，按照本办法第十三条、第十四条规定的分工，联合同级政府有关部门建立协同监管机制，通过在线监测、约谈函询、抽查核实等方式对境外投资进行监督检查，对违法违规行为予以处理。

第四十一条　倡导投资主体创新境外投资方式、坚持诚信经营原则、避免不当竞争行为、保障员工合法权益、尊重当地公序良俗、履行必要社会责任、注重生态环境保护、树立中国投资者良好形象。

第四十二条　投资主体通过其控制的境外企业开展大额非敏感类项目的，投资主体应当在项目实施前通过网络系统提交大额非敏感类项目情况报告表，将有关信息告知国家发展改革委。

投资主体提交的大额非敏感类项目情况报告表内容不完整的，国家发展改革委应当在收到之日起 5 个工作日内一次性告知投资主体需要补正的内容。逾期不告知的，视作内容完整。大额非敏感类项目情况报告表格式文本由国家发展改革委发布。

本办法所称大额非敏感类项目，是指中方投资额 3 亿美元及以上的非敏感类项目。

第四十三条 境外投资过程中发生外派人员重大伤亡、境外资产重大损失、损害我国与有关国家外交关系等重大不利情况的，投资主体应当在有关情况发生之日起 5 个工作日内通过网络系统提交重大不利情况报告表。重大不利情况报告表格式文本由国家发展改革委发布。

第四十四条 属于核准、备案管理范围的项目，投资主体应当在项目完成之日起 20 个工作日内通过网络系统提交项目完成情况报告表。项目完成情况报告表格式文本由国家发展改革委发布。

前款所称项目完成，是指项目所属的建设工程竣工、投资标的股权或资产交割、中方投资额支出完毕等情形。

第四十五条 国家发展改革委、省级政府发展改革部门可以就境外投资过程中的重大事项向投资主体发出重大事项问询函。投资主体应当按照重大事项问询函载明的问询事项和时限要求提交书面报告。

国家发展改革委、省级政府发展改革部门认为确有必要的，可以公示重大事项问询函及投资主体提交的书面报告。

第四十六条 投资主体按照本办法第四十二条、第四十三条、第四十四条、第四十五条规定提交有关报告表或书面报告后，需要凭证的，可以通过网络系统自行打印提交完成凭证。

第四十七条 国家发展改革委、省级政府发展改革部门可以根据其掌握的国际国内经济社会运行情况和风险状况，向投资主体或利益相关方发出风险提示，供投资主体或利益相关方参考。

第四十八条 投资主体应当对自身通过网络系统和线下提交的各类材料的真实性、合法性、完整性负责，不得有虚假、误导性陈述和重大遗漏。

第四十九条 有关部门和单位、驻外使领馆等发现企业违反本办法规定的，可以告知核准、备案机关。公民、法人或其他组织发现企业违反本办法规定的，可以据实向核准、备案机关举报。

国家发展改革委建立境外投资违法违规行为记录，公布并更新企业违反本办法规定的行为及相应的处罚措施，将有关信息纳入全国信用信息共享平台、国家企业信用信息公示系统、“信用中国”网站等进行公示，会同有关部门和单位实施联合惩戒。

第五章　法律责任

第五十条　国家发展改革委工作人员有下列行为之一的，责令其限期改正，并依法追究有关责任人的行政责任；构成犯罪的，依法追究刑事责任：

（一）滥用职权、玩忽职守、徇私舞弊、索贿受贿的；

（二）违反本办法规定程序和条件办理项目核准、备案的；

（三）其他违反本办法规定的行为。

第五十一条　投资主体通过恶意分拆项目、隐瞒有关情况或提供虚假材料等手段申请核准、备案的，核准、备案机关不予受理或不予核准、备案，对投资主体及主要责任人处以警告。

第五十二条　投资主体通过欺骗、贿赂等不正当手段取得项目核准文件或备案通知书的，核准、备案机关应当撤销该核准文件或备案通知书，对投资主体及主要责任人处以警告；构成犯罪的，依法追究刑事责任。

第五十三条　属于核准、备案管理范围的项目，投资主体有下列行为之一的，由核准、备案机关责令投资主体中止或停止实施该项目并限期改正，对投资主体及有关责任人处以警告；构成犯罪的，依法追究刑事责任：

（一）未取得核准文件或备案通知书而擅自实施的；

（二）应当履行核准、备案变更手续，但未经核准、备案机关同意而擅自实施变更的。

第五十四条　投资主体有下列行为之一的，由国家发展改革委或投资主体注册地的省级政府发展改革部门责令投资主体限期改正；情节严重或逾期不改正的，对投资主体及有关责任人处以警告：

（一）未按本办法第四十二条、第四十三条、第四十四条、第四十五条规定报告有关信息的；

（二）违反本办法第四十八条规定的。

第五十五条　投资主体在境外投资过程中实施不正当竞争行为、扰乱境外投资市场秩序的，由国家发展改革委或投资主体注册地的省级政府发展改革部门责令投资主体中止或停止开展该项目并限期改正，对投资主体及主要责任人处以警告。

第五十六条　境外投资威胁我国国家利益和国家安全的，由国家发展改革委或投资主体注册地的省级政府发展改革部门责令投资主体中止实施项目并限期改正。

境外投资损害我国国家利益和国家安全的，由国家发展改革委或投资主体注册地的省级政府发展改革部门责令投资主体停止实施项目、限期改正并采取补救措施，对投资主体及有关责任人处以警告；构成犯罪的，依法追究刑事责任。

投资主体按照本办法第四十三条规定及时提交重大不利情况报告表并主动改正的，

可以减轻或免除本条规定的行政处罚。

第五十七条 金融企业为属于核准、备案管理范围但未取得核准文件或备案通知书的项目提供融资、担保的，由国家发展改革委通报该违规行为并商请有关金融监管部门依法依规处罚该金融企业及有关责任人。

第六章 附 则

第五十八条 各省级政府发展改革部门要加强对本地企业境外投资的指导、服务和监管，可以按照本办法的规定制定具体实施办法。

第五十九条 国家发展改革委对省级政府发展改革部门的境外投资管理工作进行指导和监督，对发现的问题及时予以纠正。

第六十条 核准、备案机关及其工作人员，以及被核准机关征求意见、受核准机关委托进行评估的单位及其工作人员，依法对投资主体根据本办法提交的材料负有保守商业秘密的义务。

第六十一条 事业单位、社会团体等非企业组织对境外开展投资参照本办法执行。

第六十二条 投资主体直接或通过其控制的企业对香港、澳门、台湾地区开展投资的，参照本办法执行。投资主体通过其控制的香港、澳门、台湾地区企业对境外开展投资的，参照本办法执行。

第六十三条 境内自然人通过其控制的境外企业或香港、澳门、台湾地区企业对境外开展投资的，参照本办法执行。境内自然人直接对境外开展投资不适用本办法。境内自然人直接对香港、澳门、台湾地区开展投资不适用本办法。

第六十四条 法律、行政法规对境外投资管理有专门规定的，从其规定。

第六十五条 本办法由国家发展改革委负责解释。

第六十六条 本办法自 2018 年 3 月 1 日起施行。《境外投资项目核准和备案管理办法》（国家发展和改革委员会令第 9 号）同时废止。

国家发展和改革委员会《境外投资敏感行业目录（2018 年）》

一、武器装备的研制生产维修

二、跨境水资源开发利用

三、新闻传媒

四、根据《国务院办公厅转发国家发展改革委 商务部 人民银行 外交部关于进一步引导和规范境外投资方向指导意见的通知》（国办发〔2017〕74 号），需要限制企业境外投资的行业：

（一）房地产

（二）酒店

（三）影城

（四）娱乐业

（五）体育俱乐部

（六）在境外设立无具体实业项目的股权投资基金或投资平台

国家发展和改革委员会《外商投资安全审查办法》2020

第一条　为了适应推动形成全面开放新格局的需要，在积极促进外商投资的同时有效预防和化解国家安全风险，根据《中华人民共和国外商投资法》《中华人民共和国国家安全法》和相关法律，制定本办法。

第二条　对影响或者可能影响国家安全的外商投资，依照本办法的规定进行安全审查。

本办法所称外商投资，是指外国投资者直接或者间接在中华人民共和国境内（以下简称境内）进行的投资活动，包括下列情形：

（一）外国投资者单独或者与其他投资者共同在境内投资新建项目或者设立企业；

（二）外国投资者通过并购方式取得境内企业的股权或者资产；

（三）外国投资者通过其他方式在境内投资。

第三条　国家建立外商投资安全审查工作机制（以下简称工作机制），负责组织、协调、指导外商投资安全审查工作。工作机制办公室设在国家发展改革委，由国家发展改革委、商务部牵头，承担外商投资安全审查的日常工作。

第四条　下列范围内的外商投资，外国投资者或者境内相关当事人（以下统称当事人）应当在实施投资前主动向工作机制办公室申报：

（一）投资军工、军工配套等关系国防安全的领域，以及在军事设施和军工设施周边地域投资；

（二）投资关系国家安全的重要农产品、重要能源和资源、重大装备制造、重要基础设施、重要运输服务、重要文化产品与服务、重要信息技术和互联网产品与服务、重要金融服务、关键技术以及其他重要领域，并取得所投资企业的实际控制权。

前款第二项所称取得所投资企业的实际控制权，包括下列情形：

（一）外国投资者持有企业 50%以上股权；

（二）外国投资者持有企业股权不足 50%，但其所享有的表决权能够对董事会、股东会或者股东大会的决议产生重大影响；

（三）其他导致外国投资者能够对企业的经营决策、人事、财务、技术等产生重大影响的情形。

对本条第一款规定范围（以下称申报范围）内的外商投资，工作机制办公室有权要求当事人申报。

第五条 当事人向工作机制办公室申报外商投资前，可以就有关问题向工作机制办公室进行咨询。

第六条 当事人向工作机制办公室申报外商投资，应当提交下列材料：

（一）申报书；

（二）投资方案；

（三）外商投资是否影响国家安全的说明；

（四）工作机制办公室规定的其他材料。

申报书应当载明外国投资者的名称、住所、经营范围、投资的基本情况以及工作机制办公室规定的其他事项。

工作机制办公室根据工作需要，可以委托省、自治区、直辖市人民政府有关部门代为收取并转送本条第一款规定的材料。

第七条 工作机制办公室应当自收到当事人提交或者省、自治区、直辖市人民政府有关部门转送的符合本办法第六条规定的材料之日起 15 个工作日内，对申报的外商投资作出是否需要进行安全审查的决定，并书面通知当事人。工作机制办公室作出决定前，当事人不得实施投资。工作机制办公室作出不需要进行安全审查决定的，当事人可以实施投资。

第八条 外商投资安全审查分为一般审查和特别审查。工作机制办公室决定对申报的外商投资进行安全审查的，应当自决定之日起 30 个工作日内完成一般审查。审查期间，当事人不得实施投资。

经一般审查，认为申报的外商投资不影响国家安全的，工作机制办公室应当作出通过安全审查的决定；认为影响或者可能影响国家安全的，工作机制办公室应当作出启动特别审查的决定。工作机制办公室作出的决定应当书面通知当事人。

第九条 工作机制办公室决定对申报的外商投资启动特别审查的，审查后应当按照下列规定作出决定，并书面通知当事人：

（一）申报的外商投资不影响国家安全的，作出通过安全审查的决定；

（二）申报的外商投资影响国家安全的，作出禁止投资的决定；通过附加条件能够消除对国家安全的影响，且当事人书面承诺接受附加条件的，可以作出附条件通过安全审查的决定，并在决定中列明附加条件。

特别审查应当自启动之日起 60 个工作日内完成；特殊情况下，可以延长审查期限。延长审查期限应当书面通知当事人。审查期间，当事人不得实施投资。

第十条　工作机制办公室对申报的外商投资进行安全审查期间，可以要求当事人补充提供相关材料，并向当事人询问有关情况。当事人应当予以配合。

当事人补充提供材料的时间不计入审查期限。

第十一条　工作机制办公室对申报的外商投资进行安全审查期间，当事人可以修改投资方案或者撤销投资。

当事人修改投资方案的，审查期限自工作机制办公室收到修改后的投资方案之日起重新计算；当事人撤销投资的，工作机制办公室终止审查。

第十二条　工作机制办公室对申报的外商投资作出通过安全审查决定的，当事人可以实施投资；作出禁止投资决定的，当事人不得实施投资，已经实施的，应当限期处分股权或者资产以及采取其他必要措施，恢复到投资实施前的状态，消除对国家安全的影响；

作出附条件通过安全审查决定的，当事人应当按照附加条件实施投资。

第十三条　外商投资安全审查决定，由工作机制办公室会同有关部门、地方人民政府监督实施；对附条件通过安全审查的外商投资，可以采取要求提供有关证明材料、现场检查等方式，对附加条件的实施情况进行核实。

第十四条　工作机制办公室对申报的外商投资作出不需要进行安全审查或者通过安全审查的决定后，当事人变更投资方案，影响或者可能影响国家安全的，应当依照本办法的规定重新向工作机制办公室申报。

第十五条　有关机关、企业、社会团体、社会公众等认为外商投资影响或者可能影响国家安全的，可以向工作机制办公室提出进行安全审查的建议。

第十六条　对申报范围内的外商投资，当事人未依照本办法的规定申报即实施投资的，由工作机制办公室责令限期申报；拒不申报的，责令限期处分股权或者资产以及采取其他必要措施，恢复到投资实施前的状态，消除对国家安全的影响。

第十七条　当事人向工作机制办公室提供虚假材料或者隐瞒有关信息的，由工作机制办公室责令改正；提供虚假材料或者隐瞒有关信息骗取通过安全审查的，撤销相关决定；已经实施投资的，责令限期处分股权或者资产以及采取其他必要措施，恢复到投资实施前的状态，消除对国家安全的影响。

第十八条　附条件通过安全审查的外商投资，当事人未按照附加条件实施投资的，由工作机制办公室责令改正；拒不改正的，责令限期处分股权或者资产以及采取其他必要措施，恢复到投资实施前的状态，消除对国家安全的影响。

第十九条　当事人有本办法第十六条、第十七条、第十八条规定情形的，应当将其作为不良信用记录纳入国家有关信用信息系统，并按照国家有关规定实施联合惩戒。

第二十条　国家机关工作人员在外商投资安全审查工作中，滥用职权、玩忽职守、徇私舞弊、泄露国家秘密或者其所知悉的商业秘密的，依法给予处分；构成犯罪的，依法追究刑事责任。

第二十一条 香港特别行政区、澳门特别行政区、台湾地区投资者进行投资，影响或者可能影响国家安全的，参照本办法的规定执行。

第二十二条 外国投资者通过证券交易所或者国务院批准的其他证券交易场所购买境内企业股票，影响或者可能影响国家安全的，其适用本办法的具体办法由国务院证券监督管理机构会同工作机制办公室制定。

第二十三条 本办法自公布之日起三十日后施行。

商务部《境外投资管理办法》2014

第一章 总 则

第一条 为了促进和规范境外投资，提高境外投资便利化水平，根据《国务院关于投资体制改革的决定》《国务院对确需保留的行政审批项目设定行政许可的决定》及相关法律规定，制定本办法。

第二条 本办法所称境外投资，是指在中华人民共和国境内依法设立的企业（以下简称企业）通过新设、并购及其他方式在境外拥有非金融企业或取得既有非金融企业所有权、控制权、经营管理权及其他权益的行为。

第三条 企业开展境外投资，依法自主决策、自负盈亏。

第四条 企业境外投资不得有以下情形：

（一）危害中华人民共和国国家主权、安全和社会公共利益，或违反中华人民共和国法律法规；

（二）损害中华人民共和国与有关国家（地区）关系；

（三）违反中华人民共和国缔结或者参加的国际条约、协定；

（四）出口中华人民共和国禁止出口的产品和技术。

第五条 商务部和各省、自治区、直辖市、计划单列市及新疆生产建设兵团商务主管部门（以下称省级商务主管部门）负责对境外投资实施管理和监督。

第二章 备案和核准

第六条 商务部和省级商务主管部门按照企业境外投资的不同情形，分别实行备案和核准管理。

企业境外投资涉及敏感国家和地区、敏感行业的，实行核准管理。

企业其他情形的境外投资，实行备案管理。

第七条　实行核准管理的国家是指与中华人民共和国未建交的国家、受联合国制裁的国家。必要时，商务部可另行公布其他实行核准管理的国家和地区的名单。

实行核准管理的行业是指涉及出口中华人民共和国限制出口的产品和技术的行业、影响一国（地区）以上利益的行业。

第八条　商务部和省级商务主管部门应当依法办理备案和核准，提高办事效率，提供优质服务。

商务部和省级商务主管部门通过“境外投资管理系统”（以下简称“管理系统”）对企业境外投资进行管理，并向获得备案或核准的企业颁发《企业境外投资证书》（以下简称《证书》，样式见附件 1）。《证书》由商务部和省级商务主管部门分别印制并盖章，实行统一编码管理。

《证书》是企业境外投资获得备案或核准的凭证，按照境外投资最终目的地颁发。

第九条　对属于备案情形的境外投资，中央企业报商务部备案；地方企业报所在地省级商务主管部门备案。

中央企业和地方企业通过“管理系统”按要求填写并打印《境外投资备案表》（以下简称《备案表》，样式见附件 2），加盖印章后，连同企业营业执照复印件分别报商务部或省级商务主管部门备案。

《备案表》填写如实、完整、符合法定形式，且企业在《备案表》中声明其境外投资无本办法第四条所列情形的，商务部或省级商务主管部门应当自收到《备案表》之日起 3 个工作日内予以备案并颁发《证书》。企业不如实、完整填报《备案表》的，商务部或省级商务主管部门不予备案。

第十条　对属于核准情形的境外投资，中央企业向商务部提出申请，地方企业通过所在地省级商务主管部门向商务部提出申请。

企业申请境外投资核准需提交以下材料：

（一）申请书，主要包括投资主体情况、境外企业名称、股权结构、投资金额、经营范围、经营期限、投资资金来源、投资具体内容等；

（二）《境外投资申请表》（样式见附件 3），企业应当通过“管理系统”按要求填写打印，并加盖印章；

（三）境外投资相关合同或协议；

（四）有关部门对境外投资所涉的属于中华人民共和国限制出口的产品或技术准予出口的材料；

（五）企业营业执照复印件。

第十一条　核准境外投资应当征求我驻外使（领）馆（经商处室）意见。涉及中央企业的，由商务部征求意见；涉及地方企业的，由省级商务主管部门征求意见。征求意见时，商务部和省级商务主管部门应当提供投资事项基本情况等相关信息。驻外使（领）馆（经商处室）应当自接到征求意见要求之日起 7 个工作日内回复。

第十二条 商务部应当在受理中央企业核准申请后 20 个工作日内（包含征求驻外使（领）馆（经商处室）意见的时间）作出是否予以核准的决定。申请材料不齐全或者不符合法定形式的，商务部应当在 3 个工作日内一次告知申请企业需要补正的全部内容。逾期不告知的，自收到申请材料之日起即为受理。中央企业按照商务部的要求提交全部补正申请材料的，商务部应当受理该申请。

省级商务主管部门应当在受理地方企业核准申请后对申请是否涉及本办法第四条所列情形进行初步审查，并在 15 个工作日内（包含征求驻外使（领）馆（经商处室）意见的时间）将初步审查意见和全部申请材料报送商务部。申请材料不齐全或者不符合法定形式的，省级商务主管部门应当在 3 个工作日内一次告知申请企业需要补正的全部内容。逾期不告知的，自收到申请材料之日起即为受理。地方企业按照省级商务主管部门的要求提交全部补正申请材料的，省级商务主管部门应当受理该申请。商务部收到省级商务主管部门的初步审查意见后，应当在 15 个工作日内做出是否予以核准的决定。

第十三条 对予以核准的境外投资，商务部出具书面核准决定并颁发《证书》；因存在本办法第四条所列情形而不予核准的，应当书面通知申请企业并说明理由，告知其享有依法申请行政复议或者提起行政诉讼的权利。企业提供虚假材料申请核准的，商务部不予核准。

第十四条 两个以上企业共同开展境外投资的，应当由相对大股东在征求其他投资方书面同意后办理备案或申请核准。如果各方持股比例相等，应当协商后由一方办理备案或申请核准。如投资方不属同一行政区域，负责办理备案或核准的商务部或省级商务主管部门应当将备案或核准结果告知其他投资方所在地商务主管部门。

第十五条 企业境外投资经备案或核准后，原《证书》载明的境外投资事项发生变更的，企业应当按照本章程序向原备案或核准的商务部或省级商务主管部门办理变更手续。

第十六条 自领取《证书》之日起 2 年内，企业未在境外开展投资的，《证书》自动失效。如需再开展境外投资，应当按照本章程序重新办理备案或申请核准。

第十七条 企业终止已备案或核准的境外投资，应当在依投资目的地法律办理注销等手续后，向原备案或核准的商务部或省级商务主管部门报告。原备案或核准的商务部或省级商务主管部门根据报告出具注销确认函。

终止是指原经备案或核准的境外企业不再存续或企业不再拥有原经备案或核准的境外企业的股权等任何权益。

第十八条 《证书》不得伪造、涂改、出租、出借或以任何其他形式转让。已变更、失效或注销的《证书》应当交回原备案或核准的商务部或省级商务主管部门。

第三章　规范和服务

第十九条　企业应当客观评估自身条件、能力，深入研究投资目的地投资环境，积极稳妥开展境外投资，注意防范风险。境内外法律法规和规章对资格资质有要求的，企业应当取得相关证明文件。

第二十条　企业应当要求其投资的境外企业遵守投资目的地法律法规、尊重当地风俗习惯，履行社会责任，做好环境、劳工保护、企业文化建设等工作，促进与当地的融合。

第二十一条　企业对其投资的境外企业的冠名应当符合境内外法律法规和政策规定。未按国家有关规定获得批准的企业，其境外企业名称不得使用“中国”、“中华”等字样。

第二十二条　企业应当落实人员和财产安全防范措施，建立突发事件预警机制和应急预案。在境外发生突发事件时，企业应当在驻外使（领）馆和国内有关主管部门的指导下，及时、妥善处理。

企业应当做好外派人员的选审、行前安全、纪律教育和应急培训工作，加强对外派人员的管理，依法办理当地合法居留和工作许可。

第二十三条　企业应当要求其投资的境外企业中方负责人当面或以信函、传真、电子邮件等方式及时向驻外使（领）馆（经商处室）报到登记。

第二十四条　企业应当向原备案或核准的商务部或省级商务主管部门报告境外投资业务情况、统计资料，以及与境外投资相关的困难、问题，并确保报送情况和数据真实准确。

第二十五条　企业投资的境外企业开展境外再投资，在完成境外法律手续后，企业应当向商务主管部门报告。涉及中央企业的，中央企业通过“管理系统”填报相关信息，打印《境外中资企业再投资报告表》（以下简称《再投资报告表》，样式见附件4）并加盖印章后报商务部；涉及地方企业的，地方企业通过“管理系统”填报相关信息，打印《再投资报告表》并加盖印章后报省级商务主管部门。

第二十六条　商务部负责对省级商务主管部门的境外投资管理情况进行检查和指导。省级商务主管部门应当每半年向商务部报告本行政区域内境外投资的情况。

第二十七条　商务部会同有关部门为企业境外投资提供权益保障、投资促进、风险预警等服务。

商务部发布《对外投资合作国别（地区）指南》、国别产业指引等文件，帮助企业了解投资目的地投资环境；加强对企业境外投资的指导和规范，会同有关部门发布环境保护等指引，督促企业在境外合法合规经营；建立对外投资与合作信息服务系统，为企业开展境外投资提供数据统计、投资机会、投资障碍、风险预警等信息。

第四章 法律责任

第二十八条 企业以提供虚假材料等不正当手段办理备案并取得《证书》的，商务部或省级商务主管部门撤销该企业境外投资备案，给予警告，并依法公布处罚决定。

第二十九条 企业提供虚假材料申请核准的，商务部给予警告，并依法公布处罚决定。该企业在一年内不得再次申请该项核准。

企业以欺骗、贿赂等不正当手段获得境外投资核准的，商务部撤销该企业境外投资核准，给予警告，并依法公布处罚决定。该企业在三年内不得再次申请该项核准；构成犯罪的，依法追究刑事责任。

第三十条 企业开展境外投资过程中出现本办法第四条所列情形的，应当承担相应的法律责任。

第三十一条 企业伪造、涂改、出租、出借或以任何其他形式转让《证书》的，商务部或省级商务主管部门给予警告；构成犯罪的，依法追究刑事责任。

第三十二条 境外投资出现第二十八至三十一条规定的情形以及违反本办法其他规定的企业，三年内不得享受国家有关政策支持。

第三十三条 商务部和省级商务主管部门有关工作人员不依照本办法规定履行职责、滥用职权、索取或者收受他人财物或者谋取其他利益，构成犯罪的，依法追究刑事责任；尚不构成犯罪的，依法给予行政处分。

第五章 附 则

第三十四条 省级商务主管部门可依照本办法制定相应的工作细则。

第三十五条 本办法所称中央企业系指国务院国有资产监督管理委员会履行出资人职责的企业及其所属企业、中央管理的其他单位。

第三十六条 事业单位法人开展境外投资、企业在境外设立分支机构参照本办法执行。

第三十七条 企业赴香港、澳门、台湾地区投资参照本办法执行。

第三十八条 本办法由商务部负责解释。

第三十九条 本办法自 2014 年 10 月 6 日起施行。商务部 2009 年发布的《境外投资管理办法》（商务部令 2009 年第 5 号）同时废止。

商务部《对外投资备案（核准）报告实施规程》【2019】

一、为准确、及时、全面地反映我国对外投资动态发展情况，科学研判和分析对外投资发展趋势，为事中事后监管提供支撑，根据《对外投资备案（核准）报告暂行办法》，制定商务部实施规程。

二、本规程适用于所有在商务部和省级商务主管部门（以下简称商务主管部门）取得《企业境外投资证书》（以下简称《证书》）并开展对外投资活动的境内投资主体（以下简称投资主体）。

三、对外投资备案（核准）报告工作实行分级分类管理。投资主体为中央企业和中央管理的其他单位，由其总部向商务部报告；投资主体为地方企业的，向投资主体所在地省级商务主管部门报告。

四、投资主体按照“凡备案（核准）必报告”的原则履行其对外投资报告义务，按规定报告对外投资事前、事中、事后关键环节信息。

五、投资主体履行报告义务，是企业合规经营的重要组成部分，应当依照本规程的规定，及时、真实、准确、完整地提供报告所要求的数据和信息。

六、投资主体应登录“商务部业务系统统一平台”（om. mofom. gov. n 中）的对外投资合作信息服务，进入“备案（核准）报告”子模块（以下简称“子模块”）开展除第七条外的其他内容的报告。

七、投资主体的境内出资部分，应在实际投资发生的次月，按照《对外直接投资统计制度》要求，报送对外直接投资月度情况（FDIY1、FDIY2、FDIY6 表）。

投资主体的境外出资部分，应在实际投向境外最终目的地企业的次月，按照《对外直接投资统计制度》要求，报送通过境外企业再投资月度情况（FDIY6 表）。

八、投资主体应每半年报送以下信息：

（一）境外企业合规建设情况。信息需按照《对外投资备案（核准）半年报告表（一）》的格式填写（见附件 1）；

（二）境外企业遇到投资障碍情况。信息需按照《对外投资备案（核准）半年报告表（二）》的格式填写（见附件 2）。

投资主体应于每半年后 10 个自然日内通过子模块完成上半年的报告工作。省级商务主管部门应于每半年后 15 个自然日内通过子模块完成对本辖区投资主体上半年报告信息的汇总并提交商务部。

九、经商务主管部门备案（核准）中方投资额在 1 亿美元及以上且中方实际控制的境外企业，投资主体应每半年报送以下信息：

（一）境外企业资产、负债、所有者权益；

（二）境外企业销售收入（或营业收入）金额；

（三）境外企业净利润额；

（四）带动货物进出口额；

（五）境外企业从业人员数量（含中方、外方）；

（六）境外企业建设进展情况。

投资主体应于每半年后 30 个自然日内通过子模块完成信息报送，省级商务主管部门应于每半年后 45 个自然日内通过子模块完成信息的审核并提交商务部。信息需按照《对外投资备案（核准）半年报告表（三）》的格式填写（见附件 3）。如报告期内境外企业没有实际经营活动，投资主体仅需填写上述（一）、（五）、（六）项信息。

本条所称控制是指：投资主体持有境外企业 50%及以上的表决权的；或投资主体虽单独持有的境外企业表决权不足 50%，但通过与其他表决权持有人之间协议持有或行使 50%及以上表决权的。

十、通过商务部、财政部考核的境外经贸合作区，除按照《对外直接投资统计制度》要求报送信息外，实施企业作为投资主体每半年还需报送境外经贸合作区以下信息：

（一）实施企业重组或股东变化；

（二）建设用地变化；

（三）园区规划变更；

（四）产业定位调整；

（五）促进所在国经济社会发展、履行社会责任等情况；

（六）其他需报告的情况。

实施企业应于每半年后 30 个自然日内通过子模块向商务部报送信息。信息需按照《境外经贸合作区半年报告表》的格式填写（见附件 4）。

十一、投资主体开展境外并购的，除涉及竞标、监管机构认可的免于披露或延迟披露的情形外，应在达成并购意向后 5 个自然日内登录子模块，报告境外并购事项前期情况。

十二、对外投资属于返程投资情形的，投资主体仅需按照第七条的规定报告每个月度投向境外第一层级企业的实际投资额，不需履行本规程规定的其他报告义务。

本规程所称返程投资，系指投资主体将本地资金通过各种渠道流到境外，再以直接投资的形式将这些资金返回到本地经济体。

十三、投资主体投资的境外企业在我驻当地使（领）馆完成报到登记 10 个自然日内，投资主体应通过子模块报告报到登记情况，同时扫描上传经使（领）馆盖章确认的《境外中资企业（机构）报到登记表》回执联。

十四、投资主体投资的境外企业遇到以下突发事件或重大不利事件时，原则上应在 24 小时内通过子模块报告情况：

（一）发生重大生产安全事故的；

（二）发生暴恐袭击、绑架事件的；

（三）发生社会治安、群体性事件的；

（四）出现重大卫生疾病事件的；

（五）发生地震、洪水等自然灾害的；

（六）发生战争、政变、政府违约、外汇管制的；

（七）出现重大负面舆论报道的；

（八）其他需要报告的情形。

十五、投资主体报告突发事件后，商务主管部门根据相关规定对投资主体报告的突发事件进行处理。

十六、投资主体自《证书》注销之日起终止报告工作。

投资主体取得《证书》两年内未实际开展对外投资的，《证书》自动失效。商务主管部门在系统中注销该企业，并将《证书》失效情况通报外汇管理部门。

十七、投资主体投资的境外企业依投资目的地法律办理注销等手续后，应向商务主管部门提交证明材料并办理注销手续。本规程实施前，尚未办理注销手续的，投资主体应及时向商务主管部门提交证明材料并办理注销手续。

十八、商务主管部门定期开展对外投资“双随机、一公开”抽查工作，对报告信息的及时性、真实性、完整性进行审查，并可结合工作需要采取定向抽查办法。

针对“双随机、一公开”抽查工作中发现的问题，将根据《对外投资合作“双随机、一公开”监管工作细则（试行）》的有关规定办理。

十九、投资主体未按规定履行报告义务，或出现漏报、误报、瞒报的，以及不办理注销手续的，商务主管部门可视情采取以下措施：

（一）提醒、约谈、函询投资主体，要求改正；

（二）通知相关行业组织，作为其评判投资主体信用等级、落实行业自律、推荐企业名单等的重要参考；

（三）通知相关金融机构，进行风险提示；

（四）将投资主体违规信息录入全国信用信息共享平台；

（五）暂停办理对外投资备案（核准）手续，并会同有关部门实施联合惩戒。

二十、投资主体认真履行报告义务，确保报送信息及时、真实、准确、完整的，商务主管部门应会同相关部门视情给予联合激励。

二十一、商务主管部门和有关企业、单位须根据对外投资备案（核准）报告工作的需要及工作量，配备信息审核人员（专职或兼职），并提供必要的经费及办公设备。

二十二、事业单位法人开展境外投资、投资主体在境外设立分支机构的，由事业单位法人、投资主体参照本规程履行报告义务。

证监会《上市公司收购管理办法》【2020 修订】

（2020 年 3 月 20 日）

（2006 年 5 月 17 日中国证券监督管理委员会第 180 次主席办公会议审议通过，根据 2008 年 8 月 27 日中国证券监督管理委员会《关于修改〈上市公司收购管理办法〉第六十三条的决定》、2012 年 2 月 14 日中国证券监督管理委员会《关于修改〈上市公司收购管理办法〉第六十二条及第六十三条的决定》、2014 年 10 月 23 日中国证券监督管理委员会《关于修改〈上市公司收购管理办法〉的决定》、2020 年 3 月 20 日中国证券监督管理委员会《关于修改部分证券期货规章的决定》修正）

第一章　总　则

第一条　为了规范上市公司的收购及相关股份权益变动活动，保护上市公司和投资者的合法权益，维护证券市场秩序和社会公共利益，促进证券市场资源的优化配置，根据《证券法》《公司法》及其他相关法律、行政法规，制定本办法。

第二条　上市公司的收购及相关股份权益变动活动，必须遵守法律、行政法规及中国证券监督管理委员会（以下简称中国证监会）的规定。当事人应当诚实守信，遵守社会公德、商业道德，自觉维护证券市场秩序，接受政府、社会公众的监督。

第三条　上市公司的收购及相关股份权益变动活动，必须遵循公开、公平、公正的原则。

上市公司的收购及相关股份权益变动活动中的信息披露义务人，应当充分披露其在上市公司中的权益及变动情况，依法严格履行报告、公告和其他法定义务。在相关信息披露前，负有保密义务。

信息披露义务人报告、公告的信息必须真实、准确、完整，不得有虚假记载、误导性陈述或者重大遗漏。

第四条　上市公司的收购及相关股份权益变动活动不得危害国家安全和社会公共利益。

上市公司的收购及相关股份权益变动活动涉及国家产业政策、行业准入、国有股份转让等事项，需要取得国家相关部门批准的，应当在取得批准后进行。

外国投资者进行上市公司的收购及相关股份权益变动活动的，应当取得国家相关部门的批准，适用中国法律，服从中国的司法、仲裁管辖。

第五条　收购人可以通过取得股份的方式成为一个上市公司的控股股东，可以通过投资关系、协议、其他安排的途径成为一个上市公司的实际控制人，也可以同时采取上述方式和途径取得上市公司控制权。

收购人包括投资者及与其一致行动的他人。

第六条　任何人不得利用上市公司的收购损害被收购公司及其股东的合法权益。

有下列情形之一的，不得收购上市公司：

（一）收购人负有数额较大债务，到期未清偿，且处于持续状态；

（二）收购人最近 3 年有重大违法行为或者涉嫌有重大违法行为；

（三）收购人最近 3 年有严重的证券市场失信行为；

（四）收购人为自然人的，存在《公司法》第一百四十六条规定情形；

（五）法律、行政法规规定以及中国证监会认定的不得收购上市公司的其他情形。

第七条　被收购公司的控股股东或者实际控制人不得滥用股东权利损害被收购公司或者其他股东的合法权益。

被收购公司的控股股东、实际控制人及其关联方有损害被收购公司及其他股东合法权益的，上述控股股东、实际控制人在转让被收购公司控制权之前，应当主动消除损害；未能消除损害的，应当就其出让相关股份所得收入用于消除全部损害做出安排，对不足以消除损害的部分应当提供充分有效的履约担保或安排，并依照公司章程取得被收购公司股东大会的批准。

第八条　被收购公司的董事、监事、高级管理人员对公司负有忠实义务和勤勉义务，应当公平对待收购本公司的所有收购人。

被收购公司董事会针对收购所做出的决策及采取的措施，应当有利于维护公司及其股东的利益，不得滥用职权对收购设置不适当的障碍，不得利用公司资源向收购人提供任何形式的财务资助，不得损害公司及其股东的合法权益。

第九条　收购人进行上市公司的收购，应当聘请符合《证券法》规定的专业机构担任财务顾问。收购人未按照本办法规定聘请财务顾问的，不得收购上市公司。

财务顾问应当勤勉尽责，遵守行业规范和职业道德，保持独立性，保证其所制作、出具文件的真实性、准确性和完整性。

财务顾问认为收购人利用上市公司的收购损害被收购公司及其股东合法权益的，应当拒绝为收购人提供财务顾问服务。

财务顾问不得教唆、协助或者伙同委托人编制或披露存在虚假记载、误导性陈述或者重大遗漏的报告、公告文件，不得从事不正当竞争，不得利用上市公司的收购牟取不正当利益。

为上市公司收购出具资产评估报告、审计报告、法律意见书的证券服务机构及其从业人员，应当遵守法律、行政法规、中国证监会的有关规定，以及证券交易所的相关规则，遵循本行业公认的业务标准和道德规范，诚实守信，勤勉尽责，对其所制作、出具文件的真实性、准确性和完整性承担责任。

第十条 中国证监会依法对上市公司的收购及相关股份权益变动活动进行监督管理。

中国证监会设立由专业人员和有关专家组成的专门委员会。专门委员会可以根据中国证监会职能部门的请求，就是否构成上市公司的收购、是否有不得收购上市公司的情形以及其他相关事宜提供咨询意见。中国证监会依法做出决定。

第十一条 证券交易所依法制定业务规则，为上市公司的收购及相关股份权益变动活动组织交易和提供服务，对相关证券交易活动进行实时监控，监督上市公司的收购及相关股份权益变动活动的信息披露义务人切实履行信息披露义务。

证券登记结算机构依法制定业务规则，为上市公司的收购及相关股份权益变动活动所涉及的证券登记、存管、结算等事宜提供服务。

第二章 权益披露

第十二条 投资者在一个上市公司中拥有的权益，包括登记在其名下的股份和虽未登记在其名下但该投资者可以实际支配表决权的股份。投资者及其一致行动人在一个上市公司中拥有的权益应当合并计算。

第十三条 通过证券交易所的证券交易，投资者及其一致行动人拥有权益的股份达到一个上市公司已发行股份的5%时，应当在该事实发生之日起3日内编制权益变动报告书，向中国证监会、证券交易所提交书面报告，通知该上市公司，并予公告；在上述期限内，不得再行买卖该上市公司的股票，但中国证监会规定的情形除外。

前述投资者及其一致行动人拥有权益的股份达到一个上市公司已发行股份的5%后，通过证券交易所的证券交易，其拥有权益的股份占该上市公司已发行股份的比例每增加或者减少5%，应当依照前款规定进行报告和公告。在该事实发生之日起至公告后3日内，不得再行买卖该上市公司的股票，但中国证监会规定的情形除外。

前述投资者及其一致行动人拥有权益的股份达到一个上市公司已发行股份的5%后，其拥有权益的股份占该上市公司已发行股份的比例每增加或者减少1%，应当在该事实发生的次日通知该上市公司，并予公告。

违反本条第一款、第二款的规定买入在上市公司中拥有权益的股份的，在买入后的36个月内，对该超过规定比例部分的股份不得行使表决权。

第十四条 通过协议转让方式，投资者及其一致行动人在一个上市公司中拥有权益的股份拟达到或者超过一个上市公司已发行股份的5%时，应当在该事实发生之日起3日内编制权益变动报告书，向中国证监会、证券交易所提交书面报告，通知该上市公司，并予公告。

前述投资者及其一致行动人拥有权益的股份达到一个上市公司已发行股份的5%

后，其拥有权益的股份占该上市公司已发行股份的比例每增加或者减少达到或者超过5%的，应当依照前款规定履行报告、公告义务。

前两款规定的投资者及其一致行动人在作出报告、公告前，不得再行买卖该上市公司的股票。相关股份转让及过户登记手续按照本办法第四章及证券交易所、证券登记结算机构的规定办理。

第十五条 投资者及其一致行动人通过行政划转或者变更、执行法院裁定、继承、赠与等方式拥有权益的股份变动达到前条规定比例的，应当按照前条规定履行报告、公告义务，并参照前条规定办理股份过户登记手续。

第十六条 投资者及其一致行动人不是上市公司的第一大股东或者实际控制人，其拥有权益的股份达到或者超过该公司已发行股份的5%，但未达到20%的，应当编制包括下列内容的简式权益变动报告书：

（一）投资者及其一致行动人的姓名、住所；投资者及其一致行动人为法人的，其名称、注册地及法定代表人；

（二）持股目的，是否有意在未来12个月内继续增加其在上市公司中拥有的权益；

（三）上市公司的名称、股票的种类、数量、比例；

（四）在上市公司中拥有权益的股份达到或者超过上市公司已发行股份的5%或者拥有权益的股份增减变化达到5%的时间及方式、增持股份的资金来源；

（五）在上市公司中拥有权益的股份变动的时间及方式；

（六）权益变动事实发生之日前6个月内通过证券交易所的证券交易买卖该公司股票的简要情况；

（七）中国证监会、证券交易所要求披露的其他内容。

前述投资者及其一致行动人为上市公司第一大股东或者实际控制人，其拥有权益的股份达到或者超过一个上市公司已发行股份的5%，但未达到20%的，还应当披露本办法第十七条第一款规定的内容。

第十七条 投资者及其一致行动人拥有权益的股份达到或者超过一个上市公司已发行股份的20%但未超过30%的，应当编制详式权益变动报告书，除须披露前条规定的信息外，还应当披露以下内容：

（一）投资者及其一致行动人的控股股东、实际控制人及其股权控制关系结构图；

（二）取得相关股份的价格、所需资金额，或者其他支付安排；

（三）投资者、一致行动人及其控股股东、实际控制人所从事的业务与上市公司的业务是否存在同业竞争或者潜在的同业竞争，是否存在持续关联交易；存在同业竞争或者持续关联交易的，是否已做出相应的安排，确保投资者、一致行动人及其关联方与上市公司之间避免同业竞争以及保持上市公司的独立性；

（四）未来12个月内对上市公司资产、业务、人员、组织结构、公司章程等进行调整的后续计划；

（五）前 24 个月内投资者及其一致行动人与上市公司之间的重大交易；

（六）不存在本办法第六条规定的情形；

（七）能够按照本办法第五十条的规定提供相关文件。

前述投资者及其一致行动人为上市公司第一大股东或者实际控制人的，还应当聘请财务顾问对上述权益变动报告书所披露的内容出具核查意见，但国有股行政划转或者变更、股份转让在同一实际控制人控制的不同主体之间进行、因继承取得股份的除外。投资者及其一致行动人承诺至少 3 年放弃行使相关股份表决权的，可免于聘请财务顾问和提供前款第（七）项规定的文件。

第十八条 已披露权益变动报告书的投资者及其一致行动人在披露之日起 6 个月内，因拥有权益的股份变动需要再次报告、公告权益变动报告书的，可以仅就与前次报告书不同的部分作出报告、公告；自前次披露之日起超过 6 个月的，投资者及其一致行动人应当按照本章的规定编制权益变动报告书，履行报告、公告义务。

第十九条 因上市公司减少股本导致投资者及其一致行动人拥有权益的股份变动出现本办法第十四条规定情形的，投资者及其一致行动人免于履行报告和公告义务。上市公司应当自完成减少股本的变更登记之日起 2 个工作日内，就因此导致的公司股东拥有权益的股份变动情况作出公告；因公司减少股本可能导致投资者及其一致行动人成为公司第一大股东或者实际控制人的，该投资者及其一致行动人应当自公司董事会公告有关减少公司股本决议之日起 3 个工作日内，按照本办法第十七条第一款的规定履行报告、公告义务。

第二十条 上市公司的收购及相关股份权益变动活动中的信息披露义务人依法披露前，相关信息已在媒体上传播或者公司股票交易出现异常的，上市公司应当立即向当事人进行查询，当事人应当及时予以书面答复，上市公司应当及时作出公告。

第二十一条 上市公司的收购及相关股份权益变动活动中的信息披露义务人应当在证券交易所的网站和符合中国证监会规定条件的媒体上依法披露信息；在其他媒体上进行披露的，披露内容应当一致，披露时间不得早于前述披露的时间。

第二十二条 上市公司的收购及相关股份权益变动活动中的信息披露义务人采取一致行动的，可以以书面形式约定由其中一人作为指定代表负责统一编制信息披露文件，并同意授权指定代表在信息披露文件上签字、盖章。

各信息披露义务人应当对信息披露文件中涉及其自身的信息承担责任；对信息披露文件中涉及的与多个信息披露义务人相关的信息，各信息披露义务人对相关部分承担连带责任。

第三章 要约收购

第二十三条 投资者自愿选择以要约方式收购上市公司股份的，可以向被收购公司所有股东发出收购其所持有的全部股份的要约（以下简称全面要约），也可以向被收购公司所有股东发出收购其所持有的部分股份的要约（以下简称部分要约）。

第二十四条　通过证券交易所的证券交易，收购人持有一个上市公司的股份达到该公司已发行股份的30%时，继续增持股份的，应当采取要约方式进行，发出全面要约或者部分要约。

第二十五条　收购人依照本办法第二十三条、第二十四条、第四十七条、第五十六条的规定，以要约方式收购一个上市公司股份的，其预定收购的股份比例均不得低于该上市公司已发行股份的5%。

第二十六条　以要约方式进行上市公司收购的，收购人应当公平对待被收购公司的所有股东。持有同一种类股份的股东应当得到同等对待。

第二十七条　收购人为终止上市公司的上市地位而发出全面要约的，或者因不符合本办法第六章的规定而发出全面要约的，应当以现金支付收购价款；以依法可以转让的证券（以下简称证券）支付收购价款的，应当同时提供现金方式供被收购公司股东选择。

第二十八条　以要约方式收购上市公司股份的，收购人应当编制要约收购报告书，聘请财务顾问，通知被收购公司，同时对要约收购报告书摘要作出提示性公告。

本次收购依法应当取得相关部门批准的，收购人应当在要约收购报告书摘要中作出特别提示，并在取得批准后公告要约收购报告书。

第二十九条　前条规定的要约收购报告书，应当载明下列事项：

（一）收购人的姓名、住所；收购人为法人的，其名称、注册地及法定代表人，与其控股股东、实际控制人之间的股权控制关系结构图；

（二）收购人关于收购的决定及收购目的，是否拟在未来12个月内继续增持；

（三）上市公司的名称、收购股份的种类；

（四）预定收购股份的数量和比例；

（五）收购价格；

（六）收购所需资金额、资金来源及资金保证，或者其他支付安排；

（七）收购要约约定的条件；

（八）收购期限；

（九）公告收购报告书时持有被收购公司的股份数量、比例；

（十）本次收购对上市公司的影响分析，包括收购人及其关联方所从事的业务与上市公司的业务是否存在同业竞争或者潜在的同业竞争，是否存在持续关联交易；存在同业竞争或者持续关联交易的，收购人是否已作出相应的安排，确保收购人及其关联方与上市公司之间避免同业竞争以及保持上市公司的独立性；

（十一）未来12个月内对上市公司资产、业务、人员、组织结构、公司章程等进行调整的后续计划；

（十二）前 24 个月内收购人及其关联方与上市公司之间的重大交易；

（十三）前 6 个月内通过证券交易所的证券交易买卖被收购公司股票的情况；

（十四）中国证监会要求披露的其他内容。

收购人发出全面要约的，应当在要约收购报告书中充分披露终止上市的风险、终止上市后收购行为完成的时间及仍持有上市公司股份的剩余股东出售其股票的其他后续安排；收购人发出以终止公司上市地位为目的的全面要约，无须披露前款第（十）项规定的内容。

第三十条 收购人按照本办法第四十七条拟收购上市公司股份超过 30%，须改以要约方式进行收购的，收购人应当在达成收购协议或者做出类似安排后的 3 日内对要约收购报告书摘要作出提示性公告，并按照本办法第二十八条、第二十九条的规定履行公告义务，同时免于编制、公告上市公司收购报告书；依法应当取得批准的，应当在公告中特别提示本次要约须取得相关批准方可进行。

未取得批准的，收购人应当在收到通知之日起 2 个工作日内，公告取消收购计划，并通知被收购公司。

第三十一条 收购人自作出要约收购提示性公告起 60 日内，未公告要约收购报告书的，收购人应当在期满后次一个工作日通知被收购公司，并予公告；此后每 30 日应当公告一次，直至公告要约收购报告书。

收购人作出要约收购提示性公告后，在公告要约收购报告书之前，拟自行取消收购计划的，应当公告原因；自公告之日起 12 个月内，该收购人不得再次对同一上市公司进行收购。

第三十二条 被收购公司董事会应当对收购人的主体资格、资信情况及收购意图进行调查，对要约条件进行分析，对股东是否接受要约提出建议，并聘请独立财务顾问提出专业意见。在收购人公告要约收购报告书后 20 日内，被收购公司董事会应当公告被收购公司董事会报告书与独立财务顾问的专业意见。

收购人对收购要约条件做出重大变更的，被收购公司董事会应当在 3 个工作日内公告董事会及独立财务顾问就要约条件的变更情况所出具的补充意见。

第三十三条 收购人作出提示性公告后至要约收购完成前，被收购公司除继续从事正常的经营活动或者执行股东大会已经作出的决议外，未经股东大会批准，被收购公司董事会不得通过处置公司资产、对外投资、调整公司主要业务、担保、贷款等方式，对公司的资产、负债、权益或者经营成果造成重大影响。

第三十四条 在要约收购期间，被收购公司董事不得辞职。

第三十五条 收购人按照本办法规定进行要约收购的，对同一种类股票的要约价格，不得低于要约收购提示性公告日前 6 个月内收购人取得该种股票所支付的最高价格。

要约价格低于提示性公告日前 30 个交易日该种股票的每日加权平均价格的算术平均值的，收购人聘请的财务顾问应当就该种股票前 6 个月的交易情况进行分析，说明是否存在股价被操纵、收购人是否有未披露的一致行动人、收购人前 6 个月取得公司股份是否存在其他支付安排、要约价格的合理性等。

第三十六条　收购人可以采用现金、证券、现金与证券相结合等合法方式支付收购上市公司的价款。收购人以证券支付收购价款的，应当提供该证券的发行人最近 3 年经审计的财务会计报告、证券估值报告，并配合被收购公司聘请的独立财务顾问的尽职调查工作。收购人以在证券交易所上市的债券支付收购价款的，该债券的可上市交易时间应当不少于一个月。收购人以未在证券交易所上市交易的证券支付收购价款的，必须同时提供现金方式供被收购公司的股东选择，并详细披露相关证券的保管、送达被收购公司股东的方式和程序安排。

收购人聘请的财务顾问应当对收购人支付收购价款的能力和资金来源进行充分的尽职调查，详细披露核查的过程和依据，说明收购人是否具备要约收购的能力。收购人应当在作出要约收购提示性公告的同时，提供以下至少一项安排保证其具备履约能力：

（一）以现金支付收购价款的，将不少于收购价款总额的 20%作为履约保证金存入证券登记结算机构指定的银行；收购人以在证券交易所上市交易的证券支付收购价款的，将用于支付的全部证券交由证券登记结算机构保管，但上市公司发行新股的除外；

（二）银行对要约收购所需价款出具保函；

（三）财务顾问出具承担连带保证责任的书面承诺，明确如要约期满收购人不支付收购价款，财务顾问进行支付。

第三十七条　收购要约约定的收购期限不得少于 30 日，并不得超过 60 日；但是出现竞争要约的除外。

在收购要约约定的承诺期限内，收购人不得撤销其收购要约。

第三十八条　采取要约收购方式的，收购人作出公告后至收购期限届满前，不得卖出被收购公司的股票，也不得采取要约规定以外的形式和超出要约的条件买入被收购公司的股票。

第三十九条　收购要约提出的各项收购条件，适用于被收购公司的所有股东。

上市公司发行不同种类股份的，收购人可以针对持有不同种类股份的股东提出不同的收购条件。

收购人需要变更收购要约的，必须及时公告，载明具体变更事项，并通知被收购公司。变更收购要约不得存在下列情形：

（一）降低收购价格；

（二）减少预定收购股份数额；

（三）缩短收购期限；

（四）中国证监会规定的其他情形。

第四十条 收购要约期限届满前 15 日内，收购人不得变更收购要约；但是出现竞争要约的除外。

出现竞争要约时，发出初始要约的收购人变更收购要约距初始要约收购期限届满不足 15 日的，应当延长收购期限，延长后的要约期应当不少于 15 日，不得超过最后一个竞争要约的期满日，并按规定追加履约保证。

发出竞争要约的收购人最迟不得晚于初始要约收购期限届满前 15 日发出要约收购的提示性公告，并应当根据本办法第二十八条和第二十九条的规定履行公告义务。

第四十一条 要约收购报告书所披露的基本事实发生重大变化的，收购人应当在该重大变化发生之日起 2 个工作日内作出公告，并通知被收购公司。

第四十二条 同意接受收购要约的股东（以下简称预受股东），应当委托证券公司办理预受要约的相关手续。收购人应当委托证券公司向证券登记结算机构申请办理预受要约股票的临时保管。证券登记结算机构临时保管的预受要约的股票，在要约收购期间不得转让。

前款所称预受，是指被收购公司股东同意接受要约的初步意思表示，在要约收购期限内不可撤回之前不构成承诺。在要约收购期限届满 3 个交易日前，预受股东可以委托证券公司办理撤回预受要约的手续，证券登记结算机构根据预受要约股东的撤回申请解除对预受要约股票的临时保管。在要约收购期限届满前 3 个交易日内，预受股东不得撤回其对要约的接受。在要约收购期限内，收购人应当每日在证券交易所网站上公告已预受收购要约的股份数量。

出现竞争要约时，接受初始要约的预受股东撤回全部或者部分预受的股份，并将撤回的股份售予竞争要约人的，应当委托证券公司办理撤回预受初始要约的手续和预受竞争要约的相关手续。

第四十三条 收购期限届满，发出部分要约的收购人应当按照收购要约约定的条件购买被收购公司股东预受的股份，预受要约股份的数量超过预定收购数量时，收购人应当按照同等比例收购预受要约的股份；以终止被收购公司上市地位为目的的，收购人应当按照收购要约约定的条件购买被收购公司股东预受的全部股份；因不符合本办法第六章的规定而发出全面要约的收购人应当购买被收购公司股东预受的全部股份。

收购期限届满后 3 个交易日内，接受委托的证券公司应当向证券登记结算机构申请办理股份转让结算、过户登记手续，解除对超过预定收购比例的股票的临时保管；收购人应当公告本次要约收购的结果。

第四十四条 收购期限届满，被收购公司股权分布不符合证券交易所规定的上市交易要求，该上市公司的股票由证券交易所依法终止上市交易。在收购行为完成前，其余仍持有被收购公司股票的股东，有权在收购报告书规定的合理期限内向收购人以收购要约的同等条件出售其股票，收购人应当收购。

第四十五条　收购期限届满后 15 日内，收购人应当向证券交易所提交关于收购情况的书面报告，并予以公告。

第四十六条　除要约方式外，投资者不得在证券交易所外公开求购上市公司的股份。

第四章　协议收购

第四十七条　收购人通过协议方式在一个上市公司中拥有权益的股份达到或者超过该公司已发行股份的 5%，但未超过 30%的，按照本办法第二章的规定办理。

收购人拥有权益的股份达到该公司已发行股份的 30%时，继续进行收购的，应当依法向该上市公司的股东发出全面要约或者部分要约。符合本办法第六章规定情形的，收购人可以免于发出要约。

收购人拟通过协议方式收购一个上市公司的股份超过 30%的，超过 30%的部分，应当改以要约方式进行；但符合本办法第六章规定情形的，收购人可以免于发出要约。符合前述规定情形的，收购人可以履行其收购协议；不符合前述规定情形的，在履行其收购协议前，应当发出全面要约。

第四十八条　以协议方式收购上市公司股份超过 30%，收购人拟依据本办法第六十二条、第六十三条第一款第（一）项、第（二）项、第（十）项的规定免于发出要约的，应当在与上市公司股东达成收购协议之日起 3 日内编制上市公司收购报告书，通知被收购公司，并公告上市公司收购报告书摘要。

收购人应当在收购报告书摘要公告后 5 日内，公告其收购报告书、财务顾问专业意见和律师出具的法律意见书；不符合本办法第六章规定的情形的，应当予以公告，并按照本办法第六十一条第二款的规定办理。

第四十九条　依据前条规定所作的上市公司收购报告书，须披露本办法第二十九条第（一）项至第（六）项和第（九）项至第（十四）项规定的内容及收购协议的生效条件和付款安排。

已披露收购报告书的收购人在披露之日起 6 个月内，因权益变动需要再次报告、公告的，可以仅就与前次报告书不同的部分作出报告、公告；超过 6 个月的，应当按照本办法第二章的规定履行报告、公告义务。

第五十条　收购人公告上市公司收购报告书时，应当提交以下备查文件：

（一）中国公民的身份证明，或者在中国境内登记注册的法人、其他组织的证明文件；

（二）基于收购人的实力和从业经验对上市公司后续发展计划可行性的说明，收购人拟修改公司章程、改选公司董事会、改变或者调整公司主营业务的，还应当补充其具备规范运作上市公司的管理能力的说明；

（三）收购人及其关联方与被收购公司存在同业竞争、关联交易的，应提供避免同业竞争等利益冲突、保持被收购公司经营独立性的说明；

（四）收购人为法人或者其他组织的，其控股股东、实际控制人最近 2 年未变更的说明；

（五）收购人及其控股股东或实际控制人的核心企业和核心业务、关联企业及主营业务的说明；收购人或其实际控制人为两个或两个以上的上市公司控股股东或实际控制人的，还应当提供其持股 5%以上的上市公司以及银行、信托公司、证券公司、保险公司等其他金融机构的情况说明；

（六）财务顾问关于收购人最近 3 年的诚信记录、收购资金来源合法性、收购人具备履行相关承诺的能力以及相关信息披露内容真实性、准确性、完整性的核查意见；收购人成立未满 3 年的，财务顾问还应当提供其控股股东或者实际控制人最近 3 年诚信记录的核查意见。

境外法人或者境外其他组织进行上市公司收购的，除应当提交第一款第（二）项至第（六）项规定的文件外，还应当提交以下文件：

（一）财务顾问出具的收购人符合对上市公司进行战略投资的条件、具有收购上市公司的能力的核查意见；

（二）收购人接受中国司法、仲裁管辖的声明。

第五十一条 上市公司董事、监事、高级管理人员、员工或者其所控制或者委托的法人或者其他组织，拟对本公司进行收购或者通过本办法第五章规定的方式取得本公司控制权（以下简称管理层收购）的，该上市公司应当具备健全且运行良好的组织机构以及有效的内部控制制度，公司董事会成员中独立董事的比例应当达到或者超过 1/2。公司应当聘请符合《证券法》规定的资产评估机构提供公司资产评估报告，本次收购应当经董事会非关联董事作出决议，且取得 2/3 以上的独立董事同意后，提交公司股东大会审议，经出席股东大会的非关联股东所持表决权过半数通过。独立董事发表意见前，应当聘请独立财务顾问就本次收购出具专业意见，独立董事及独立财务顾问的意见应当一并予以公告。

上市公司董事、监事、高级管理人员存在《公司法》第一百四十八条规定情形，或者最近 3 年有证券市场不良诚信记录的，不得收购本公司。

第五十二条 以协议方式进行上市公司收购的，自签订收购协议起至相关股份完成过户的期间为上市公司收购过渡期（以下简称过渡期）。在过渡期内，收购人不得通过控股股东提议改选上市公司董事会，确有充分理由改选董事会的，来自收购人的董事不得超过董事会成员的 1/3；被收购公司不得为收购人及其关联方提供担保；被收购公司不得公开发行股份募集资金，不得进行重大购买、出售资产及重大投资行为或者与收购人及其关联方进行其他关联交易，但收购人为挽救陷入危机或者面临严重财务困难的上市公司的情形除外。

第五十三条　上市公司控股股东向收购人协议转让其所持有的上市公司股份的，应当对收购人的主体资格、诚信情况及收购意图进行调查，并在其权益变动报告书中披露有关调查情况。

控股股东及其关联方未清偿其对公司的负债，未解除公司为其负债提供的担保，或者存在损害公司利益的其他情形的，被收购公司董事会应当对前述情形及时予以披露，并采取有效措施维护公司利益。

第五十四条　协议收购的相关当事人应当向证券登记结算机构申请办理拟转让股份的临时保管手续，并可以将用于支付的现金存放于证券登记结算机构指定的银行。

第五十五条　收购报告书公告后，相关当事人应当按照证券交易所和证券登记结算机构的业务规则，在证券交易所就本次股份转让予以确认后，凭全部转让款项存放于双方认可的银行账户的证明，向证券登记结算机构申请解除拟协议转让股票的临时保管，并办理过户登记手续。

收购人未按规定履行报告、公告义务，或者未按规定提出申请的，证券交易所和证券登记结算机构不予办理股份转让和过户登记手续。

收购人在收购报告书公告后 30 日内仍未完成相关股份过户手续的，应当立即作出公告，说明理由；在未完成相关股份过户期间，应当每隔 30 日公告相关股份过户办理进展情况。

第五章　间接收购

第五十六条　收购人虽不是上市公司的股东，但通过投资关系、协议、其他安排导致其拥有权益的股份达到或者超过一个上市公司已发行股份的 5%未超过 30%的，应当按照本办法第二章的规定办理。

收购人拥有权益的股份超过该公司已发行股份的 30%的，应当向该公司所有股东发出全面要约；收购人预计无法在事实发生之日起 30 日内发出全面要约的，应当在前述 30 日内促使其控制的股东将所持有的上市公司股份减持至 30%或者 30%以下，并自减持之日起 2 个工作日内予以公告；其后收购人或者其控制的股东拟继续增持的，应当采取要约方式；拟依据本办法第六章的规定免于发出要约的，应当按照本办法第四十八条的规定办理。

第五十七条　投资者虽不是上市公司的股东，但通过投资关系取得对上市公司股东的控制权，而受其支配的上市公司股东所持股份达到前条规定比例、且对该股东的资产和利润构成重大影响的，应当按照前条规定履行报告、公告义务。

第五十八条 上市公司实际控制人及受其支配的股东，负有配合上市公司真实、准确、完整披露有关实际控制人发生变化的信息的义务；实际控制人及受其支配的股东拒不履行上述配合义务，导致上市公司无法履行法定信息披露义务而承担民事、行政责任的，上市公司有权对其提起诉讼。实际控制人、控股股东指使上市公司及其有关人员不依法履行信息披露义务的，中国证监会依法进行查处。

第五十九条 上市公司实际控制人及受其支配的股东未履行报告、公告义务的，上市公司应当自知悉之日起立即作出报告和公告。上市公司就实际控制人发生变化的情况予以公告后，实际控制人仍未披露的，上市公司董事会应当向实际控制人和受其支配的股东查询，必要时可以聘请财务顾问进行查询，并将查询情况向中国证监会、上市公司所在地的中国证监会派出机构（以下简称派出机构）和证券交易所报告；中国证监会依法对拒不履行报告、公告义务的实际控制人进行查处。

上市公司知悉实际控制人发生较大变化而未能将有关实际控制人的变化情况及时予以报告和公告的，中国证监会责令改正，情节严重的，认定上市公司负有责任的董事为不适当人选。

第六十条 上市公司实际控制人及受其支配的股东未履行报告、公告义务，拒不履行第五十八条规定的配合义务，或者实际控制人存在不得收购上市公司情形的，上市公司董事会应当拒绝接受受实际控制人支配的股东向董事会提交的提案或者临时议案，并向中国证监会、派出机构和证券交易所报告。中国证监会责令实际控制人改正，可以认定实际控制人通过受其支配的股东所提名的董事为不适当人选；改正前，受实际控制人支配的股东不得行使其持有股份的表决权。上市公司董事会未拒绝接受实际控制人及受其支配的股东所提出的提案的，中国证监会可以认定负有责任的董事为不适当人选。

第六章 免除发出要约

第六十一条 符合本办法第六十二条、第六十三条规定情形的，投资者及其一致行动人可以：

（一）免于以要约收购方式增持股份；

（二）存在主体资格、股份种类限制或者法律、行政法规、中国证监会规定的特殊情形的，免于向被收购公司的所有股东发出收购要约。

不符合本章规定情形的，投资者及其一致行动人应当在30日内将其或者其控制的股东所持有的被收购公司股份减持到30%或者30%以下；拟以要约以外的方式继续增持股份的，应当发出全面要约。

第六十二条 有下列情形之一的，收购人可以免于以要约方式增持股份：

（一）收购人与出让人能够证明本次股份转让是在同一实际控制人控制的不同主体之间进行，未导致上市公司的实际控制人发生变化；

（二）上市公司面临严重财务困难，收购人提出的挽救公司的重组方案取得该公司股东大会批准，且收购人承诺 3 年内不转让其在该公司中所拥有的权益；

（三）中国证监会为适应证券市场发展变化和保护投资者合法权益的需要而认定的其他情形。

第六十三条　有下列情形之一的，投资者可以免于发出要约：

（一）经政府或者国有资产管理部门批准进行国有资产无偿划转、变更、合并，导致投资者在一个上市公司中拥有权益的股份占该公司已发行股份的比例超过 30%；

（二）因上市公司按照股东大会批准的确定价格向特定股东回购股份而减少股本，导致投资者在该公司中拥有权益的股份超过该公司已发行股份的 30%；

（三）经上市公司股东大会非关联股东批准，投资者取得上市公司向其发行的新股，导致其在该公司拥有权益的股份超过该公司已发行股份的 30%，投资者承诺 3 年内不转让本次向其发行的新股，且公司股东大会同意投资者免于发出要约；

（四）在一个上市公司中拥有权益的股份达到或者超过该公司已发行股份的 30% 的，自上述事实发生之日起一年后，每 12 个月内增持不超过该公司已发行的 2% 的股份；

（五）在一个上市公司中拥有权益的股份达到或者超过该公司已发行股份的 50% 的，继续增加其在该公司拥有的权益不影响该公司的上市地位；

（六）证券公司、银行等金融机构在其经营范围内依法从事承销、贷款等业务导致其持有一个上市公司已发行股份超过 30%，没有实际控制该公司的行为或者意图，并且提出在合理期限内向非关联方转让相关股份的解决方案；

（七）因继承导致在一个上市公司中拥有权益的股份超过该公司已发行股份的 30%；

（八）因履行约定购回式证券交易协议购回上市公司股份导致投资者在一个上市公司中拥有权益的股份超过该公司已发行股份的 30%，并且能够证明标的股份的表决权在协议期间未发生转移；

（九）因所持优先股表决权依法恢复导致投资者在一个上市公司中拥有权益的股份超过该公司已发行股份的 30%；

（十）中国证监会为适应证券市场发展变化和保护投资者合法权益的需要而认定的其他情形。

相关投资者应在前款规定的权益变动行为完成后 3 日内就股份增持情况做出公告，律师应就相关投资者权益变动行为发表符合规定的专项核查意见并由上市公司予以披露。相关投资者按照前款第（五）项规定采用集中竞价方式增持股份的，每累计增持股份比例达到上市公司已发行股份的2%的，在事实发生当日和上市公司发布相关股东增持公司股份进展公告的当日不得再行增持股份。前款第（四）项规定的增持不超过2%的股份锁定期为增持行为完成之日起6个月。

第六十四条 收购人按照本章规定的情形免于发出要约的，应当聘请符合《证券法》规定的律师事务所等专业机构出具专业意见。

第七章 财务顾问

第六十五条 收购人聘请的财务顾问应当履行以下职责：

（一）对收购人的相关情况进行尽职调查；

（二）应收购人的要求向收购人提供专业化服务，全面评估被收购公司的财务和经营状况，帮助收购人分析收购所涉及的法律、财务、经营风险，就收购方案所涉及的收购价格、收购方式、支付安排等事项提出对策建议，并指导收购人按照规定的内容与格式制作公告文件；

（三）对收购人进行证券市场规范化运作的辅导，使收购人的董事、监事和高级管理人员熟悉有关法律、行政法规和中国证监会的规定，充分了解其应当承担的义务和责任，督促其依法履行报告、公告和其他法定义务；

（四）对收购人是否符合本办法的规定及公告文件内容的真实性、准确性、完整性进行充分核查和验证，对收购事项客观、公正地发表专业意见；

（五）与收购人签订协议，在收购完成后12个月内，持续督导收购人遵守法律、行政法规、中国证监会的规定、证券交易所规则、上市公司章程，依法行使股东权利，切实履行承诺或者相关约定。

第六十六条 收购人聘请的财务顾问就本次收购出具的财务顾问报告，应当对以下事项进行说明和分析，并逐项发表明确意见：

（一）收购人编制的上市公司收购报告书或者要约收购报告书所披露的内容是否真实、准确、完整；

（二）本次收购的目的；

（三）收购人是否提供所有必备证明文件，根据对收购人及其控股股东、实际控制人的实力、从事的主要业务、持续经营状况、财务状况和诚信情况的核查，说明收购人是否具备主体资格，是否具备收购的经济实力，是否具备规范运作上市公司的管理能力，是否需要承担其他附加义务及是否具备履行相关义务的能力，是否存在不良诚信记录；

（四）对收购人进行证券市场规范化运作辅导的情况，其董事、监事和高级管理人员是否已经熟悉有关法律、行政法规和中国证监会的规定，充分了解应承担的义务和责任，督促其依法履行报告、公告和其他法定义务的情况；

（五）收购人的股权控制结构及其控股股东、实际控制人支配收购人的方式；

（六）收购人的收购资金来源及其合法性，是否存在利用本次收购的股份向银行等金融机构质押取得融资的情形；

（七）涉及收购人以证券支付收购价款的，应当说明有关该证券发行人的信息披露是否真实、准确、完整以及该证券交易的便捷性等情况；

（八）收购人是否已经履行了必要的授权和批准程序；

（九）是否已对收购过渡期间保持上市公司稳定经营作出安排，该安排是否符合有关规定；

（十）对收购人提出的后续计划进行分析，收购人所从事的业务与上市公司从事的业务存在同业竞争、关联交易的，对收购人解决与上市公司同业竞争等利益冲突及保持上市公司经营独立性的方案进行分析，说明本次收购对上市公司经营独立性和持续发展可能产生的影响；

（十一）在收购标的上是否设定其他权利，是否在收购价款之外还作出其他补偿安排；

（十二）收购人及其关联方与被收购公司之间是否存在业务往来，收购人与被收购公司的董事、监事、高级管理人员是否就其未来任职安排达成某种协议或者默契；

（十三）上市公司原控股股东、实际控制人及其关联方是否存在未清偿对公司的负债、未解除公司为其负债提供的担保或者损害公司利益的其他情形；存在该等情形的，是否已提出切实可行的解决方案；

（十四）涉及收购人拟免于发出要约的，应当说明本次收购是否属于本办法第六章规定的情形，收购人是否作出承诺及是否具备履行相关承诺的实力。

第六十七条 上市公司董事会或者独立董事聘请的独立财务顾问，不得同时担任收购人的财务顾问或者与收购人的财务顾问存在关联关系。独立财务顾问应当根据委托进行尽职调查，对本次收购的公正性和合法性发表专业意见。独立财务顾问报告应当对以下问题进行说明和分析，发表明确意见：

购人是否具备主体资格；

（二）收购人的实力及本次收购对被收购公司经营独立性和持续发展可能产生的影响分析；

（三）收购人是否存在利用被收购公司的资产或者由被收购公司为本次收购提供财务资助的情形；

（四）涉及要约收购的，分析被收购公司的财务状况，说明收购价格是否充分反映被收购公司价值，收购要约是否公平、合理，对被收购公司社会公众股股东接受要约提出的建议；

（五）涉及收购人以证券支付收购价款的，还应当根据该证券发行人的资产、业务和盈利预测，对相关证券进行估值分析，就收购条件对被收购公司的社会公众股股东是否公平合理、是否接受收购人提出的收购条件提出专业意见；

（六）涉及管理层收购的，应当对上市公司进行估值分析，就本次收购的定价依据、支付方式、收购资金来源、融资安排、还款计划及其可行性、上市公司内部控制制度的执行情况及其有效性、上述人员及其直系亲属在最近 24 个月内与上市公司业务往来情况以及收购报告书披露的其他内容等进行全面核查，发表明确意见。

第六十八条 财务顾问应当在财务顾问报告中作出以下承诺：

（一）已按照规定履行尽职调查义务，有充分理由确信所发表的专业意见与收购人公告文件的内容不存在实质性差异；

（二）已对收购人公告文件进行核查，确信公告文件的内容与格式符合规定；

（三）有充分理由确信本次收购符合法律、行政法规和中国证监会的规定，有充分理由确信收购人披露的信息真实、准确、完整，不存在虚假记载、误导性陈述和重大遗漏；

（四）就本次收购所出具的专业意见已提交其内核机构审查，并获得通过；

（五）在担任财务顾问期间，已采取严格的保密措施，严格执行内部防火墙制度；

（六）与收购人已订立持续督导协议。

第六十九条 财务顾问在收购过程中和持续督导期间，应当关注被收购公司是否存在为收购人及其关联方提供担保或者借款等损害上市公司利益的情形，发现有违法或者不当行为的，应当及时向中国证监会、派出机构和证券交易所报告。

第七十条 财务顾问为履行职责，可以聘请其他专业机构协助其对收购人进行核查，但应当对收购人提供的资料和披露的信息进行独立判断。

第七十一条 自收购人公告上市公司收购报告书至收购完成后 12 个月内，财务顾问应当通过日常沟通、定期回访等方式，关注上市公司的经营情况，结合被收购公司定期报告和临时公告的披露事宜，对收购人及被收购公司履行持续督导职责：

（一）督促收购人及时办理股权过户手续，并依法履行报告和公告义务；

（二）督促和检查收购人及被收购公司依法规范运作；

（三）督促和检查收购人履行公开承诺的情况；

（四）结合被收购公司定期报告，核查收购人落实后续计划的情况，是否达到预期目标，实施效果是否与此前的披露内容存在较大差异，是否实现相关盈利预测或者管理层预计达到的目标；

（五）涉及管理层收购的，核查被收购公司定期报告中披露的相关还款计划的落实情况与事实是否一致；

（六）督促和检查履行收购中约定的其他义务的情况。在持续督导期间，财务顾问应当结合上市公司披露的季度报告、半年度报告和年度报告出具持续督导意见，并在前述定期报告披露后的 15 日内向派出机构报告。

在此期间，财务顾问发现收购人在上市公司收购报告书中披露的信息与事实不符的，应当督促收购人如实披露相关信息，并及时向中国证监会、派出机构、证券交易所报告。财务顾问解除委托合同的，应当及时向中国证监会、派出机构作出书面报告，说明无法继续履行持续督导职责的理由，并予公告。

第八章　持续监管

第七十二条　在上市公司收购行为完成后 12 个月内，收购人聘请的财务顾问应当在每季度前 3 日内就上一季度对上市公司影响较大的投资、购买或者出售资产、关联交易、主营业务调整以及董事、监事、高级管理人员的更换、职工安置、收购人履行承诺等情况向派出机构报告。

收购人注册地与上市公司注册地不同的，还应当将前述情况的报告同时抄报收购人所在地的派出机构。

第七十三条　派出机构根据审慎监管原则，通过与承办上市公司审计业务的会计师事务所谈话、检查财务顾问持续督导责任的落实、定期或者不定期的现场检查等方式，在收购完成后对收购人和上市公司进行监督检查。

派出机构发现实际情况与收购人披露的内容存在重大差异的，对收购人及上市公司予以重点关注，可以责令收购人延长财务顾问的持续督导期，并依法进行查处。

在持续督导期间，财务顾问与收购人解除合同的，收购人应当另行聘请其他财务顾问机构履行持续督导职责。

第七十四条　在上市公司收购中，收购人持有的被收购公司的股份，在收购完成后 18 个月内不得转让。

收购人在被收购公司中拥有权益的股份在同一实际控制人控制的不同主体之间进行转让不受前述 18 个月的限制，但应当遵守本办法第六章的规定。

第九章　监管措施与法律责任

第七十五条　上市公司的收购及相关股份权益变动活动中的信息披露义务人，未按照本办法的规定履行报告、公告以及其他相关义务的，中国证监会责令改正，采取监管谈话、出具警示函、责令暂停或者停止收购等监管措施。在改正前，相关信息披露义务人不得对其持有或者实际支配的股份行使表决权。

第七十六条　上市公司的收购及相关股份权益变动活动中的信息披露义务人在报告、公告等文件中有虚假记载、误导性陈述或者重大遗漏的，中国证监会责令改正，采取监管谈话、出具警示函、责令暂停或者停止收购等监管措施。在改正前，收购人对其持有或者实际支配的股份不得行使表决权。

第七十七条 投资者及其一致行动人取得上市公司控制权而未按照本办法的规定聘请财务顾问，规避法定程序和义务，变相进行上市公司的收购，或者外国投资者规避管辖的，中国证监会责令改正，采取出具警示函、责令暂停或者停止收购等监管措施。在改正前，收购人不得对其持有或者实际支配的股份行使表决权。

第七十八条 收购人未依照本办法的规定履行相关义务、相应程序擅自实施要约收购的，或者不符合本办法规定的免除发出要约情形，拒不履行相关义务、相应程序的，中国证监会责令改正，采取监管谈话、出具警示函、责令暂停或者停止收购等监管措施。在改正前，收购人不得对其持有或者支配的股份行使表决权。

发出收购要约的收购人在收购要约期限届满，不按照约定支付收购价款或者购买预受股份的，自该事实发生之日起 3 年内不得收购上市公司，中国证监会不受理收购人及其关联方提交的申报文件。

存在前二款规定情形，收购人涉嫌虚假披露、操纵证券市场的，中国证监会对收购人进行立案稽查，依法追究其法律责任；收购人聘请的财务顾问没有充分证据表明其勤勉尽责的，自收购人违规事实发生之日起 1 年内，中国证监会不受理该财务顾问提交的上市公司并购重组申报文件，情节严重的，依法追究法律责任。

第七十九条 上市公司控股股东和实际控制人在转让其对公司的控制权时，未清偿其对公司的负债，未解除公司为其提供的担保，或者未对其损害公司利益的其他情形作出纠正的，中国证监会责令改正、责令暂停或者停止收购活动。

被收购公司董事会未能依法采取有效措施促使公司控股股东、实际控制人予以纠正，或者在收购完成后未能促使收购人履行承诺、安排或者保证的，中国证监会可以认定相关董事为不适当人选。

第八十条 上市公司董事未履行忠实义务和勤勉义务，利用收购谋取不当利益的，中国证监会采取监管谈话、出具警示函等监管措施，可以认定为不适当人选。

上市公司章程中涉及公司控制权的条款违反法律、行政法规和本办法规定的，中国证监会责令改正。

第八十一条 为上市公司收购出具资产评估报告、审计报告、法律意见书和财务顾问报告的证券服务机构或者证券公司及其专业人员，未依法履行职责的，或者违反中国证监会的有关规定或者行业规范、业务规则的，中国证监会责令改正，采取监管谈话、出具警示函、责令公开说明、责令定期报告等监管措施。

前款规定的证券服务机构及其从业人员被责令改正的，在改正前，不得接受新的上市公司并购重组业务。

第八十二条 中国证监会将上市公司的收购及相关股份权益变动活动中的当事人的违法行为和整改情况记入诚信档案。

违反本办法的规定构成证券违法行为的，依法追究法律责任。

第十章　附　则

第八十三条　本办法所称一致行动，是指投资者通过协议、其他安排，与其他投资者共同扩大其所能够支配的一个上市公司股份表决权数量的行为或者事实。

在上市公司的收购及相关股份权益变动活动中有一致行动情形的投资者，互为一致行动人。如无相反证据，投资者有下列情形之一的，为一致行动人：

（一）投资者之间有股权控制关系；

（二）投资者受同一主体控制；

（三）投资者的董事、监事或者高级管理人员中的主要成员，同时在另一个投资者担任董事、监事或者高级管理人员；

（四）投资者参股另一投资者，可以对参股公司的重大决策产生重大影响；

（五）银行以外的其他法人、其他组织和自然人为投资者取得相关股份提供融资安排；

（六）投资者之间存在合伙、合作、联营等其他经济利益关系；

（七）持有投资者 30%以上股份的自然人，与投资者持有同一上市公司股份；

（八）在投资者任职的董事、监事及高级管理人员，与投资者持有同一上市公司股份；

（九）持有投资者 30%以上股份的自然人和在投资者任职的董事、监事及高级管理人员，其父母、配偶、子女及其配偶、配偶的父母、兄弟姐妹及其配偶、配偶的兄弟姐妹及其配偶等亲属，与投资者持有同一上市公司股份；

（十）在上市公司任职的董事、监事、高级管理人员及其前项所述亲属同时持有本公司股份的，或者与其自己或者其前项所述亲属直接或者间接控制的企业同时持有本公司股份；

（十一）上市公司董事、监事、高级管理人员和员工与其所控制或者委托的法人或者其他组织持有本公司股份；

（十二）投资者之间具有其他关联关系。

一致行动人应当合并计算其所持有的股份。投资者计算其所持有的股份，应当包括登记在其名下的股份，也包括登记在其一致行动人名下的股份。

投资者认为其与他人不应被视为一致行动人的，可以向中国证监会提供相反证据。

第八十四条　有下列情形之一的，为拥有上市公司控制权：

（一）投资者为上市公司持股 50%以上的控股股东；

（二）投资者可以实际支配上市公司股份表决权超过 30%；

（三）投资者通过实际支配上市公司股份表决权能够决定公司董事会半数以上成员选任；

（四）投资者依其可实际支配的上市公司股份表决权足以对公司股东大会的决议产生重大影响；

（五）中国证监会认定的其他情形。

第八十五条 信息披露义务人涉及计算其拥有权益比例的，应当将其所持有的上市公司已发行的可转换为公司股票的证券中有权转换部分与其所持有的同一上市公司的股份合并计算，并将其持股比例与合并计算非股权类证券转为股份后的比例相比，以二者中的较高者为准；行权期限届满未行权的，或者行权条件不再具备的，无需合并计算。

前款所述二者中的较高者，应当按下列公式计算：

（一）投资者持有的股份数量/上市公司已发行股份总数

（二）（投资者持有的股份数量+投资者持有的可转换为公司股票的非股权类证券所对应的股份数量）/（上市公司已发行股份总数+上市公司发行的可转换为公司股票的非股权类证券所对应的股份总数）

前款所称“投资者持有的股份数量”包括投资者拥有的普通股数量和优先股恢复的表决权数量，“上市公司已发行股份总数”包括上市公司已发行的普通股总数和优先股恢复的表决权总数。

第八十六条 投资者因行政划转、执行法院裁决、继承、赠与等方式取得上市公司控制权的，应当按照本办法第四章的规定履行报告、公告义务。

第八十七条 权益变动报告书、收购报告书、要约收购报告书、被收购公司董事会报告书等文件的内容与格式，由中国证监会另行制定。

第八十八条 被收购公司在境内、境外同时上市的，收购人除应当遵守本办法及中国证监会的相关规定外，还应当遵守境外上市地的相关规定。

第八十九条 外国投资者收购上市公司及在上市公司中拥有的权益发生变动的，除应当遵守本办法的规定外，还应当遵守外国投资者投资上市公司的相关规定。

第九十条 本办法自 2006 年 9 月 1 日起施行。中国证监会发布的《上市公司收购管理办法》（证监会令第 10 号）、《上市公司股东持股变动信息披露管理办法》（证监会令第 11 号）、《关于要约收购涉及的被收购公司股票上市交易条件有关问题的通知》（证监公司字〔2003〕16 号）和《关于规范上市公司实际控制权转移行为有关问题的通知》（证监公司字〔2004〕1 号）同时废止。

外管局《境内机构境外直接投资外汇管理规定》【2009】

（2009 年 7 月 13 日）

第一章　总　则

第一条 为促进和便利境内机构境外直接投资活动，规范境外直接投资外汇管理，促进我国国际收支基本平衡，根据《中华人民共和国外汇管理条例》等相关法规，制定本规定。

第二条　本规定所称境外直接投资是指境内机构经境外直接投资主管部门核准，通过设立（独资、合资、合作）、并购、参股等方式在境外设立或取得既有企业或项目所有权、控制权或经营管理权等权益的行为。

第三条　国家外汇管理局及其分支机构（以下简称外汇局）对境内机构境外直接投资的外汇收支、外汇登记实施监督管理。

第四条　境内机构可以使用自有外汇资金、符合规定的国内外汇贷款、人民币购汇或实物、无形资产及经外汇局核准的其他外汇资产来源等进行境外直接投资。境内机构境外直接投资所得利润也可留存境外用于其境外直接投资。

上款所称自有外汇资金包括：经常项目外汇账户、外商投资企业资本金账户等账户内的外汇资金。

第五条　国家外汇管理局可以根据我国国际收支形势和境外直接投资情况，对境内机构境外直接投资外汇资金来源范围、管理方式及其境外直接投资所得利润留存境外的相关政策进行调整。

第二章　境外直接投资外汇登记和资金汇出

第六条　外汇局对境内机构境外直接投资及其形成的资产、相关权益实行外汇登记及备案制度。

境内机构在向所在地外汇局办理境外直接投资外汇登记时，应说明其境外投资外汇资金来源情况。

第七条　境内机构境外直接投资获得境外直接投资主管部门核准后，持下列材料到所在地外汇局办理境外直接投资外汇登记：

（一）书面申请并填写《境外直接投资外汇登记申请表》（格式见附件 1）；

（二）外汇资金来源情况的说明材料；

（三）境内机构有效的营业执照或注册登记证明及组织机构代码证；

（四）境外直接投资主管部门对该项投资的核准文件或证书；

（五）如果发生前期费用汇出的，提供相关说明文件及汇出凭证；

（六）外汇局要求的其他材料。

外汇局审核上述材料无误后，在相关业务系统中登记有关情况，并向境内机构颁发境外直接投资外汇登记证。境内机构应凭其办理境外直接投资项下的外汇收支业务。

多个境内机构共同实施一项境外直接投资的，由境内机构所在地外汇局分别向相关境内机构颁发境外直接投资外汇登记证，并在相关业务系统中登记有关情况。

第八条　境内机构应凭境外直接投资主管部门的核准文件和境外直接投资外汇登

记证，在外汇指定银行办理境外直接投资资金汇出手续。外汇指定银行进行真实性审核后为其办理。

外汇指定银行为境内机构办理境外直接投资资金汇出的累计金额，不得超过该境内机构事先已经外汇局在相关业务系统中登记的境外直接投资外汇资金总额。

第九条 境内机构应在如下情况发生之日起 60 天内，持境外直接投资外汇登记证、境外直接投资主管部门的核准或者备案文件及相关真实性证明材料到所在地外汇局办理境外直接投资外汇登记、变更或备案手续：

（一）境内机构将其境外直接投资所得利润以及其所投资境外企业减资、转股、清算等所得资本项下外汇收入留存境外，用于设立、并购或参股未登记的境外企业的，应就上述直接投资活动办理境外直接投资外汇登记手续；

（二）已登记境外企业发生名称、经营期限、合资合作伙伴及合资合作方式等基本信息变更，或发生增资、减资、股权转让或置换、合并或分立等情况，境内机构应就上述变更情况办理境外直接投资外汇登记变更手续；

（三）已登记境外企业发生长期股权或债权投资、对外担保等不涉及资本变动的重大事项的，境内机构应就上述重大事项办理境外直接投资外汇备案手续。

第十条 境内机构持有的境外企业股权因转股、破产、解散、清算、经营期满等原因注销的，境内机构应在取得境外直接投资主管部门相关证明材料之日起 60 天内，凭相关材料到所在地外汇局办理注销境外直接投资外汇登记手续。

第十一条 境内机构可以按照《中华人民共和国外汇管理条例》和其他相关规定，向境外直接投资企业提供商业贷款或融资性对外担保。

第十二条 境内机构在外汇管制国家或地区投资的，可按规定在其他非外汇管制国家或地区开立专用外汇账户，用于与该项投资相关外汇资金的收付。

第三章　境外直接投资前期费用汇出

第十三条 境外直接投资前期费用是指境内机构在境外投资设立项目或企业前，需要向境外支付的与境外直接投资有关的费用，包括但不限于：

（一）收购境外企业股权或境外资产权益，按项目所在地法律规定或出让方要求需缴纳的保证金；

（二）在境外项目招投标过程中，需支付的投标保证金；

（三）进行境外直接投资前，进行市场调查、租用办公场地和设备、聘用人员，以及聘请境外中介机构提供服务所需的费用。

第十四条 境内机构向境外汇出的前期费用，一般不得超过境内机构已向境外直接投资主管部门申请的境外直接投资总额（以下简称境外直接投资总额）的 15%（含），并持下列材料向所在地外汇局申请：

（一）书面申请（包括境外直接投资总额、各方出资额、出资方式，以及所需前期费用金额、用途和资金来源说明等）；

（二）境内机构有效的营业执照或注册登记证明及组织机构代码证；

（三）境内机构参与投标、并购或合资合作项目的相关文件（包括中外方签署的意向书、备忘录或框架协议等）；

（四）境内机构已向境外直接投资主管部门报送的书面申请；

（五）境内机构出具的前期费用使用书面承诺函；

（六）外汇局要求的其他相关材料。

对于汇出的境外直接投资前期费用确需超过境外直接投资总额 15% 的，境内机构应当持上述材料向所在地国家外汇管理局分局（含外汇管理部）提出申请。

外汇指定银行凭外汇局出具的核准件为境内机构办理购付汇手续，并及时向外汇局反馈有关信息。

第十五条　境内机构已汇出境外的前期费用，应列入境内机构境外直接投资总额。外汇指定银行在办理境内机构境外直接投资资金汇出时，应扣减已汇出的前期费用金额。

第十六条　境内机构自汇出前期费用之日起 6 个月内仍未完成境外直接投资项目核准程序的，应将境外账户剩余资金调回原汇出资金的境内外汇账户。所汇回的外汇资金如属人民币购汇的，可持原购汇凭证，到外汇指定银行办理结汇。

所在地外汇局负责监督境内机构调回剩余的前期费用。如确因前期工作需要，经原作出核准的外汇局核准，上述 6 个月的期限可适当延长，但最长不超过 12 个月。

第四章　境外直接投资项下资金汇入及结汇

第十七条　境内机构将其所得的境外直接投资利润汇回境内的，可以保存在其经常项目外汇账户或办理结汇。

外汇指定银行在审核境内机构的境外直接投资外汇登记证、境外企业的相关财务报表及其利润处置决定、上年度年检报告书等相关材料无误后，为境内机构办理境外直接投资利润入账或结汇手续。

第十八条　境内机构因所设境外企业减资、转股、清算等所得资本项下外汇收入，通过资产变现专用外汇账户办理入账，或经外汇局批准留存境外。资产变现专用外汇账户的开立及入账经所在地外汇局按照相关规定核准，账户内资金的结汇，按照有关规定直接向外汇指定银行申请办理。

第十九条　境内机构将其境外直接投资的企业股权全部或者部分转让给其他境内机构的，相关资金应在境内以人民币支付。股权出让方应到所在地外汇局办理境外直接投资外汇登记的变更或注销手续，股权受让方应到所在地外汇局办理受让股权的境外直接投资外汇登记手续。

第五章　附　则

第二十条　境内机构（金融机构除外）应按照境外投资联合年检的相关规定参加年检。多个境内机构共同实施一项境外直接投资的，应分别到所在地外汇局参加外汇年检。

第二十一条　境内机构在香港特别行政区、澳门特别行政区和台湾地区进行直接投资的，参照本规定进行管理。

第二十二条　境内金融机构境外直接投资外汇管理，参照本规定执行。相关监管部门对境内金融机构境外直接投资的资金运用另有规定的，从其规定。

第二十三条　境内机构办理境外直接投资项下外汇收支及外汇登记等业务，应按相关规定通过相关业务系统办理。

外汇指定银行应将境外直接投资项下外汇收支信息通过相关业务系统向外汇局反馈。

第二十四条　境内机构违反本规定的，外汇局根据《中华人民共和国外汇管理条例》及其他相关规定进行处罚；构成犯罪的，依法追究刑事责任。

第二十五条　本规定由国家外汇管理局负责解释。

第二十六条　本规定自2009年8月1日起施行。附件2所列其他规范性文件同时废止。以前规定与本规定不一致的，按本规定执行。

外管局《国家外汇管理局关于境内居民通过特殊目的公司境外投融资及返程投资外汇管理有关问题的通知》

（2014年7月4日）

国家外汇管理局各省、自治区、直辖市分局、外汇管理部，深圳、大连、青岛、厦门、宁波市分局；各中资外汇指定银行：

为充分发挥市场在资源配置中的决定性作用，支持国家“走出去”战略的实施，充分利用国际国内两种资源、两个市场，进一步简化和便利境内居民通过特殊目的公司从事投融资活动所涉及的跨境资本交易，切实服务实体经济发展，有序提高跨境资本和金融交易可兑换程度，根据《中华人民共和国外汇管理条例》等规定，现就境内居民通过特殊目的公司境外投融资及返程投资外汇管理有关问题通知如下：

一、本通知所称“特殊目的公司”，是指境内居民（含境内机构和境内居民个人）

以投融资为目的，以其合法持有的境内企业资产或权益，或者以其合法持有的境外资产或权益，在境外直接设立或间接控制的境外企业。

本通知所称“返程投资”，是指境内居民直接或间接通过特殊目的公司对境内开展的直接投资活动，即通过新设、并购等方式在境内设立外商投资企业或项目（以下简称外商投资企业），并取得所有权、控制权、经营管理权等权益的行为。

本通知所称“境内机构”，是指中国境内依法设立的企业事业法人以及其他经济组织；“境内居民个人”是指持有中国境内居民身份证、军人身份证件、武装警察身份证件的中国公民，以及虽无中国境内合法身份证件、但因经济利益关系在中国境内习惯性居住的境外个人。

本通知所称“控制”，是指境内居民通过收购、信托、代持、投票权、回购、可转换债券等方式取得特殊目的公司的经营权、收益权或者决策权。

二、国家外汇管理局及其分支机构（以下简称外汇局）对境内居民设立特殊目的公司实行登记管理。境内居民个人设立的特殊目的公司登记及相关外汇管理，按本通知执行。境内机构设立的特殊目的公司登记及相关外汇管理，按现行规定和本通知执行。

三、境内居民以境内外合法资产或权益向特殊目的公司出资前，应向外汇局申请办理境外投资外汇登记手续。境内居民以境内合法资产或权益出资的，应向注册地外汇局或者境内企业资产或权益所在地外汇局申请办理登记；境内居民以境外合法资产或权益出资的，应向注册地外汇局或者户籍所在地外汇局申请办理登记。

境内居民个人应提交以下真实性证明材料办理境外投资外汇登记手续：

（一）书面申请与《境内居民个人境外投资外汇登记表》。

（二）个人身份证明文件。

（三）特殊目的公司登记注册文件及股东或实际控制人证明文件（如股东名册、认缴人名册等）。

（四）境内外企业权力机构同意境外投融资的决议书（企业尚未设立的，提供权益所有人同意境外投融资的书面说明）。

（五）境内居民个人直接或间接持有的拟境外投融资境内企业资产或权益，或者合法持有境外资产或权益的证明文件。

（六）在前述材料不能充分说明交易的真实性或申请材料之间的一致性时，要求提供的补充材料。

境内机构按《国家外汇管理局关于发布〈境内机构境外直接投资外汇管理规定〉的通知》（汇发［2009］30 号）等相关规定办理境外投资外汇登记手续。

境内居民办理境外投资外汇登记后，方可办理后续业务。

四、境内居民及其设立的特殊目的公司，不得危害我国国家主权、安全和社会公共利益；不得违反我国法律法规；不得损害我国与有关国家（地区）关系；不得违反我国对外缔结的国际条约；不得涉及我国禁止出口的技术或产品。

境外特殊目的公司登记不具有证明其投融资行为已符合行业主管部门合法合规的效力。

五、已登记境外特殊目的公司发生境内居民个人股东、名称、经营期限等基本信息变更，或发生境内居民个人增资、减资、股权转让或置换、合并或分立等重要事项变更后，应及时到外汇局办理境外投资外汇变更登记手续。

境内居民境外投资外汇变更登记完成后，方可办理后续业务（含利润、红利汇回）。

六、非上市特殊目的公司以本企业股权或期权等为标的，对其直接或间接控制的境内企业的董事、监事、高级管理人员及其他与公司具有雇佣或劳动关系的员工进行权益激励的，相关境内居民个人在行权前可提交以下材料到外汇局申请办理特殊目的公司外汇登记手续：

（一）书面申请与《境内居民个人境外投资外汇登记表》。

（二）已登记的特殊目的公司的境外投资外汇业务登记凭证。

（三）相关境内企业出具的个人与其雇佣或劳动关系证明材料。

（四）特殊目的公司或其实际控制人出具的能够证明所涉权益激励真实性的证明材料。

（五）在前述材料不能充分说明交易的真实性或申请材料之间的一致性时，要求提供的补充材料。

境内居民个人参与境外上市公司股权激励计划按相关外汇管理规定办理。

七、特殊目的公司完成境外融资后，融资资金如调回境内使用的，应遵守中国外商投资和外债管理等相关规定。返程投资设立的外商投资企业应按照现行外商直接投资外汇管理规定办理相关外汇登记手续，并应如实披露股东的实际控制人等有关信息。

八、境内居民从特殊目的公司获得的利润、红利调回境内的，应按照经常项目外汇管理规定办理；资本变动外汇收入调回境内的，应按照资本项目外汇管理规定办理。

九、因转股、破产、解散、清算、经营期满、身份变更等原因造成境内居民不再持有已登记的特殊目的公司权益的，或者不再属于需要办理特殊目的公司登记的，应提交相关真实性证明材料及时到外汇局办理变更或注销登记手续。

十、境内居民直接或间接控制的境内企业，可在真实、合理需求的基础上按现行规定向其已登记的特殊目的公司放款。

十一、境内居民可在真实、合理需求的基础上购汇汇出资金用于特殊目的公司设立、股份回购或退市等。

十二、本通知实施前，境内居民以境内外合法资产或权益已向特殊目的公司出资但未按规定办理境外投资外汇登记的，境内居民应向外汇局出具说明函说明理由。外汇局根据合法性、合理性等原则办理补登记，对涉嫌违反外汇管理规定的，依法进行行政处罚。

十三、境内居民与境外特殊目的公司之间的跨境收支，应按现行规定办理国际收支统计申报。

十四、外汇局定期分析境内居民通过特殊目的公司境外投融资及返程投资整体情况，密切关注其对国际收支的影响，并加强对境内居民通过特殊目的公司境外投融资及返程投资的事中、事后监管。

十五、境内居民或其直接、间接控制的境内企业通过虚假或构造交易汇出资金用于特殊目的公司，外汇局根据《中华人民共和国外汇管理条例》第三十九条进行处罚。

境内居民未按规定办理相关外汇登记、未如实披露返程投资企业实际控制人信息、存在虚假承诺等行为，外汇局根据《中华人民共和国外汇管理条例》第四十八条第（五）项进行处罚。

在境内居民未按规定办理相关外汇登记、未如实披露返程投资企业实际控制人信息或虚假承诺的情况下，若发生资金流出，外汇局根据《中华人民共和国外汇管理条例》第三十九条进行处罚；若发生资金流入或结汇，根据《中华人民共和国外汇管理条例》第四十一条进行处罚。

境内居民与特殊目的公司相关跨境收支未按规定办理国际收支统计申报的，外汇局根据《中华人民共和国外汇管理条例》第四十八条第（一）项进行处罚。

十六、本通知自发布之日起实施。《国家外汇管理局关于境内居民通过境外特殊目的公司融资及返程投资外汇管理有关问题的通知》（汇发［2005］75 号）同时废止。之前相关规定与本通知内容不一致的，以本通知为准。

国家外汇管理局各分局、外汇管理部接到本通知后，应及时转发辖内中心支局、支局、城市商业银行、农村商业银行、外资银行、农村合作银行；各中资银行接到通知后，应及时转发所辖各分支机构。执行中如遇问题，请及时向国家外汇管理局资本项目管理司反馈。

外管局《国家外汇管理局关于进一步简化和改进直接投资外汇管理政策的通知》

（2015 年 2 月 28 日）

国家外汇管理局各省、自治区、直辖市分局、外汇管理部，深圳、大连、青岛、厦门、宁波市分局；各中资外汇指定银行：

为进一步深化资本项目外汇管理改革，促进和便利企业跨境投资资金运作，规范直接投资外汇管理业务，提升管理效率，国家外汇管理局决定在总结前期部分地区试点经验的基础上，在全国范围内进一步简化和改进直接投资外汇管理政策。现就有关事项通知如下：

一、取消境内直接投资项下外汇登记核准和境外直接投资项下外汇登记核准两项行政审批事项

改由银行按照本通知及所附《直接投资外汇业务操作指引》（见附件）直接审核办理境内直接投资项下外汇登记和境外直接投资项下外汇登记（以下合称直接投资外汇登记），国家外汇管理局及其分支机构（以下简称外汇局）通过银行对直接投资外汇登记实施间接监管。

（一）本通知实施后，已经取得外汇局金融机构标识码且在所在地外汇局开通资本项目信息系统的银行可直接通过外汇局资本项目信息系统为境内外商投资企业、境外投资企业的境内投资主体（以下简称相关市场主体）办理直接投资外汇登记。

（二）银行及其分支机构应在所在地外汇局的指导下开展直接投资外汇登记等相关业务，并在权限范围内履行审核、统计监测和报备责任。

（三）相关市场主体可自行选择注册地银行办理直接投资外汇登记，完成直接投资外汇登记后，方可办理后续直接投资相关账户开立、资金汇兑等业务（含利润、红利汇出或汇回）。

二、简化部分直接投资外汇业务办理手续

（一）简化境内直接投资项下外国投资者出资确认登记管理。取消境内直接投资项下外国投资者非货币出资确认登记和外国投资者收购中方股权出资确认登记。将外国投资者货币出资确认登记调整为境内直接投资货币出资入账登记，外国投资者以货币形式（含跨境现汇和人民币）出资的，由开户银行在收到相关资本金款项后直接通过外汇局资本项目信息系统办理境内直接投资货币出资入账登记，办理入账登记后的资本金方可使用。

（二）取消境外再投资外汇备案。境内投资主体设立或控制的境外企业在境外再投资设立或控制新的境外企业无需办理外汇备案手续。

（三）取消直接投资外汇年检，改为实行存量权益登记。相关市场主体应于每年 9 月 30 日（含）前，自行或委托会计师事务所、银行通过外汇局资本项目信息系统报送上年末境内直接投资和（或）境外直接投资存量权益（以下合称直接投资存量权益）数据。

对于未按前款规定办理的相关市场主体，外汇局在资本项目信息系统中对其进行业务管控，银行不得为其办理资本项下外汇业务。在按要求补报并向外汇局出具说明

函说明合理理由后，外汇局取消业务管控，对涉嫌违反外汇管理规定的，依法进行行政处罚。

参加外汇局直接投资存量权益抽样调查的外商投资企业等相关市场主体应按照直接投资存量权益抽样调查制度要求，按季度向注册地外汇局报送相关信息。

三、银行应提高办理直接投资外汇登记的合规意识

（一）银行应制定直接投资外汇登记业务的内部管理规章制度，并留存备查。内部管理规章制度应当至少包括以下内容：

1. 直接投资外汇登记业务操作规程，包括业务受理、材料合规性和真实性审核等业务流程和操作标准；

2. 直接投资外汇登记业务风险管理制度，包括合规性风险审查、经办复核和分级审核制度等；

3. 直接投资外汇登记业务统计报告制度，包括数据采集渠道和操作程序等。

（二）银行自行对已经取得外汇局金融机构标识码的分支机构开展直接投资外汇登记进行业务准入管理。

（三）银行应严格按照本通知及所附《直接投资外汇业务操作指引》的要求，认真履行真实性审核义务，通过外汇局资本项目信息系统办理直接投资外汇登记业务，并应完整保存相关登记资料备查。

（四）银行在办理直接投资外汇登记业务过程中，如遇规定不明确、数据不准确或发现异常情况的，应及时向相关市场主体注册地外汇局反馈。

四、外汇局应强化对银行的培训指导和事后监管

（一）外汇局应加强对银行的培训指导和事后监管，及时掌握其直接投资外汇业务办理和相关数据、报表及其他资料报送情况，对银行办理直接投资外汇登记合规性及内控制度的执行情况开展事后核查和检查，全面了解银行办理直接投资外汇登记的情况，发现异常情况要及时上报，对违规问题要及时纠正、处理。

（二）银行未按规定要求履行直接投资外汇登记审核、统计、报告责任的，外汇局除按外汇管理有关规定对其处罚外，还可暂停该银行办理直接投资外汇登记。对违规情节特别严重或暂停期内未能进行有效整改的，外汇局可停止该银行办理直接投资外汇登记。

本通知自 2015 年 6 月 1 日起实施。本通知实施后，之前规定与本通知内容不一致的，以本通知为准。外商投资企业资本金结汇管理方式改革试点地区继续按照《国家外汇管理局关于在部分地区开展外商投资企业外汇资本金结汇管理方式改革试点有关问题的通知》（汇发［2014］36 号）等有关规定实行意愿结汇政策。国家外汇管理局各分局、外汇管理部接到本通知后，应及时转发辖内中心支局、支局、城市商业银行、农村商业银行、外资银行、农村合作银行；各中资银行接到通知后，应及时转发所辖

各分支机构。执行中如遇问题，请及时向国家外汇管理局资本项目管理司反映。

外管局《国家外汇管理局关于进一步推进外汇管理改革完善真实合规性审核的通知》

（2017 年 1 月 26 日）

国家外汇管理局各省、自治区、直辖市分局、外汇管理部，深圳、大连、青岛、厦门、宁波市分局，各中资外汇指定银行：

为进一步深入推进外汇管理改革，简政放权，支持实体经济发展，促进贸易投资便利化，建立健全宏观审慎管理框架下的资本流动管理体系，现就有关措施通知如下：

一、扩大境内外汇贷款结汇范围。允许具有货物贸易出口背景的境内外汇贷款办理结汇。境内机构应以货物贸易出口收汇资金偿还，原则上不允许购汇偿还。

二、允许内保外贷项下资金调回境内使用。债务人可通过向境内进行放贷、股权投资等方式将担保项下资金直接或间接调回境内使用。银行发生内保外贷担保履约的，相关结售汇纳入银行自身结售汇管理。

三、进一步便利跨国公司外汇资金集中运营管理。境内银行通过国际外汇资金主账户吸收的存款，按照宏观审慎管理原则，可境内运用比例由不超过前六个月日均存款余额的 50% 调整为 100%；境内运用资金不占用银行短期外债余额指标。

四、允许自由贸易试验区内境外机构境内外汇账户结汇。结汇后汇入境内使用的，境内银行应当按照跨境交易相关规定，审核境内机构和境内个人有效商业单据和凭证后办理。

五、进一步规范货物贸易外汇管理。境内机构应当按照“谁出口谁收汇、谁进口谁付汇”原则办理贸易外汇收支业务，及时办理收汇业务，外汇局另有规定除外。

六、完善经常项目外汇收入存放境外统计。境内机构因各种原因已将出口收入或服务贸易收入留存境外，但未按《国家外汇管理局关于印发货物贸易外汇管理法规有关问题的通知》（汇发〔2012〕38 号）、《国家外汇管理局关于印发服务贸易外汇管理法规的通知》（汇发〔2013〕30 号）等办理外汇管理相关登记备案手续或报送信息的，应于本通知发布之日起一个月内主动报告相关信息。

七、继续执行并完善直接投资外汇利润汇出管理政策。银行为境内机构办理等值 5 万美元以上（不含）利润汇出业务，应按真实交易原则审核与本次利润汇出相关的董事会利润分配决议（或合伙人利润分配决议）、税务备案表原件、经审计的财务报表，并在相关税务备案表原件上加章签注本次汇出金额和汇出日期。境内机构利润汇出前应先依法弥补以前年度亏损。

八、加强境外直接投资真实性、合规性审核。境内机构办理境外直接投资登记和资金汇出手续时，除应按规定提交相关审核材料外，还应向银行说明投资资金来源与资金用途（使用计划）情况，提供董事会决议（或合伙人决议）、合同或其他真实性证明材料。银行按照展业原则加强真实性、合规性审核。

九、实施本外币全口径境外放款管理。境内机构办理境外放款业务，本币境外放款余额与外币境外放款余额合计最高不得超过其上年度经审计财务报表中所有者权益的 30%。

十、违反本通知规定的，由外汇局根据《中华人民共和国外汇管理条例》依法处罚。

十一、本通知自发布之日起施行，由国家外汇管理局负责解释。外汇局将定期评估政策实施效果，根据国际收支形势对政策进行调整。以前规定与本通知内容不一致的，以本通知为准。

各分局、外汇管理部接到本通知后，应尽快转发辖内中心支局、支局和外汇指定银行，并认真遵照执行。

外管局《国家外汇管理局关于进一步促进跨境贸易投资便利化的通知》

（2019 年 10 月 25 日）

国家外汇管理局各省、自治区、直辖市分局、外汇管理部，深圳、大连、青岛、厦门、宁波市分局；各全国性中资银行：

为深入推进“放管服”改革，提升外汇管理服务实体经济能力和水平，促进跨境贸易投资便利化，国家外汇管理局决定进一步优化外汇管理政策措施，便利市场主体合规办理外汇业务。现就有关事项通知如下：

一、扩大贸易外汇收支便利化试点

扩大货物贸易外汇收支便利化试点的地区，在粤港澳大湾区、上海和浙江试点的基础上，支持其他地区按规定开展优化货物贸易外汇收支单证审核、取消特殊退汇业务登记、简化进口付汇核验等试点业务。

实施服务贸易外汇收支便利化试点。符合条件审慎合规的银行为信用良好的境内机构办理服务贸易外汇收支时，可根据“了解客户、了解业务、尽职审查”的展业原则办理。推进服务贸易付汇税务备案电子化工作，以信息共享方式实现银行电子化审核。

二、取消非投资性外商投资企业资本金境内股权投资限制

在投资性外商投资企业（包括外商投资性公司、外商投资创业投资企业和外商投资股权投资企业）可依法依规以资本金开展境内股权投资的基础上，允许非投资性外商投资企业在不违反现行外商投资准入特别管理措施（负面清单）且境内所投项目真实、合规的前提下，依法以资本金进行境内股权投资。

非投资性外商投资企业以资本金原币划转开展境内股权投资的，被投资主体应按规定办理接收境内再投资登记并开立资本金账户接收资金，无需办理货币出资入账登记；非投资性外商投资企业以资本金结汇开展境内股权投资的，被投资主体应按规定办理接收境内再投资登记并开立“资本项目-结汇待支付账户”接收相应资金。

三、扩大资本项目收入支付便利化试点

允许试点地区符合条件的企业将资本金、外债和境外上市等资本项下收入用于境内支付时，无需事前向银行逐笔提供真实性证明材料，其资金使用应当真实合规，并符合现行资本项目收入使用管理规定。试点银行应遵循展业原则管控试点业务风险。所在地外汇局应加强监测分析和事中事后监管。

四、放宽资本项目外汇资金结汇使用限制

取消境内资产变现账户资金结汇使用限制。外商直接投资项下境内股权出让方接收外国投资者股权转让对价款时，可凭相关业务登记凭证直接在银行办理账户开立、资金汇入和结汇使用手续。

放宽外国投资者保证金使用和结汇限制。外国投资者从境外汇入或从境内划入的保证金，在交易达成后，可直接用于其境内合法出资、境内外支付对价等。取消保证金账户内资金不得结汇的限制，允许交易达成或违约扣款时将保证金直接结汇支付。

五、简化小微跨境电商企业货物贸易收支手续

支付机构或银行根据《国家外汇管理局关于印发〈支付机构外汇业务管理办法〉的通知》（汇发〔2019〕13 号）办理货物贸易收付汇时，年度货物贸易收汇或付汇累计金额低于 20 万美元的（不含）小微跨境电商企业可免于办理“贸易外汇收支企业名录”登记（以下简称名录登记）。外汇局依法对免于办理名录登记的小微跨境电商企业实施监督检查。

六、改革企业外债登记管理

取消非银行债务人需到所在地外汇局办理外债注销登记管理要求，非银行债务人可到其所属外汇分局（外汇管理部）辖内银行直接办理符合条件的外债注销登记。取消非银行债务人办理外债注销登记业务的时间限定。

试点取消非金融企业外债逐笔登记。试点地区非金融企业可按净资产 2 倍到所在地外汇局办理外债登记，非金融企业可在登记金额内自行借入外债资金，直接在银行

办理资金汇出入和结购汇等手续，并按规定办理国际收支申报。

七、取消资本项目外汇账户开户数量限制

取消“每笔外债最多可以开立 3 个外债专用账户”“每个开户主体原则上只能开立 1 个境外汇入保证金专用账户”“每笔股权转让交易的股权出让方仅可开立 1 个境内资产变现账户”等限制，相关市场主体可根据实际业务需要开立多个资本项目外汇账户，但相关账户开户数量应符合审慎监管要求。

八、优化货物贸易外汇业务报告方式

取消企业向所在地外汇局报告辅导期内业务的要求。外汇局对货物贸易外汇收支异常、可疑的辅导期企业开展重点监测和核查，并规范分类管理。

企业贸易信贷、贸易融资等业务报告，可通过货物贸易外汇监测系统（企业端）实现网上办理，无需到所在地外汇局现场报告（贸易主体不一致特殊业务除外）。

九、放宽出口收入待核查账户开立

企业办理货物贸易收入，可自主决定是否开立出口收入待核查账户（以下简称待核查账户）。对于企业未开立待核查账户的，银行按现行规定审核后的货物贸易收入可直接进入经常项目外汇账户或结汇。按现行规定需向外汇局提交待核查账户收入申报单的，企业可免于提交。

十、便利企业分支机构名录登记

企业分支机构申请办理、变更和注销名录登记手续，按照现行企业法人要求办理，提供自身《营业执照》正本或副本，但无需提供企业法人《营业执照》。

十一、推进境内信贷资产对外转让试点

按照风险可控、审慎管理的原则，允许试点地区扩大参与境内信贷资产对外转让业务的主体范围和转让渠道，扩大可对外转让的信贷资产范围，包括银行不良资产和贸易融资等。

十二、允许承包工程企业境外资金集中管理

承包工程企业经外汇局登记，可在境外开立资金集中管理账户，境外资金集中管理账户应符合境外账户所在国家（或地区）的法律法规。境外资金集中管理账户的收入范围为从境外业主或境内划入有关工程款，以及从同一主体开立的境外同一国家（或地区）其他承包工程项目账户划入资金；支出范围为向境内调回工程款、有关境外工程款支出，以及向同一主体开立的境外同一国家（或地区）其他承包工程项目账户划转资金。

本通知自发布之日起实施（其中，第八条第二款因需升级货物贸易外汇监测系统，自 2020 年 1 月 1 日起实施）。以前规定与本通知不符的，以本通知为准。国家外汇管理局各分局、外汇管理部接到本通知后，应及时转发辖内中心支局、支局、城市商业银行、农村商业银行、外资银行、农村合作银行；各全国性中资银行接到本通知后，

应及时转发所辖分支机构。执行中如遇问题，请及时向国家外汇管理局反馈

外管局《国家外汇管理局关于优化外汇管理支持涉外业务发展的通知》

（2020 年 4 月 14 日）

国家外汇管理局各省、自治区、直辖市分局、外汇管理部，深圳、大连、青岛、厦门、宁波市分局；各全国性中资银行：

为进一步改善营商环境，服务实体经济高质量发展，国家外汇管理局决定优化外汇业务管理，完善外汇服务方式，提升跨境贸易投资便利化水平。现就有关事项通知如下：

一、优化外汇业务管理

（一）全国推广资本项目收入支付便利化改革。在确保资金使用真实合规并符合现行资本项目收入使用管理规定的前提下，允许符合条件的企业将资本金、外债和境外上市等资本项目收入用于境内支付时，无需事前向银行逐笔提供真实性证明材料。经办银行应遵循审慎展业原则管控相关业务风险，并按有关要求对所办理的资本项目收入支付便利化业务进行事后抽查。所在地外汇局应加强监测分析和事中事后监管。

（二）取消特殊退汇业务登记。货物贸易外汇收支企业名录分类为 A 类的企业，办理单笔等值 5 万美元（含）以下的退汇日期与原收、付款日期间隔在 180 天（不含）以上或由于特殊情况无法原路退汇的业务，无需事前到外汇局办理登记手续，可直接在金融机构办理。金融机构在为企业办理以上免于登记的退汇业务时，应在涉外收支申报交易附言中注明“特殊退汇”。

（三）简化部分资本项目业务登记管理。将符合条件的内保外贷和境外放款注销登记下放至银行办理。非金融企业内保外贷责任已解除且未发生内保外贷履约的情况下，可到其所属分局（外汇管理部）辖内银行直接办理内保外贷注销登记。非金融企业境外放款期限届满且正常收回境外放款本息的情况下，可到其所属分局（外汇管理部）辖内银行直接办理境外放款注销登记。

（四）放宽具有出口背景的国内外汇贷款购汇偿还。出口押汇等国内外汇贷款按规定进入经常项目外汇结算账户并办理结汇的，企业原则上应以自有外汇或货物贸易出口收汇资金偿还。在企业出口确实无法按期收汇且没有其他外汇资金可用于偿还上述国内外汇贷款时，贷款银行可按照审慎展业原则，为企业办理购汇偿还手续，并于每月初 5 个工作日内向所在地外汇局报备有关情况。

二、完善外汇业务服务

（五）便利外汇业务使用电子单证。银行按规定以审核电子单证方式办理货物贸易外汇收支的，取消企业分类为 A 类以及成立满 2 年的条件。银行按规定以审核电子单证方式办理服务贸易、初次收入和二次收入外汇收支的，可不打印电子交易单证。银行办理个人结售汇业务时，可不打印“结汇/购汇通知单”。银行办理上述业务，应确保电子单证的真实性、合规性以及使用的唯一性，并留存电子单证或电子信息 5 年备查。

（六）优化银行跨境电商外汇结算。支持更多的银行按照《国家外汇管理局关于印发〈支付机构外汇业务管理办法〉的通知》（汇发〔2019〕13 号），在满足交易信息采集、真实性审核等条件下，凭交易电子信息为跨境电子商务市场主体提供结售汇及相关资金收付服务。

（七）放宽业务审核签注手续。金融机构按规定审核经常项目外汇收支时，可根据内控要求和实际业务需要，按照实质合规原则，自主决定是否在单证正本上签注收付汇金额、日期并加盖业务印章，但需按现行规定留存审核材料备查。

（八）支持银行创新金融服务。鼓励银行通过多种方式科学评估企业资信状况，对客观不可控因素造成涉外收付困难的企业区别分类，对发展前景良好的中小微涉外企业在外汇贷款方面给予贷款延期、手续简化等倾斜。支持银行利用数字外管平台开放的企业资信、收付汇率等信息，开展合规经营和业务创新，做好对中小微涉外企业的金融服务。

本通知自发布之日起实施（其中，第一条第三款因需升级资本项目信息系统，自 2020 年 6 月 1 日起实施）。以前规定与本通知不符的，以本通知为准。国家外汇管理局各分局、外汇管理部接到本通知后，应及时转发辖内中心支局、支局、城市商业银行、农村商业银行、外资银行、农村合作银行；各全国性中资银行接到本通知后，应及时转发所辖分支机构。执行中如遇问题，请及时向国家外汇管理局反馈。

国资委《中央企业投资监督管理办法》2021

第一章　总　则

第一条　为依法履行出资人职责，建立完善以管资本为主的国有资产监管体制，推动中央企业规范投资管理，优化国有资本布局和结构，更好地落实国有资本保值增值责任，根据《中华人民共和国公司法》《中华人民共和国企业国有资产法》《关于深化国有企业改革的指导意见》（中发〔2015〕22 号）和《关于改革和完善国有资产管理体制的若干意见》（国发〔2015〕63 号）等法律法规和文件，制定本办法。

第二条 本办法所称中央企业是指国务院国有资产监督管理委员会（以下简称国资委）代表国务院履行出资人职责的国家出资企业。本办法所称投资是指中央企业在境内从事的固定资产投资与股权投资。

本办法所称重大投资项目是指中央企业按照本企业章程及投资管理制度规定，由董事会研究决定的投资项目。本办法所称主业是指由中央企业发展战略和规划确定并经国资委确认公布的企业主要经营业务；非主业是指主业以外的其他经营业务。

第三条 国资委以国家发展战略和中央企业五年发展规划纲要为引领，以把握投资方向、优化资本布局、严格决策程序、规范资本运作、提高资本回报、维护资本安全为重点，依法建立信息对称、权责对等、运行规范、风险控制有力的投资监督管理体系，推动中央企业强化投资行为的全程全面监管。

第四条 国资委指导中央企业建立健全投资管理制度，督促中央企业依据其发展战略和规划编报年度投资计划，对中央企业年度投资计划实行备案管理，制定中央企业投资项目负面清单，对中央企业投资项目进行分类监管，监督检查中央企业投资管理制度的执行情况、重大投资项目的决策和实施情况，组织开展对重大投资项目后评价，对违规投资造成国有资产损失以及其他严重不良后果的进行责任追究。

第五条 中央企业投资应当服务国家发展战略，体现出资人投资意愿，符合企业发展规划，坚持聚焦主业，大力培育和发展战略性新兴产业，严格控制非主业投资，遵循价值创造理念，严格遵守投资决策程序，提高投资回报水平，防止国有资产流失。

第六条 中央企业是投资项目的决策主体、执行主体和责任主体，应当建立投资管理体系，健全投资管理制度，优化投资管理信息系统，科学编制投资计划，制定投资项目负面清单，切实加强项目管理，提高投资风险防控能力，履行投资信息报送义务和配合监督检查义务。

第二章 投资监管体系建设

第七条 中央企业应当根据本办法规定，结合本企业实际，建立健全投资管理制度。企业投资管理制度应包括以下主要内容：

（一）投资应遵循的基本原则；

（二）投资管理流程、管理部门及相关职责；

（三）投资决策程序、决策机构及其职责；

（四）投资项目负面清单制度；

（五）投资信息化管理制度；

（六）投资风险管控制度；

（七）投资项目完成、中止、终止或退出制度；

（八）投资项目后评价制度；

（九）违规投资责任追究制度；

（十）对所属企业投资活动的授权、监督与管理制度。

企业投资管理制度应当经董事会审议通过后报送国资委。

第八条　国资委和中央企业应当建立并优化投资管理信息系统。

国资委建立中央企业投资管理信息系统，对中央企业年度投资计划、季度及年度投资完成情况、重大投资项目实施情况等投资信息进行监测、分析和管理。中央企业建立完善本企业投资管理信息系统，加强投资基础信息管理，提升投资管理的信息化水平，通过信息系统对企业年度投资计划执行、投资项目实施等情况进行全面全程的动态监控和管理。

中央企业按本办法规定向国资委报送的有关纸质文件和材料，应当同时通过中央企业投资管理信息系统报送电子版信息。

第九条　国资委根据国家有关规定和监管要求，建立发布中央企业投资项目负面清单，设定禁止类和特别监管类投资项目，实行分类监管。列入负面清单禁止类的投资项目，中央企业一律不得投资；列入负面清单特别监管类的投资项目，中央企业应报国资委履行出资人审核把关程序；负面清单之外的投资项目，由中央企业按照企业发展战略和规划自主决策。中央企业投资项目负面清单的内容保持相对稳定，并适时动态调整。

中央企业应当在国资委发布的中央企业投资项目负面清单基础上，结合企业实际，制定本企业更为严格、具体的投资项目负面清单。

第十条　国资委建立完善投资监管联动机制，发挥战略规划、法律合规、财务监督、产权管理、考核分配、资本运营、干部管理、外派监事会监督、纪检监察、审计巡视等相关监管职能合力，实现对中央企业投资活动过程监管全覆盖，及时发现投资风险，减少投资损失。

第三章　投资事前管理

第十一条　中央企业应当按照企业发展战略和规划编制年度投资计划，并与企业年度财务预算相衔接，年度投资规模应与合理的资产负债水平相适应。企业的投资活动应当纳入年度投资计划，未纳入年度投资计划的投资项目原则上不得投资，确需追加投资项目的应调整年度投资计划。

第十二条　中央企业应当于每年 3 月 10 日前将经董事会审议通过的年度投资计划报送国资委。年度投资计划主要包括以下内容：

（一）投资主要方向和目的；

（二）投资规模及资产负债率水平；

（三）投资结构分析；

（四）投资资金来源；

（五）重大投资项目情况。

第十三条 国资委依据中央企业投资项目负面清单、企业发展战略和规划，从中央企业投资方向、投资规模、投资结构和投资能力等方面，对中央企业年度投资计划进行备案管理。对存在问题的企业年度投资计划，国资委在收到年度投资计划报告（含调整计划）后的20个工作日内，向有关企业反馈书面意见。企业应根据国资委意见对年度投资计划作出修改。

进入国资委债务风险管控“特别监管企业”名单的中央企业，其年度投资计划需经国资委审批后方可实施。

第十四条 列入中央企业投资项目负面清单特别监管类的投资项目，中央企业应在履行完企业内部决策程序后、实施前向国资委报送以下材料：

（一）开展项目投资的报告；

（二）企业有关决策文件；

（三）投资项目可研报告（尽职调查）等相关文件；

（四）投资项目风险防控报告；

（五）其他必要的材料。

国资委依据相关法律、法规和国有资产监管规定，从投资项目实施的必要性、对企业经营发展的影响程度、企业投资风险承受能力等方面履行出资人审核把关程序，并对有异议的项目在收到相关材料后20个工作日内向企业反馈书面意见。国资委认为有必要时，可委托第三方咨询机构对投资项目进行论证。

第十五条 中央企业应当根据企业发展战略和规划，按照国资委确认的各企业主业、非主业投资比例及新兴产业投资方向，选择、确定投资项目，做好项目融资、投资、管理、退出全过程的研究论证。对于新投资项目，应当深入进行技术、市场、财务和法律等方面的可行性研究与论证，其中股权投资项目应开展必要的尽职调查，并按要求履行资产评估或估值程序。

第十六条 中央企业应当明确投资决策机制，对投资决策实行统一管理，向下授权投资决策的企业管理层级原则上不超过两级。各级投资决策机构对投资项目做出决策，应当形成决策文件，所有参与决策的人员均应在决策文件上签字背书，所发表意见应记录存档。

第四章 投资事中管理

第十七条 国资委对中央企业实施中的重大投资项目进行随机监督检查，重点检查企业重大投资项目决策、执行和效果等情况，对发现的问题向企业进行提示。

第十八条 中央企业应当定期对实施、运营中的投资项目进行跟踪分析，针对外部环境和项目本身情况变化，及时进行再决策。如出现影响投资目的的实现的重大不利变化时，应当研究启动中止、终止或退出机制。中央企业因重大投资项目再决策涉及年度投资计划调整的，应当将调整后的年度投资计划报送国资委。

第十九条　中央企业应当按照国资委要求，分别于每年一、二、三季度终了次月10 日前将季度投资完成情况通过中央企业投资管理信息系统报送国资委。季度投资完成情况主要包括固定资产投资、股权投资、重大投资项目完成情况，以及需要报告的其他事项等内容。部分重点行业的中央企业应按要求报送季度投资分析情况。

第五章　投资事后管理

第二十条　中央企业在年度投资完成后，应当编制年度投资完成情况报告，并于下一年 1 月 31 日前报送国资委。年度投资完成情况报告包括但不限于以下内容：

（一）年度投资完成总体情况；

（二）年度投资效果分析；

（三）重大投资项目进展情况；

（四）年度投资后评价工作开展情况；

（五）年度投资存在的主要问题及建议。

第二十一条　中央企业应当每年选择部分已完成的重大投资项目开展后评价，形成后评价专项报告。通过项目后评价，完善企业投资决策机制，提高项目成功率和投资收益，总结投资经验，为后续投资活动提供参考，提高投资管理水平。国资委对中央企业投资项目后评价工作进行监督和指导，选择部分重大投资项目开展后评价，并向企业通报后评价结果，对项目开展的有益经验进行推广。

第二十二条　中央企业应当开展重大投资项目专项审计，审计的重点包括重大投资项目决策、投资方向、资金使用、投资收益、投资风险管理等方面。

第六章　投资风险管理

第二十三条　中央企业应当建立投资全过程风险管理体系，将投资风险管理作为企业实施全面风险管理、加强廉洁风险防控的重要内容。强化投资前期风险评估和风控方案制订，做好项目实施过程中的风险监控、预警和处置，防范投资后项目运营、整合风险，做好项目退出的时点与方式安排。

第二十四条　国资委指导督促中央企业加强投资风险管理，委托第三方咨询机构对中央企业投资风险管理体系进行评价，及时将评价结果反馈中央企业。相关中央企业应按照评价结果对存在的问题及时进行整改，健全完善企业投资风险管理体系，提高企业抗风险能力。

第二十五条　中央企业商业性重大投资项目应当积极引入社会各类投资机构参与。中央企业股权类重大投资项目在投资决策前应当由独立第三方有资质咨询机构出具投资项目风险评估报告。纳入国资委债务风险管控的中央企业不得因投资推高企业的负债率水平。

第七章 责任追究

第二十六条 中央企业违反本办法规定，未履行或未正确履行投资管理职责造成国有资产损失以及其他严重不良后果的，依照《中华人民共和国企业国有资产法》《国务院办公厅关于建立国有企业违规经营投资责任追究制度的意见》（国办发〔2016〕63号）等有关规定，由有关部门追究中央企业经营管理人员的责任。对瞒报、谎报、不及时报送投资信息的中央企业，国资委予以通报批评。

第二十七条 国资委相关工作人员违反本办法规定造成不良影响的，由国资委责令其改正；造成国有资产损失的，由有关部门按照干部管理权限给予处分；涉嫌犯罪的，依法移送司法机关处理。

第八章 附 则

第二十八条 本办法由国资委负责解释。

第二十九条 本办法自公布之日起施行。国资委于 2006 年公布的《中央企业投资监督管理暂行办法》（国资委令第 16 号）同时废止。

全国人民代表大会《中华人民共和国外商投资法》2019

第一章 总 则

第一条 为了进一步扩大对外开放，积极促进外商投资，保护外商投资合法权益，规范外商投资管理，推动形成全面开放新格局，促进社会主义市场经济健康发展，根据宪法，制定本法。

第二条 在中华人民共和国境内（以下简称中国境内）的外商投资，适用本法。

本法所称外商投资，是指外国的自然人、企业或者其他组织（以下称外国投资者）直接或者间接在中国境内进行的投资活动，包括下列情形：

（一）外国投资者单独或者与其他投资者共同在中国境内设立外商投资企业；

（二）外国投资者取得中国境内企业的股份、股权、财产份额或者其他类似权益；

（三）外国投资者单独或者与其他投资者共同在中国境内投资新建项目；

（四）法律、行政法规或者国务院规定的其他方式的投资。

本法所称外商投资企业，是指全部或者部分由外国投资者投资，依照中国法律在中国境内经登记注册设立的企业。

第三条 国家坚持对外开放的基本国策，鼓励外国投资者依法在中国境内投资。

国家实行高水平投资自由化便利化政策，建立和完善外商投资促进机制，营造稳定、透明、可预期和公平竞争的市场环境。

第四条 国家对外商投资实行准入前国民待遇加负面清单管理制度。

前款所称准入前国民待遇，是指在投资准入阶段给予外国投资者及其投资不低于本国投资者及其投资的待遇；所称负面清单，是指国家规定在特定领域对外商投资实施的准入特别管理措施。国家对负面清单之外的外商投资，给予国民待遇。

负面清单由国务院发布或者批准发布。

中华人民共和国缔结或者参加的国际条约、协定对外国投资者准入待遇有更优惠规定的，可以按照相关规定执行。

第五条 国家依法保护外国投资者在中国境内的投资、收益和其他合法权益。

第六条 在中国境内进行投资活动的外国投资者、外商投资企业，应当遵守中国法律法规，不得危害中国国家安全、损害社会公共利益。

第七条 国务院商务主管部门、投资主管部门按照职责分工，开展外商投资促进、保护和管理工作；国务院其他有关部门在各自职责范围内，负责外商投资促进、保护和管理的相关工作。

县级以上地方人民政府有关部门依照法律法规和本级人民政府确定的职责分工，开展外商投资促进、保护和管理工作。

第八条 外商投资企业职工依法建立工会组织，开展工会活动，维护职工的合法权益。外商投资企业应当为本企业工会提供必要的活动条件。

第二章 投资促进

第九条 外商投资企业依法平等适用国家支持企业发展的各项政策。

第十条 制定与外商投资有关的法律、法规、规章，应当采取适当方式征求外商投资企业的意见和建议。

与外商投资有关的规范性文件、裁判文书等，应当依法及时公布。

第十一条 国家建立健全外商投资服务体系，为外国投资者和外商投资企业提供法律法规、政策措施、投资项目信息等方面的咨询和服务。

第十二条 国家与其他国家和地区、国际组织建立多边、双边投资促进合作机制，加强投资领域的国际交流与合作。

第十三条 国家根据需要，设立特殊经济区域，或者在部分地区实行外商投资试验性政策措施，促进外商投资，扩大对外开放。

第十四条 国家根据国民经济和社会发展需要，鼓励和引导外国投资者在特定行业、领域、地区投资。外国投资者、外商投资企业可以依照法律、行政法规或者国务院的规定享受优惠待遇。

第十五条 国家保障外商投资企业依法平等参与标准制定工作，强化标准制定的信息公开和社会监督。

国家制定的强制性标准平等适用于外商投资企业。

第十六条 国家保障外商投资企业依法通过公平竞争参与政府采购活动。政府采购依法对外商投资企业在中国境内生产的产品、提供的服务平等对待。

第十七条 外商投资企业可以依法通过公开发行股票、公司债券等证券和其他方式进行融资。

第十八条 县级以上地方人民政府可以根据法律、行政法规、地方性法规的规定，在法定权限内制定外商投资促进和便利化政策措施。

第十九条 各级人民政府及其有关部门应当按照便利、高效、透明的原则，简化办事程序，提高办事效率，优化政务服务，进一步提高外商投资服务水平。

有关主管部门应当编制和公布外商投资指引，为外国投资者和外商投资企业提供服务和便利。

第三章 投资保护

第二十条 国家对外国投资者的投资不实行征收。

在特殊情况下，国家为了公共利益的需要，可以依照法律规定对外国投资者的投资实行征收或者征用。征收、征用应当依照法定程序进行，并及时给予公平、合理的补偿。

第二十一条 外国投资者在中国境内的出资、利润、资本收益、资产处置所得、知识产权许可使用费、依法获得的补偿或者赔偿、清算所得等，可以依法以人民币或者外汇自由汇入、汇出。

第二十二条 国家保护外国投资者和外商投资企业的知识产权，保护知识产权权利人和相关权利人的合法权益；对知识产权侵权行为，严格依法追究法律责任。

国家鼓励在外商投资过程中基于自愿原则和商业规则开展技术合作。技术合作的条件由投资各方遵循公平原则平等协商确定。行政机关及其工作人员不得利用行政手段强制转让技术。

第二十三条 行政机关及其工作人员对于履行职责过程中知悉的外国投资者、外商投资企业的商业秘密，应当依法予以保密，不得泄露或者非法向他人提供。

第二十四条 各级人民政府及其有关部门制定涉及外商投资的规范性文件，应当符合法律法规的规定；没有法律、行政法规依据的，不得减损外商投资企业的合法权益或者增加其义务，不得设置市场准入和退出条件，不得干预外商投资企业的正常生产经营活动。

第二十五条　地方各级人民政府及其有关部门应当履行向外国投资者、外商投资企业依法作出的政策承诺以及依法订立的各类合同。

因国家利益、社会公共利益需要改变政策承诺、合同约定的，应当依照法定权限和程序进行，并依法对外国投资者、外商投资企业因此受到的损失予以补偿。

第二十六条　国家建立外商投资企业投诉工作机制，及时处理外商投资企业或者其投资者反映的问题，协调完善相关政策措施。

外商投资企业或者其投资者认为行政机关及其工作人员的行政行为侵犯其合法权益的，可以通过外商投资企业投诉工作机制申请协调解决。

外商投资企业或者其投资者认为行政机关及其工作人员的行政行为侵犯其合法权益的，除依照前款规定通过外商投资企业投诉工作机制申请协调解决外，还可以依法申请行政复议、提起行政诉讼。

第二十七条　外商投资企业可以依法成立和自愿参加商会、协会。商会、协会依照法律法规和章程的规定开展相关活动，维护会员的合法权益。

第四章　投资管理

第二十八条　外商投资准入负面清单规定禁止投资的领域，外国投资者不得投资。

外商投资准入负面清单规定限制投资的领域，外国投资者进行投资应当符合负面清单规定的条件。

外商投资准入负面清单以外的领域，按照内外资一致的原则实施管理。

第二十九条　外商投资需要办理投资项目核准、备案的，按照国家有关规定执行。

第三十条　外国投资者在依法需要取得许可的行业、领域进行投资的，应当依法办理相关许可手续。

有关主管部门应当按照与内资一致的条件和程序，审核外国投资者的许可申请，法律、行政法规另有规定的除外。

第三十一条　外商投资企业的组织形式、组织机构及其活动准则，适用《中华人民共和国公司法》《中华人民共和国合伙企业法》等法律的规定。

第三十二条　外商投资企业开展生产经营活动，应当遵守法律、行政法规有关劳动保护、社会保险的规定，依照法律、行政法规和国家有关规定办理税收、会计、外汇等事宜，并接受相关主管部门依法实施的监督检查。

第三十三条　外国投资者并购中国境内企业或者以其他方式参与经营者集中的，应当依照《中华人民共和国反垄断法》的规定接受经营者集中审查。

第三十四条　国家建立外商投资信息报告制度。外国投资者或者外商投资企业应当通过企业登记系统以及企业信用信息公示系统向商务主管部门报送投资信息。

外商投资信息报告的内容和范围按照确有必要的原则确定；通过部门信息共享能

够获得的投资信息，不得再行要求报送。

第三十五条 国家建立外商投资安全审查制度，对影响或者可能影响国家安全的外商投资进行安全审查。

依法作出的安全审查决定为最终决定。

第五章 法律责任

第三十六条 外国投资者投资外商投资准入负面清单规定禁止投资的领域的，由有关主管部门责令停止投资活动，限期处分股份、资产或者采取其他必要措施，恢复到实施投资前的状态；有违法所得的，没收违法所得。

外国投资者的投资活动违反外商投资准入负面清单规定的限制性准入特别管理措施的，由有关主管部门责令限期改正，采取必要措施满足准入特别管理措施的要求；逾期不改正的，依照前款规定处理。

外国投资者的投资活动违反外商投资准入负面清单规定的，除依照前两款规定处理外，还应当依法承担相应的法律责任。

第三十七条 外国投资者、外商投资企业违反本法规定，未按照外商投资信息报告制度的要求报送投资信息的，由商务主管部门责令限期改正；逾期不改正的，处十万元以上五十万元以下的罚款。

第三十八条 对外国投资者、外商投资企业违反法律、法规的行为，由有关部门依法查处，并按照国家有关规定纳入信用信息系统。

第三十九条 行政机关工作人员在外商投资促进、保护和管理工作中滥用职权、玩忽职守、徇私舞弊的，或者泄露、非法向他人提供履行职责过程中知悉的商业秘密的，依法给予处分；构成犯罪的，依法追究刑事责任。

第六章 附 则

第四十条 任何国家或者地区在投资方面对中华人民共和国采取歧视性的禁止、限制或者其他类似措施的，中华人民共和国可以根据实际情况对该国家或者该地区采取相应的措施。

第四十一条 对外国投资者在中国境内投资银行业、证券业、保险业等金融行业，或者在证券市场、外汇市场等金融市场进行投资的管理，国家另有规定的，依照其规定。

第四十二条 本法自 2020 年 1 月 1 日起施行。《中华人民共和国中外合资经营企业法》《中华人民共和国外资企业法》《中华人民共和国中外合作经营企业法》同时废止。

本法施行前依照《中华人民共和国中外合资经营企业法》《中华人民共和国外资企业法》《中华人民共和国中外合作经营企业法》设立的外商投资企业，在本法施行后五年内可以继续保留原企业组织形式等。具体实施办法由国务院规定。

附录 3

中国企业跨境并购面临的监管

从国内资本市场方面来看，2020 年中国主要出台、颁布、落实、签署的新政有新《证券法》《关于进一步扩大金融业对外开放的有关举措》《区域全面经济伙伴关系协定》，以及市场监管总局起草的《关于平台经济领域的反垄断指南（征求意见稿）》等文件都将会对并购市场带来深远影响。

新《证券法》颁布实施

2019 年 12 月 28 日，第十三届全国人大常委会第十五次会议审议通过了修订后的《中华人民共和国证券法》（以下简称新《证券法》），于 2020 年 3 月 1 日起施行。其中，本次《证券法》的修订，重点在于全面推行注册制，强调以信息披露为核心，并全面提高投资者保护水平及提升违法违规处罚力度。

在新《证券法》中，首次公开发行新股（IPO）的条件被放宽了，更多关注在 IPO 信息披露的准确性、真实性、完整性、合规性的审核，而不再去对发行申请人的投资价值做实质性的判断。比如将原有的“持续盈利能力”修改为“持续经营能力”，以及将“最近三年财务会计文件无虚假记载，无其他重大违法行为”修改为“最近三年财务会计报告被出具无保留意见审计报告”等。

通过全面推行证券发行注册制度，打通直接融资的制度入口，将大幅提升直接融资的效率和质量。注册制改革为更多优质科创/创业企业登陆公开市场打开了大门，使其拥有充足的资金参与并购交易，在需求端长期来看，利好新经济领域的并购。2020 年共有 8 宗交易买方为科创板上市公司，且平均在上市 9 个月后便出手并购。

另一方面，从标的供给端来看，短期内或存在潜在并购标的冲刺上市窗口/红利期的情况，但长期而言适合出售的标的仍将选择并购退出。红利期过后，注册制上市将面对更理性的投资者、更成熟的发行及退市制度，有可能未来出现发行失败的项目。截至 2020 年底，共有 32 个科创板上市公司曾出现破发。长期来看，有助于并购领域形成更加理性、有序的市场环境。

证券公司外资持股限制

中国从 1995 年引入合资券商开始，到如今对外资股比限制放开已经有了 25 年的时间。2019 年 7 月 20 日，国务院金融稳定发展委员会办公室对外发布《关于进一步扩大金融业对外开放的有关举措》，将原定于 2021 年取消证券公司、基金管理公司和期货公司外资股比限制的时点提前到 2020 年。2020 年 4 月 1 日起，在全国范围内取消基金管理公司外资股比限制；2020 年 12 月 1 日起，在全国范围内取消证券公司外资股比限制。

在此之前，合资券商外资持股比例的上限为 49%，外资无法获得控股权也导致了很多合资券商遭遇了内外的多重不适，鲜有经营突出的合资券商出现。证监会颁布《外商投资证券公司管理办法》，将合资券商外资投资比例限制放宽至 51%，多家合资券商外资股东以及海外知名金融机构响应。例如，摩根士丹利成为摩根士丹利华鑫证券有限公司的主要股东、控股股东，持股比例为 51%；高盛集团成为高盛高华证券有限责任公司主要股东、控股股东，持股比例 51%。余下两家摩根大通证券（中国）有限公司、野村东方国际证券有限公司则是证监会在 2019 年初批准新设立的券商，且两家新设的外资控股券商均已开业。

随着更多外资券商、期货公司进入中国资本市场，在竞争压力内，将使国内券商、期货行业的兼并重组。在市场份额有限的情形下，少数尾部券商、期货公司等，最终被兼并收购将不可避免。以及，外资机构进入中国后可能由于对中国市场水土不服而导致大量中小金融机构选择与中国本土金融机构合作。如此，将利于国内券商、期货公司做大做强，以提升其核心竞争能力与抗市场风险的能力。除此之外，取消外资持股比例限制，也有助于资本市场的国际化进程，提升资本市场的影响力。

在 2020 年 1 至 5 月份，外资对中国企业的并购投资金额和数量已经超过中国对外的并购投资交易金额和数量，是 10 年来的首次。而从全年的数据来看，明显可以看到国外战投在更积极地参与对中国企业的市场化并购。

区域全面经济伙伴关系（Regional Comprehensive Economic Partnership）

RCEP 的签署将会对未来区域内投资起到很好的作用，且在未来 RCEP 仍有很大的想象空间和提升空间。RCEP 的主要成果是实现了超过 90% 的货物最终将实现零关税，中日、韩日之间首次建立自贸关系，区域累积原产地规则有利于推动域内产业链灵活布局，统一各国市场准入规则、采用负面清单方式推进投资自由化，推动金融、电信、专业服务等服务贸易。

到2019年，中国在海外投资的存量已经达到了2.2万亿美元，占世界总存量的6%以上。所以中国已经成为推动世界跨国贸易和跨国投资中的非常重要的动力。与此同时，RCEP将有助于中国和东亚地区进一步优化区域产业链。在关税减免、原产地规则、投资等统一规则的制定下，各个经济体可以充分发挥自身生产要素比较优势，通过调整对外贸易和投资布局，优化资源配置，提高产业分工效率，完善区域价值链。通过加强经济体之间的产业互补，调整投资结构，以投资带贸易，促进区域产业链长期稳健的合作发展。

中欧全面投资协定 EU-China Comprehensive Agreement on Investment（CAI）

自疫情发生以来，中国企业对外并购活动和前几年相比大幅下降，过去20年中国在欧盟完成的并购交易其实只有1000起，金额不到1700亿美元。究其原因，除了疫情影响，近年来欧盟受单边主义、贸易保护主义抬头等趋势的影响，2019年出台了《欧盟外资审查条例》，于2020年10月11日开始全面实施，着重关注五大领域的并购，分别是关键基础设施、关键技术、关键输入品的供应、敏感信息和媒体，这意味着包括能源、交通、水、卫生、通讯、媒体、数据处理或存储、人工智能、机器人、半导体、网络安全、航空航天、国防、选举或金融基础设施等等行业的投资与并购，都大概率触发安全审查。2020年3月份，欧盟发布的最新的外商投资审查指南中，要求欧盟各国保护一些所谓医疗行业和一些关键的资产，包括一些核心的基础设施等。德国把现有的外资审查制度扩大到了卫生保健部门，还通过新设的经济稳定基金来保护公司免于破产以及被不必要的收购；法国、西班牙、意大利等也都有一些限制外商投资的新措施。

而我国一直倾向于通过收购龙头企业来获得先进的技术和经验、打开欧洲市场。这使得中国企业在欧盟开展业务与扩张都产生了较大挑战，对我国赴欧投资企业最直接的影响就是增加投资的不确定性，大幅提高了交易的金融成本与时间成本。

除了安全审查越来越严格外，欧盟委员会在审查中国国有企业的并购交易中，往往将同行业的中国国有企业视为“单一经济体”，夸大中国企业在当地发展的实际业务影响力，进而导致中国企业寻求并购扩张或建立合营企业时被相关监管机构开展具有针对性的反垄断调查、甚至给予交易否决等，严重影响国资背景企业的正常经营扩张。由于欧盟加大了外资审查力度，尤其是针对中国国有企业在欧盟并购审查收紧收严，我国国有企业对欧投资额从 2017 年的 208 亿欧元迅速收缩至 2019 年的 12 亿欧元，下降幅度高达 94.23%。

在了解了中国和欧盟相互投资所面临的障碍后，《中欧全面投资协定》的重要意义就不言而喻了。2020 年底，中欧双方公布了期待已久的投资协定，历时 7 年的谈判圆满结束。《中欧全面投资协定》能够为双方企业进入对方市场提供更好的市场准入条件，扩大了双方企业在对方市场能够经营的业务范围。更重要的是，《中欧全面投资协定》能为我国对欧投资企业提供一个更加统一和确定的法律保护框架，协调欧盟各成员国的外国投资政策，无论是投资前的并购阶段，还是设立实体后的运营阶段，甚至发生投资纠纷后的争端解决，《协定》都将为我国对欧投资企业提供更好的保护。

《反垄断法》

中国的《反垄断法》从 2008 年开始实施，在这一阶段，即企业和企业之间的反垄断、反不正当竞争。如在 2014 年曾发生在腾讯和 360 之间的反不正当竞争诉讼大战。随着移动互联网的高速发展，自 2014 年开始，互联网企业并购高潮到来，但合并案大都没有进行申报和反垄断执法机构调查，这也是反垄断法出现巨大漏洞的时期。

2020 年 8 月开始，《关于促进平台经济规范健康发展的指导意见》中提到平台经济的竞争问题，中国反垄断开始全面的互联网执法阶段。同年 11 月，市场监管总局起草了《关于平台经济领域的反垄断指南（征求意见稿）》，旨在预防和制止互联网平台经济垄断行为，将 VIE 架构，“二选一”、大数据杀熟等问题都纳入调查范围。

在当今的大环境下，并购申报会被严格审视，审批所花的时间会比较长，这就需要更合理的准备和分析。从这个角度考虑，巨头企业的经营和并购行为会受到影响，但这对于创新企业来说是一个利好。因为一些巨头确实会被约束，创新企业其实可以动用一些资本的力量，通过合并、并购的方式，让自己的规模更快地达到一定高度。

除此外，多个欧洲国家及美国均在改革其反垄断法规以应对新兴经济和新的投资方式所带来的挑战。最主要的一个例子是 Killer Acquisitions。Killer Acquisition 是指行业巨头通过收购从事下一代产品和技术的研发的初创或成长性企业，从而阻止相关企业在未来成为其竞争对手的行为。该类交易主要出现在数字经济和医药领域。由于被收购的企业在多数情况下尚没有或没有大量的收入，传统的审查模式在很多情况下对此类交易并不适用。

对此，德国和奥地利在 2017 年引入了将交易金额作为审查门槛的新机制。除此之外，英国、德国和巴西均已将小股权投资纳入反垄断审查的范围。在亚马逊对外卖平台 Deliveroo 的小股权投资交易中，英国反垄断审查机构对其进行了深入的调查。在中国，市场监督管理总局也在《关于平台经济领域的反垄断指南（征求意见稿）》中明确指出某些交易营业额即使未能达到中国经营者集中审查标准，但同样可能受限于反垄断审查。

另外一个趋势是，欧美各国对反垄断审查的执行趋于严格。根据调研，2019年，共有21个交易被欧盟及其成员国的反垄断机关否决或出于反垄断审查的原因被各方放弃。相较之下，2018年相关数据仅为12。预计在未来几年，欧美各国和中国都会保持或加强反垄断审查的力度。

中国商会发布的《2020英国中资企业发展报告》显示，英国作为中国在欧盟投资的最大对象国，共累计吸收中资投资约503亿欧元（约合594.3亿美元），是排在第二位的德国的2倍多，位居欧洲各国之首。其中，2019年中国在欧洲的外国直接投资（FDI）中有30%流向了英国，并且对外国投资审查一直较为宽松。

但近年来英国政府一直对收购带来的国家安全问题表示担忧，随着2020年对外资审查更为严格的《国家安全和投资法案》实施，将对外国投资产生较大影响。法案包括了对外国投资者的国家安全审查范围、管辖门槛、申报方式、审查程序、违规后果、干预窗口期等做了更为严格的规定，其中大幅度扩张作为审查对象的“触发事项（trigger events）”的类型和范围。并且违反此项规定的公司将被处以高达1千万英镑的罚款或者该公司需要支付年营业额的最多5%（以数额大的为准），还将面临最多5年的监禁。此外，新的外国投资制度强制要求对最敏感部门的投资进行备案，这将明显增加此类交易的延迟和成本。新法案将使得需审核的交易数量数量大大增加，对交易时间表可能有重大影响，对交易确定性构成了潜在的危害并导致整体执行风险的增加。

此前，英国曾在2020年7月推翻了此前允许华为为英国5G手机网络提供设备的计划。2020年4月，英国政府出手干预阻止中国投资者（中国国新）控制英国芯片设计公司Imagination Technologies的董事会的计划。越来越多的保守党后座议员希望新规定使中国公司更难收购战略性的英国公司。同时英国《国家安全与投资法案》的实施，将对中国企业对英投资产生不小的冲击。

虽然英国政府强调，英国仍然奉行投资开放，并宣布设立了投资办公室（Office for Investment），以支持英国吸引大量外国投资，尤其是在基础设施、清洁技术和研发方面，但目前看来发达经济体外资安全审查不断扩展并向趋同化方向发展，以使政府有更多的权利阻止中国等外资并购交易正成为一种趋势。

有鉴于此，中国企业应建立投资风险预警机制，做好投资目标市场前期预研工作，防控事前监管风险；应构建投资风险合规机制，持续跟踪外国相关投资政策的最新变化，防控事中与事后监管风险；应采取更加灵活多样的投资形式，分散风险，等等。

后 记

《2023中国企业跨境并购年度报告》全面回顾了2022年中国企业跨境并购的整体市场情况，针对热点行业、重点国家和典型案例，详细解读了“一带一路”倡议下，中国企业跨境并购的新机遇，对2023年的并购市场趋势进行了展望，为有意参与跨境并购“走出去”和“引进来”的中国企业提供了有益借鉴。

与此同时，为更好地将本年度报告打造成一部中国企业跨境并购实用手册，根据读者要求，作者特为本书第九章和第十章的内容做了适当修改和补充。经过著编两家的携手合作，《2023中国企业跨境并购年度报告》的编撰工作圆满完成。

全书分三编、十二个章节，以及附录，约53万字。在本书即将同读者见面之际，向一贯支持、指导、帮助本书编写工作的各界人士，特别是智库专家李昌浩先生，表示衷心感谢。最后，感谢中国经济出版社的领导和编辑团队在本书出版过程中提出的专业意见和辛勤付出。